U0459794

本书系天津市2013年哲学社会科学规划课题"跨越'中等收入陷阱'中职业教育发展战略研究"（编号：TJJX13-013，主持人：付卫东）和天津市教委2014年重大课题"职业教育改革与发展的社会支持研究"（编号：2014-ZD18，主持人：李忠）的阶段性成果

经济转型期
我国职业教育改革研究

付卫东　著

Jingji Zhuanxingqi
Woguo Zhiyejiaoyu Gaige Yanjiu

中国社会科学出版社

图书在版编目(CIP)数据

经济转型期我国职业教育改革研究/付卫东著.—北京：中国社会科学
出版社，2017.6

ISBN 978 - 7 - 5161 - 9750 - 9

Ⅰ.①经…　Ⅱ.①付…　Ⅲ.①职业教育—教育改革—研究—中国
Ⅳ.①G719.21

中国版本图书馆 CIP 数据核字（2017）第 013819 号

出 版 人	赵剑英
责任编辑	田　文
特约编辑	陈　琳
责任校对	张爱华
责任印制	王　超

出　　版	中国社会科学出版社
社　　址	北京鼓楼西大街甲 158 号
邮　　编	100720
网　　址	http://www.csspw.cn
发 行 部	010 - 84083685
门 市 部	010 - 84029450
经　　销	新华书店及其他书店

印　　刷	北京君升印刷有限公司
装　　订	廊坊市广阳区广增装订厂
版　　次	2017 年 6 月第 1 版
印　　次	2017 年 6 月第 1 次印刷

开　　本	710×1000　1/16
印　　张	21.25
插　　页	2
字　　数	334 千字
定　　价	86.00 元

凡购买中国社会科学出版社图书，如有质量问题请与本社营销中心联系调换
电话：010 - 84083683
版权所有　侵权必究

序

付卫东博士撰写的《经济转型期我国职业教育改革研究》一书即将出版，我感到十分欣慰，并表示由衷地祝贺！职业教育改革是一个亘古犹新的话题，而经济转型是随着经济发展而产生的一个崭新的研究领域，作者凭借其学术研究的敏感性和研究视角的独特性，将职业教育改革问题置于经济转型过程中进行探讨，不仅是理论上的创新，也使得本书的研究更具有现实意义。具体来讲：

一是研究视角新。2008年全球金融危机爆发以来，为促进经济复苏与社会稳定，增强国家竞争力，无论是发达国家还是发展中国家均纷纷调整产业结构，发展实体经济，力促经济转型，并将职业教育改革与人力资源的深度开发，作为实现创新驱动和可持续发展的国家战略选择。在我国，稳增长，促转型，惠民生，是当前社会改革与经济发展的热点话题。作为经济可持续发展的"万能钥匙"，职业教育改革势在必行。该书系统地探讨了经济转型和职业教育改革之间的辩证关系，及时总结了经济转型期世界主要国家和地区职业教育改革的典型经验，客观地回顾了经济转型期我国职业教育改革历程，全面分析了经济转型期我国职业教育改革面临的主要问题及其原因，有针对性地提出了我国职业教育改革的建议。

二是理论观点新。以往研究对经济转型的定义过于狭窄，不少学者仅仅认为经济转型只是从计划经济向市场经济的转变，或是经济结构调整也就是产业结构转型升级。而该书认为经济转型是一个较为宽泛的概念，既包括经济体制转型，即从计划经济向市场经济转型，也包括经济结构调整。其中，经济结构调整包括产业结构调整、城乡结构调整和地区结构调整三个方面。这就既包括社会主义国家从计划经济向市场经济的转轨，也包括西方发达国家在内的所有经济体经济结构的调整。这种划分有利于拓宽我们的研究视野，增强对经济转型的全面了解，也深化了经济转型和经济转型期职业教育改革的认识。同时，该书辩证地分析了经济转型与职业教育改革的关系，认为经济转型与职业教育改革之间存在相互影响、相互作用的关系，一方面，经济体制转型会促使职业教育进行相应的改革；另一方面，职业教育改革也会对经济转型有明显的反作用。对经济转型和职业教育改革辩证关系的认识，可以为经济转型期职业教育改革奠定良好的理论基础，也深化了人们对经济转型期职业教育改革的认识。

长期以来，我们总是试图回避经济转型这一话题，殊不知我们一直主张的职业教育改革、职业教育发展均没有逃脱出经济转型的范畴。经济转型研究的重要意义在于它对职业教育改革的影响，该书选取经济转型与职业教育改革辩证关系为切入点，而这种辩证关系也正是当前职业教育改革的逻辑起点，如果没有清醒地认识二者之间的关系，是难以保证当前我国职业教育改革有序推进的。因此，我相信，从事职业教育管理、教学和科研的教育工作者、广大教师和研究生花点时间读读这本书，一定会从中汲取不少新观点、新素材，得到新的启示。

当然，尽管该书颇有新意，但无论在理论还是在实证分析方面，仍有许多工作有待作者进一步努力，希望作者能以本书为起点，脚踏实地，继续深入研究，再创新的业绩。

范先佐

2016 年 1 月 5 日于武昌桂子山

目　录

第一章 导论

一 问题的提出

教育是人力资源开发和人们获得全面发展的基本途径，而依托于职业载体的职业教育则是为社会生产力的提升以及人的目标价值的实现搭建了协同化平台。时至今日，职业教育已经成为教育改革的重点，教育改革也成为我国改革的枢机。正如马克思所说的那样："生产劳动和教育的早期结合是改造现代社会的最强有力的手段之一。"职业教育面向人人，通过技能普及推进社会财富的积累与社会文明的共享，为国民素质的整体提升创造了有利条件；职业教育对接产业，通过专业化培训扩大高端技能型人才规模，为技术创新与产业结构升级提供有力的支撑；职业教育影响国家竞争战略，通过思维创新抢占人才高地，为我国国力显著增强奠定坚实的基础。

当今世界正处于发展大变革大调整时期，全球经济进入新一轮结构调整过程。特别是 2008 年国际金融危机以来，为促进经济复苏与社会稳定，增强国家竞争力，无论是发达国家还是发展中国家纷纷调整产业结构，发展实体经济，力促经济转型，并把职业教育改革和深度开发人力资源，作为实现创新驱动和可持续发展的国家战略选择。1978 年改革开放 30 余年来，我国开始从计划经济向市场经济转型，依靠人口、资源等传统"红利"铸就了我国社会主义经济建设的辉煌成绩。伴随着市场化、城市化、工业化进程的深入推进，寻求经济转型的持久性动力成为摆在我们面前的一项最为紧迫的任务。职业教育是实现经济可持续性发展的"万能钥匙"，它可以提高劳动者的技术、技能和管理水平，从而促进产业结构转型升级；它可以促进农村剩余劳动力有序转移，从而进一步加快城市化进程；职业教育可以提高中下人群收入，从而有效地实现教育公平。然而，我国经济经历了30多年高速增长以后，面临不少难以逾越的鸿沟，例如，粗放型发展方式难以为继、劳动力成本趋于上升、科技创新难度加大、工业规模扩张难以持续、外需作用拉动作用减弱、资源环境硬约束强化、收入分配差距拉大、社会矛盾明显增多，等等。因此，经济二次转型势在必行。而职业教育改革和经济转型关系密切：职业教育改革可以促进经济转型，经济转型也直接影响职业教育改革。所以，经济二次转型也必然导致职业教育进行相应地变革，来适应经济转型与发展的需要。那么，什么是经济转型？经济转型是如何促进职业教育改革？职业教育又是如何促进经济转型呢？经济转型期世界主要国家和地区职业教育改革有何典型的经验和失败的教训？经济转型期我国职业教育改革进程中，取得了哪些初步成效？还存在哪些具体问题？为什么存在这些问题？在我国经济面临二次转型的今天，我国职业教育又面临哪些主要问题？解决这些问题的对策思路是什么？这些问题在现实中迫切需要得到解答。本研究则试图系统地探究上述问题并提出经济转型期我国职业教育改革的思路，以期为我国经济成功地实现二次转型增砖添瓦。

二　研究现状

通过检索国内外相关文献，关于经济转型期职业教育改革的研究，主要聚焦于经济转型、职业教育改革和经济转型期职业教育改革三个部分。对于经济转型的研究，主要集中于经济转型的内涵、经济转型阶段性划分、经济转型和经济改革、经济转型和经济发展等；对于职业教育改革的研究，主要集中于职业教育改革的国别研究和我国职业教育改革的背景、内容、成效、问题及对策等方面的研究；对于经济转型期职业教育改革的研究，主要集中于经济转型职业教育改革的内容、问题和对策等。

（一）关于经济转型的研究

综合国内外文献，关于经济转型的研究，主要聚焦于狭义上的经济转型、广义上的经济转型、经济转型与经济改革、经济转型与经济发展四个方面。

1. 狭义上的经济转型

（1）狭义上的经济转型内涵

一般来说，转型是指从一种形态向另一种形态的转变和过渡。狭义上的经济转型就是指一种经济体制向另一种经济体制的过渡。例如，斯蒂格利茨（1990）从占主流地位的西方经济理论出发，认为经济转型实质就是经济体制的转轨，而经济体制转轨通常遵循某些固定的教条，即所谓"华盛顿共识"：私有化、自由化和宏观经济的稳定。而格泽戈尔兹·W. 科勒德克[①]（2000）指出，经济转型是一个"发生根本性变化的过程"，即"从基于国家控制产权的集中计划经济转向自由市场经济"。我国学者张培刚[②]（1992）指出，经济转型主要指经济体制转型，包括所有制方面的转换和运行机制方面的转换，即经济体制主要两个方面是所有制和经济运行机制。厉以宁[③]（1996）认为，经济转型主要指从计划经济体制转变到市场经济体制。同样，陈玉荣（2005）认为，经济转型，是指经济体制的转型，即资源配置和经济转型方式的转型。

（2）狭义上的经济转型进程

经济转型是量变和质变的统一。所谓质变是指经济体制中的各项制度安排所发生的渐进的、连续的变化，而这种制度安排的量变与一定的经济社会发展状况形成累积性因果关系，从而使经济转型进程呈现一种不断演进的过程。已有对经济转型一般从横向和纵向两个角度进行研究，前者主要对转型国家不同的转型方式（路径）进行比较，进而分析不同转型方式的优劣、转型的程序与政策设计以及转型绩效进行总体性评价，后者主要对转型国家的转型进程进行阶段性划分。

①经济转型方式

已有研究表明，由计划经济向市场经济转型，一般有两种方式：一种是激进方式，又称"大爆炸"方式或"休克疗法"；另一种是渐

---

① ［波］格泽戈尔兹·W. 科勒德克：《从休克到治疗——后社会主义转轨的政治经济》，上海远东出版社2000年版，第2页。

② 张培刚：《新发展经济学》，河南人民出版社1992年版，第477页。

③ 厉以宁：《转型发展理论》，同心出版社1996年版，第2页。

进方式。前者强调转型过程是一次性和全面的，各种因素和各个部门同时完成转变。渐进改革则强调经济转型可以分阶段逐步推进，特点是阶段性和有先有后的推进顺序。例如，国外著名的转型经济学家热若尔·罗兰①（2000）认为有两种方式，一种是"华盛顿共识"，即实现经济转型应以大爆炸的方式或"休克疗法"同时推进所有重大改革，不能有先后次序，而且相信这种休克式的市场化改革能够立即改善绩效；另一种是"循序渐进方式"，即应通过灵活地选择局部改革来不断总结成功的经验，并及时纠正错误的改革，从而为改革摸索出适当的顺序。世界银行②（1996）同样坚持以上两种经济转型方式：第一种是实行激进而全面的计划，在尽可能短的时间内尽可能多地改革；第二种是通过部分的和分阶段的改革来实现变革。劳伦·勃兰特和托马斯·罗斯基③（2009）指出，几乎所有中东欧与独联体国家的政府推行称之为"大爆炸"式改革，即强调宏观稳定化、价格自由化和废除中央计划，而中国采取渐进式强调损失相对较少的双轨制改革，逐步放松对国有部门的控制，允许乡镇企业大规模扩张，实行激进的农业改革等。同样，我国学者樊纲④（1996）将我国渐进式改革概括为增量改革，其基本特征就是在旧体制因阻力较大还"改不动"的时候，先在旁边或周围发展起新体制，并随着新体制的逐步壮大逐步改革旧的体制，而苏联激进式改革的基本特征则在于从一开始就必须对旧体制进行改革，并以此来为新体制的成长铺平道路。但是，也有学者对此有不同的看法，例如，国外学者金和哈里斯（Jin and Hayness，1997）⑤认为，将经济转型的方式仅限于渐进主义和"大爆炸"两种方式，这种二分法过于简单，不能很好地反映中国和俄罗斯经济转型的特点，中国经济转型方式是"双轨的主导部门方

---

① ［比利时］热若尔·罗兰：《转型与经济学》，北京大学出版社2002年版。

② 世界银行：《1996年发展报告：从计划到市场》，中国财政经济出版社1996年版。

③ ［美］劳伦·勃兰特、托马斯·罗斯基：《伟大的中国经济转型》，格致出版社2009年版，第57—58页。

④ 樊纲：《渐进改革的政治经济学分析》，上海远东出版社1996年版。

⑤ Jin D, Hayness E. Economic Transition at the Edge of Order and Chaos: China's Dualist and Leading Sectoral Approach. *Journal of Economic Issues*, 1997, 31 (1): 79 – 101.

式"，计划体制各个部分的转换和市场体制各种新要素的出现，其步伐是不一致的。同样，我国学者伍装[①]（2005）指出，用渐进式改革来形容中国改革方式的特征是不恰当的。中国的改革既有渐进式特征，也有激进式的特点，是一种兼有渐进式改革和激进式改革两种方式特征的"松绑式"改革，即政府有控制地放松制度管制的改革方式。由此可见，国内外学者对经济转型方式有不同的看法。

②经济转型进程阶段性划分

吕炜[②]（2003）认为，代表经济转型阶段性的标志可以称为经济转型进程中的"转折点"。景维民和张慧君[③]（2006）指出，分析经济转型的三个转折点尤为重要：其一，从改革走向转型之点（经济转型的正式启动点）；其二，市场经济体制的基本确立，市场化不可逆转之点；其三，比较成熟、完善的市场经济确立之点（经济转型的完成点）。而确立经济转型转折点的标准则体现在以下四个方面：其一，体制转型目标的确立和演变；其二，制度环境的变化（政治体制、意识形态）；其三，基础性制度变迁（产权制度、交易制度和宏观管理制度）；其四，经济发展状况的变化（经济结构的调整、经济转型机制的变化、经济增长方式的转变、经济开放程度的提高等）。科奈[④]（Janos Kornai，2002）指出，经济转型完成的标志体现在三个方面：政治力量与私人产权、市场共同体亲密配合发挥力量；私有制占支配地位；市场协调占据优势。而阿兰·戈博[⑤]（Alan Gelb，1999）将转型的完成看作这样一种状态，即"当今天的'转型经济'所面临的问题与其他同等发展水平国家所面临的问题相似"。

国内外学者对转型国家的经济转型的进程进行了系统研究。就国外

---

① 伍装：《中国经济转型分析导论》，上海财经大学出版社2005年版，第63页。

② 吕炜：《经济转轨过程中的转折点研究》，《经济学动态》2003年第6期。

③ 景维民、张慧君：《经济转型的阶段性演化与相对市场化进程研究》，中国财政经济出版社2006年版，第82页。

④ 陈涌军：《过渡经济的本质与中国经济改革的基本性质——与科尔奈和伊克斯教授的讨论》，《改革》2002年第4期。

⑤ Alan Gelb，1999，"The end of Transition?" in When is Transition Over? 转引自 Jan Svejnar，Transition Economies：Performance and Challenges，Journal of Economic Perspectives，Volume 14，Number 1，Winter 2002，pp. 3 - 28.

学者而言，俄罗斯联邦政府经济改革工作中心主任 B. 马乌以 2001 年为界，将俄罗斯的经济转型划分为两个阶段：1992 年至 2001 年为经济转型的初级阶段，2001 年至今为"后共产主义的转型阶段"①。而我国学者冯舜华（2001）从经济政策及其实施效果的角度将俄罗斯的经济转型划分为三个时期、四个阶段：a. 经济浪漫时期（1992—1993），即"休克疗法"的阶段；b. 现实主义时期（1994—1997），即俄罗斯放弃"休克疗法"，进入"政策调整和制度创新"时期，这一时期又可划分为"政策调整阶段"（1994—1995）和"萧条稳定阶段"（1996—1997）；c. "震荡恢复时期"（1998 开始）。波兰经济学家科勒德克②（2004）根据其政治制度和政府改革政策的变化，将波兰 15 年的经济转型分为四个阶段：1990—1993 年、1994—1997 年、1998—2001 年、2002 年至今。布达佩斯大学经济学教授帕尔·加斯伯和卡尔曼·弥赛伊③（2004）将匈牙利的经济转型划分为三个阶段：a. 1994—1995 年，其特点为"采用渐进主义的方法稳定宏观经济，同时采用一种更为激进的休克疗法进行宏观和微观体制改革"；b. 1995—2001 年，其特点为"采用保守与连贯的宏观经济政策，同时，微观领域的经济改革加快"；c. 2001—2003 年，其特点为"宏观经济稳健政策出现逆转，法律、政策和体制协调的发展加快"。我国学者景维民（2007）认为，转型国家的经济转型大致可以分为以下四个阶段：a. 经济转型的准备阶段：从改革走向转型；b. 经济转型的启动和正式推进阶段：共性与差异；c. 转型战略调整和转型路径分化；d. 转型的深化和完善阶段：走向成熟的市场经济。

对于中国以市场化为取向的经济转型的进程也是国内外学者关注的热点。赵旻④（2003）从体制转轨与经济发展相结合的角度，将中国经济转型分为四个阶段：a. 改革探索和扩张供给阶段（1978—

① ［俄］B. 马乌：《转轨与发展：俄罗斯的十年》，《经济社会体制比较》2002 年第 4 期。
② ［波兰］科勒德克：《波兰改革历程及其对中国的启示比较》，《经济社会体制比较》2002 年第 4 期。
③ ［匈牙利］帕尔·加斯伯、卡尔曼·弥赛伊：《转轨通讯》2004 年第 3 期。
④ 赵旻：《论我国经济转轨发展的四个阶段》，《经济学动态》2003 年第 3 期。

1991）；b. 社会主义市场经济体制框架和经济高速增长阶段（1992—1997）；c. 改革巩固攻坚和经济结构全面调整阶段。吕炜[①]（2003）从经济转轨过程中的转折点入手，提出中国经济转型进程可以划分为两个阶段：a. "告别旧体制意义的转折点"，其标志为：短缺现象普遍消失；市场化取向不可逆转；b. "建立新体制的任务接近完成意义的转折点"，其标志为：所有的企业都被规范地纳入市场化约束相互对称体系的经济运行环境之中；灵活地应对商业周期变化和应付经济全球化环境的宏观调控体系基本形成。徐竹青[②]（2010）从经济结构和经济体制的角度将我国经济转型分为三个阶段：a. 以农村工业化和建立有计划商品经济为主要内容，具体的时间是 1978 年十一届三中全会到 1991 年；b. 以城乡结构优化和市场改革为主要内容，具体时间从 1992 年党的十四大明确提出"社会主义市场经济"、党的十四届三中全会作出《关于建立社会主义市场经济体制若干问题的决定》开始，到 2001 年我国加入 WTO 之前；c. 从 2001 年至今，市场化改革进一步加快，改革从经济体制改革拓展到政治体制改革、社会体制改革和文化体制改革，改革进入全面实施阶段。国家发展与改革委员会宏观经济研究院课题组[③]（2004）指出，改革开放以来我国经济转型划分三个时期：a. "自发启动时期"（1978 年至 1992 年以前）；b. "自觉推动时期"（1992 年到 20 世纪末）；c. "全面加速期"（世纪之交开始）。伍装[④]（2005）认为，我国经济转型经历了三个阶段：a. 由垂直集团与封闭的生产力之间的相互作用所构成的僵化制度阶段；b. 由分散化利益集团与发展的生产力之间的相互作用所构成的弹性制度阶段；c. 由水平竞争性利益集团与优化配置生产力之间相互作用所构成的竞争制度阶段。

可以看出，不同的学者从不同的角度对经济转型进程阶段性划分的

---

① 吕炜：《经济转轨过程中的转折点研究》，《经济学动态》2003 年第 6 期。
② 徐竹青：《转型升级浙江发展的战略选择》，中国经济出版社 2010 年版，第 10—12 页。
③ 国家发改委宏观经济研究员课题组：《中国加速期的若干发展问题研究（上）》，《经济研究参考》2004 年第 6 期。
④ 伍装：《中国经济转型分析导论》，上海财经大学出版社 2005 年版，第 413 页。

标准也存在很大的差异。

2. 广义上的经济转型

国内外学者对经济转型从广义的角度来研究，综合起来，不外乎有以下四种观点。

（1）多维度经济转型

已有研究表明，经济转型是一个大概念，包括政治、经济、文化、科技、生活方式、环境以及体制机制等方面。例如，匈牙利学者科尔奈[①]（2005）指出，转型"不仅仅只包括经济的转型，还包括了生活方式、文化的转型，政治、法律制度的转型等多个方面。转型有可能同步推进的，有可能是有前因后果的"、"从集中管理的命令经济到市场经济是转型的一个维度。从较低发展水平到较高的发展水平，从农业社会到一个更为城镇化的社会是其他几个维度"。而我国学者赖德胜[②]（1999）认为，经济转型主要三个方面的转型：经济体制改革、国民收入分配和产业结构的变动。张宇（1997）指出，经济转型不仅仅是一个资源配置方式转变的问题，而是一个与工业化、现代化和社会主义宪法制度的改革三重重大的历史变迁相伴随的，包括了矛盾和冲突、创造与毁灭的社会转型过程。伍装[③]（2005）则认为，经济转型这种大规模制度变迁不仅是资源配置方式的转换，也是政治体制的改革和社会文化制度的整体改革。它是社会文化、制度传统环境的转变，资源配置方式转变和政府权力行为方式转变三种主变量变化的统一。景维明[④]（2006）指出，经济转型是一个相当宽泛的概念，它是指整个经济、社会体制的复杂的制度演化过程和经济发展过程，不但包括市场化、自由化改革、市场机制建设，还包括法制建设、宪政转型、社会转型等制度建设问题，也包括经济增长和经济发展问题。同样，郭占恒[⑤]（2007）则认为，经济转型的内涵是以人为本和又好又快，其外延涉及经济、政

① ［匈牙利］雅诺什·科尔奈：《大转型》，《比较》2005年第17期。
② 赖德胜：《经济转型与教育失范》，《北京师范大学学报》1999年第3期。
③ 伍装：《中国经济转型分析导论》，上海财经大学出版社2005年版，第2页。
④ 景维民等：《经济转型的阶段化演化与相对市场化进程研究》，中国财政经济出版社2006年版，第23页。
⑤ 郭占恒：《关于浙江发展转型的几个问题》，《浙江经济》2007年第6期。

治、文化、社会各个方面。陈惠芳[①]（2011）等指出，经济转型主要体现在经济发展、民生改善能力提升、科技创新能力的增强、国际化发展水平的提高、产业结构优化、节能减排和生态环境的改善等。

（2）经济增长方式、经济体制和经济结构三重经济转型

朱家良[②]（2004）认为，经济转型包括三个方面的转型：经济增长方式由粗放型向集约型转变，经济体制由初级市场经济向更具有活力更加开放的现代市场经济转型，传统的二元经济结构向现代经济结构转型。简新华[③]指出，经济转型主要实行三大转变，即由传统计划经济体制向社会主义市场经济体制转变，由落后的二元经济向一元现代经济转变，由粗放增长、数量扩张、重速度、靠投入、高能耗、低效益的不可持续性发展方式向集约增长、重质量、靠科技和管理、低能耗、高效益的可持续性发展方式转变。

（3）双重经济转型，即经济体制和经济结构的转型

郭金兴[④]（2004）认为，经济转型包括经济体制和经济结构的双重转型，即经济体制由计划经济向市场经济转型、经济结构由二元经济向一元经济转型。同样，秦晓[⑤]（2006）也赞同双重转型的观点，即"以工业化为目标的经济结构转型和以市场机制为导向的经济体制转型，这一双重转型是转型国家经济发展与改革的主题"。徐竹青等[⑥]（2010）也指出，经济转型通常包括经济结构的转变与经济体制的转变，前者主要体现在发展中经济体在工业化进程中经济发展阶段的转换上，而后者则是经济制度向以市场体制为导向的经济体制的转变。如果当经济体制变革与经济发展阶段转换同时出现，即在某一特定阶段的经济运行既受到经济体制转轨的制约，也受到发展阶段转型的制约，即发展层面的转型问题与体制层面的转轨问题构成矛盾需要经济发展从一个阶段到另一

① 陈惠芳等：《开放条件下区域经济升级综合能力评价研究——中国31省市转型升级评价指标体系分析》，《管理世界》2011年第8期。

② 朱家良：《社会新阶段浙江经济发展战略研究》，《浙江经济》2004年第14期。

③ 简新华：《中国工业化与新型工业化道路》，山东人民出版社2009年版，第328页。

④ 郭金兴：《我国经济转型、经济发展与劳动关系的实证研究》，《劳动经济评论》2009年第11期。

⑤ 秦晓：《经济转型和政府职能的转变》，《中国经济时报》2006年1月16日。

⑥ 徐竹青等：《转型升级浙江发展的战略选择》，中国经济出版社2010年版，第8页。

个阶段转换时，意味着经济发展方式转型。姜作培①（2009）认为，经济转型是指资源配置和经济发展方式的转变，包括发展模式、发展要素、发展路径等。另一种则是经济结构和产业结构的转型，包括经济结构的调整和产业结构的优化升级。

（4）产业结构的转型升级

赵洪祝②（2009）认为，推进经济转型升级，关键在于产业结构优化升级，实现由粗放型向集约型发展转变。要坚持以产业结构优化升级为基本途径，加快建立现代产业体系。徐竹青③（2010）指出，经济转型主要是转变经济发展方式，从本质上讲就是促进结构转型。而产业结构的转换与升级是结构转型的重点领域和关键环节之一。因此，经济转型主要是指产业结构的转型与升级。李克④（2011）指出，经济转型，主要指一个国家的经济结构和产业结构以及对应的制度安排和相关政策，在经济发展的历史逻辑序列顺向演进过程中所达到的阶段和层次。主要包括四个方面的内容：①在整个产业中由第一产业占优势比重逐渐向第二、第三产业占优势比重演进的历史过程；②产业结构中由劳动密集型，特别是初级劳动密集型产业占优势比重逐渐向资本密集型、技术密集型产业占优势比重演进的历史过程；③由产业结构中制造初级产品的产业占优势比重逐渐向制造中间产品、最终产品占优势比重演进的历史过程；④制度安排和相关政策在此过程中，不断调整和完善，以推动和稳定产业升级的成果。事实上，他所讲的经济转型实质上就是经济转型升级。

3. 经济转型与经济改革

关于经济转型和经济改革关系的研究，不同的学者对此看法很不一致。比利时经济学家热若尔·罗兰⑤（2002）在《转型与经济学》中，将研究前社会主义经济从计划向市场经济转型过程的领域称为

---

① 姜作培：《结构调整：中国经济转型升级的取向与路径选择》，《探索》2009年第5期。

② 赵洪祝：《在应对挑战中加快经济转型升级》，《求是》2009年第5期。

③ 徐竹青：《转型升级浙江发展的战略选择》，中国经济出版社2010年版，第55页。

④ 李克：《中国经济转型产业升级》，北京理工大学出版社2011年版，第11页。

⑤ ［比利时］热若尔·罗兰：《转型与经济学》，北京大学出版社2002年版。

"转型经济学"，他认为"转型"、"转轨"和"改革"似乎具有同一含义。我国著名的经济学家吴敬琏在《改革，我们正在过大关》和《当代中国经济改革》中将"改革"和"转轨"视为统一研究对象。但是，法国学者贝尔纳·夏旺斯[①]（1999）认为，苏联和东欧社会主义国家的经济改革是在保持社会主义的政治经济制度不变的基础上，通过对计划经济体制进行局部的修补，来提高经济体制的运行效率。因此，经济改革是计划经济体制内的量变过程，而经济转型是从计划经济体制到市场经济体制的质变过程。我国学者景维民等[②]（2006）指出，经济改革的目标是改进和完善社会主义计划经济体制，不是从根本改变它，而转型意味着抛弃原有的计划经济体制，将现代市场经济体制作为转型的目标；改革是在制度环境相对僵化、保守的前提下对经济体制进行局部改造，而转型则需要制度环境发生相应的调整；改革不会对计划经济体制最根本的经济制度基础提出挑战，而转型要对计划经济体制的制度基础进行深刻的改造。谷玉堂[③]（2006）则认为，经济转型可以包含经济改革，经济改革通过经济转型来完成，经济改革是经济转型的一个组成部分、一种方式和手段，但经济转型也可以通过其他途径来实现。

4. 经济转型与经济发展

计划经济体制失败的一个根本原因在于其低效的资源配置方式和粗放的经济增长方式、畸形的经济结构和封闭的贸易模式无法支撑社会经济的持续发展以及民众福利水平的不断提高。因此，实现经济发展状况的根本变化自然成为经济转型的一个重要任务。从实体经济的角度看，Grzegorz W. 和Kolodoko[④]（1999）指出，转型中的经济发展表现为经济的持续增长、经济结构不断优化以及人民生活水平的不断提高。而陈宗

①　[法]贝尔纳·夏旺斯：《东方的经济改革——从50年代到90年代》，社会科学文献出版社1999年版，第8—9页。

②　景维民、张慧君：《经济转型的阶段性演化与相对市场化进程研究》，中国财政经济出版社2006年版，第88页。

③　谷玉堂：《社会主义经济学通论——中国转型期经济问题研究》，高等教育出版社2006年版，第88页。

④　Grzegorz W. 、Kolodoko, Ten Years of Postsocialist Transition：the Lessons for Policy Reforms, *The World Bank Policy Research Working Paper* No. 2095，April 1999.

胜（1995）① 指出，经济转型肩负着制度变迁（体制转型）与经济发展双重任务。厉以宁② （1996）认为，经济转型是指从计划经济体制转变到市场经济体制，而经济发展是从不发达的状态迈向现代化。景维民③（2006）指出，包括苏联和东欧以及东亚国家在内的社会主义国家之所以发生经济转型，根源在于计划经济体制无法支持社会经济的高速、持续发展，以及民众对提高自身福利水平的迫切要求，从而严重削弱了计划经济体制生存的基础。

他同时指出，经济发展程度及其变化情况是衡量经济转型进程的重要方面。蔡昉④（2009）认为，经济转型实质就是计划经济体制向市场经济体制转变，市场经济体制这个目标没有固定成为独立的模式，而是服从于改善民生和提高国力为目的。可见，他认为，经济转型的直接目的是促进经济发展。从虚拟经济的视角看，景维民⑤（2004）指出，转型中的经济发展表现为"在原有的实体经济的基础上再构建出一套价值系统来真实反映在实体经济下被歪曲的人与人之间物质利益关系"。

（二）关于职业教育改革的研究

职业教育是实现经济可持续发展的"万能钥匙"，经济转型必然导致职业教育进行相应地变革。通过检索国内外文献，关于职业教育改革的研究，主要聚焦于职业教育改革的国外研究和我国职业教育改革研究。

1. 职业教育改革的国别研究

检索国内外文献，我们发现，对国外职业教育改革的研究，主要聚焦于英国、德国、美国、日本、韩国、俄罗斯等国家，其研究内容主要包括职业教育改革的背景、内容和成效及问题等。

---

① 陈宗胜：《论中国经济运行的大背景——双重过渡》，《天津社会科学》1995 年第 6 期。

② 厉以宁：《转型发展理论》，同心出版社 1996 年版。

③ 景维民、张慧君：《经济转型的阶段性演化与相对市场化进程研究》，中国财政经济出版社 2006 年版，第 82 页。

④ 蔡昉：《中国经济转型 30 年（1978—2008）》，社会科学文献出版社 2009 年版，第 5 页。

⑤ 景维民、孙景宇：《全球视角下的转轨经济》，《经济学动态》2004 年第 3 期。

（1）英国职业教育改革

翟海魂[1]（2004）认为，英国职业教育改革主要分为三个时期：19世纪后期，英国世界经济垄断地位逐步丧失以及世界博览会的巨大威胁，英国政府开始设立政府机构，掌管职业技术教育；成立皇家国家技术教育委员会，研究相应对策；制定相关法律，支持职业技术教育。19世纪末到20世纪中叶，颁布《巴尔福教育法》，为国家资助技术课程提供支持；通过《哈多报告》和《斯宾塞报告》，强调现代中学的职业教育倾向；兴办高等职业技术教育机构，实行职业资格证书制度。"二战"以后，颁布《1944年教育法》，明确中等职业技术教育地位；组建技术学院，促进高等职业技术教育快速发展；颁布《工业训练法》，促进学校职业技术教育与工业训练相结合。实行中等教育综合改革计划，综合中学蓬勃发展和技术中学的衰落。匡瑛[2]（2005）指出，战后英国高等职业教育改革可以划分为以下三个阶段："二战"后到20世纪60年代初，试图通过振兴教育特别是职业教育带动经济和科技的发展，特别注重高级技术教育的实施；20世纪六七十年代，职业教育改革的重心转移到让更多的青年接受包括高职在内的继续教育；20世纪七八十年代，受石油危机的冲击，开始关注教育与就业的相关性，让更多的人有机会获得职前以及再就业的培训；20世纪八十年代中期至九十年代，推出国家职业资格证书和普通国家职业资格证书，逐步建立规范、统一的职业教育体系。石伟平[3]（2001）认为，英国职业教育改革主要包括："二战"后的《1944年教育法》以法律的形式确定了职业技术教育在中等教育和继续教育中的地位；《珀西报告》提出和实施产学合作管理体制；《1956年技术教育白皮书》提出发展高等职业技术教育；1959年《克鲁塞报告》提出加强中等教育与继续教育之间的联系，充实和发展培养中、初级技术人员的课程；1964年颁布《产业训练法》建立了产业训练新体制；20世纪90年代以后，以发展继续教育、加强产业训练为重点，并将职业技术教育体制作为重大教育改革的主要内容

① 翟海魂：《发达国家职业技术教育历史演进》，上海教育出版社2004年版。
② 匡瑛：《比较高等职业教育：发展与变革》，上海教育出版社2005年版，第90—91页。
③ 石伟平：《比较职业教育》，华东师范大学出版社2001年版，第70—75页。

之一，例如，建立城市技术学院、推行国家职业资格证书（NVQ）和普通国家职业资格证书（GNVQ）和多形式的再就业培训，等等。

（2）德国职业教育改革

姜大源①（1999）指出，德国职业教育坚持以下八种基本理念：职业教育的终身性；职业生涯的迁徙性；职教发展的社会性；职教普教的等值性；企业办学的主体性；培养途径的差异性；专业设置的现代性；课程方案的开放性。石伟平②（2001）认为，20世纪80年代以来，德国职业教育进行以下改革：进行国际合作办学，职业教育走向国际化；适应产业结构升级的需要，职业教育层次高移；职业教育与普通教育相互渗透与延伸，逐步实现普职融合；注重扩大基础知识，减少职业培训工种；大力发展职业继续教育，重视终身职业教育发展。而彭正梅③（2002）认为德国职业教育改革和发展趋势包括：扩大职业教育、改善社会处境不利群体的职业教育和职业继续教育、加强个性化职业教育、加强新职业和未来职业研究预测、改革教学计划和课程设置、改革职业教育评价和考核方式，等等。翟海魂④（2004）指出，德国职业教育改革主要分为四个时期：19世纪末至20世纪初，德国试图借助教育促进技术进步和工业发展，建立适应工商业发展需要的实科学校；适应产业发展的需要，对地方工业学校进行改革；举办高等技术学院，培养高技能人才；建立工业补习学校，实施强制职业技术教育。20世纪20年代至"二战"前，德国将职业技术教育纳入普及义务教育框架；将补习学校改为职业学校；颁布《国家教育法》，第一次规定职业学校教育为义务教育，使职业学校的培训有了比较完善的法律保障。"二战"后至20世纪80年代，德国进行中等教育改革，明确实科学校的组织形式；颁布《联邦职业技术教育法》，确立了"双元制"职业教育法律地位；颁布《职业学校划分标准》，规定职业教育类型。20世纪80年代后，德国颁布新《职业技术教育法》，确认学生获得良好职业技术教育的多种实现形式；颁布《晋升性进修教育促进法》，谋求普通教育与职业教

---

① 姜大源：《论德国职业教育改革的基本理念》，《德国研究》1999年第4期。
② 石伟平：《比较职业教育》，华东师范大学出版社2001年版，第118—121页。
③ 彭正梅：《德国职业教育改革和发展趋势》，《全球教育展望》2002年第3期。
④ 翟海魂：《发达国家职业技术教育历史演进》，上海教育出版社2004年版。

育等值；推行现代学徒制，促进产教结合。黄尧①（2011）则认为，德国战后职业教育改革分为两个阶段：一是"二战"后至20世纪90年代前，主要以《联邦职业技术教育法》为基础建立职业教育体系，体现职业技术教育全面制度化；二是两德统一后，根据经济结构的转换及时调整和更新培训职业及其培训计划，实行培训职业现代化改造；加强职业继续教育，实现职业教育终身化；颁布新《职业教育法》，保证所有青年都能获得高质量的职业培训。

（3）美国职业教育改革

张晓明②（1996）认为，美国职业教育改革有以下七个方面的趋势：一是职业教育法制化；二是职业教育综合化；三是职业教育均等化；四是职业教育地区化；五是职业教育一体化；六是职业教育高移化；七是职业教育终身化。石伟平③（2001）指出，美国职业教育改革大致分为三个时期：一是工业革命时期，主要是移植殖民地时期职业教育的同时，探索公立中学职业教育发展导向。加大政府干预职业教育的力度，颁布《莫雷尔法案》，使职业教育成为高等教育重要组成部分。二是19世纪末至20世纪初，主要推行中等教育课程改革，确定中等教育就业目标；颁布《斯密斯—休斯法案》，推动中等职业教育制度化；建立两年制社区学院，促进职业教育发展。三是"二战"后至今，主要包括职业教育恢复与发展时期，20世纪60至80年代的"社会公正与公平"的训练时期，20世纪80年代至90年代"有效性、效率性"的训练时期，20世纪90年代以后的职业训练有效性时期。黄尧（2011）④认为，美国职业教育改革大致可以分为四个时期：一是19世纪末至20世纪初，主要是移植和改造欧洲国家教育制度，经历了由重视学术性向学术性与职业性并重的转变；二是"二战"后至20世纪70年代末，职业教育强调"社会公平与公正"，关注社会弱势群体，重视

① 黄尧：《职业教育可持续发展战略研究》，高等教育出版社2011年版，第159—160页。
② 张晓明：《美国职业教育改革的趋势》，《外国教育研究》1996年第3期。
③ 石伟平：《比较职业教育》，华东师范大学出版社2001年版，第118—121页。
④ 黄尧：《职业教育可持续发展战略研究》，高等教育出版社2011年版，第160—162页。

职业生涯教育；20世纪80年代至90年代，重视职业教育和培训的效率；20世纪90年代至今，职业教育关注"参与度"与"整合"，先后推行了STW（学校到工作过渡）运动和STC（从学校到生涯）运动。

（4）日本职业教育改革

朱永新等①（1996）认为，伴随三次大规模的经济起飞，日本职业教育进行了三次变革和发展：第一次从1968年的明治维新起到第二次世界大战，为保证"商业立国"经济发展战略顺利实施，确立了职业教育体制；第二次从战后到20世纪70年代初，为配合"加工贸易立国"的经济发展战略，对职业教育体制进行全面改革；第三次从20世纪70年开始，主要是基于日本社会成熟化、科技进步和国际化进展的要求。朱文富②（1999）指出，日本近代职业教育改革大致可以分为三个时期：1868年至1880年，为适应产业移植的需要，日本学习欧美职业教育，创设适合本国发展的近代职业教育；1880年至1885年，为适应由官营民助的封建保护性政策转变为民营官助的现实主义产业政策，日本开始建立适合本国国情的职业教育体系；1885年至1914年，为迎合产业革命的爆发，日本迅速建成多层次、多类型的完整的职业教育体系；1931年至1945年，为适应战时需要，日本职业教育走上畸形膨胀的道路，其规模和数量也达到了近代历史上的极限。山长莲（2006）③认为，科学技术迅猛发展，产业结构和就业结构相继变化，学生数量的减少，迫使日本职业教育进行相应地变革。刘文君④（2007）指出，日本中等职业教育的兴衰与其所处的社会经济发展水平密切相关，经济迅猛发展带来国民收入增加，导致职业教育需求增加，最终促使中等职业教育进行相应地改革。而李文英⑤（2010）认为，当代日本职业教育改革的背景有三个方面：

① 朱永新等：《当代日本职业教育》，山西教育出版社1996年版，第229—267页。

② 朱文富：《日本近代职业教育发展研究》，河北大学出版社1999年版，第3页。

③ 山长莲：《日本职业教育改革的现状与职业教育改革》，《辽宁高职学报》2006年第3期。

④ 刘文君：《职业教育与经济发展——日本的经验教训及对我国的启示》，《教育与经济》2007年第2期。

⑤ 李文英：《日本职业教育改革的新进展》，《中国职业技术教育》2010年第12期。

一是知识经济的发展，二是成熟社会的到来，三是国际竞争的需要。姜金秋①（2011）指出，当前日本产业结构的转变影响了就业结构和人才需求结构，对职业教育发展提出了新的要求，日本不断调整和完善职业教育层次、科类和结构，适应经济转型和产业发展的需要。

就改革的内容而言，朱永新等②（1996）指出，20世纪70年代以来，日本职业教育进行了五个方面的改革：职教机构的设置，遵循尊重个性和向终身学习社会过渡的原则；改革高中学校制度，增设综合学科；对高中入学者实施多样化的选拔政策；改编和新设职业学科，充实职业教科科目；转变教育观念，改进教育方法。李文英③（2010）认为，当前日本职业教育改革包括四个方面：一是高中职业教育改革。课程上重视基础知识和基本技能的基础上进一步充实专业教育，创设有特色的教育课程，加强职业教育各学科之间以及地方社会的联系；设置与普通学科和专业学科等值的综合学科，发展学生的个性。二是短期高等职业教育改革。其内容包括：高等专科学校允许开设工业和商船以外的学科，符合条件的毕业生可以授予"副学士"学位；短期大学设立"短期大学士"学位制度；专修学校创设"专业士"制度。三是进行专业研究生教育改革，实施实践性教育的"专门职研究生院"制度。四是实施社会职业教育改革，主要包括公共职业训练和企业内教育两个方面。谷峪、姚树伟④（2010）认为，日本职业教育改革包括工业化时期和知识经济时代，前者包括制订长期综合发展规划、加强职业教育界和产业界密切合作、多渠道进行职业教育投入和做好职业教育定向指导等，后者主要是将职业生涯教育贯穿于学历教育各个阶段。

（5）俄罗斯职业教育改革

高金岭⑤（2003）认为，俄罗斯中高职教育改革出于三个原因：顺应

---

① 姜金秋、杜育红：《日本产业结构升级对高教改革的影响及启示》，《国家教育行政学院学报》2012年第11期。

② 朱永新等：《当代日本职业教育》，山西教育出版社1996年版，第229—267页。

③ 李文英：《日本职业教育改革的新进展》，《中国职业技术教育》2010年第12期。

④ 谷峪、姚树伟：《职业教育·生涯教育·终身教育——转型期日本职业教育发展及其启示》，高等教育出版社2010年版，第9—11页。

⑤ 高金岭：《俄罗斯初、中等职业教育改革管窥》，《教育与职业》2003年第5期。

国际职业教育改革要求；传统办学模式与变革着的社会政治经济之间矛盾重重；职业教育管理体制无法适应市场经济体制变革的要求。臧颖[①]（2006）指出，苏联解体后，随着私有化进程全面实施，许多职业院校出现国有资产流失、经费紧张等问题，职业院校处于崩溃的边缘，职业教育改革势在必行。李勇等[②]（2010）认为，俄罗斯职业教育改革与该国经济转型息息相关，私有化导致职业学校办学和管理体制进行相应改革。

就改革的内容而言，高金岭[③]（2003）指出，俄罗斯中高等职业教育改革聚焦于两个方面：一是进行教育管理体制改革，扩大职业院校办学自主权，强调政府财政拨款是职业教育经费的主渠道；二是建立学前职业教育、初等职业教育、中等职业教育和高等职业教育等相对完善的职业教育体系。吴雪萍等[④]（2005）认为，苏联解体后，俄罗斯在宏观和微观上进行了职业教育改革：宏观层面上，调整中等职业教育体系，大力发展高等专科学校；制定并推行俄联邦中等职业教育国家标准；调整专业目录，拓宽专业口径；建立面向全体师生的社会经济保障体系。微观层面上，扩大中等专业学校办学自主权；努力拓宽经费来源；密切社会伙伴关系；加强职业指导，促进职业教育健康稳定发展。臧颖[⑤]（2006）指出，针对职业教育权力过分集中、管理过死以及教育机构相互隔离的问题，俄罗斯进行以下两项改革：制定法律改革教育结构，形成多层次、多形式的职业教育；改革管理体制，扩大地方和学校办学自主权。姜大源等[⑥]（2012）将俄罗斯职业教育改革分为三个时期：茫然和改革起步时期，主要是扩大中高等职业教育规模；困中求变时期，职业教育培养目标定位于高技术发展的要求，进行专业调整以适应劳动力

---

① 臧颖：《法治、公平与多样化——职业教育改革的趋势》，《宁波工程学院学报》2006年第4期。

② 李勇等：《转型时期职业教育改革及特点研究》，《教育研究》2010年第2期。

③ 高金岭：《俄罗斯初、中等职业教育改革管窥》，《教育与职业》2003年第5期。

④ 吴雪萍、陈炯奇：《面向就业的俄罗斯中等职业教育改革》，《比较教育研究》2005年第7期。

⑤ 臧颖：《法治、公平与多样化——职业教育改革的趋势》，《宁波工程学院学报》2006年第4期。

⑥ 姜大源等：《当代世界职业教育发展趋势研究》，电子工业出版社2012年版，第130页。

市场需求，推动工商业界参与职业教育人才培养计划；变中反思时期，多个部委和组织相互协作和共同努力，制订职业教育现代化方案，实施有更多社会伙伴参与的课程标准。李勇等①（2010）认为，为适应经济社会转型的需要，俄罗斯进行职业教育改革：管理分权化、体系层次化、主体多样化、专业综合化、证书国际化、教育个性化。就改革的成效而言，姜大源等②（2012）指出，俄罗斯职业教育改革取得初步成效：职业教育体系构建连续性，职业教育办学体制一体化。朱励群等③（2006）指出，俄罗斯职业中等职业教育改革后，仍存在不少问题：教育阵地缩小，招生困难；办学体制不适应市场的需要，毕业生就业困难；国家预算拨款减少，学校资金供给困难；法规不完善。

2. 我国职业教育改革研究

通过检索文献，我们发现，关于我国职业教育改革的研究，主要聚焦于我国职业教育改革的背景、职业教育改革取得的初步成效、存在主要问题和进一步推进我国职业教育改革的建议五个方面。

（1）职业教育改革的背景

李定仁④（2002）认为，我国职业教育改革的原因在于职业教育面临巨大的困境：职业学校招生滑坡，农村职中、农业中专和技工学校和普通中专等招生急剧滑坡，生源严重不足，办学难以维持；职业学校毕业生就业形势严峻，学生毕业后难以找到就业门路；职业教育教师素质整体偏低。孙琳⑤（2007）指出，我国的现实状况决定了职业教育改革势在必行：我国经济结构调整及技术进步，迫切需要职业教育进行调整与改革；经济社会发展对应用型人才的需求，从数量紧缺逐渐转向结构性紧缺，职业教育培养人才规格、人才结构问题突出；适应经济全球化

---

① 李勇等：《转型时期职业教育改革及特点研究》，《教育研究》2010 年第 2 期。

② 姜大源等：《当代世界职业教育发展趋势研究》，电子工业出版社 2012 年版，第 130 页。

③ 朱励群、李庆华．《俄罗斯中等职业教育改革发展状况及启示》，《职业技术教育》（教学版）2006 年第 5 期。

④ 李定仁、马正学：《关于我国职业教育改革发展的若干思考》，《教育研究》2002 年第 9 期。

⑤ 孙琳：《转型时期中国职业教育的改革与发展》，高等教育出版社 2007 年版，第 11—13 页。

趋势和加入世贸组织的格局要求，职业教育面临着应对国际和国内两个劳动力市场的挑战；构建终身教育体系的学习型社会，对职业教育提出了新的要求和任务；符合世界职业教育发展趋势。黄尧[①]（2011）认为，我国的经济社会基础决定了职业教育改革刻不容缓：国民经济快速发展，综合国力由弱到强的巨大转变；经济结构优化升级，发展方式和增长模式呈现由粗放向集约和节约的重大转变；人口素质明显提高，我国教育发展站在新的历史起点上。

（2）职业教育改革的成效及问题

就改革的成效而言，马树超等[②]（2005）指出，"十一五"期间我国职业教育改革成绩斐然：高等职业教育规模迅速增长，中等职业教育规模开始回升，职业学校办学水平显著提升，职业教育模式呈多元化格局，职业学校毕业生就业率逐年提高，职业学校的非学历培训功能得到进一步拓展。张翔[③]（2006）认为，"十一五"期间我国高等职业教育改革取得了初步成效：规模实现了跨越式发展，在高等教育大众化的进程中发挥了不可替代的主力军作用；明确了办学思想和培养目标；高等教育发展政策进一步完善；建立了有效的质量监控体系。黄尧[④]（2008）指出，改革开放以来，我国职业教育改革已经取得了六大成效：职业教育在现代化建设全局中的战略地位得到确立；职业教育规模不断扩大，结构更加合理，体系初步建立；以服务为宗旨，为国家人力资源开发作出了突出的贡献；以就业为导向，培养造就了大批高素质劳动者和技能型人才；教学改革不断深化，教学质量显著提高，基础能力建设取得明显成效；职业教育建设取得历史性成就，政策体系正在逐步完善。全国人大教科文卫委员会[⑤]（2008）认

---

① 黄尧：《职业教育可持续发展战略研究》，高等教育出版社 2011 年版，第 205 页。

② 马树超等：《"十一五"期间我国职业教育改革与发展面临的主要问题（上）》，《职教通讯》2005 年第 4 期。

③ 张翔：《"十一五"期间我国高等职业教育改革与发展的机遇与挑战》，《柳州职业技术学院学报》2006 年第 3 期。

④ 黄尧：《职业教育学——原理与应用》，高等教育出版社 2009 年版，第 330—334 页。

⑤ 全国人大教科文卫委员会：《关于职业教育改革和发展情况的调研报告》，《中国职业技术教育》2009 年第 16 期。

为，我国农村职业教育改革发展30年的主要成就有：农村职业教育从无到有，并初步建立了较完善的体系；县级职教中心成为农村中等职业教育的重要办学形式；专业设置从单一的农林类发展为覆盖农村三类产业；服务面向农村经济社会与农村劳动力转移两大功能；农村职业学校的办学条件、办学实力和服务能力不断增强；东西合作、与城市联合办学成为农村职业教育发展的重要途径；农村职业教育教师队伍从小到大，教师素质不断提高；形成了灵活、多样、开放的多种办学形式。职业教育改革成效显著：办学规模不断扩大，职业教育加速发展；职业教育服务经济、社会的能力逐步增强；深化办学和管理体制改革，职业教育活力有了提高；积极开展短期培训，立足提高劳动者的职业技能。①

就改革存在的问题来说，马树超等②（2005）指出，"十一五"期间，我国职业教育改革与发展面临的主要问题有：职业学校办学条件差，职业教育区域发展不平衡，管理体制不适应职业教育发展的要求；职业学校学制过于单一，师资队伍难以适应发展要求；农村职业教育发展滞后；职业教育结构不合理；职业学校培训功能尚未得到充分发挥。张翔③（2006）认为，目前社会对高职教育的认同度不高，就业质量不高；法规体系还不够健全；政府主导作用不够，没有形成全社会合力推动高职教育的态势；部分高职院校办学定位还不够准确，缺乏高职办学特色；办学经费不足，校内实训基地不能满足要求。孙琳④（2007）指出，就办学体制而言，现有的办学体制滞后于经济体制转轨的要求，还未形成真正意义上的教育办学主体多元化；办学主体的责权利问题没有得到很好的落实；职教的管理体制制约了职业教育多元办学体制的发展；职教的投资体制直接影响了职教办学体制的改革。就投资体制来

---

① 全国人大教科文卫委员会：《关于职业教育改革和发展情况的调研报告》，《中国职业技术教育》2009年第16期。

② 马树超等：《"十一五"期间我国职业教育改革与发展面临的主要问题》，《职教通讯》2005年第5期。

③ 张翔：《"十一五"期间我国高等职业教育改革与发展的机遇与挑战》，《柳州职业技术学院学报》2006年第3期。

④ 孙琳：《转型时期中国职业教育的改革与发展》，高等教育出版社2007年版，第89页。

说，职业教育投资体制尚未完全理顺，职业学校经费短缺仍然是困扰教育事业发展的重要原因之一；职业教育经费的筹集、使用、管理等方面还存在一些薄弱环节；财政支出的教育经费中职业教育所占比例仍然比较低；改善办学条件的经费仍然不到位。黄尧[①]（2008）归纳了我国职业教育改革与发展存在的八大问题：规模增长问题、办学质量问题、培养模式问题、经费投入问题、区域平衡问题、管理体制问题、教学制度问题、结构功能问题。全国人大教科文卫委员会[②]（2009）指出，职业教育改革存在主要问题包括：社会上重普教、轻职教的问题仍很突出；办学设施普遍简陋，教育经费紧张；教师队伍数量不足，结构不合理；中等和高等职业教育衔接、职业教育和普通教育沟通依然不畅；企业参与职业教育积极性不高，校企合作缺乏制度保障，职业教育多头管理，政出多门，资源缺乏整合。江西省教育科学研究所课题组[③]认为，目前职业教育改革的问题有：对职业教育认识不足，重视不够；对职业教育宣传不到位；办学机制欠灵活；专业结构不合理；忽视专业技能的培养；招生市场有待规范。陈明昆[④]（2010）指出，目前我国职业教育改革存在不少问题：相关法律法规和政策体系有待进一步完善；职业教育高成本、低投入的矛盾十分突出；办学条件水平低下，难以适应职业教育规模发展的要求；管理体制不顺，突破体制障碍成为职业教育改革发展的关键；职业院校人才培养模式和教学质量亟须全面提高。

（3）进一步深化职业教育改革的措施

国内学者对进一步深化职业教育改革的措施，主要聚焦于职业教育体制机制改革、职业教育课程教学改革、职业教育质量改革和职业教育师资队伍建设四个方面。

---

① 黄尧：《职业教育学——原理与应用》，高等教育出版社 2009 年版，第 330—334 页。

② 全国人大教科文卫委员会：《关于职业教育改革和发展情况的调研报告》，《中国职业技术教育》2009 年第 16 期。

③ 江西省教育科学研究所课题组：《职业教育改革与发展的经验及教训》，《职教论坛》2006 年第 4 期。

④ 陈明昆：《中国经济转型期职业教育可持续发展研究》，天津大学博士学位论文，2010 年。

第一，体制机制改革。李定仁①（2002）建议，在办学体制上，坚持在政府统筹管理下，实行包括政府办学在内的多元办学主体并存的办学体制，积极鼓励包括行业、企业、社会团体及公民在内的社会力量办学；办学模式上，坚持以市场为导向，以培养能力为本位，以提高质量和效益为中心，建立与本地经济、社会和教育发展相适应的多种模式。刘显泽②（2005）提出，创新办学理念，牢固树立以就业为导向，以服务为宗旨，面向市场、面向社会的办学指导思想；创新办学体制，使学校真正成为面向市场的办学主体；创新办学模式，构建以就业为导向适应市场需求的教学体系。江西省教育科学研究所课题组③（2006）认为，通过政策导向和激励机制，鼓励更多的民间资金参与职业职业教育发展；鼓励公办学校引入贴近市场、灵活高效的办学机制，采取公办民助、国有民办、股份制等多种办学模式，使职业学校成为面向社会、面向市场自主办学的实体。孙琳④（2007）建议，就办学体制而言，探索办学体制多种实现形式，如教育股份制、一校两制、国有民办、民办公助等试点，发挥政府办学的主体作用；制定适应企业行业调整的新措施，加强办学行为；发挥新型经济主体办学的作用，充分发挥大型股份制企业和非国有经济企业等办学的积极性；制定一系列的政策措施扶持和资助民办教育和中外合作教育。就投资体制来讲，转变观念，广开财源，将职业教育投资体制纳入整个社会经济投资体制及社会经济发展的需要；逐步建立与市场经济相适应的多渠道筹资体制；进入激励机制和竞争机制，以提高教学质量和办学效益。全国人大教科文卫委员会⑤（2009）指出，要深化职业教育管理体制改革，将职业教育统一管理；鼓励多元化、多形式办学。黄尧⑥（2011）提出，就管理体制改革而

---

① 李定仁、马正学：《关于我国职业教育改革发展的若干思考》，《教育研究》2002年第9期。
② 刘显泽：《职业教育需求与职业教育改革》，《职教论坛》2005年第9期。
③ 江西省教育科学研究所课题组：《职业教育改革与发展的经验及教训》，《职教论坛》2006年第4期。
④ 孙琳：《转型时期中国职业教育的改革与发展》，高等教育出版社2007年版，第92页。
⑤ 全国人大教科文卫委员会：《关于职业教育改革和发展情况的调研报告》，《中国职业技术教育》2009年第16期。
⑥ 黄尧：《职业教育可持续发展战略研究》，高等教育出版社2011年版，第205页。

言，要进一步处理好政府和学校的关系，扩大职业院校办学自主权；不断完善职业院校领导体制，促进教职员工参与学校管理；以人事分配制度改革为重点，推进职业院校内部管理体制改革；创新学校内部管理机制的灵活性，增强办学的适应能力；建立相应的机构组织，促进社会力量参与学校管理。就办学体制来讲，要提高行业企业参与职业教育的认识，建立行业、企业、职业教育参与和管理的机制，促进民办职业教育发展。姜大源[1]（2011）就经费投入、制度建设和科学规划等提出三项改革措施：建立职业教育经费投入的长效机制，确保职业教育经费投入等同于普通教育甚至超过普通教育；确立职业教育制度建设的长期战略，确保职业教育发展的外部环境等同于普通教育甚至优于普通教育；编制职业教育科学研究的长远规划，确保职业教育整体地位等同于普通教育甚至高于普通教育。

第二，课程教学改革。李定仁[2]（2002）建议，教育教学上，把加强职业道德、职业理想教育和创业教育放在首位，帮助学生树立正确的择业观、创业观，培养良好的职业道德素养。同时，将知识和能力的培养紧密结合起来，增强课程的灵活性、适应性和实践性，构建适应经济建设、社会进步和个人发展需要的课程体系。姜大源[3]（2011）指出，职业教育课程开发的起点是工作岗位及其工作任务，开发的目标是职业能力培养，开发的主体是企业与学校，开发的结构是工作过程，开发的形式是多元开放的。在课程教学改革的具体做法上，应该实现从基于知识储存的学科体系走向基于知识应用的行动体系，从基于做加法的局部求得整体走向作积分的整体把握局部，从基于显性技能和知识的学习走向隐性的能力内化和升华。全国人大教科文卫委员会[4]（2009）建议，对中高职的培养目标、教学计划、教学大纲、课程进行整体设计，促进

① 姜大源：《中国职业教育改革与发展建言：措施与创新》，《职业技术教育》2011 年第 28 期。
② 李定仁、马正学：《关于我国职业教育改革发展的若干思考》，《教育研究》2002 年第 9 期。
③ 姜大源：《中国职业教育改革与发展建言：措施与创新》，《职业技术教育》2011 年第 28 期。
④ 全国人大教科文卫委员会：《关于职业教育改革和发展情况的调研报告》，《中国职业技术教育》2009 年第 16 期。

中高职衔接，使持有中等职业教育毕业文凭的学生有更多的机会进入高等学校学习。

第三，职业教育质量改革。李定仁[1]（2002）指出，要加大职业学校布局调整和专业结构调整的力度，提高专业资源的利用率和整体效益，最终提高办学质量和办学效益。郭扬[2]（2008）建议，将实施"双证书"制度作为高职院校教学改革的切入点，推进高职教育人才培养质量的全面提高。周志刚等[3]（2009）提出，实现工具理性和价值理性整合，加强教师德育教育；树立全新的高等职业技术教育质量观选择恰当的教学策略，改进教学评价方式；迎接科学技术的挑战，加大专业建设、课程开发以及教学改革力度；科学预测，灵活适应，打造高等职业技术教育品牌。黄尧[4]（2011）提出，树立科学的多样化质量观，明确教学工作的中心地位；科学分析职业能力构成，探寻职业能力的培养机制；加强职业教育教学条件建设，深化职业教育教学改革；建立职业院校质量评价制度；加强职业教育教研和科研工作，为职业教育改革与发展提供理论基础。马树超[5]（2011）建议，调整课程内容，改进教学方式，把增强学生学习能力作为提高职业教育质量的重要抓手；完善职业教育专业教学标准，确保区域职业学校同类型专业人才培养的基本质量；完善职业教育质量评价制度，鼓励职业学校走特色发展的道路。他还建议，积极探索一个科学规范、适应职教发展需要、提高职教水平的质量体系和控制与评价机制，建立一套教学质量监控的原则、方法手段及指标体系。

第四，职业教育师资队伍建设。徐国庆[6]（2005）提出，改革教师的人事管理制度，鼓励大批能工巧匠以各种形式进入职业院校师资队

---

[1]　李定仁、马正学：《关于我国职业教育改革发展的若干思考》，《教育研究》2002 年第 9 期。

[2]　马树超、郭扬：《高等职业教育：跨越·转型·提升》，高等教育出版社 2008 年版，第 45—46 页。

[3]　周志刚、王全旺：《高等职业技术教育质量提升面临的挑战及对策研究》，《教育与职业》2009 年第 2 期。

[4]　黄尧：《职业教育可持续发展战略研究》，高等教育出版社 2011 年版，第 205 页。

[5]　马树超：《区域职业教育均衡发展》，科学出版社 2011 年版，第 80 页。

[6]　徐国庆：《职业教育原理》，上海教育出版社 2005 年版，第 163 页。

伍；加强职业院校师资培训，建立教师"企业锻炼"制度，鼓励职业院校教师定期到企业锻炼；改革教师评聘制度，打破学术性大学教师的标准评聘职业院校教师的做法，建立有利于发展职业院校教师技术实践能力的教师评聘标准。黄尧[1]（2011）建议，完善教师教育制度，优化师资结构；健全教师资格制度，推进教师专业化发展；加强师德建设，提高师资素养；提高教师待遇，增强教师职业吸引力。刘育峰[2]（2009）提出，转变视角，将封闭性的职教教师培养培训制度，转变为面向全社会的开放的聘任制度；重新审视职业技术师范学院的职责和任务，使之专门承担教育教学培训任务；真正实施职教教师的职业流动制度，促进教师的垂直流动和水平流动，提高他们工作的积极性。

（三）关于经济转型期职业教育改革的研究

通过检索国内外文献，关于经济转型期职业教育改革的研究文献不多，尤其是我国经济转型期职业教育改革的文献更少。就经济转型期国外职业教育改革而言，朱桂梅[3]（2008）在《以就业为导向的转型期俄罗斯中等职业教育改革——兼谈对中国中等职业教育的启示》的硕士论文中，概述了俄罗斯中等职业教育的历史沿革，分析了以就业为导向的俄罗斯中等职业教育改革的背景、政策保障体系及基本内容，考察了俄罗斯中等职业教育改革的特点及其改革发展所面临的问题，最后深入探讨了俄罗斯中等职业教育改革给我国中等职业教育带来的启示和思考。李娟[4]（2009）在《经济转型期俄罗斯职业教育改革》的硕士论文中，剖析了俄罗斯职业教育政策制定的社会背景，分析了职业教育改革的具体措施，考察了俄罗斯职业教育改革的现状，最后深入探讨了俄罗斯职业教育改革对我国职业教育改革的启示和思考。谷峪、姚树伟[5]

---

① 黄尧：《职业教育可持续发展战略研究》，高等教育出版社 2011 年版，第 205 页。

② 刘育峰：《面向世界的职业教育新探索》，北京理工大学出版社 2009 年版，第 157 页。

③ 朱桂梅：《以就业为导向的俄罗斯中等职业教育改革——兼谈对中国中等职业教育的启示》，东北师范大学硕士学位论文，2008 年。

④ 李娟：《经济转型期俄罗斯职业教育改革》，陕西师范大学硕士学位论文，2009 年。

⑤ 谷峪、姚树伟：《职业教育·生涯教育·终身教育——转型期日本职业教育发展及其启示》，高等教育出版社 2010 年版。

（2010）在《职业教育·生涯教育·终身教育：转型期日本职业教育发展及其启示》一书中，分析了经济转型期日本职业教育发展变化的社会背景、思想流变及政策演变，剖析了转型期中国职业教育发展的影响因素、社会背景和政策选择。同时，就批判地借鉴日本转型期发展职业教育、推进生涯教育的经验，尝试性地提出了对当前发展我国职业教育，构建中国特色的终身教育体系等改革建议。

较早研究经济转型期我国职业教育改革的是孙震翰①（1996），他在《经济转型期职业技术教育》中提出，科教兴国和经济体制、经济增长方式两个重大转变的实施，进一步呼唤我国职业技术教育要进行系统改革。例如，提高认识，确立职业技术教育应有的地位和作用；改革中等教育结构，大力发展职业技术教育；适应市场机制和科技发展的双重要求，全面提高职业技术教育的质量和水平。这些建议为我国经济转型期职业教育改革和发展有很好的启示作用。杨金土②（1998）在《经济转型期的职业教育》一文中，研究经济转型时期职业教育行为方式的转变，即职业教育自身转型的问题，是经济、社会及职业教育发展到一定阶段的必然现象，而且在不同的阶段会有不同的内涵。他认为，转变职业教育行为方式的内容主要包括：思想观念的转变和体制机制的转变，前者包括社会观念、竞争观念、效益和质量观念等方面的转变，后者包括管理职能转变、办学主体多元化、调整布局和区域性联合、活化职业学校内部的运行机制。他还在《中国经济转型期的职业教育改革》一文中，提出四项职业教育改革措施：一是结构性变迁促使职业教育改革——适应劳动力市场的建立，办学主体多元化，办学形式多样化，调整专业结构。二是注重质量与效益——提高职业教育层次，调整资源配置，提高办学效益；规范师资规格，加强师资建设；推进教学改革，提高教育质量；改革德育课程，加强德育工作。三是农村职业教育改革——农村普通教育要适当引入职业技术教育内容，教育要与当地实际结合。四是扩大开放——开展"双元制"改革试验的中德合作，围绕引入 CBE 模式进行的合作，由劳动部与国际劳工组织引入的 MES 培训

---

① 孙震翰：《经济转型期职业技术教育》，机械工业出版社 1996 年版。

② 杨金土：《经济转型期的职业教育》，《职教论坛》1997 年第 10 期。

模式的合作。孙琳①（2007）在《转型时期中国职业教育的改革与发展》一书中，以20世纪80年代至21世纪初为界限，对20年来中国职业教育改革发展的重大宏观问题——法制化建设、体系建设、体制改革、农村职业教育、信息化建设、职教研究等方面进行了总结归纳，试图就中国发展现代职业教育的内涵和构成进行初步探索，并对转型时期我国职业教育改革和发展提出了不少切实可行的建议。陈明昆②（2010）在其博士论文《中国经济转型期职业教育可持续发展研究》中，分析了经济转型期职业教育改革的历史必然性和现实可能性，研究了职业教育的规模、结构、质量、效益的可持续发展问题，阐明经济转型期中国职业教育实现可持续性发展的战略构想，提出统筹资源配置、优化运行机制和完善公共治理等政策建议，为今后我国职业教育可持续性发展道路提供科学的理论和政策依据。黄尧③（2012）在《经济转型期我国职业教育宏观政策研究》一书中，客观分析了近年来我国职业教育改革与发展的情况，阐述了我国职业教育工作制度性的创新和突破，介绍了我国职业教育教学改革、提升办学质量的实践探索，对职业教育法规建设进行回顾并提出一些切实可行的建议。该书系统总结了"十一五"期间我国职业教育改革与发展的成功经验和做法，对于落实《国家中长期教育改革与发展纲要（2010—2020）》和进一步推动职业教育改革与发展大有益处。

（四）对国内外学者研究的评述

已有研究围绕经济转型、职业教育改革和经济转型期职业教育改革等方面进行研究，上述研究对本研究的贡献主要可以概括为四个方面：第一，阐释了经济转型的不同类型。国内外学者对经济转型的基本内涵、基本类型、阶段性划分以及经济转型和经济发展、经济转型和经济

---

① 孙琳：《转型时期中国职业教育的改革与发展》，高等教育出版社2007年版，第89页。

② 陈明昆：《中国经济转型期职业教育可持续发展研究》，天津大学博士学位论文，2010年。

③ 黄尧：《经济转型期我国职业教育宏观政策研究》，外语教学与研究出版社2012年版。

改革的关系进行了阐述，上述研究为本研究清晰地界定经济转型的概念以及准确地划分经济转型的类型和阶段奠定了良好的基础，也为本研究详细地研究经济转型和职业教育改革之间的关系打下牢固的理论基石。第二，总结了世界主要国家和地区职业教育改革的基本经验。不少学者从不同的角度，总结了世界上主要国家和地区特别是西方发达国家和地区职业教育改革的基本经验，这些宝贵的经验为本研究系统地探讨经济转型期世界主要国家和地区职业教育改革的经验提供了很好的素材，可以为本研究系统总结这些国家和地区经济转型期职业教育改革的典型经验，也为研究经济转型期我国职业教育改革提供很好的启示作用。第三，分析了我国职业教育改革的得失。已有研究从不同的视角，客观地分析了我国职业教育改革的背景和改革的基本内容，分析了我国职业教育改革取得的初步成效和存在的主要问题，为本研究留下了很好的素材。第四，提出了进一步推进我国职业教育改革的建议。已有研究依据职业教育改革存在的主要问题，结合当前我国经济社会发展形势，从体制机制、课堂教学、教育质量和师资队伍等视角提出了一些切实可行的建议，这些建议为我国进一步顺利推进经济转型期职业教育改革提供了较为广阔的研究视野。

学术界上述四方面研究成果为本项目研究奠定了基础，但存在缺憾和不足，主要体现在四个方面。

第一，经济转型概念界定不清晰。不少学者仅仅从狭义的视角来定义经济转型，即经济转型是从计划经济体制向市场经济体制的转变，这种定义显然过于狭窄，它将经济转型视为社会主义国家计划经济向市场经济转轨的"专利"，没有考虑到资本主义国家或其他发展中国家从农业经济向工业经济、从工业经济向信息经济的转型，或者从劳动密集型产业转向资本密集型产业、从资本密集型转向技术密集型产业、从技术密集型产业转向知识密集型产业的转型，即经济结构的调整或产业结构的优化升级。也有不少学者认为经济转型是一个较为宽泛的概念，包括政治、经济、文化、科技、生活方式、环境以及体制机制等方面，也包括经济增长和经济发展问题，这就混淆了经济转型和社会转型之间的根本区别，事实上，社会转型包括政治、经济、文化、社会、环境等方面的转型。我们认为，经济转型主要从资源配置方式和经济增长方式的角度来探讨，主要指经济体制的转轨和经济结构的调整，前者主要指苏联、东欧和东亚等社会主义国家从以完善传统计划经济体制为目的的经济改革走向以建立现代市场经济为取向的转型；后者指包括发达国家和发展中国家在内的发展中经济体在工业化进程中经济发展阶段转换，即从农业经济向工业经济、从工业经济向信息经济的转型，或者从劳动密集型产业转向资本密集型产业、从资本密集型转向技术密集型产业、从技术密集型产业转向知识密集型产业的转型。如果当经济体制改革与经济结构转型升级同时出现，即在某一特定阶段的经济运行既受到经济体制转轨的制约，也受到经济结构调整的影响，即发展层面的转型问题和体制方面的转轨问题矛盾交织在一起时，就意味着经济发展模式的重大转变。

第二，经济转型进程阶段性划分不统一。我们知道，经济转型包括经济体制转轨和经济结构或产业结构的优化。目前学者对经济转型进程阶段性划分的标准不统一，已有研究仅仅从狭义的视角来划分经济转型进程阶段，有的侧重于从政府变革对改革政策影响的角度来划分转型阶段，有的以不同时期所要完成的改革任务为依据划分转型阶段，有的将经济体制转轨与经济发展结合起来划分经济转型的不同阶段，有的主要针对各转型国家的具体案例分别进行划分，也有些学者主要从产业结构的转型升级来划分经济转型进程。事实上，经济转型进程阶段性划分主要依据是经济转型的内涵，既然经济转型包括经济体制的转轨和经济结构或产业结构的优化，那么经济转型的进程应该包括两个方面的内容，一个是苏联、东欧和东亚等社会主义国家从计划经济体制到市场经济体制的阶段，即计划经济体制的彻底瓦解到市场经济体制的初创再到市场经济体制逐步走向成熟的阶段；另一个是包括发达国家和发展中国家在内的发展经济体的经济结构调整，其类型主要包括产业结构调整、城乡经济结构调整和地区经济结构调整。其中，产业结构调整，即在工业化进程中经济结构转型升级，主要包括：从农业经济转向工业经济、从工业经济转向信息经济的阶段，或者从劳动密集型产业转向资本密集型产业、从资本密集型转向技术密集型产业、从技术密集型产业转向知识密集型产业的阶段。

第三，没有阐明经济转型和职业教育改革的关系。不少学者对经济转型期职业教育改革进行了较为深入的研究，但大多数学者并没有详细阐明经济转型和职业教育之间的关系，没有弄清楚经济转型对职业教育改革的作用，也没有弄明白职业教育改革对经济转型的反作用。其实，经济转型和职业教育改革之间是相互影响、相互作用的关系。经济转型一般包括经济体制转型和经济结构调整，经济体制转型会引起职业教育进行相应地改革，如职业教育资源配置方式、职业教育管理体制、办学体制和运行机制等都会发生相应的变化；经济结构调整同样会引起职业教育进行相应的改革，如产业结构调整引起职业教育结构、专业设置、课程教学等方面的改革，而职业教育改革影响产业结构调整，如职业教育改革对产业结构转型升级具有反作用、职业教育改革可以促进第三产业发展；城乡结构调整引起职业教育改革，如农业现代化、农村剩余劳动力转移和提高城市化水平驱使职业教育改革，而发展职业教育可以促进农业现代化、促进农村剩余劳动力合理有序转移、推进城市化进程。由于大多数学者没有深入研究经济转型和职业教育之间的关系，因此，对经济转型期职业教育改革的理论依据、改革的必要性把握不准，也就不能深入研究经济转型和职业教育改革的关系。

第四，对经济转型期职业教育改革的研究有待进一步深入。不少学者对经济转型期职业教育改革进行了较为详细的研究，但大多数学者没有明确界定经济转型期这个概念，也没有详细阐明经济转型和职业教育改革的关系，导致部分学者混淆了经济转型期和社会转型期两个不同的概念，对经济转型期职业教育改革把握不准。而且，很少有人对世界主要国家和地区经济转型期职业教育的经验和教训进行详细介绍，即使有少数学者对国外职业教育改革进行研究，但绝大多数学者并没有从经济转型的视角来研究职业教育改革的基本经验、初步成效和存在的主要问题以及对策建议等，导致我们对世界主要国家和地区经济转型期职业教育的基本经验和教训不了解，也就不能很好地借鉴西方主要国家和地区经济转型期职业教育改革的先进经验和应该吸取的失败教训。还有，目前很少有学者对经济转型期我国职业教育改革历程进行系统梳理，由于大多数学者并没有弄清经济转型和职业教育改革之间的关系，对经济转型期职业教育改革基本经验、初步成效和存在的主要问题也没有进行详细研究，导致已有研究对经济转型期职业教育改革历程了解不透彻，也就无法提出切实可行的对策建议。

三　研究目的和意义

（一）研究目的

职业教育改革是我国经济转型新时期全面深化改革的重要组成部分，不少学者从多学科的角度对此进行了深入研究，取得了较为丰硕的成果，为进一步推进经济转型期我国职业教育改革提供了比较全面的理论参考和实践指导。然而，目前的研究也存在诸多的不足和缺陷，如经济转型概念界定不清晰、经济转型进程阶段性划分不统一、经济转型和职业教育改革关系阐释不清等问题。本研究的目的在于：在借鉴前人研究的基础上，通过文献研究、历史研究和比较研究等研究方法为资料收集手段，从理论和实践相结合的角度，对经济转型期我国职业教育改革的现实背景、主要特点、初步成效、存在的主要问题及其背后深层次原因进行全面、深入的分析，以期引起更多的政府部门、非政府组织、研究机构和社会其他相关部门对该问题的重视，并最终能采取有效的措施解决经济转型新时期我国职业教育改革过程中出现的问题，从而进一步推进经济转型新时期我国职业教育改革。

（二）研究意义

学术研究的意义一般体现在理论意义和实践意义两个方面。理论意义是学术研究的价值，即"应该在研究方向、研究方法、论证逻辑体系或研究基本结论上，对已有的学术研究活动的补充或修正"，实践意义是指一项研究对于"现实社会问题本身"的价值，主要体现在"对现实社会问题的理性关怀"。[①] 同样，本研究具有一定的理论价值和现实意义。

1. 理论意义

相对于已有的研究，本文对于经济转型期职业教育改革的研究更加全面深刻。本文详细分析经济转型的基本内涵和类型划分，辩证地分析

---

① 于建嵘：《岳村政治——转型期中国社会乡村政治体系的变迁》，商务印书馆 2001 年版，第 12 页。

经济转型和职业教育改革的关系，有利于我们对经济转型的全面了解，也为研究经济转型期我国职业教育改革奠定良好的理论基础。

第一，详细分析经济转型的基本内涵和类型划分，有利于我们对经济转型的全面了解。

纵观已有的研究，大多数学者对经济转型的定义过于狭窄，不少学者仅仅认为经济转型就是从计划经济向市场经济的转变，将它视为社会主义国家计划经济向市场经济转轨的"专利"，也有学者认为经济转型就是经济结构调整，还有学者认为经济转型事实上就是产业结构转型升级。不仅如此，也有学者认为经济转型包括政治、经济、文化、科技、生活方式以及体制机制等方面的转型，这显然混淆了经济转型和社会转型之间的根本区别。本文将经济转型定义为一个较为宽泛的概念，既包括经济体制转型，即从计划经济向市场经济转型，也包括经济结构调整。其中，经济结构调整包括产业结构调整、城乡结构调整和地区结构调整三个方面。这就既包括了社会主义国家从计划经济向市场经济的转轨，也包括西方发达国家在内的所有经济体经济结构调整，而且，这种经济转型还包括经济体制改革与经济结构调整同时出现，即在某一特定阶段的经济运行既受到经济体制转轨的制约，也受到结构调整的影响，例如，改革开放以来我国的经济转型和20世纪末俄罗斯的经济转型显然属于这种类型。本文全面分析经济转型的基本内涵和类型划分，有利于我们进一步拓宽研究视野，既对包括西方发达国家在内的经济体进行的经济转型有所了解，也对包括社会主义国家在内的经济体进行的经济转型全面掌握。这样有利于我们对经济转型的全面了解，也可以深化对经济转型和经济转型期职业教育改革的认识。

第二，辩证地分析经济转型和职业教育改革的关系，为研究经济转型期我国职业教育改革奠定理论基础。

现有的文献对经济转型期职业教育改革进行了较为深入的研究，但大多数学者并没有详细阐明经济转型和职业教育改革之间的关系，他们大多认为经济转型必然引起职业教育改革，但对于职业教育改革也会一定程度上影响经济转型，对经济转型与职业教育改革二者之间的关系缺乏全面、系统研究。而本研究辩证地分析经济转型与职业教育改革的关系，认为经济转型与职业教育改革之间存在相互影响、相互作用的关系。一方面，经济体制转型会引起职业教育进行相应地变革，如职业教育资源配置方式、职业教育管理体制和办学体制以及运行机制会发生相应的变化。经济结构调整也会引起职业教育进行相应地变革，如职业教育结构、专业设置和课程教学等方面进行相应地改革。另一方面，职业教育改革也会对经济转型有明显的反作用，如职业教育改革可以促进农业现代化和第三产业发展，发展职业教育可以促进农村剩余劳动力转移和提高城市化水平，可以促进城乡结构调整和地区结构调整，等等。本文辩证地分析经济转型与职业教育改革的关系，可以为经济转型期职业教育改革奠定良好的理论基础，也能深化人们对经济转型期职业教育改革必要性的认识。

2. 现实意义

推进经济转型新时期职业教育改革，不仅有利于职业教育健康稳定发展，也有利于促进经济转型与良性发展。全面了解经济转型期职业教育改革的现状，分析带有共性的问题及其出现的原因，提出解决问题的对策思路，对于进一步深化经济转型新时期我国职业教育改革具有重要的现实意义。

第一，及时总结经济转型期世界主要国家和地区职业教育改革的典型经验，为我国进一步推进职业教育改革提供参考。

经济转型期职业教育改革一直是世界各国制定职业教育政策和发展战略时考虑的主要问题。在经济转型的不同阶段，随着社会经济发展重点的转换，职业教育改革的重点也会作出相应的调整。他山之石，可以攻玉。世界主要国家和地区在经济转型期职业教育改革方面积累了很多宝贵的经验和失败的教训，对经济转型新时期我国职业教育改革，推动职业教育可持续发展，促进我国经济转型和良性发展具有重要的借鉴作用。世界各国和地区在经济转型的不同阶段职业教育改革积累了符合自身发展特点的宝贵经验，选取不同类型的国家和地区职业教育改革的典型案例。例如，最早实现工业化的英国，职业教育最发达的德国，较早顺利跨越"中等收入陷阱"的亚洲新兴国家日本和韩国，和大陆"同根、同族、同文"的我国台湾地区，从计划经济向市场经济转轨的典型俄罗斯，等等。这些国家和地区在经济转型时期都经历了由借鉴向主动创新的过程，长期积极变革为这些国家和地区探索出独特的职业教育发展道路，也为经济转型新时期我国职业教育改革起到很好的启示作用。

第二，客观分析经济转型期我国职业教育改革进程，有利于总结我国职业教育改革的得失。

我国的经济转型，大致可以分为三个时期，即经济转型初期、社会主义市场经济体制初建时期和社会主义市场经济体制完善时期。在经济转型的每一个阶段，职业教育也会进行相应地变革来适应经济转型与发展的需要。由于经济转型阶段性重心不一样，其职业教育改革的重点和难点也大不相同。例如，在经济转型初期我国着重进行中等职业教育改革，保证经济转型初期初中级技能型人才的需要；在社会主义市场经济体制初建时期，主要扩充高等职业教育发展规模和完善中等职业教育制度，保证社会主义市场经济体制初建期初中高级技能型人才的需要；在社会主义市场经济体制完善时期，重点关注高等职业教育改革，满足经济转型与良性发展的需要。通过客观分析我国经济转型不同阶段职业教育改革进程，分析职业教育改革取得初步成效和存在的主要问题，总结职业教育改革积累的宝贵经验和失败教训，对于促进经济转型新时期职业教育改革，探索职业教育可持续发展战略，提升职业教育为经济社会服务的能力，实现职业教育全面、协调、可持续发展，最终促进经济转型与良性发展，具有十分重要的现实意义。

第三，认真剖析经济转型新时期我国经济转型的背景、特点以及职业教育改革面临的主要问题，有利于进一步推进我国职业教育改革。

2008年全球金融危机以后，我国经济转型处于一个新的十字路口。当时经济转型面临特殊的现实背景，例如，全球性金融危机后我国粗放型经济发展方式亟待转变，处于高中等收入国家行列的我国存在陷入"中等收入陷阱"的潜在危险，人口红利即将消失导致我国农村劳动力无限供给成为历史，工业化和城镇化进程提速导致我国城乡和区域格局将发生翻天覆地的变化，西方发达国家"再工业化"加快导致我国制造业面临巨大的威胁，等等。因此，我国经济面临"二次转型"。在经济转型新时期，我国职业教育面临不少问题，例如，在学龄人口不断减少和职业教育缺乏吸引力的今天，是否有必要继续保持职业教育的规模和发展速度；2012年我国已经成功地实现财政性教育经费占GDP的比例达到4%的目标，但职业教育仍存在投入不足、教育经费地区差异和城乡差异进一步扩大、经费投入政策落实不到位等问题；在人口红利不断消失和工业化以及城镇化进程日益加速的时期，职业教育却缺乏足够的吸引力；在当前"转方式、调结构、促升级"和西方发达国家"再工业化"的紧要关头，我国职业教育专业设置和课程改革却严重滞后；在建设现代职业教育体系已经上升为国家战略，成为支撑国家"十二五"规划纲要的国家专项规划之一的关键期，我国职业教育体系却存在顶层设计不到位、中高职衔接不畅、职业教育与其他教育互通不够等问题。以上问题的客观存在，严重地阻碍了我国职业教育健康稳定发展，也直接影响了我国经济转型与良性发展。客观地分析经济转型新时期我国经济转型的背景、特点，以及职业教育改革面临的主要问题和背后深层次原因，可以更好地了解当前职业教育改革的现状，为进一步顺利推进经济转型新时期我国职业教育改革奠定良好的基础。

第四，提出经济转型新时期我国职业教育改革的建议，为适应经济转型和良性发展的职业教育改革提供政策参考。

本书在客观分析我国经济转型新时期的经济转型背景和特点以及职业教育面临的主要问题的基础上，提出进一步推进我国职业教育改革的建议。例如，在经济转型新时期如何继续保持职业教育的规模和发展速度问题，针对学龄人口不断减少和职业教育缺乏应有的吸引力的难题，提出建立中高职招生体制改革、中等职业教育教学和办学模式改革、拓宽中等职业教育升学渠道等，确保职业教育改革能适应经济转型与良性发展的需要；在我国顺利实现4%的目标后，针对职业教育投入不足、职业教育经费地区差异和城乡差异进一步扩大、职业教育经费政策落实不到位等问题，提出建立以公共财政为主的多渠道职业教育经费保障机制，确保经济转型新时期我国职业教育健康稳定发展；针对经济转型新时期我国职业教育吸引力仍然不够的问题，提出建立全国统一的资格框架制度，以职业资格和学历文凭互通为基础，以职业能力作为衡量的依据，达到职业资格证书和学历证书互认互通，最终将职业资格证书和学术资格有机结合起来，在体系上将普通教育与职业教育置于同一个国家资格证书的标准化平台上予以管理，进而提高职业教育吸引力；针对建设现代职业教育体系中的顶层设计不到位、中高职衔接不畅、职业教育与其他教育互通不够等问题，提出加强职业教育顶层设计、完善职业教育的层次和结构、实现中高职以及学历教育和非学历教育的衔接和沟通等建议；针对经济转型新时期职业教育专业设置和课程改革相对滞后的问题，提出实现"专业与产业、企业、岗位对接"、"专业、课程与职业标准对接"5项对接的建议。以上政策建议对经济转型新时期职业教育改革具有一定的现实指导意义。

四　相关概念的界定

（一）经济转型

就经济转型的概念而言，经济转型是指一个国家或地区的经济结构和经济制度在一定时期内发生的根本变化。它包括经济体制转型和经济结构调整。经济体制转型是指经济由计划经济向市场经济转型，而经济结构调整主要指一个国家在工业化进程中经济发展阶段转换。具体地讲，包括从农业经济向工业经济、从工业经济向信息经济的转型，或者从劳动密集型产业转向资本密集型产业、从资本密集型产业转向知识密集型产业的转型，还包括工业化进程中的地区经济结构调整和城乡结构调整。因此，经济转型是经济体制的更新，是经济增长方式的转变，是经济结构的提升，是支柱产业的替换，是国民经济体制和结构发生的一个由量变到质变的过程。

（二）职业教育

职业教育就是在一定普通教育的基础上，对社会各种职业、各种岗位的就业者和从业者所进行的职业知识、技能和态度的职前教育和职后培训，使其成为具有高尚的职业道德、严明的职业纪律、宽广的职业知识和熟练的职业技能的劳动者，从而适应就业的个人要求和客观的岗位需要，推动生产力的发展。从职业教育的实践角度来看，可以从广义和狭义两个方面来理解：从广义上看，它泛指一切增进人们的职业知识和技能，培养人们的职业态度，使人们能顺利从事某种职业的教育活动；从狭义来看，它就是指学校职业教育，即通过学校对学生进行的有目的、有计划、有组织的教育活动，使学生获得一定的职业知识、技能和态度，以便为学生将来从事某种职业做准备。

五　研究方法

　　研究方法是指一项研究的具体研究过程（研究设计、研究对象的选取、数据采集、调查方式等）以及在研究过程中采取的研究分析工具。[①] 任何一项研究必须借助于研究方法来达到研究的目的。关于经济转型期我国职业教育改革研究是一项复杂的工作，研究内容涉及很多方面，包括经济转型与职业教育改革的关系、经济转型期我国职业教育改革的背景、内容、成效、问题及国际比较等。因此，针对经济转型期我国职业教育改革的研究，是多种研究方法综合运用的过程。正如马歇尔（C. Marshall）和罗斯曼（G. B. Rossman）认为的："应根据过程中的问题的特点和资料的需要，灵活采用不同的研究方法或同时采用多种方法进行研究，从而使他们取长补短，较好地达到研究的目的。"[②]

（一）文献研究法

　　文献是记录知识的一切载体，即以载体形式传递知识。口耳相传、实物传递则是非载体的形式。文献是记载人类知识最重要的手段，是传递、交流研究成果的重要渠道和形式。[③] 文献研究最大的特征是不接触研究对象，它主要利用二手资料进行研究，因而具有很明显的间接性、无干扰性和无反应性。文献研究在教育研究中的作用有：一是全面正确地掌握所要研究问题的情况，帮助研究人员确定研究方向。文献资料提供科研选题的依据，通过查阅有关文献、搜集现有的与这一特定研究领域的有关信息，对所要研究的问题作系统的评判性分析。二是为教育研究提供科学的论证依据和研究方法。三是避免重复劳动，提高科学研究的效益。[④] 根据文献具体形式和来源不同，可以将其分为个人文献、官方文献以及大众传播媒介；根据研究的具体方法和所用文献类型的不

---

①　［美］艾尔·芭比：《社会研究方法》，华夏大学出版社 2000 年版，第 116 页。

②　王宝玺：《复杂科学视角下的教育科学研究方法》，《外国中小学教育》2002 年第 2 期。

③　裴娣娜：《教育研究方法导论》，安徽教育出版社 2006 年版，第 88 页。

④　同上书，第 89—90 页。

同，可以将其分为内容分析、二次分析和现存统计资料分析等。本研究主要采用的是官方文献和大众传媒中的现存统计资料分析，查阅近年来国内外经济转型期职业教育改革的研究成果，可以全面了解改革的基本情况。

（二）历史研究法

历史研究涉及对过去发生事件的了解和解释。历史研究的目的在于对以往事件的原因、结果或趋向的研究，有助于解释目前的事件和预测未来的事件。对历史资料的掌握，有助于全面地了解事件的真相和预测事件未来的发展趋势。历史研究方法正是借助于对相关社会历史过程的史料进行分析、破译和整理，以认识研究对象的过去、研究现在和预测未来的一种研究方法。[①] 历史研究方法是社会科学研究的重要方法，尤其是在对宏大社会现象进行研究或者对社会现象进行历史性考察时，历史研究方法是不可缺少的。因此，恩格斯指出："即使只是在一个单独的历史实例上发展维护主义的观点，也是一项要求多年冷静钻研的科学工作，因为很明显，在这里说空话是无济于事的，只有靠大量的、批判地审查过的、充分地掌握的历史资料，才能解决这样的任务。"[②] 教育科学中的历史研究法，顾名思义，是以历史研究法来研究教育科学，是通过搜集某种教育现象发生、发展和演变的历史事实，加以系统客观的分析研究，从而揭示其发展规律的一种研究方法。本研究运用历史研究法，对经济转型期我国职业教育改革的整个过程进行回顾，可以全面地了解经济转型期我国职业教育改革的历史脉络，也可以深入了解经济转型期我国职业教育改革的历史背景，还可以预测经济转型期我国职业教育改革的发展趋势。

（三）比较研究法

比较（Comparative）是根据一定的标准，把彼此有某些联系的事物放在一起考察，寻找异同，以把握研究对象所持有的质的规定性。比

---

① 裴娣娜：《教育研究方法导论》，安徽教育出版社 2006 年版，第 136 页。
② 《马克思恩格斯选集》，人民出版社 1956 年版，第 118 页。

较研究是确定对象间异同的一种逻辑思维方法，也是一种具体的研究方法。① 比较研究的本质在于：从事物的相互联系和差异的比较中观察事物、认识事物，从而探索规律。比较，也是一种认识。正如爱因斯坦指出的："知识不能单从经验中得出，而只能从理智发明同观察的事实两者比较中得出。"② 本研究运用比较法，通过分析国外经济转型期职业教育改革的异同，可以了解不同国家和地区经济转型期职业教育改革的经验和教训，对我国正在进行的职业教育改革也有很好的启示作用。

六　逻辑思路和结构安排

（一）逻辑思路

本文的逻辑思路是：目前我国正处于经济转型新时期，职业教育改革势在必行。那么，什么是经济转型？经济转型有什么基本特征？经济转型和职业教育改革之间有什么关系？世界主要国家和地区经济转型期职业教育改革有何典型经验？对我国正在进行的职业教育改革有何启示？经济转型期我国职业教育改革取得了哪些初步成效？又存在哪些具体问题？在当前经济转型新时期，目前我国经济转型面临的特殊背景如何？经济转型有何特点？在经济转型新时期职业教育改革面临哪些具体问题？如何进一步推进经济转型新时期职业教育改革？本研究力图从教育学、教育经济学、经济学和管理学等学科的视角出发，从理论和实践相结合的角度，对上述问题进行了全面、深入的分析，并结合对世界主要国家和地区经济转型期职业教育改革的典型经验的分析总结和我国的现实国情，提出进一步推进经济转型新时期我国职业教育改革的政策建议。

（二）结构安排

具体来讲，本文的结构安排为：

第一章为导论，主要是确定论文所要研究的问题，并深入分析了国内外关于经济转型期职业教育改革的研究现状，对相关概念进行了界

---

① 裴娣娜：《教育研究方法导论》，安徽教育出版社 2006 年版，第 223 页。
② ［美］爱因斯坦：《爱因斯坦文集》，许良英等译，商务印书馆 1976 年版，第 278 页。

定，拟定了本文的基本研究思路与研究方法。

第二章主要介绍经济转型与职业教育改革的关系。首先，阐明经济转型的基本含义。本研究主要从宏观的视角来研究经济转型，即经济转型包括经济体制转型和经济结构调整。经济体制转型就是经济由计划经济体制向市场经济体制转型，主要研究中国、俄罗斯和东欧等一些计划经济体制的国家逐步向市场经济体制的国家转型。而经济结构调整，包括产业结构转型升级、地区结构调整和城乡结构调整，主要探讨发达国家和发展中国家在内的经济体在工业化进程中经济发展阶段转换，即从农业经济向工业经济、从工业经济向信息经济的转型，或者从劳动密集型产业转向资本密集型产业、从资本密集型转向技术密集型产业、从技术密集型产业转向知识密集型产业的转型，还有在工业化进程中的地区经济结构调整和城乡结构调整，等等。当然，也包括经济体制改革与经济结构转型交织在一起的转型，即经济体制转型过程中的产业结构调整、地区结构调整和城乡结构调整。其次，从辩证的视角，研究经济转型和职业教育改革之间的相互关系，既研究经济转型对职业教育的影响，也探讨职业教育改革对经济转型的反作用。通过对二者辩证关系的研究，试图弄清经济转型期职业教育改革的理论支撑点，为进一步研究经济转型期职业教育改革打下牢固的理论基础。

第三章主要介绍世界主要国家和地区经济转型期职业教育改革的经验及启示。本章着重介绍英国、德国、日本、韩国、中国台湾和俄罗斯等国家和地区经济转型期职业教育改革的典型经验。英国是最早实施工业化的国家，也是最早在体系上或制度上将普通教育与职业教育置于同一个国家资格证书的标准化平台上予以管理的国家；德国是职业教育最发达的国家，职业教育被誉为战后经济发展奇迹的"秘密武器"。我国目前正处于高中等收入国家水平的阶段，存在陷入"中等收入陷阱"的潜在危险，而日本、韩国等国家成功地跨越"中等收入陷阱"，与其大力发展职业教育和不断进行职业教育改革息息相关。我国台湾地区和大陆是同宗同源，经济发展起点、文化环境和历史习惯大致相同，但台湾地区早在20世纪90年代就已经成功地跨越了"中等收入陷阱"，该地区之所以一举成为高收入水平的地区，其职业教育改革与发展功不可没。还有，俄罗斯也是一个典型的经济转型国家，它也是一个由计划经济体制向市场经济体制过渡的国家，俄罗斯在计划经济向市场经济转型的过程中，职业教育改革的成功经验和失败教训可以为我国经济转型期职业教育改革与发展提供很好的借鉴作用。因此，比较分析世界上主要国家和地区经济转型期职业教育改革的得失，可以为我国进一步顺利推进职业教育改革提供很好的启示作用。

第四章主要分析经济转型期我国职业教育改革历程。经济转型期的职业教育改革并非天外来客，也并非一蹴而就，其改革措施也会随着经济社会发展变化而变化。本研究将我国的经济转型大致分为三个阶段，即计划经济体制向市场经济体制转变阶段、社会主义市场经济体制建立阶段和社会主义市场经济体制完善阶段。通过分析我国经济转型期职业教育改革的历程，探讨经济转型对我国职业教育改革的影响以及职业教育改革对经济转型的反作用，总结经济转型期职业教育改革的成效和问题，为进一步顺利推进经济转型新时期我国职业教育改革奠定良好的基础。

第五章经济转型期我国职业教育改革展望。我国正处于经济转型新时期，目前我国经济转型面临以下特殊现实背景：经济发展方式急需转变，人口红利即将消失，当前我国存在陷入"中等收入陷阱"的潜在威胁，工业化进程和城镇化进一步提速，西方发达国家"再工业化"，等等。我国经济二次转型势在必行。在经济转型新时期，我国职业教育面临以下六个方面问题：职业教育规模和发展速度问题、职业教育经费投入问题、职业教育吸引力问题、职业教育体系问题、职业教育专业设置和课程改革问题、职业教育质量问题。如何适应经济转型新时期职业教育发展的需要，是当前我国经济社会发展不可回避的话题。剖析当前经济社会形势，提出经济转型新时期我国职业教育改革的建议，为顺利跨越"经济转型拐点"增砖添瓦。

第二章　经济转型与职业教育改革

社会经济生产是人类社会赖以生存和发展的基础，一个国家的经济和生产力水平，往往决定着上层建筑的构建。作为上层建筑组成部分的教育是与经济和社会发展密切相关。而职业教育是"教育与经济的重要结合部"，并且"与普通教育相比，职业教育同经济和社会发展的关系更为密切和直接"[①]。经济转型是经济基础，而职业教育是教育的一部分，当然也是上层建筑，经济转型必然导致职业教育进行相应地变革，而职业教育改革也会在一定程度上影响经济转型。研究经济转型与职业教育改革二者关系，对于探讨经济转型期我国职业教育改革具有重要的现实意义。

一　经济转型

经济转型包括狭义和广义的经济转型，狭义上主要指经济体制转轨；广义上则从资源配置方式和经济增长方式的角度来探讨，主要指经济体制的转轨和经济结构的调整，前者主要指苏联、东欧和东亚等社会主义国家从以完善传统计划经济体制为目的的经济改革走向以建立现代市场经济为取向的转型，后者则指包括发达国家和发展中国家在内的经济体在工业化进程中经济发展阶段转换，即从农业经济向工业经济进而向信息经济的转型，或者从劳动密集型产业转向资本密集型产业进而向技术密集型产业乃至知识密集型产业的转型。我们这里研究的经济转型，主要从资源配置方式和经济增长方式的角度来探讨，主要指经济体

---

① 刘鉴农等：《职业技术教育学》，山东教育出版社 1986 年版，第 22 页。

制的转型和经济结构的调整。

(一) 经济体制转型

1. 经济体制的含义

经济体制的内涵是什么? 关于其构成要素, 不同的学者有不同的观点。纽伯格和达菲在《比较经济体制》中认为, 任何经济体制都包括三个相互联系的组成部分——决策机构、信息机构和动力机构。[①] 瑞典经济学家阿萨·林德贝克关于经济体制的定义, 侧重与经济体制的多元性质; 在决策上是集中还是分散; 在信息传递、资源配置和协调机制上, 是通过市场还是通过行政手段; 在财产关系上是私有还是公有; 在动力机制上, 个人和公司是通过经济刺激还是通过命令推动自己的行为; 在个人和公司的关系上, 是竞争性的还是非竞争性的; 在整个经济体制与外部关系上, 是开放的、国际的还是封闭的、自给自足的。美国经济学家保罗·R. 格雷戈里和罗伯特·C. 斯图尔特对阿萨·林德贝克关于经济体制的定义进行了部分修改, 认为经济体制是在特定地理区域内进行决策并执行有关生产、收入和消费决策的机制和制度, 它一般具有四种属性: 决策的组织; 提供信息及调节的机制; 财产所有权; 确立目标及诱导人们行为 (激励因素) 的机制。[②]

从国内学者来看, 有"两分法", 将经济体制分为微观经济基础和宏观经济运行机制。张培刚教授在论述经济体制转型时认为转型主要有两个方面, 一是所有制方面的转换; 二是运行机制方面的转换。[③] 王希久则认为, 经济体制是为了实现一定的社会经济目标而对生产、流通、分配和消费等经济活动施加影响的一套经济机制及组织机构的总和。[④] 刘诗白指出, 经济体制包括在一定的生产资料所有制结构基础上形成的

---

① 刘国光:《中国经济体制改革的模式研究》, 中国社会科学出版社 1988 年版, 第 8—9 页。

② [美] 格雷戈里、斯图尔特:《比较经济体制学》, 上海三联书店 1998 年版, 第 10 页。

③ 张培刚:《新发展经济学》, 河南人民出版社 1992 年版, 第 477 页。

④ 王希久:《谈谈正确认识经济体制科学内涵对改革的重要性》,《北京工商学院学报》1996 年第 1 期。

整个国民经济的组织管理制度和经济运行体制。[①] 也有人主张有企业、市场、国家"三位一体"的提法，即经济体制由微观基础、国家宏观调控和贯穿于微宏观之间的经济运行机制三部分构成。我国学者刘国光教授等人则把经济体制模式的要素分为五项（即"五分法"）：（1）所有制结构；（2）经济决策机构和经济决策体系；（3）经济利益或经济动力体系；（4）经济调节体系；（5）经济组织体系。而张秀生等[②]认为，经济体制包括六个方面的内容：生产资料所有制结构；经济决策方式；经济协调方式；经济管理方式；经济刺激方式；信息传输方式。

　　以上观点各有侧重。但总的看来，经济体制的属性是多元的，包括财产所有权、运行机制、决策组织和激励机制等方面。这一特征可有以下公式表达：[③]

$$Es = f\ (A_1,\ A_2,\ \cdots,\ A_n)$$

　　Es 是经济体制，包括 A_1，A_2，$\cdots$，A_n 等 n 个属性。

　　经济体制两个基本的要素是财产所有制和经济运行机制，其他要素受这两个基本要素的影响，如决策机制、激励机制和组织体系等构成要素都要受这两个基本要素的制约，财产所有权和经济运行机制在很大程度上决定了其他要素的实现形式及其变化范围。因此，

$$Es = f\ [A_1,\ A_2,\ A_3\ (A_1,\ A_2),\ \cdots,\ A_n\ (A_1,\ A_2)]$$

　　A_1、A_2 表示财产所有权和经济运行机制，A_n（A_1，A_2）表示第 n 个构成要素受 A_1、A_2 两个基本要素制约。

　　经济体制转型，就是从一种经济体制转变为另一种经济体制。我们知道，经济体制的两个基本要素是财产所有制和经济运行机制，而比较完整的、自成体系的运行机制是在现代社会才形成的。直到进入资本主义社会，商品经济进入了历史上最发达阶段，比较完善的市场机制才得以形成；另一方面，也直到社会主义社会的出现，中央集权的自成体系的计划体制才得以产生。[④] 到目前为止，比较完整的自成体系的运行机

---

① 刘诗白：《社会主义市场经济理论》，西南财经大学出版社 2004 年版，第 66 页。

② 张秀生、曾国安：《社会主义经济理论》，武汉大学出版社 2004 年版，第 75 页。

③ ［美］格雷戈里、斯图尔特：《比较经济体制学》，上海三联书店 1998 年版，第 10 页。

④ 张培刚：《新发展经济学》，河南人民出版社 1992 年版，第 477 页。

制，主要有市场机制和计划机制，与之相对应的是市场经济体制和计划经济体制。

2. 经济体制的基本类型

一般而言，经济体制有两种模式即市场经济体制和计划经济体制，二者都是从配置社会资源的角度界定社会经济运行模式。经济体制转型就是指计划经济和市场经济的相互转换，主要有两个方面：一是市场经济向计划经济的转型；二是计划经济向市场经济的转型。我们主要研究计划经济向市场经济转型，转型的目标是建立市场经济体制。

第一，计划经济体制。计划体制，就是社会资源的配置是通过国家编制的计划，把政府控制的全部或部分社会资源，根据社会需要有计划地分配到社会生产各部门、各地区和各企业。

计划经济体制具有六个基本特征：其一，生产资料以公有制为基础。生产资料公有制的比重越高，特别是生产资料全民所有制的比重越高，越有利于实行计划经济。虽然在不同类型的计划经济体制下，生产资料所有制结构会有不同，但是生产资料全民所有制占主导地位是实行计划经济的前提。由于生产资料全民所有制所占的比重越高，越有利于实行计划经济，因此计划经济具有内在追求不断提高生产资料公有制程度的倾向。其二，经济决策权高度集中于中央政府。宏观经济决策权集中于中央政府，微观经济决策权也高度集中于中央政府。在不同的计划经济体制下，微观经济决策权的分配机构会存在差别，在任何条件下，主要权力都集中在中央政府的手中。其三，计划调节是主要的经济调节方式。虽然在不同类型的计划经济体制下计划调节的地位存在差别，但是作为计划经济体制下，微观经济决策权的分配机构存在差别，在任何条件下，主要权力都集中在中央政府的手中。其四，行政管理方式是政府管理国民经济的主要方式。在不同类型的计划经济体制下，政府管理经济的方式会存在一些差别，经济管理方式和行政管理方式的地位也会存在差别，但作为计划经济体制，只能以行政管理方式作为主要的管理方式。其五，行政强制和精神动员是主要的经济刺激方式。将经济利益作为主要的经济刺激方式，会给计划的制订、实施带来一系列的困难，这种方式与计划经济在许多方面是相冲突的，因此计划经济只能以行政强制和精神动员作为主要的经济刺激方式。其六，纵向的信息传输方式是主要的信息传输方式。计划的制订、执行等都依赖于纵向的信息传输。上级计划部门掌握着经济资源的分配权，要获得更多的经济资源，也只能依靠纵向的信息传输方式。①

在计划经济体制下，所有与资源配置有关的经济活动都由政府或者政府的指令来进行，其优点在于：其一，由政府对经济通盘考虑，能够从总体上保持国民经济按比例发展和社会资源的合理配置，使生产力布局协调，保证社会生产按比例发展，从而避免经济活动中的盲目、无政府状况和周期性危机。其二，计划调节可以在全社会范围内动员和集中必要的财力、物力进行重点建设，应付突发事件。其三，计划配置资源的手段可以合理地调节收入分配，保持适当的社会公正。同时，计划经济体制下高度集中的指令性经济的问题和缺陷是显而易见的，主要表现为四个方面：其一，由于在政府决策过程中客观存在信息不足或信息丢失的问题，以及决策者的智慧有限、决策者的利益约束等问题，政府制定的宏观经济政策只具有相对有效性。其二，与市场经济"个人决策"不同，宏观决策越庞大、越复杂，制订计划的信息搜集、分析和协调的任务就越重，内耗就越大，因此，政府决策过程中的成本过高。其三，由于计划经济不存在专门的价格体制，而是由政府臆断地制定价格，这就可能导致某些资源的无效率使用。其四，国家对企业实行统收统支，企业不承担经营盈亏的责任，企业职工的收入不与企业的经济效益挂钩。在这种平均主义的分配方式下，加之生产经营方式单一，经济生活单调、呆板，很难给出适当的动机，促使广大工人和管理者在不降低产品质量的情况下，创造出更多、更好的产品。可见，计划经济体制尽管有可能在一段时间内带来较高的经济增长，但其制度结构造成的激励不足、资源配置效率低下和经济结构扭曲等内在的弊端则是不可避免的。另外，伴随着精神激励的递减效应，它对经济的促进作用也日益下降。总的看来，僵化的计划经济体制造成经济绩效的下降是和这种体制的本质属性联系在一起的。由于计划经济体制不可能有效解决经济活动中的信息和

---

① 张秀生等：《社会主义经济理论》，武汉大学出版社 2004 年版，第 78 页。

激励问题，从长期来看，计划经济的低效率和低效益是难以避免的。因此，从计划经济体制向市场经济体制转型同样是不可避免的。

第二，市场经济体制。市场经济体制是市场在经济资源配置中发挥基础性作用的经济体制。在市场经济体制下，市场机制在社会经济运行中起着支配性作用，所有经济活动的主体通过市场发生关系，一切经济行为直接或间接地处于市场关系之中。所有的生产要素和产品都要作为商品进入市场，依靠市场供求力量形成均衡价格，并通过价格等市场信号和优胜劣汰的竞争机制，对市场的行为主体形成动力和压力，成为生产经营的指挥棒，促进资源优化配置。

市场经济体制具有以下基本特征：其一，生产资料所有制多元化。市场经济体制可以在多种生产资料所有制结构下存在，在以生产资料为主的社会中，都可以实行市场经济体制。其二，微观经济主体享有微观经济决策权，微观经济决策权高度分散。微观经济主体掌握经济决策权是市场经济体制存在的前提，无论实行何种宏观经济调节政策，政府都不能剥夺微观主体的微观经济决策权。其三，市场调节是主要的经济调节方式。在不同的具体类型的市场经济体制下，市场调节受政府的影响会有差别，但无论具体类型是什么，市场调节都是主要的经济调节方式，市场在经济资源配置中发挥基础性的作用。其四，经济管理方式是政府管理国民经济的主要方式。在不同类型的市场经济体制下，政府管理经济的方式会存在一些差别，经济管理方式和行政管理方式的地位会有所差别，但作为市场经济体制，经济管理方式仍是主要的管理方式。其五，经济利益刺激是主要的经济刺激方式。由于微观经济决策权的高度分散性，在市场经济中，不适合采用行政强制和精神动员的方式来刺激微观经济主体从事经济活动，而只能依靠经济体系内在的经济利益来刺激微观经济主体从事经济活动。其六，横向的信息传输方式是主要的信息传输方式。微观经济决策权的高度分散性和市场在经济资源配置中的基础性作用，使得横向的信息传输成了市场经济中主要的信息传输方式，微观经济决策对市场经济的运行起着决定性作用，而微观经济决策的信息依据主要是横向的即来自于市场的信息，因此，横向的信息传输效率的高低对市场经济运行效率的高低有着十分重要的作用。[1]

在市场经济体制下，所有与资源配置有关的经济活动都由市场调节经济，其优点在于：其一，以市场信号为调节器，使经济自动协调发展。由于市场通过价格系统来实现自身的协调，当某种商品过剩或短缺时，就会引起价格和生产者利润的变化，从而导致有关决策者采取措施来适应这种变化，实现供求的均衡和协调。另外，由于各种市场都是相互联系的，某种商品价格的调整，也会引起其他有关商品的市场价格的变化和调整。价格机制就像一个精巧的机构，具有无意识协调经济的功能。其二，自动按照市场需求调节资源流量与流向，实现产需对接。其三，推动科学技术和经营管理的创新，促进劳动生产率的提高。其四，发挥优胜劣汰功能，促进劳动生产率的提高。在竞争性市场经济中，市场的初次收入分配遵循的是效率原则，也就是按经济主体（主要是企业和个人）的市场行为和生产要素的市场贡献及其效率进行分配，同等的贡献获得同等的报酬。所以，每一个竞争的参与者，迫于其他竞争者的威胁，都必须按照最符合市场需求、最经济的原则行事。与此同时，市场经济体制下的市场资源配置也有其缺陷和局限性：其一，市场调节的事后性和价格信号的滞后性会不可避免地造成一定程度的资源浪费。其二，市场配置资源的过程中适者生存、优胜劣汰的竞争法则，会导致严重的收入不均和两极分化的现象。其三，许多社会消费的公共产品和劳务难以通过正常的市场价格机制来加以分配。其四，会带来内部的经济性和外部不经济的矛盾。其五，不能自动导向整个国民经济的宏观平衡。其六，市场调节有利于竞争，而竞争的结果必然引向垄断。其六，市场调节难以抑制经济"泡沫"的形成或阻止"泡沫"的破灭。

值得注意的是，经济体制也是生产关系的具体表现形式。它主要包括两层含义：其一，经济体制是一种生产关系，它不是生产力，也不是上层建筑；其二，经济体制是生产关系的具体表现形式，它不是它表现的生产关系的自身。作为生产关系，经济体制必然对社会生产力的发展产生影响，作为生产关系的具体表现形式又意味着在同一种性质的生产关系下，表现形式的差异可能会对社会生产力的发展产生不同的影响。

---

[1]　张秀生等：《社会主义经济理论》，武汉大学出版社2004年版，第79页。

一般来说，由于社会生产力水平等因素的影响，同一性质的生产关系会以不同的具体形式表现出来，这就提供了在同一经济制度下出现不同的经济体制的可能性。具体来看，一方面是表现在经济制度相同的国家，经济体制相异；另一方面是表现在经济制度不变的同一国家，在不同的时期经济体制相异。由于在同一经济制度下，存在着实行不同的经济体制的可能性。经济体制与经济制度的这种关系使得一方面它对社会生产力的发展的作用要受到经济制度的约束；另一方面它也会独立地对社会生产力的发展发挥作用。从性质上看，它极有可能促进社会生产力的发展，也可能阻碍社会生产力的发展，因此在经济制度相同的条件下，如果实行的经济体制不同，社会生产力发展就会显现不同的结果。一种经济体制有利于社会生产力的发展并不代表这种经济体制所处的经济制度有利于社会生产力的发展，一种经济体制不利于社会生产力的发展也不代表这种经济体制所处的经济制度不利于社会生产力的发展。不过，无论是经济制度，还是经济体制，只要阻碍了社会生产力的发展，都应该改革或者扬弃。

3. 经济体制的评价

不同的经济体制会形成不同的经济运行机制，在不同的经济体制下，经济主体会有不同的经济行为，因此不同的经济体制会产生不同的经济运行绩效。而生产力的发展是判断经济运行绩效的根本标准，一种经济体制是否适应社会生产力的发展，主要依据以下五个方面的评价：其一，经济增长。经济增长是一个国家在一定时期实际生产的产量的增加，它是反映经济体制是否适应社会生产力发展的重要判别标准。在其他条件相同的情况下，经济增长越快的国家，其经济体制越适应社会生产力的发展，经济增长越慢的国家，其经济体制越不适应社会生产力的发展。其二，经济效率。经济效率是指某一时点或某一时期内资源利用的有效程度或利用效率。经济效率是社会生产力发展的重要反映，经济效率越高，表明社会生产力发展水平越高；经济效率提高得越快，表明社会生产力发展得越快。在其他条件相同的情况下，哪种经济体制最能促进经济效率的提高，哪种经济体制就是最优的经济体制。其三，经济的稳定性。经济稳定性指经济增长及其他宏观经济运动的稳定程度。从宏观经济的稳定性来看，越是有利于经济稳定的经济体制越有利于社会生产力的发展，越有利于增加社会福利。其四，经济结构。只有形成合理的、优化的经济结构，经济才能获得长期的增长，才能为宏观经济的稳定提供有利的条件。判断一种经济体制的优劣要看它对经济结构的影响，如果一种经济体制有利于形成合理的、优化的经济结构，那它就是好的经济体制；相反，它就是一种不好的经济体制。其五，收入分配的公平性。经济体制不同，经济增长水平相同，会形成完全不同的收入分配格局，从而形成完全不同的社会福利水平。我们在判断一种经济体制的优劣时必须考虑到其对收入分配的影响，如果它有利于形成公平的收入分配，那它就是好的经济体制；如果它不利于形成公平的收入分配，那它就不是好的经济体制。总的看来，好的经济体制应该是保证高的经济增长、高的经济效率、高的经济稳定性、合理优化的经济结构和公平的收入分配的经济体制。

（二）经济结构调整

1. 经济结构调整的含义

一般来说，"结构"是指事物的各个构成部分的组合及其相互关系。经济结构最抽象的界定是指社会经济的各个构成部分的组合及其相互关系，这可以说是广义的经济结构。[①] 由于生产方式由生产力和生产关系构成，经济结构相应地划分为两大类：一是从生产关系来看的社会经济结构即生产关系的构成或社会经济基础的构成，包括所有制结构、生产过程关系结构、交换关系结构、分配关系结构、消费关系结构等；二是从生产力的角度来看的国民经济结构即整个国民经济活动的构成。这正是狭义上的经济结构，是指国民经济各部门、各区域及其他经济活动领域相互比例的总称。[②]

国民经济结构可以按照不同标准和需要进行分类，主要有两种分类方法：一是按照社会经济活动的生产、流通、分配、消费四个环节，国民经济结构可以分为生产结构、流通结构、分配结构、消费结构四小

---

① 简新华等：《中国经济结构调整和发展方式转变》，山东人民出版社 2009 年版，第 2 页。

② 张秀生等：《社会主义经济理论》，武汉大学出版社 2004 年版，第 311 页。

类，其中每一小类又可分为更小的类型。例如，生产结构中包括产业结构、产品结构、劳动力结构、技术结构等，流通结构包括市场结构、就业结构、规模结构、企业结构、生产区域结构等；分配结构包括国民收入的分配结构、积累与消费的比例结构、积累基金分配结构、消费基金分配结构、分配形式结构，消费结构中包括消费品种类和比重结构、消费方式结构、消费水平结构、消费主体结构、不同消费主体的消费对象结构等；二是依据社会经济活动的生产及产品的特征和空间分布情况，国民经济结构可以分为城乡结构和地区经济结构。在国民经济结构中，其中当前最突出、最重要的问题是产业结构的调整和优化升级，因此本研究主要论述国民经济活动的产业特征和空间分布情况的国民经济结构，在国民经济结构中主要又是论述产业结构。

2. 经济结构调整的类型

由于本研究主要从国民经济活动的产业特征和空间分布情况来研究国民经济结构，因此，经济结构调整的类型主要包括产业结构调整、城乡经济结构调整和地区经济结构调整。

第一，产业结构调整

产业结构调整是指对产业实行鼓励、引导、保护、支持和收缩、转移、改造、限制、淘汰的经济活动。[①] 产业结构调整的主要任务是促进产业结构优化、实现产业的协调、持续、高效发展。

（1）产业的分类标准

产业是指国民经济中以社会分工为基础，在产品和劳务的生产和经营上具有某些相同特征的企业或单位及其活动的集合。[②] 产业分类是把具有不同特点的产业按照一定的标准分成不同类型的产业。目前的产业分类标准和方法主要有以下五种：

其一，马克思的两大部类分类法。马克思根据产品是作为生产资料用于生产消费，还是作为生活资料用于生活消费，把社会生产部门分为两大部类即生产生产资料的产业部类和生产消费资料的产业部类[③]，目

---

① 简新华等：《中国经济结构调整和发展方式转变》，山东人民出版社 2009 年版，第 32 页。

② 简新华等：《产业经济学》，武汉大学出版社 2001 年版，第 10 页。

③ 具体参见：《马克思恩格斯全集》（第 24 卷），人民出版社 1972 年版。

的是为了分析不同物质生产部门的相互关系，揭示社会再生产的实现条件。马克思两大部类分类法分析了社会再生产顺利进行时两大部类产业间事物和价值构成比例平衡关系，它不仅是研究资本主义社会再生产过程的理论基础，也是产业结构理论的基本来源之一，对于研究资本主义再生产和指导社会主义经济实践具有重要的理论意义。它对于研究现代市场经济条件下如何通过政府的宏观调节来正确处理两大部类之间的关系，如何实现社会再生产的总量平衡和结构平衡，以保持国民经济持续、快速、健康发展具有重要的现实意义。但两大部类分类法在产业结构理论应用中存在一些局限性：首先，未能将一切物质生产领域和非物质生产领域包括进去，如教育、科学技术、卫生、商业等非物质生产部门，而且没有包括运输、生产性服务等物质生产部门。其次，从分类的界限来看，有些产品难以确定两大部类中的生产资料或消费资料，因为部分产品同时具有生产资料和消费资料的双重属性。[1] 因此，马克思的两大部类分类法难以直接应用于实际工作中。

其二，农轻重产业分类法。它主要根据劳动对象、劳动资料、生产过程、加工方式和劳动产品的不同，将社会经济活动中的物质生产划分成农业、轻工业和重工业三个产业大类。它的特点是比较直观和简便易行，可以大致显示社会再生产过程中两大部类之间的比例关系，对于研究社会工业化具有较大的实用价值。农轻重产业分类法是马克思两大部类分类法在经济实践中的应用，并对两大部类分类法进行一些修正和改进，但它本身仍然存在不少局限性：首先，农轻重产业分类法虽然包括了国民经济活动的绝大部分物质生产部门，但没有把全部物质生产部门都包括进去，更没把非物质生产部门包括进去。其次，农轻重产业分类法中的农轻重三者的界限越来越模糊，确定产业划分的界限日益困难。[2]

其三，霍夫曼产业分类法。德国经济学家霍夫曼（W. G. Hoffmann）在1931年出版了《工业化阶段和类型》。他将产业划分为三类：一是消费资料产业，其中包括食品工业、纺织工业、皮革工业和家具工业；二是资本资料产业，其中包括冶金及金属材料工业、运输机械工

---

① 简新华：《等产业经济学》，武汉大学出版社2001年版，第20页。
② 同上书，第21页。

业、一般机械工业和化学工业；三是其他产业，其中包括橡胶、木材、造纸、印刷等工业。霍夫曼产业分类的主要目的在于区分消费资料产业和资本资料产业，研究二者比例变化的趋势。他确定的75%的划分界限在实际工作中是难以划分和度量的，因而这一分类方法只在特定条件下才有实际应用价值。霍夫曼产业分类法是工业化过程中工业结构演变规律及工业化阶段理论的基础。

其四，三次产业分类法。三次产业分类法是以产业发展的层次顺序及其与自然界的关系作为标准的分类方法，将全部经济活动按照经济活动的客观序列与内在联系，划分为第一产业、第二产业和第三产业。三次产业分类法的确立，实际上是首先由英国经济学家、新西兰奥塔哥大学教授费希尔完成的。1935年，他在《安全与进步的冲突》一书中系统地提出了三次产业的分类方法和分类依据。他认为，第一产业是与人类第一个初级生产阶段相对应的农业和畜牧业，第二产业是与工业的大规模发展阶段相对应，以对原材料进行加工并提供物质资料的制造业为主的产业，第三产业是以非物质产品为主的包括商业在内的服务业。费希尔虽然提出了三次产业的分类方法，但他没有总结出规律性的东西。英国经济学家和统计学家克拉克1940年在《经济进步的条件》（*The Conditions of Economic Progress*）一书中，运用三次产业分类法研究了经济发展同产业结构变化之间的关系的规律，从而拓展了产业结构理论的应用研究。他将整个国民经济划分为三个主要部门：农业——第一产业；制造业——第二产业；服务业——第三产业，其中克拉克所说的农业包括畜牧业、狩猎、渔业和林业等。他认为："随着时间的推移和社会在经济上变化更为先进，从事农业的人数相对于从事制造业的人数趋于下降，进而从事制造业的人数相对于服务业的人数趋于下降。"[①] "随着人均收入的增加，很明显，对农产品的相对需求一直下降，而对制造品的相对需求开始上升然后下降，而让位于服务业。"[②] 可以看出，克拉克的产业结构研究采用了三次产业分类法，即把全部经济分为第一产业、第二产业和第三产业作为基本框架，并采用劳动力这一指标来分析

---

① ［英］克拉克：《经济进步的条件》，麦克米兰出版公司1957年版，第493页。
② 同上。

产业结构的演变，来考察经济发展进程中劳动力在各产业的分布状况的变化。美国当代著名经济学家库兹涅茨（Simon Kuznets）在继承了克拉克的研究成果基础上，从国民收入和劳动力在产业之间的分布两个方面，对伴随经济发展的产业结构变化进行了系统研究。他探讨了国民收入与劳动力在三次产业分布与变化趋势之间的关系，从而深化了产业结构演变的动因方面的研究。库兹涅茨把第一、二、三产业分别称为农业部门（A 部门）、工业部门（I 部门）和服务业部门（S 部门）。他认为："分三个主要部门：农业及相关的渔业、林业和狩猎；工业——采矿业、制造业、建筑业、水利电力、运输业和通信；服务业——贸易、金融、不动产、动产、商业、仆佣、专业人员及政府。每个主要部门所包括的行业，在考虑原材料、生产性营运、最终产品及其行业间的区别特征方面各有不同，因此，同广义分类一样，以上狭义分类法有不同意见。"① "在现代经济增长过程中，人口和产值的高速增长总是伴随着多种产业比重在总产出和所使用的生产性资源方面的明显变动。"② 可以看出，库兹涅茨运用三次分类法系统研究并揭示了三次产业在国民生产总值中所占份额随经济增长所发生的变化规律，因而使第三产业分类法更具有实用性。总的看来，三次产业分类法是一种简明的较实用的经济分析工具，但它本身也存在不少的局限性：第一，三次产业分类法试图对全部经济活动进行最简明的分类，并把除家庭内部活动以外的一切经济活动都视为能够创造国民收入的生产部门，社会再生产过程被描述得过分笼统与简单。第二，在具体划分现实的经济活动方面，三次产业分类法尚存在较多的难以自圆其说的矛盾。如划分第一产业与第二产业的界限时存在矛盾，划分第二产业与第三产业的界限时同样存在矛盾。第三，第三产业的内容非常庞杂，它将性质相距甚远的部门、行业混杂在一起，难以分析第三产业的变化实质，尤其是科技、教育等领域的差异更大，不应该笼统地都归一类。③

其五，生产要素集约分类法。这是根据不同产业在生产过程中对资

① ［美］西蒙·库兹涅茨：《现代经济增长》，北京经济学院出版社 1989 年版，第 76 页。
② 同上书，第 76 页。
③ 简新华：《产业经济学》，武汉大学出版社 2001 年版，第 21 页。

源的需求种类和依赖程度的差异，即以生产要素集约程度的不同作为标准划分产业的一种分类方法。根据所需投入生产要素的不同比重和对不同生产要素的不同依赖程度可以将全部生产部门分为劳动密集型产业、资本密集型产业、技术密集型产业和知识密集型产业。生产要素分类法的优点在于：第一，这一分类法能比较客观地反映一国的经济发展水平；第二，生产要素分类法反映了产业结构的高度化趋势；第三，有利于研究产业之间对生产要素依赖程度的差异，对于求得最佳宏观经济效益和制定经济发展战略具有重要的意义。同时，生产要素分类法也有其局限性：它的划分界限比较模糊，也比较容易受主观因素的影响。另外，技术进步越快，知识老化越快。原来是知识密集型企业，随着知识的老化，也会变为技术密集型企业。所以，资源的密集程度是相对的，也是动态变化的。①

（2）产业结构的类型

产业结构是指国民经济中产业的构成及其相互关系。产业结构存在"广义"和"狭义"之分。狭义产业结构的内容包括：构成产业总体的产业类型、组合方式，各产业之间的经济技术联系、在数量比例上的关系，各产业的技术基础、发展程度及其在国民经济中的地位和作用。广义的产业结构除了狭义产业结构的内容以外，还包括各产业在空间上的分布结构。②

产业有多种不同的类型，产业结构也有各种不同的类型。由于产业结构中各产业的状况、发展程度有差别，相互之间的关系及其在国民经济中的地位和作用是不断变化的，所以产业结构的状况会不相同，并且也会不断发生变动，必然存在各种不同种类的产业结构。主要包括以下四种：其一，三次产业构成不同的类型。它主要按照三次产业在国民经济中所占比重、所处地位不同进行排序，越是排在前面的产业占的比重越大、地位越重要。这包括四种基本类型：一是金字塔型结构，是指第一次产业在国民经济中占的比重最大，工业和服务

---

① 芮明杰：《产业经济学》，上海财经大学出版社 2012 年版，第 148 页。

② 简新华等：《中国经济结构调整和发展方式转变》，山东人民出版社 2009 年版，第 3 页。

业的比重都很小，工业主要是手工业，以第一次产业为主的产业结构，这是农业社会或农业国的产业结构；二是鼓型结构，又称橄榄型结构，是指第二次产业在国民经济中的比重最大，第一、三产业所占的比重比较小，以制造业为主的产业结构，这是工业社会或工业国的产业结构；三是哑铃型结构，又称工字型结构，是指第二次产业在国民经济中所占比重比较小，第一、三次产业所占比重比较大的特殊型结构，这是发展中国家或地区在特定条件下形成的产业结构；四是倒金字塔型结构，是指第三产业在国民经济中所占的比重最大、第二产业其次、第一次产业最小、以服务业为主的产业结构，这是后工业社会或发达的工业国的产业结构。[①]　其二，产业比例关系不同的类型。按照产业之间的比例关系状况的不同，产业结构可分为协调型和失衡型两大类。协调型也称均衡性结构，是指产业之间的数量比例合理，投入产出均衡，没有过剩和短缺现象或者不严重，国民经济能够协调发展的产业结构；失衡型结构也称畸形产业结构，是指产业之间数量比例失调、投入产出失衡，某些产品严重过剩，或严重短缺，或二者并存，对国民经济的长期发展和效益的提高产生不利影响的产业结构。其三，农业、轻工和重工业构成不同的类型。根据物质生产部门划分为农业、轻工业、重工业的分类，按照三者在产业结构中的地位不同，产业结构可分为重型结构、轻型结构、以农为主型结构三种类型。其四，产业发展层次不同的类型。按照产业的发展程度、技术水平、生产要素密集程度、加工程度和附加值大小的不同，产业结构可分为初级结构、中级结构、高级结构三个不同等级的类型。

（3）产业结构的演进规律

随着科技进步和生产社会化程度的提高，社会分工的深化和市场深度及广度的扩展，产业结构的演进也表现出一定的规律性。对三次产业结构演变的一般趋势和规律的研究，最具有代表性的是配第—克拉克定理、库兹涅茨对产业结构演变规律的研究以及工业结构重工业化的霍夫曼定理。

其一，配第—克拉克定理。该定理是英国著名经济学家林·克拉克

---

① 简新华：《产业经济学》，武汉大学出版社 2001 年版，第 44 页。

在威廉·配第研究成果的基础上，搜集与整理了 20 多个国家的统计资料，深入分析了劳动力在三大产业间分布结构的演变规律，剖析了劳动力在三次产业间移动的趋势（如表 2.1 所示），提出了著名的配第—克拉克定理：随着经济发展和人均国民收入水平的提高，劳动力首先从第一产业向第二产业移动，当人均国民收入水平进一步提高时，劳动力便向第二产业移动，当人均国民收入进一步提高时，劳动力便向第三产业转移。劳动力在产业间的分布状况是：第一产业减少，第二、第三产业将增加。[①] 其总的发展趋势是，在第一产业中就业的人数占全部劳动者人数的比重逐步下降，而在第二和第三产业中就业的劳动者所占比重会逐渐上升。克拉克认为，劳动力在产业间的变化移动，是由于在经济发展中各产业之间出现收入（附加价值）的相对差异所造成的，即人们总是向高收入的产业移动。配第—克拉克定理表明：人均国民收入水平越高的国家，农业劳动力在全部劳动力所占的比重相对来说就越小，而在第二、第三产业中劳动力所占的比重相对来说就越大；人均国民收入越低的国家，农业劳动力在全部劳动力所占的比重就越大，而第二、第三产业中劳动力所占的比重则越小。

表 2.1　　1958 年按人均 GNP 分组的 59 个国家当年劳动力的生产资料份额

	8 组国家（依据 1958 年人均 GNP 递增次序排列）							
	1	2	3	4	5	6	7	8
国家数	5	6	6	18	6	6	6	6
人均 GNP（美元）	72.3	107	147	218	382	588	999	1501
主要部门的劳动力份额								
A（第一产业）	79.7	63.9	66.2	59.6	37.8	21.8	18.9	11.6
I（第二产业）	9.9	15.2	16.0	20.1	30.2	40.9	47.2	48.1
S（第三产业）	10.4	20.9	17.8	20.3	32.0	37.3	33.9	40.3

A：第一次产业：农业（种植业）、林业、渔业

B：第二次产业：矿业、制造业、建筑业、电力、煤气、供水、运输、邮电等

C：第三次产业：商业、银行、保险、不动产业、政府机关、国防及其他服务业

资料来源：西蒙·库兹涅茨《各国经济增长》，第 207 页。

---

① 芮明杰：《产业经济学》，上海财经大学出版社 2012 年版，第 161 页。

其二，库兹涅茨提出的产业结构演变规律。美国著名经济学家"GNP之父"库兹涅茨在克拉克研究成果的基础上，将产业结构演变规律的研究深入到三次产业所实现的国民收入的比例关系及其变化上。他收集和整理了20多个国家的庞大数据，对伴随经济发展的产业结构变化作了时间序列分析，应用比较劳动生产率的概念，通过对40多个发展程度不同的国家进行横断面的比较研究，得出了以下结论：①农业部门创造的国民收入占全部国民收入的比重（国民收入的相对比重）与农业拉动力占全部劳动力的比重（劳动力相对比重）一样，均处于不断下降之中，并且比较劳动生产率低于1。这表明，在劳动力相对比重和国民收入相对比重下降的情况下，国民收入相对比重下降超过劳动力相对比重下降的程度。②工业部门国民收入的相对比重总体趋势是上升的，但工业部门劳动力的相对比重，大体不变或略有上升。这表明，相对国民收入（比较劳动生产率）是上升的，工业化达到一定水平后，第二产业不可能大量吸收劳动力。③服务部门的劳动力相对比重，几乎所有的国家都呈上升趋势，但国民收入的相对比重在有些国家中出现了不与劳动力相对比重同步上升的现象。综合起来看，大体不变或略有上升。这表明，第三次产业具有很强的吸纳劳动力的特性。一般来说，在工业先行的国家中，第三产业是三次产业中规模最大的一个，无论劳动力的相对比重还是国民收入的相对比重，都超过一半以上。[1]

表 2.2　　　　　　　　产业发展形态的概括（三部门的构成）

	劳动力的相对比重		国民收入的相对比重			
	时间序列分析	横断面分析	时间序列分析	横断面分析	时间序列分析	横断面分析
第一产业	↓	↓	↓	↓	↓	（1以下）—
第二产业	≌	↑	↑	↑	↑	（1以下）↓
第三产业	↑	↑	≌	—	↓	（1以下）↓

资料来源：宫泽健一《产业经济学》，第37页。

---

[1]　芮明杰：《产业经济学》，上海财经大学出版社2012年版，第163页。

经济转型期我国职业教育改革研究

其三，工业结构的重工业化规律——霍夫曼定理。1931年霍夫曼在其代表作《工业化的阶段与类型》中，依据近20个国家的时间序列数据，着重分析了制造业中消费资料工业和资本资料工业的比例关系。这一比例关系就是消费资料工业的净产值（或附加值）和资本资料工业净产值之比，即所谓"霍夫曼比例"。用公式表示为：霍夫曼比例＝消费资料工业的净产值/资本资料工业的净产值。根据这一比例进行测算，便得出所谓的"霍夫曼定理"，即在工业化进程中，霍夫曼比例不断下降的规律。他认为，在工业化的第一阶段，消费资料工业的生产在制造业中占主导地位，资本资料工业的生产是不发达的；在第二阶段中，与消费资料工业相比，资本资料工业获得了较快的发展，但消费资料工业的规模还比资本资料工业的规模要大得多；在第三阶段，消费资料工业和资本资料工业的规模达到大致相等的状况；在第四阶段，资本资料工业规模将大于消费资料工业的规模。[①]霍夫曼关于工业化过程中工业结构演变的规律及其工业化阶段的理论，在其问世后的半个多世纪里，保持了较广泛的影响。但是，霍夫曼定理存在以下四方面的缺陷：①不能全面反映产业结构的变动趋势；②轻工业和重工业与消费品工业和资本品工业并非存在对应关系；③会使人产生"优先发展重工业是工业化的必然要求"的错误思想；④未说明产业结构的服务化趋势。

表2.3　　　　　　　　　霍夫曼对工业化阶段的划分

霍夫曼系数的范围	工业化阶段
5.0（±1.0）	第一阶段
2.5（±1.0）	第二阶段
1.0（±1.0）	第三阶段
1以下	第四阶段

资料来源：芮明杰《产业经济学》，上海财经大学出版社2012年版，第163页。

---

① 芮明杰：《产业经济学》，上海财经大学出版社2012年版，第164页。

60

　　根据配第—克拉克定理、库兹涅茨对产业结构演变规律的研究以及工业结构重工业化的霍夫曼定理，工业结构演进的主要规律有[①]：其一，产业按比例协调发展规律，即国民经济的各产业部门保持一定的比例关系，国民经济才能协调高效发展。其二，生产资料生产更快增长规律，即个人消费品在生产总额中所占地位日益缩小，增长最快的是制造生产资料的生产，其次是制造消费资料的生产资料生产，最慢的是消费资料的生产。其三，工业化过程中的重工业化规律，工业化是指产业结构演进的过程，是以农业为主的产业结构向以工业为主的产业结构演进的过程。工业部门结构演进存在消费品工业比重逐步下降，资本品工业比重不断上升并逐步占优势的发展趋势，具有重工业化的规律性。其四，三次产业比重变动规律，即三次产业在国民经济中的比重和地位存在第一次产业逐步下降，第二、第三产业依次逐步上移的趋势，相应地由三次产业构成的产业结构类型存在由第一次产业为主的金字塔型产业结构，逐步向第二次产业为主的鼓型产业结构转变，再向以第三次产业为主的倒金字塔型产业结构演进。其五，生产要素密集型产业地位变动规律，即产业结构先是以劳动密集型产业为主，然后转向以资本密集型为主，最后变为以知识密集型为主的演变规律。其六，产业结构高加工度和高附加值化规律，即产业结构的演进存在产业的加工度提高和附加值增加，高加工度和高附加值产品在产业结构中越来越占优势地位、起主导作用的规律。其七，主导产业转换的规律。主导产业是在产业结构中处于主体地位，发挥引导和支撑作用的产业。主导产业转换引起产业结构变动，存在着从农业为主的结构开始，按顺序依次向以轻工业为重心的结构、以基础工业为重心的重工业为主的结构、以高加工度工业作为中心的重工业为主的结构、以第三次产业为主的结构、以第四次产业为主的结构演进的规律性。其八，产业结构由低级向高级演进规律。产业结构按照发展水平的不同，可分为初级结构、中级结构、高级结构三个等级的类型，存在逐步由初级结构向中级结构，再向高级结构演变的客观必然性。

　　[①]　参见简新华《产业经济学》，武汉大学出版社 2001 年版，第 53—59 页。

值得注意的是，由于科技进步尤其是第三产业中服务业的发展，三次产业之间出现了融合的趋势：随着农业科技的加速进步和农业服务体系的建立，第一产业加快了同第二、第三产业的融合；农业产业化进程加快使得农业与加工工业、服务行业出现了加速渗透融合的趋势；第三产业对第二产业的生产性服务的加强使第二产业和第三产业出现融合的趋势；信息技术服务成为提高第一产业和第二产业的产品尤其是制造业产品竞争力的主要手段，最为明显地体现了第三产业向第二产业渗透的趋势。同时，信息产业的高速发展及其在国民经济中的地位日趋重要，使其从第三产业中分化出来，形成第四产业成为可能。产业结构软化和产业结构高技术化也成为当今世界产业结构发展的主要趋势，前者表现为第三产业迅猛发展而第一、第二产业比重下降，后者表现为传统产业发展过程中日益高科技化。

（4）产业结构调整的内容

产业结构对经济发展具有双重作用，既可以极大地促进经济增长，又有可能严重阻碍经济发展。产业结构调整的目的是为了产业结构优化，进而实现经济快速增长。而产业结构优化是指通过产业调整，使各产业实现协调发展，并满足社会不断增长的需求的过程。① 因此，产业结构调整的过程同时也是产业结构优化的过程。而产业结构优化是产业之间的经济技术联系包括数量比例关系由不协调不断走向协调的合理化的过程，是产业结构由低层次不断向高层次演进的高度化过程。它包括产业结构合理化和产业结构高度化两大方面的内容，即通过政府的有关产业政策调整影响产业结构变化的供给结构和需求结构，实现资源优化配置与再配置，来推进产业结构的合理化和高度化发展。产业结构合理化和高度化是决定产业经济效益高低的两大主要因素：产业结构合理化决定资源在各个产业之间能否优化配置，不致造成积压和浪费；产业结构高度化则决定配置到各个产业部门的资源能否有效利用，带来更多更好的产业。

其一，产业结构合理化。产业结构合理化是指产业之间的经济技术联系和数量比例关系趋向协调平衡的过程，主要是产业按比例协调发展

---

① 王俊豪：《产业经济学》，高等教育出版社 2012 年版，第 175 页。

规律的要求。① 产业结构合理化是经济持续增长的客观要求。一般而言，经济的持续增长取决于资源（资本、劳动力、技术等）的不断投入及其有效配置，而产业结构的合理与否在很大程度上决定了资源配置的效果。如果产业结构比较合理，与国内和国际市场需求相适应，与技术的发展水平相适应，则资源配置是有效的，投入的不断增长能保证产出的不断增长，经济就得以持续增长。如果产业结构扭曲，则会严重降低资源配置的效果，即使短期的高增长能够发生，最终也会由于结构的制约而不能持续下去。由此可见，只有使各产业间保持协调状态，即在一定经济条件下实现产业结构的合理化，才能保证经济增长的协调性和持续性。

产业结构是否合理的关键在于产业之间由于内在的相互作用而产生的一种不同于各产业能力之和的整体能力。产业之间的相互作用关系越是协调，结构的整体运行质量越高，产业结构就越合理；反之，产业结构越不合理。② 具体而言，产业结构合理化的标准和要求主要包括以下五个方面：第一，各大类产业之间、各大类产业内部的具体产业部门之间数量比例合理，投入产出均衡，过剩和短缺现象没有或不严重，各产业部门的生产能力能够充分发挥，所需的资源可以得到较好满足，保证社会扩大再生产能够顺利进行。第二，产业结构与需求结构相适应，并随着需求结构的变化而变化，供求基本平衡，投资需求和消费需求能够得到较好满足，减少乃至消除供不应求、供过于求和二者并存的不合理现象。第三，产业结构与资源结构相协调，充分有效地利用本国的人力、物力、财力即自然资源和条件，同时尽可能利用可以得到的国际资源和生产要素，弥补本国资源和生产要素的不足，参与国际分工，发挥本国的比较优势，取得比较利益，使比例协调的产业结构建立在更雄厚的资源基础之上，使国民经济在更大的规模上得到更有效的协调发展。第四，产业结构中的产业类型构成恰当，环保产业和节约、保护、高效利用资源的产业得到恰当发展，能够保护环境，节约资源，实现人口、

---

① 简新华等：《中国经济结构调整和发展方式转变》，山东人民出版社 2009 年版，第23 页。

② 王俊豪：《产业经济学》，高等教育出版社 2012 年版，第175 页。

资源、环境与经济发展的良性循环。[1]

其二，产业结构高级化。产业结构高级化，是指产业总体发展水平不断提高的过程，或者说是产业结构随着需求结构的变化向更高一级演进的过程。[2] 推进产业结构高度化，是经济全球化条件下产业升级的必然选择。产业结构高度化的概念最早源自日本，其基本含义是通过使用新技术和新工艺，使劳动生产率提高的速度更快，产品和服务在短期内获得更高的附加价值。产业结构高度化的过程，其核心是社会生产技术基础更新所引发的结构性改进，即由于新技术的开发、引进、应用、扩散引起的高新技术产业不断发展，提高其资金、产值和劳动力比重；传统产业不断进行高新技术改造，提高其技术含量。可见，产业结构高度化是一个动态的过程，根据产业结构演进的一般规律，产业结构的高度化具有以下四个方面的特征：一是产业结构的发展沿着第一、二、三次产业分别占优势地位的方向顺向递进；二是产业结构的发展沿着劳动密集型产业、资本密集型产业、技术（知识）密集型产业分别占优势地位顺向演进；三是产业结构的发展顺着低附加值产业向高附加值产业方向演进；四是产业结构的发展顺着低加工度产业占优势地位向高加工度产业占优势地位演进。因此，产业结构高度化一般经历三个阶段：第一阶段是产业结构的重化工业化，是指在经济发展和工业化过程中，重化工业化比重在轻重工业结构中不断增高的过程；第二阶段是高加工度化阶段，高加工度化阶段一方面意味着加工组装工业的发展大大快于原材料的工业发展，另一方面意味着工业体系以生产初级产品为主阶段向生产高级复杂产品为主阶段过渡；第三阶段是知识技术高度密集化阶段，即在高加工度化过程中，各工业部门越来越多地采用高级技术，导致以知识密集为特征的尖端工业的兴起。这个阶段是国民经济发展的产业结构的成长开始突破工业社会的框架，实现"后工业社会"的产业结构转变。[3]

产业结构高度化的标志或表现主要包括五个方面：一是高加工度

---

① 简新华等：《中国经济结构调整和发展方式转变》，山东人民出版社 2009 年版，第23 页。

② 王俊豪：《产业经济学》，高等教育出版社 2012 年版，第 177 页。

③ 同上书，第 178 页。

化，这是工业结构由加工程度比较低浅的轻纺工业、原材料工业为重心向加工度高、深的制造业为重心发展的趋势；二是高附加值化，这是附加值更大的产业在产业结构中越来越占优势地位、比重越来越大的发展趋势；三是技术集约化，这是产业结构的技术水平越来越高、技术基础越来越先进、技术密集型产业越来越成为主导产业的发展趋势；四是知识化，就是知识越来越成为产业发展的最终的决定性因素，生产和传播知识的产业在产业结构中越来越成为主导产业的发展趋势；五是服务化，就是主要作为服务行业的第三次产业在国民经济中所占的比重越来越大，在产业结构中越来越成为主导产业的发展趋势。①

第二，城乡结构调整

城乡结构调整是指通过市场机制和政府的规划、财政、金融、投资、产业等方面的措施，合力推进城市化、适时实行工业反哺农业和城市支持农村、缩小城乡差距、促进和实现城乡协调发展的活动。②

对城乡结构调整的一般趋势和规律的研究，最具有代表性有刘易斯二元经济理论。二元经济是发展中国家国民经济中现代部门和传统部门并存的状况，它最早由美国经济学家阿瑟·刘易斯提出的，该理论将国民经济分为两个部门：一个是现代的城市工业部门，其特征是现代工业和商品经济比较发达，技术水平、劳动生产率和收入较高；另一个是传统的乡村农业部门，其特征是以传统农业和手工业为主，以简单工具和手工劳动为基础，处于自给半自给的经济状态，劳动生产率和收入低。一国经济中现代部门与传统部门并存的状况，被称为二元经济结构。二元经济理论的基本假设为：①农业的边际劳动生产率为零或接近零；②从农业部门转移出来的工资水平由农业的人均产出水平决定；③城市工业中的利润的储蓄倾向高于农业收入中的储蓄倾向。因此，由于农业的边际劳动生产率为零或接近零，农业剩余劳动力对城市供给价格低，且工业的边际劳动生产率远远高于农业剩余劳动力工资。所以，工业发

---

① 简新华等：《中国经济结构调整和发展方式转变》，山东人民出版社 2009 年版，第25 页。

② 同上书，第36 页。

展就可以从农业中获得无限量的廉价劳动力供给，在劳动力供给价格与边际劳动生产率获得巨额利润，又由于工业利润储蓄倾向高，由此产生一种累积性效应。这种累积效应的结果是，农业劳动力的边际生产率提高，工业劳动力的边际生产率下降，以至于工、农业劳动边际生产率相等，最终导致二元经济转变为一元经济。美国发展经济学家托达罗对刘易斯的二元经济理论提出了质疑，他认为刘易斯的理论过于简单化，没有考虑农村劳动力进入城市以后能否找到合适的工作。在发展中国家，农村劳动力在城市寻找工作的难度很大，从而在经济发展过程中出现大量无业游民。因此，农村劳动力向城市的转移有很大的阻力。

城乡二元经济的存在会给经济发展带来一些消极影响，特别是在推行以牺牲传统部门发展为代价、积累现代部门所需资金的赶超战略，而导致城乡二元经济差异不断扩大时，其消极影响会愈加明显和严重。主要表现在以下三个方面：其一，如果农业过分落后，势必会在诸如粮食、原料、农副产品、资金及市场等许多方面限制现代部门乃至整个国民经济的进一步发展。其二，在现代市场经济条件下，如果传统农业部门同现代工业部门在技术和效率上过分悬殊发展，势必造成传统农业部门越来越用附加值低的大量农产品去交换现代工业部门附加值高的少量工业品趋势，这不仅不利于提高农民的生活水平，还会削弱农业的积累能力，进而限制农业的发展。其三，如果城乡二元经济差异过大，会导致农业部门的劳动力向现代工业部门过度转移，导致城乡经济差距越来越大。

城乡结构调整的目的和任务是促进城乡经济结构优化，其途径主要有四种：其一，加快农业现代化进程。农业现代化就是要用现代科学技术武装农业，用现代科学管理方法管理农业，建立高度集约化经营和高度社会化的农业生产体系，开发高产、优质、高效农业。① 农业现代化就是建立在直接经验和手工工具基础上的传统农业，转变为建立在现代科学技术、现代生产手段和现代设施装备基础上的农业的过程，以及用现代科学文化知识全面武装农业劳动者的过程和粗放型农业向集约型农业转变的过程。农业现代化的过程，就是落后的传统农业转变为建立在

① 张秀生等：《社会主义经济理论》，武汉大学出版社2004年版，第326页。

先进生产方式和先进技术基础上的现代农业的过程，这将促使农业也同现代工业一样成为高效率和高技术的产业，农业劳动者也和城市居民一样享受高收入和高质量的生活。其二，促进农村剩余劳动力合理有序转移。城市化是一个变传统的乡村社会为现代先进的城市社会的自然历史的过程，也是社会发展的主要内容和重要标志。世界上城市化水平较高的国家，都是社会发展水平高、工业高度发达的国家。工业化的一个结果是在经济内容上，是工业在整个国民经济中占主导地位，成为社会物质财富的主要创造部门，另一个结果反映在空间结构上，是城市成为人口的主要聚集地。从西欧和美国的经验来看，农村剩余劳动力从传统产业释放出来，重新配置到城市生产部门，促进了工业化，也促进了城市化。因此，城乡结构调整的过程是农村居民就业的非农产业化过程，也是农村剩余劳动力合理有序转移的过程。其三，大力发展第三产业。由于第三产业发展滞后，严重地影响了工业化进程中对农村剩余劳动力的吸纳能力，导致城乡二元结构转换严重滞后于产值结构的转换。研究表明，在工业化过程中随着人均国民生产总值的不断提高，服务业相对制造业来说，其就业弹性系数不仅大于1，而且呈现连续递增的趋势。因此，大力发展第三产业有利于城乡结构调整。其四，提高城镇化水平，优化城乡经济结构。我国第三产业发展滞后的直接原因是二元经济结构转换的非城市化道路所造成的城市化发展滞后，这是因为第三产业与第二产业相比更依赖于城市化的进展。与第二产业明显不同的是，第三产业提供的产品——服务具有生产与消费的同一性，它不像第二产业所提供的物质产品那样可以在产地以外销售和消费。因此，第三产业只有在人口较为密集的城市才会有较大发展，而人口密集度较小的农村由于受到需求不足的制约，发展第三次产业与发展第二产业相比，成本高、收益小。可见，要进一步推进城乡二元经济结构调整必须加速城市化发展进程，以带动第三产业发展，促进农村剩余劳动力有序向非农产业转移。

第三，地区结构调整

地区结构调整是指通过市场机制和政府的规划、财政、金融、投资、产业等方面的措施，发挥地区比较优势、推动地区分工协作、适当支持、扶植落后地区、缩小地区差距、促进和实现地区协调平衡发展的活动。① 地区经济结构调整意义重大，地区经济结构调整的目的在于实现地区经济结构优化。而地区经济结构优化意味着生产要素的合理高效配置。一方面各地区坚持微观的竞争优势原则，因地制宜，发展各具特色的经济，可以促进地区经济的迅速发展；另一方面地区间坚持宏观比较优势原则，彼此分工协作，优势互补，可以提高整体的资源配置效率。另外，地区经济结构优化意味着在区际发展上实现了公平与效率、短期与长远、局部利益和整体利益的内在统一，从而有助于调动各方面的积极性，也有助于保持社会稳定和国民经济协调均衡发展。

地区经济结构调整衡量标准，首先是各地区经济优势能否得到充分发挥。合理的地区经济结构应该优化各地区的资源配置，从而使各地区都能因地制宜，充分发挥比较优势。其次是地区经济发展是否协调。合理的地区经济结构应该使各地区经济增长水平逐渐一致，从而使区际收入差别缩小，国民经济均衡发展。但是在一国经济发展中，尤其是在一个经济发展起点低、经济比较落后的国家，地区经济发展不平衡是不可避免的。这种不平衡性，无论是对各地区经济本身的发展，还是对整个国民经济的发展，都是一个不利的制约因素。因此，从一国经济发展战略的角度来看，优化地区经济结构的目的，就在于逐步消除这种差别，实现各地区经济的协调发展，并不断由不平衡发展到更高水平的平衡。

（三）经济体制转型中的经济结构调整②

经济体制转型中的经济结构调整主要表现为产业结构调整。在计划经济体制下，产业结构调整主要表现为以政府为主体，拥有产业投资、产业布局和产业组织等方面的绝对权力，根据发展计划要求和财政资金能力，采用行政命令和计划手段，对产业结构进行行政调整，这种产业结构调整完全依赖于政府尤其是中央政府的行为。对产业部门实施强制性的"关、停、并、转"；而对增量调整，政府拥有产业进出权力，并对影响产业结构变动的产品收购、物质供应、资金调拨、劳动力分配和

---

① 简新华等：《中国经济结构调整和发展方式转变》，山东人民出版社 2009 年版，第 36 页。

② 具体参见周冯琦：《中国产业结构调整的关键因素》，上海人民出版社 2003 年版，第 250—261 页。

住房供给等方面实行行政计划控制，采取行政手段直接进行生产要素配置，实现产业结构的增量调整。这种产业结构调整缺乏独立的行为主体地位，既不拥有相应的产业进出权力，也不对产业的成本—效益承担经济义务，而只承担执行行政命令的义务。在市场经济体制下，产业结构调整主要表现为产权独立、行为自主的微观经济主体，按照市场供求和价格信号，依据契约式的行为方式，追求微观效益最大化，并相互平等竞争，优胜劣汰，从而使稀缺资源不断由旧产品移向新产品，由低效率企业移向高效率企业，由此带来产业结构不断调整和优化。

经济体制转型即从计划经济向市场经济转型，引发了产业结构调整机制的改变：其一，产业结构调整主体趋于多元化，政府唯一的主体地位发生较大转变。在计划经济体制下，产业结构调整历来政府（主要是中央政府）为唯一主体，经济体制转型后政府尽管依然是产业结构调整的重要主体之一，但非政府主体不断在壮大。其二，产业结构调整的手段趋于多元化。经济体制转型以后，以行政手段为主逐步转变为以经济手段为主，形成经济手段、行政手段、法律手段的并举格局。具体而言，从政府角度来看，除了行政手段外，经济政策和法律法规受到高度重视，并在逐步运用政策法规调控产业结构调整的同时，市场化趋向的经济政策和法律法规建设进展明显。其三，产业结构调整的组织方式发生转变。在计划经济体制下，产业组织形式采取行政隶属方式划定产业的组织形式，而经济体制改革后，打破行政隶属关系，允许以资本为纽带，形成跨地区、跨行业、跨所有制和跨国的产业组合形式，从而使产业组织方式发生明显变化，即将过去按行政隶属方式转变为以资产所有权为纽带的方式确定产业的组织形式。

二　职业教育

（一）职业教育的含义

国内外对职业教育的概念界定存在明显差异。在国际职业教育领域，联合国教科文组织以及其隶属机构联合国职业教育合作项目国际中心（UNESCO - UNEVOC）发布了不少重要文本，其中涉及职业教育这一术语内涵的描述。值得注意的是，联合国教科文组织对职业教育的界定是与时俱进的。例如，1962 年，联合国教科文组织成员国一致通过的《关于技术与职业教育的建议》，认为职业教育是"由学校或其他教育机构提供的旨在为工业、农业、商业和相关的服务业等领域提供人才准备的所有教育形式"。1974 年又修订了该建议，认为职业教育"作为一个涉及教育过程方面的综合术语来使用的，所包括的除了普通教育以外，还包括技术和相关科学的学习，以及与经济和社会生活各部门的职业有关的实际技能、态度、理解力和知识"。而 2001 年再次修订的《关于技术与职业教育的建议》，职业教育的内涵更加丰富，职业教育是指在教育进程中，除了普通教育之外的对技术和相关科学的学习，旨在获得从事经济与社会生活中不同部门的职业而必须的实践技能、态度、知识和对此职业的认知和理解，其基本内涵包括：（1）是普通教育的有机组成部分；（2）是为职业场所和工作实际中进行有效工作而准备的一种方式；（3）是终生学习的一个方面并且是成为尽责公民的必要途径；（4）是推进环境健康可持续发展的手段；（5）是促进贫穷得以缓解的方法。① 联合国教科文组织对职业教育的这种认识，反映在这份带有指导性文件中，尽管各国可以根据国情加以采纳和吸收，但不难发现这种对于职业教育的认识已经为多数发达国家所认可，并且可以从各国职业教育的实践中得以印证。而联合国职业教育合作项目国际中心编撰的《技术和职业教育中的术语》中指出，由于各国在技术和职业教育领域对某些基本术语的理解存在明显的差异，因此造成各国之间的交流与合作出现障碍。为此，有必要将提法不同的术语加以统一。其中"技术和职业教育"（technical and vocational education）、"技术教育"（technical education）、"职业教育"（vocational education）与职业教育密切相关。《修正意见》和《技术和职业教育中的术语》两个文本对职业教育的界定一脉相承，成为国际职业教育发展进程中所应当共同参照的标准。而 1999 年 4 月在韩国召开的第二届国际职业技术教育大会上，联合国教科文组织在正式文件中首次使用了 TVET（Technical and Vocational Education and Training，技术和职业教育与培训）的提法，将"职

---

① UNESCO. Revised Recommendation Concerning Technical and Vocational Education. Paris, 2000：1.

业培训"包括在职业教育的范畴内。TVET 这一提法的出现，比较完整和合理地将社会中的"技术教育"、"职业教育"和"职业培训"这几种教育现象概括在一起，给出了一个比较合理的表述，使"职业教育"的内涵和类型更加明确和系统。而《国际教育百科全书》对职业教育内涵进行了分析和描述，认为"在任何一个国家，通常可以认为技术职业教育与培训和至少三个独立的机构设置中的一个或者更多相关，这三个独立的机构设置包括正规学校、学校后职业培训机构和那些或大或小的工业或者经济企业"。[①] 因此，它将技术和职业教育与培训分为"基于学校的技术职业教育与培训"、"在职期间基于学校的技术职业教育与培训计划"、"基于工作的技术职业教育与培训"三种形式。

我国关于职业教育的概念定义也大不相同。例如，《中国大百科全书·教育卷》中将职业教育定义为："给予学生从事某种职业或生产劳动所需要的知识和技能的教育。"[②] 《教育大辞典》将职业教育定义为："中国对职前、职后的各级各类职业和技术教育以及普通教育中的职业教育的总称。包括进行科学、技术学科理论和相关技能学习的技术教育以及着重技能训练和相关理论学习的职业教育。"[③] 这一定义其实与联合国教科文组织的定义是一致的。刘春生的《职业技术教育导论》中，认为职业教育是"在普通教育的基础上，对国民经济各部门和社会发展所需要的广大劳动者，所进行的专业知识、专业技能和操作能力的职前和职后培训，使其成为具有高尚的职业道德、严明的职业纪律、熟练的专业技能的劳动者，从而适应就业个人要求和客观的岗位需要，推动生产力的发展"。[④] 纪芝信在《职业技术教育学》中，认为职业教育是"通常在一定的普通教育的基础之上，为适应某种职业需要而进行的专门知识、技能和职业道德教育，使受教育者成为社会职业所需要的应用人才"。[⑤] 国家教委职业技术教育中心研究所在《职业技术教育原理》中，认为职业教育是"使受教育者达到职业资格的获得、保持或转变

① 顾明远：《教育大百科全书》，海南出版社 2006 年版。
② 中国大百科全书编辑委员会：《中国大百科全书》，中国大百科全书出版社 1986 年版。
③ 顾明远：《教育大辞典》，上海教育出版社 1991 年版。
④ 刘春生：《职业技术教育导论》，吉林科学技术出版社 1989 年版。
⑤ 纪芝信：《职业技术教育学》，福建教育出版社 1995 年版。

及职业生涯质量的获得与改进的教育"。① 张家祥在《职业技术教育学》中，认为职业教育是"凡是通过言传身教、口手相传、世袭家传以及师傅带徒弟等方式，在劳动和生活过程中传授知识和技能的活动，都是广义上的职业技术教育；狭义上职业技术教育是指教育者有目的、有组织、有计划地传授技术知识和技能的活动，主要是指职业技术学校教育和各种形式的职业培训"。② 李向东等在《职业教育学新编》中，认为职业教育是"为适应经济社会发展的需要和个人就业的要求，对受过一定教育的人进行职业素养特别是职业能力的培养和训练，为其提供从事某种职业所必需的实践经验的一种教育"③。

综合上述文献对职业教育概念的含义，本研究认为，职业教育是一个相对较为宽泛的概念。首先，职业教育是教育的一种类型，是教育事业的一个重要组成部分，在绝大多数国家与基础教育、高等教育并存，它们既相互联系，又相互区别。其次，职业教育培养的是技术应用型职业人才，而不是培养所有职业的人才。技术应用型人才在我国社会十大阶层中大多数属于中低社会阶层，因此职业教育是面向大众的，是面向人人的教育事业。再次，职业教育培养的是人才，是在一定普通教育基础上进行的。最后，职业教育具有层次性，有初等、中等、高等职业教育之分，培养技术性应用型和技能型两大类人才。

（二）职业教育的特点

辩证唯物主义告诉我们，特点是事物本质特征的外在表现，是一事物区别于其他事物的显著的征象和标志。职业教育的特点，是由职业教育的性质决定的，是区别于其他教育之所在。

1. 职业性

根据《教育大辞典》中的定义，职业是指个人在社会中所从事的并以其为主要生活来源的工作的种类。它的出现可以追溯到远古时代。原始社会时期，农业与手工业、畜牧业的分离以及后来奴隶社会初期体

---

① 国家教委职业技术中心研究所：《职业技术教育原理》，经济科学出版社1998年版。
② 张家祥：《职业技术教育学》，华东师范大学出版社2001年版。
③ 李向东、卢双盈：《职业教育学新编》，高等教育出版社2005年版。

力劳动和脑力劳动的分离，导致了最早的职业产生。职业一词，最早见于《国语·鲁语》："昔武王克商，通道于九夷百蛮，使各以其方贿来贡，使勿忘职业。"这里的"职"指执掌之事，"业"是古代记事的方法，职业就是分内应做之事。其实，古代"职"和"业"各有所指，职，指官事，业，指农牧工商。古代人所说的"官有职，民有业"，就是指二者的不同。历史在前进，社会在不断发展，到了近代社会，职业一词被联合在一起使用，并随着科技的进步，社会分工的精细化和复杂化，职业的分类亦随之丰富起来。据统计，居民所从事的职业，1920年只有5500种，1939年为19000种，1959年为28000种，而到了1970年则达到30000种，并且到目前仍逐年增长。①

　　职业是职业教育的基础，职业教育应该是以职业活动的形式进行，职业是规范职业教育的专业、课程和评价的标准。② 正如杜威所讲："一种职业必须是信息和观念的组织原则，是知识和智力发展的组织原则，职业给我们一个轴心，它把大量变化多样的细节贯穿起来，它使种种经验、事实和信息的细目彼此井井有条。"③ 职业教育之所以具有鲜明的职业性，主要有四个方面的原因：其一，职业所蕴含着丰富的教育性元素。例如，人力、知识、技术、技艺、工作任务与过程及行动、道德、价值、精神等，构成为一个综合的整体，从中衍生出并且共同作用于职业教育的本质和规律。通过职业的工作活动，不仅使从事这种职业活动的人的职业技能得以成长，而且使人的智力和道德得以成长。成功的职业活动需要职业技术和知识、人力、人格、道德等多种元素综合参与，离开了技能，离开了职业技术和知识，人力就只剩下单纯的体力了；离开了人格、道德，技无以载道，职业就可能变为危险的力量。因此，在现代科学技术核工业进步的时代，职业无疑是含有更多的理智、技术、道德和文化因素。其二，职业是使个人发展与才能发挥、与社会需要之间取得平衡的独特的机制。每个人所从事的工作和职业都是应该与他自己的能力倾向和兴趣

---

① 刘春生、徐长发：《职业教育学》，教育科学出版社2002年版，第27页。

② 姜大源：《职业教育新论》，教育科学出版社2007年版，第5—7页。

③ 杜威：《民主主义与教育》，人民教育出版社2001年版，第328页。

志向相符合的，它既能使个人利用能力达到种种结果，又能为别人提供服务，而职业是唯一能使个人特有的才能和他的社会服务达到相对的平衡。其三，职业活动本身就是实施职业教育的途径和方式。职业本身最富有生命力和主动性知识信息的组织原则，也是人的能力发展的最佳组织原则。在职业实施与开展的过程中，通过职业的典型作业或工作过程进行的职业教育是为职业做准备而进行的最适当的教育。这样的职业活动是一种极有价值的教育活动，同样富有极强的主体性，可以大大激发学习者的主体精神和思维。学习者在主动的职业活动中理解现代科学原理，并最终掌握对原理的运用，从而培养其职业技能和职业态度，发展其多方面的心智能力和职业智慧，形成精明、细心、踏实的优良品质，使其天性才能得以充分地体现和发挥。其四，职业性是职业教育培养目标的最主要体现。职业教育，无论是就业前的准备教育还是就业后的在职教育，培养目标都十分明确，就是培养能够掌握从事某种社会职业必备的文化科学知识、专业理论知识和技能的应用型人才。对于就业前的准备教育而言，学生入学后便确定了职业方向，实行定向培养，毕业后对口就业，使学校中的所学和未来的职业直接挂钩，目的明确，职业针对性强，易于调动学生的学习积极性和主动性。对于在职培训而言，教育目标有两点：一是在原有知识、技能的基础上进修提高，以适应知识、技能更新的需要；二是学习新兴的专业知识和技能，以适应改变职业、转换职业的需要。

2. 技术性

技术源于人对自然的改造，技术的载体包括人与物。就对人类的社会生活和职业教育最直接地产生的影响来说，技术的意义远在科学之上。职业教育的特性体现着技术性，主要表现在以下三个方面：第一，技术的传承孕育着传统的职业教育，技术的创新推动了正规职业教育的形成。职业分化的基础是技术进步，技术进步推动新职业的产生和职业结构升级，从而实现人的劳动解放。技术及其进步是人类智力进化和社会生产力提高的必然反映。在原始生产力阶段，由于其生产力技术水平很低，职业教育是由长者向晚辈传授简单的生产、生活经验、教育内容、形式都是随机性的。在手工业生产力阶段，生产、生产技术、社会分工都有了发展，但生产技术主要体现在劳动者的个体技巧之中，职业教育在手工作坊中进行的以师徒制为主要形式，培养集设计和操作于一身的工匠。从美国 18 世纪 60 年代起，产业革命逐渐兴起，机器生产力开始形成并迅猛发展，随后的几次科技革命，不仅引起了生产上的重大变革，同时促进了职业学校和现代学徒制的产生，并提升了职业教育在整个教育体系中的地位。可见，技术的不同发展水平和应用环境需要不同内容、形式的职业教育，职业教育的内容、形式与层次伴随着技术进步及其在生产领域中应用程度的不断提高而变化、发展。第二，技术进步的程度全方位地影响职业教育的持续发展。这具体表现为：技术进步直接影响着企业的效率、效益和劳动力数量的变化，从而决定着职业教育规模的变化；技术进步引导着职业教育人才培养规格的调整，推动着职业教育的办学模式和教学体系的改革，影响着职业教育的教学方式和方法；技术进步促进终身教育体系的构建。第三，职业教育的跨越式发展推动着新技术的普及推广，并深远的促进着技术进步的价值的高扬与升华。技术在转化为生产力的过程中急需职业教育密切配合，技术进步对职业教育发展产生着广泛而深远的影响。职业教育的完善和优化为技术进步提供了人才基础和社会条件，推动着技术的进一步发展。

3. 实践性

职业教育的实践性，是指职业教育应从应用和实际的角度出发进行，要注重实践能力的培养。职业教育的这一特点表现在两个方面：第一，职业教育的教学过程具有实践性特点。职业教育的教学侧重于理论与实践的紧密结合。在教学方法上，它比普通教育更强调教育与生产劳动相结合，强调"手脑并用"、"学做合一"；在课程设置上，其教学实习课程所占的比例也远远高于普通教育，并且理论与实习并行，知识与技能并重。第二，职业教育培养的人才类型具有实践性的特点。职业教育所培养的第一线的技术工人、技术农民、生产现场的技术员和其他城乡劳动者，他们都是生产第一线的祖国建设者。这些培养对象的一个共同特征，就好似他们应具有相对完整的实践能力和相对不完整的理论知识。这就决定了他们所受的教育也必然带有突出的实践性特点，只有这样才能使学生获得职业技能，取得职业资格，胜任未来的职业。[①] 这也是职业教育有别于普通教育的一个显著特点。职业教育在教学工作中坚持理论和实际相结合,其目的是通过各种形式的实践使学生深刻地理解和掌握文化科学理论知识,并掌握一定的实践技能。职业教育不仅要使学生掌握文化科学理论知识,更重要的是要培养学生实际操作的技能和能力。因此,职业学校的教学工作一般来说是课堂教学和实践教学并重,而且实践教学是职业学校教学工作的重要组成部分。在某些职业学校中,如在我国的技工学校、职后技术培训以及某些为第三产业服务的职业学校中,实践教学是教学工作的主要形式。

(三) 职业教育与经济发展的关系

经济增长,用传统的术语来说,即国民财富或社会财富的增长,用现代术语来说,即产出的增长,它表现为国民生产总值或国内生产总值或国民收入的增长。经济的持续增长,必然会引起社会经济各方面的变化,如投入结构的变化、产出结构的变化、一般收入水平和收入分配状况的变化、教育状况的变化以及健康卫生变化等。一般来说,持续、稳定而合理的经济增长,必将促成社会经济各方面的良性变化。但是,如果经济增长不是持续、稳定而合理的,而是增长速度过低、过高或大起大落,或由于政策措施的失误,以致社会经济各方面出现了不良变化。正因为如此,不少经济学家严格区分了"增长"和"发展"两个概念,把"经济增长"归结于经济总量的增长,而把"经济发展"看成经济总量增长加上结构变化。[②] 而著名的经济学家、发展经济学的创始人张培刚教授认为,从字面上我们很难区分"增长"与"发展",因为从生物生长(Growth)角度来看,如春蚕在生产期的变化,很难说没有结构的改变。

经济增长是工业化时代以来世界各国热衷和追逐的目标,如何促进经济增长历来都是经济学家长期关注的问题。经济学家围绕影响经济增长的因素做了大量的研究,形成了古典经济增长理论、新古典经济增长

---

① 周明星:《职业教育学通论》,天津人民出版社 2002 年版,第 26 页。
② 谭崇台:《发展经济学》,上海人民出版社 1989 年版,第 78 页。

理论和新经济增长理论。古典经济学家亚当·斯密认为，促进经济增长的途径主要有两种：一是增长生产性劳动的数量；二是提高劳动的效率。而提高劳动效率主要取决于分工程度和资本积累的数量。他指出，要增加一国的财富，只有增加生产劳动者的数目和提高劳动者的生产率，而要增加劳动者的数目，必须先增加资本，增加劳动基金。要增进劳动生产率，必须增加便利劳动的机构和工具或者予以改良，否则就要改善工作的分配方式。因此，分工协作和资本积累是促进经济增长的基本动因。20 世纪 40 年代后期，英国经济学家哈罗德和美国经济学家多马提出了经济增长模型。该理论认为，GNP 的增长率是由国民储蓄率和国民资本—产出比例共同决定的。GNP 的增长率与储蓄率成正比，也就是说，一定水平的 GNP 中储蓄率越高，GNP 增长率越大。GNP 的增长率与资本—产出比例成反比，即资本—产出比越高，GNP 的增长率就越低。为了保证经济增长，必须从 GNP 中拨出一部分作为储蓄并化为投资，因此，储蓄越多，投资就越多，增长就越快。但是，每一水平上的储蓄和投资所能带来的实际增长速度取决于投资的生产能力，即取决于一份投资能增加多少产出的经济效果，这就可以用产出—资本比来衡量。哈罗德—多马模型是古典经济增长理论的典型代表，他们强调资本的增加，将储蓄率作为决定经济增长的基本要素。但该理论的缺点是将资本看成促进增长的唯一因素，没有考虑到投入要素价格的相对变动会引起投入要素相互替代的可能性。而美国经济学家罗伯特·索洛以及英国经济学家斯旺创立了新古典经济增长理论，该理论认为：经济增长率等于资本产出量弹性乘以资本增加率、劳动的产出弹性乘以劳动增加率，以及由技术进步引起的产出增加率之和。该理论的突出特点是：一反经济增长理论中"资本积累是决定因素"的传统看法，提出技术进步对经济增长具有重大贡献的观点；假定投入要素是可变的，因而投入要素之间具有替代性，可以通过资本—劳动比例的调节改变资本—产出比例，以增加经济增长率的可调节性和稳定性，克服了哈罗德—多马模式的"刀锋"问题；突出了市场调节作用。新古典经济增长理论强调了技术因素对经济增长的关键作用，认为资本要素在经济增长的初期尤为重要，但随着经济增长时间的推移，在经济增长的中后期技术进步的作用越来越大。20 世纪 80 年代中期，以罗默和卢卡斯为首的一批经济学家提出了一套全新的经济增长与发展的思想，被称为新经济增长理论。该理论着重分析了技术创新、人力资本积累、知识溢出对经济增长的重要影响，其重要内容之一是把新古典增长模型中的"劳动力"定义扩大为人力资本投资，即人力不仅包括绝对的劳动力数量，还包括劳动力的教育水平、生产技能训练和相互协作能力的培养等。罗默认为生产要素应包括资本、非技术劳动、人力资本和新思想四个方面。其中，知识即新思想，是经济增长的主要因素。卢卡斯将人力资本积累作为经济长期增长的决定性因素，认为只有专业化人力资本积累才是经济增长的源泉。总之，新经济增长理论将知识、技术和人力资本引入经济增长模型，来说明经济实现长期持续增长的关键问题是技术进步和人力资本投资。以诺斯为代表的新制度经济学家，将制度因素纳入经济增长的框架，指出经济增长和发展的关键是制度因素，一种提供适当的个人刺激的有效制度是促进经济增长的决定性因素，而在制度因素中，财产关系的作用最重要。美国经济学家丹尼森将影响经济增长的因素分为七类：就业人数及其年龄性别构成；包括非全日制工作的人在内的工时数；就业人员的教育年限；资本（包括土地）存量的大小；资本配置的改善，即低效率使用的劳动力比重减少；规模经济实现的程度；知识（包括技术与管理的知识）的进步及其在生产上的应用。其中，前三项为劳动投入量，第四项为资本投入量，后三项是单位投入量的产出率，即生产率。丹尼森对经济增长因素的分析，对于研究经济增长的态势和制定科学的经济增长政策，有着十分重要的启示和借鉴意义。[①] 综上所述，我们可以看出，经济学家将影响经济增长的因素主要归结为：资本投入量、劳动投入量、技术进步和制度变迁。

职业教育是现代国民教育体系中的重要组成部分，在各类教育事业中，与经济社会发展的联系最直接、最紧密。职业教育是工业化和现代化的重要支柱，是实现经济增长和社会和谐的关键环节。职业教育主要通过提高人力资本技能、促进技术进步、拓展就业渠道等影响经济增长与经济发展。职业教育对经济增长的主要贡献有：第一，职业教育是人

---

① 霍柳杨：《企业家才能对工业化水平的影响研究》，河北经贸大学 2011 年版，第 36 页。

力资本形成和积累的"孵化器"。美国经济学家贝克尔认为，人力资本是通过投资形成的，人力资本形成和积累的主要途径是教育。卢卡斯指出，人力资本积累主要通过两种方式进行：一是通过脱离生产的正规、非正规学校教育，使经济活动中每个人的智力和技能得以提高，从而提高工人的劳动生产率；二是通过"干中学"，通过工作中的实际训练和经验积累来增加人力资本。前者产生内在效应，后者产生外在效应。同样，技能型人力资本的形成和积累的形式或途径是多方面的，但主要是学校职业教育、在职培训和干中学，其中学校职业教育和在职培训作用尤为重要。就学校职业教育而言，它在技能型人力资本积累的形成和积累有显著的优越性：其一，学校职业教育既对学生进行一般知识技能的传授，又对学生进行专业化的教育，形成专门领域的职业技能，学校能同时担负起一般人力资本和专业化人力资本形成的任务；其二，在教学体制上体现代职业教育更强调与生产实践紧密结合，注重实践性教学，因而有利于高质量的专业化人力资本的形成；其三，由于学校职业教育是有目的、有计划、有组织地开展教学活动，有较高素质和经验的教师队伍，因此，技能型人力资本的形成和积累相对而言是高效的，可以更好地适应现代经济对大量应用型人才的需求。① 就在职培训来说，通过对员工的在职培训，可以增加其人力资本存量，提高其技能水平，从而推动劳动生产率的提高，而劳动生产率的提高可以在相同的时间内生产出更多的社会财富，进而推动经济以更快的速度增长。第二，职业教育有利于促进技术进步。一般而言，经济增长有两个根本途径或方式：一是增加生产要素的投入；二是依靠技术进步。前者为粗放型或外延型经济增长方式，后者则为集约型或内涵型经济增长方式。技术进步是推动现代经济增长越来越重要的力量，也是产业结构转型升级的直接驱动力。而职业教育在科学技术的形成、发展、进步和应用方面发挥着不可替代的作用。具体而言，职业教育推动技术进步的作用体现在三个方面：其一，有利于科学技术的推广应用。科学技术包括科学和技术，科学属于认识世界的范畴，而技术则是改造世界的手段。科学知识为技

---

① 马振华：《我国技能型人力资本的形成与积累》，中国物资出版社 2009 年版，第75 页。

术进步奠定了必要的理论基础，技术进步则把科学知识转化为直接生产能力。职业教育可以将潜在的科学技术转化为现实的生产技术，也可以将大量新工艺、新技术和新设备转化为现实生产力。其二，再生产科学技术。职业教育通过传递和积累科学技术从而发挥再生产科学技术的功能，通过原来由极少数人所掌握的科学技术变为更多的人掌握来扩大其传播和适用范围，使科学技术得到再生产。其三，直接生产科学技术，职业教育特别是高等职业教育，利用自身的人才、设备、专业、技术等优势，开展技术创造和发明，可以发挥直接生产科学技术的功能。① 第三，职业教育有利于促进就业。职业教育培养的是生产、管理和服务第一线具备综合职业能力和全面素质的高级实用型人才，不仅可以通过提升劳动者素质促进就业，而且可以改变人才类型结构和分布格局，使劳动力结构包括不同技术水平的劳动力、不同工种的劳动力、不同地区的劳动力，与经济增长速度及经济结构变化相适应，从而有效缓解结构性失业；通过向广大失业人员提供知识和技术水平，改善其劳动质量，使他们成为素质高、实践能力强、具有良好的职业道德和综合素质的技术技能型人才，尽快实现再就业；通过职业指导和就业教育转变受教育者的就业观念，避免或者减弱选择性就业问题的发生。

三　经济转型与职业教育改革

经济转型包括经济体制转型和经济结构调整，所以经济体制与职业教育改革的关系，包括经济体制转型与职业教育改革的关系以及经济结构调整与职业教育改革的关系。

（一）经济体制转型与职业教育改革

经济体制包括计划经济体制和市场经济体制，而经济体制转型一般指由计划经济体制向市场经济体制转型。而市场经济体制下职业教育的资源配置方式、办学体制、管理体制和运行机制等方面均和计划经济体

---

① "职业教育对经济社会发展的贡献研究"课题组：《职业教育对经济社会发展的贡献研究》，《河南科技学院学报》2012 年第 12 期。

制下的职业教育的资源配置方式、办学体制、管理体制和运行机制存在很大的差别。

1. 职业教育资源配置市场化

资源配置是指经济中的各种资源（包括人力、物力、知识）在各种不同使用方向之间、在各种不同经济主体之间的分配。[①] 人类需求的多样性和无限性与经济资源的有限性，就要求人们必须对有限的资源进行合理配置。目前经济资源的配置方式主要有两种：计划经济配置和市场经济配置。在计划经济体制下，政府通过计划直接调节社会经济资源的配置，政府掌握社会上全部或部分资源使人力、物力、财力资源在国民经济各部门、各单位间进行分配。在市场经济体制下，市场在资源配置中起基础性作用。经济体制从计划经济体制向市场经济体制转型后，市场在经济资源配置中的基础性作用越来越明显。市场对资源配置的作用是：市场通过价格信号，调节生产和需求，使资源在社会生产和消费的各个环节之间进行分配。市场又通过竞争，使生产领域低成本的生产代替高成本的生产，资源被配置到效益好的企业中去。市场经济体制下，经济主体是多元的，经济主体包括政府、企业和居民。市场经济体制下的决策是分散的，资源配置的基本主体是企业，企业在追求利润最大化的目标下，根据价格信号所反映的商品供求，使资源在各地区各部门进行自由转移，从而实现资源的优化配置。从总体经济效率来看，市场经济能够较好地实现社会资源的优化配置，能更快地促进社会生产力的发展，能比较容易地借鉴世界经济发展的有效经验，能较好地融入世界经济交流协作体系之中，实现优势互补。

市场对资源的优化配置是有一定的范围的。按照公共经济学原理，产品分为公共产品、私人产品和准公共产品。由于公共产品、私人产品和准公共产品的不同特征，它们在市场中资源配置的方式也不同。公共产品是"这样的产品或劳务，即每个人消费者这种产品或劳务不会导致别人对该产品或劳务的减少"[②]，它有两个基本特征：第一，消费的非竞争性（non – rivalry in consumption）。对于一般的私人产品来说，如

---

① 王善迈：《市场经济中的政府与市场》，北京师范大学出版社 2002 年版，第 69 页。
② ［美］萨缪尔森：《公共支出的纯理论》，《经济学和统计评论》1954 年第 9 期。

果某人消费了这一产品,那么其他人就无法再消费。譬如你购买了一盏台灯放在家里的卧室里,除了你的家人之外,其他人无法再使用这盏台灯。然而公共产品却可以被许多人同时消费,而且增加一个消费者不会带来额外的成本(即边际成本为零)。譬如街上的路灯开启以后,每个路人都可以享受灯光的照明,你享受路灯的服务并不妨碍别人也能享受这种服务,而且增加一个路人不会引发更高的照明成本。第二,消费的非排他性(non - exclusion in consumption)。消费者购买了私人产品之后就获得了该物品的所有权,可以轻而易举地排除其他人对该物品的消费。然而公共产品却做不到这一点,因为要排除某个人消费公共产品是很困难的。仍然以路灯为例,不论是本地居民还是外来打工者都可以享受路灯的服务,不太可能设置某个标准排除某些消费者对路灯的消费。在现实生活中,典型的公共产品是国防、法律保护、外交、社会治安维护、消防等。私人产品是具有消费的排他性和竞争性的产品,而介于公共产品和私人产品之间的是准公共产品(quasi - public goods)或混合产品(mixed goods),它既有公共产品的性质,又有私人产品的成分。例如,高速公路具有一定的非竞争性但不具有非排他性,而城市里的公园一定程度上具有非排他性但不具有非竞争性。准公共产品在消费上具有排他性,即可以将不付款者排除在外。医院可以为患病者治疗疾病,恢复健康,但这种治疗是需要病人付出一定费用的,如果不能付出费用就不能得到医治。免疫接种可以使所有儿童免费接种疫苗,防止传染疾病,但在疫苗总量有限的条件下,一部分人接种了疫苗,就可能排挤了另一部分人的接种,在消费中显示出排他型。公共产品的这种外在利益就要求它的提供应主要由政府提供。对于私人产品,当然应当由市场提供。而对于准公共产品,则应由政府和市场共同提供。产品的性质不同,其资源配置的方式也不同。公共产品由于是使全体社会成员受益,不具有排他性,所以一般是由政府通过政治程序或公共选择来分配;私人产品由于是由购买者单独消费,一般通过市场来分配。公共产品的需求和供给,一般是由政府通过政治程序决定,即政府决定预算收入(税收)和支出方案,用以反映使用者的需求和愿意支付的价格,以实现公共产品的资源有效配置和社会效益。私人产品在消费和利益上具有排他性,其分配主要通过市场进行,经济当事人的消费行为不会对他人的福利产生影响，并可以达到资源配置最优化。准公共产品，由于具有广泛的外在利益，因此，需要政府提供或给予资助。

职业教育是以培养符合职业或劳动环境所需要的技能型人才为目标的一种教育类型，它以职业需要为导向，以实践应用性技术和技艺为主要内容，传授职业活动必需的职业技能、知识、态度，并使学习者获得或者扩展职业行动能力，进而获得相应的职业资格。[①] 职业教育基本的经济功能是为经济社会发展直接培养劳动者和专门人才。职业教育的产品或服务不像义务教育那样，用法律约束受教育者和家庭必须无条件接受。职业教育是义务教育以后高中阶段或高中以后可选择的一种产品或服务。目前职业教育服务市场化越来越浓，职业教育的消费具有排他性，某一专业的职业教育在名额有限的情况下，一些人选择了这个专业，就会排除其他人对这个专业的选择。同时，职业教育具有一定的外在的社会收益，主要表现为培养大量的熟练工人，在生产中发挥更大的作用，可以促进经济增长，能为社会创造更多的物质财富；同时实现人人有职业，人人获得更适合自身特长和优势的工作，积极调节社会收入分配，有利于形成安定的社会环境。还有，职业教育还具有一定的国家收益，主要表现在国家通过技能型人才的培养和实用而获得的日益提升的综合国力。职业教育通过产教结合和校企合作，培养各行业需要的人才，促成产业链的完整，为现代化强国的建立提供新型农民、新型产业工人、新型服务人员，改善民族地区的经济状况，缩小东中西部之间和城乡之间的差距，促进社会公平，维护民族团结，整体提升国家的综合国力。因此，职业教育这种在消费上具有排他性，在利益上具有外在社会收益和国家收益的特性，决定了职业教育的产品或服务，具有准公共产品的典型特征。

在经济体制从计划经济体制向市场经济体制转型后，职业教育资源配置方式发生了改变，主要表现在以下两个方面：其一，劳动力市场运用价格调节职业教育供需。市场经济下的劳动力市场按劳动力供求关系及择优原则来配置就业机会，使劳动力市场成为职业教育与社会经济联系的中介。这将改变教育系统封闭的自我设计的格局，通过劳动力市场

---

① 黄尧：《职业教育学——原理与应用》，高等教育出版社 2009 年版，第 51 页。

对人才需求的价格信号来实现职业教育资源的合理配置和有效利用，以提高办学效益。20 世纪 90 年代初，我国劳动力市场在经济社会第三产业加快发展并在人力资源需求上发出信号，使计算机、外语、会计、汽车、司机、文秘等专业的劳动力价格明显上扬。受价格信号的影响，职业学校对第三产业热门专业的开设大幅攀升。然而，到了 20 世纪 90 年代末，受供求信号的影响，上述专业人才出现供大于求的状况，毕业生不能对口就业或该专业就业的人数增加，使一些基础差且规模小的职业学校又不得不调整专业开设。因此，市场经济体制下，劳动力市场主要运用价格杠杆调节职业教育的供给和需求。其二，办学主体运用学费调节职业教育供需。在计划经济体制下，职业教育供需完全由政府通过计划手段来调节。而在市场经济体制下，职业教育的准公共产品属性，决定了职业教育要收取一定数量的学费作为成本补偿，学费的高低一定程度上调节着职业教育的供需。当受教育者比较集中地选择某个专业或某所职业学校时，办学主体就会采用提高该专业或该校学费的手段限制受教育者的需求。由于教育需求是有支付能力的需求，学费上升就会将不具备支付能力的人排除在外。反之，当受教育者都放弃某个专业的报考时，而这个专业是国家经济社会发展必需的专业，办学者主体就要采取降低学费或提供一些优惠政策来吸引一些求学者选择该专业，以调节职业教育需求的偏差。值得注意的是，市场对职业教育资源配置作用是极其有限的。原因有以下三点：其一，职业教育的主要提供者是政府而不是市场，因为职业教育具有广泛的外在收益，是准公共产品。世界上任何一个实行市场经济的国家里，即使是非义务教育的职业教育，其主要提供者也是政府。其二，劳动力市场价格不是职业教育决策的唯一依据。职业教育培养人才的周期较长，一般为三到四年，如果职业学校完全以劳动力市场价格为决策依据，由于市场经济条件下劳动力市场价格信号复杂多变，往往会造成决策失误，使职业教育培养出来的人才难以适应经济社会发展的需要。因此，职业教育主管部门和职业院校一定要依据地区经济社会发展对劳动力资源需求的预测和教育供给的总体能力、劳动力市场价格信号等多种信息进行决策。其三，学费不是调节职业教育供需的唯一手段。职业学校学费的收取，通常不是一所学校自行决定的，而是教育主管部门会同物价部门等通过一定的政治程序确定的。而且，学费仅仅是职业学校全部培养成本的一部分而不是全部。另外，为了解决部分贫困学生就学问题，国家和地方都出台了学费减免、提供奖学金和实行助学贷款等优惠措施，使得暂时有困难的学生不会因为学费问题而放弃就学。从这个意义上说，学费不能成为调节职业教育供求的唯一手段。

2. 职业教育管理体制民主化

在计划经济体制下，职业教育管理体制是集权型，职业教育的发展规模、经费拨付、招生就业等决策，都由上级政府统一决定，学校内部的校长任用、教师聘任、教师工资发放均由上级主管部门统一调配，学校的主要职责是落实上级部门的决策，遵照上级的决定实施。而在市场经济体制下，职业教育主要面向市场经济培养所需的人才。学校的办学质量和专业设置是职业学校生存发展的重要依据，而不再由上级主管部门决定专业设置和课程开设等。职业学校关注的目标，在于劳动力资源市场，而不是上级部门的决定。政府对职业学校的管理由直接管理逐步转变为以法律、政策、信息、市场等手段进行间接管理。具体而言，市场经济体制下职业教育管理体制主要体现在以下四个方面：一是自我决策。在市场经济体制下，职业学校是一个开放性系统，市场对劳动力资源的需求，成为学校教育教学改革决策的主要依据，职业学校的招生规模、专业设置和培养目标，均来源于学校对劳动力市场需求的预测和分析。二是自我计划。职业学校根据对劳动力市场需求的预测和分析，编制实施学校职业教育发展计划，提出实施计划的途径和方法，以确保职业教育发展目标的实现。三是自我控制。在学校职业教育发展计划的执行中，学校要将各个部门、各个环节有机地组织起来，形成一个相对完备的整体，并及时协调各部门之间、学校内与学校外机构之间的关系，确保学校职业教育发展计划的顺利实施。四是自我约束，即职业学校在办学过程中，自觉遵循市场规律办学，千方百计提高办学质量，避免在市场激烈竞争中惨遭淘汰。可见，经济体制转型后，职业教育管理体制充分体现了民主性，实行政府统筹、主管部门办学、学校自主管理体制。同时，在管理过程中，充分吸收社会各界的广泛参与，从管理体制上保证了职业教育培养出来的人才和社会实际需要保持并高度一致。

3. 职业教育办学体制多样化

在计划经济体制下，职业教育办学主体主要是国家和部分国有企业，无论是政府办的职业学校，还是国有行业企业办学的中等专业学校和中等技工学校，办学主体都是公有制部门。公有制行政部门和经济部门，是计划经济时期职业教育的办学主体。这种办学体制是与计划经济体制相适应的，是国家所有制形式，是社会经济体制在职业教育办学体制中的具体体现。这种单一的办学体制，在决策上属于集权型决策。职业教育的规模与招生、专业设置与调整、学制课程与教材、毕业分配与就业、学校内部管理与财务资金支配等，都是办学主体来决策，即由政府或政府通过国有经济行业企业主管部门来决策。而在市场经济体制下，公有制占主导地位，公有制仍然采取国家所有制，多种所有制采取国家所有制以外的其他非公有所有制。经济体制财产关系的这种变化，必然引起职业教育办学体制的相应变化。而在市场经济体制下，一般采用多主体形式办学，有政府办、企事业自主办、私人办或中外合作办等，便于充分调动社会各界举办职业教育的积极性，使职业教育逐步从单一的政府行为转化为政府、社会、学校及个人的共同行为。办学主体由国家或其他主体转变，政府对职业教育的管理，由直接管理转向更多地运用立法、政策导向、决策咨询、评估等宏观调控转变，学校由依附于政府的执行机构逐步向面向市场自主办学、自负盈亏的独立法人转变；学校内部管理由有计划按比例的统一管理，向按需办学、优胜劣汰、多种分配方式并存转变。

4. 职业教育运行机制灵活化

市场经济的运行机制影响着职业教育的运行机制，而职业教育的特殊性又不完全等同于市场经济，它的运行机制在国家、社会、学校及个人共同构成的多因素的影响下进行。市场经济的确立及运行，打破了原有的计划经济模式的运行模式，与之相适应，要求职业教育必须摆脱计划经济体制下的运行机制，建立一种以市场调节为主的充满生机和活力的新的运行机制。新的运行机制的建立，改变了在计划经济体制下由政府高度集中管理，教育与社会需求常常严重脱节乃至错位的现象，形成政府、社会、学校、个人共同参与，相互激励，相互制约，协调运行的约束机制；同时，社会、学校、个人的更多参与，使社会各方面对于职业教育发展的调节作用增强，从而形成一种社会对职业教育发展的调节机制。这种新的机制的建立，将能有效地解决计划经济体制下的办学体制单一与多元经济结构的矛盾、投资渠道不畅与职业教育发展需要大量资金的矛盾，形成办学体制多元化和投资体制广泛化的新格局。

就国家而言，在计划经济条件下，职业教育由国家（主要指中央和地方各级政府）大包大揽，职业教育的发展规模、招生计划、办学经费、就业分配等均由国家统一安排。而在市场经济条件下，国家在职业教育发展中的职责主要是宏观调控与政策干预，组织各方面力量兴办职业教育。具体而言，中央政府主要为国家确定职业教育发展的方向和重大战略规划，努力保证职业教育供求的总量平衡和结构平衡，保证教育机会均等，为职业教育发展创造一个良好的宏观环境。地方政府则表现为贯彻执行国家的职业教育方针政策，领导和统筹地方职业教育发展，促进职业教育同地方经济社会的协调发展。国家主要依靠法律的、经济的和行政的等多种手段，通过职业教育立法，调整职业教育与社会的关系，规范职业教育活动；通过教育拨款，对整个职业教育的发展规模、速度、布局等给予适当的干预和调整；通过制定教育政策，最终实现国家对职业教育的根本要求。就市场来说，在职业教育运行中，市场机制是通过劳动力市场来发挥作用。市场在职业教育发展中具有调整教育资源的合理配置，有效地实现职业教育供求关系平衡，从而有助于教育结构的优化和教育质量提高的功能。同时，劳动力市场反映出的教育竞争以压力的形式迫使学校及时适应社会对人才的需要，从而影响学校的招生、学生就业、教师招聘等方面。就社会而言，保证职业教育的良好运行，社会机制是一个重要的方面。市场经济体制下的社会机制，包括企业界、经济部门、行业协会、学生、家长等一切与职业教育发展相关的社会力量，共同作用于职业教育，主要表现为在职业教育发展中企事业参与、行业指导、学生家长共同作用。而在计划经济体制下，企业界、经济部门和行业协会等在职业教育发展中参与很少。就学校来说，在市场经济条件下，职业学校在职业教育运行中主要是一个独立的办学实体，承担职业学校教育任务，拥有相当程度上的自主权，能够按照自身的利益，依据市场信号作出培养人的计划安排，具有随时调整自身、适应社会需求的能力。同时，职业教育又受到国家的宏观调控，必须面向社会以灵活多样的办学形式和管理形式以适应社会对人才需求的多样性，同时还要承担市场竞争带来的压力和危机感，这就迫使学校不断自我调整，寻求变革，以适应国家、社会以及市场对职业教育提出的多方面需求。而在计划经济体制下，职业学校并不是一个独立的办学实体，没有办学自主权，其学校规模、招生计划和专业结构和课程设置均由国家负责。因此，经济体制转型后，职业教育运行机制也发生相应改变。在市场经济体制下，由国家调控、市场调节，社会、学校和个人共同组成的相互激励、相互促进且灵活多样的运行机制，推动职业教育向经济和社会需求的方向发展。

（二）经济结构调整与职业教育改革

本研究主要从国民经济活动的产业特征和空间分布情况来研究国民经济结构，经济结构调整的类型主要包括产业结构调整、城乡经济结构调整和地区经济结构调整。因此，经济结构调整与职业教育改革的关系，可以分解为产业结构调整与职业教育改革的关系、城乡经济结构调整与职业教育改革①的关系以及地区经济结构调整与职业教育改革的关系。

1. 产业结构调整与职业教育改革

第一，产业结构调整驱使职业教育改革。

为满足社会经济可持续发展的要求，产业结构必须不断进行调整使其资源配置与经济发展要求相适应，各个生产部门也会随着产业结构的调整而发生变化，实现生产要素占有比例的优化，生产部门间的就业人员的数量和质量也随之发生变化，并对职业教育的结构、专业设置、课程开设等产生相应地影响。职业教育为社会输送生产一线的人才，必然会以各个生产部门的需求和发展状况为依据，调整职业教育结构、专业设置和课程开设等。

首先，产业结构调整引起职业教育结构改革。从产业发展规律来看，在农业社会，第一产业从业人数最多；进入工业化社会后，第二产业从业人数的比重跃居首位，第三产业也逐步发展起来；到了知识经济社会，第三产业则在整个国民经济中占据首要地位。随着经济社

---

① 本研究暂时对地区结构调整与职业教育改革的关系没有进行深入研究。

会的发展，必将会引起经常性的职业变化，许多职业在日益消失，同时又有许多职业在不断产生，这就要求就业结构进行相应地调整，以免造成结构上的人员富余与人员短缺并存现象。在经济高速发展时期，其产业结构调整的趋势是，第一产业占国内生产总值（GDP）的比重有不断下降的趋势，第二产业占 GDP 的比重首先是迅速增长，然后趋于稳定，第三产业占 GDP 比重趋于不断增长。产业结构的变化，是生产力发展的必然结果，必然迫使原来的劳动力转换生产部门，从而带来社会职业结构的变化。这就要求社会从业人员必须具备适应职业结构的专门知识和技能。职业教育因产业的需要而产生和发展，产业结构调整决定了职业教育层次结构也随之进行调整。当产业结构处于比较低级的阶段时，即以第一产业为主导的情况下，职业教育在人才培养层次上通常是以初级人才为主，初等职业教育是职业教育体系的重心；而随着产业结构不断向高级化的方向发展，职业教育的人才培养层次不断上升，职业教育的重心逐步向上移动。当第二产业成为主导产业，职业教育由培养初级人才为主转向培养中等层次人才为主，中等职业教育是整个职业教育体系的重心；随着第三产业占国内生产总值比重的增加，职业教育中培养高级人才的高等职业教育的比重也不断增加，职业教育体系的重心也随之上移。例如，第二次世界大战后，美国产业结构出现巨大调整，第一产业和第二产业就业人员的比例，从 1950 年的 50% 下降到 1970 年的 36%，而第三产业就业人员的比例从 1950 年的 50% 上升到 1970 年的 64%。同时，产业部门的生产方式也发生了巨大变化，生产不断向自动化发展，技术密集型企业能够出现。社会要求培养大量的生产一线或工作现场的高层次职业技术人才。据美国高等教育委员会 1947 年的报告分析，在许多行业，大学本科毕业生与二年制社区学院的毕业生合理比例应为 1∶5，社会经济的发展促使社区学院转变职能，即从大学预科教育为主转向以培养所在地区迫切需要的职业技术人才为主。美国 2003—2004 年，有社区学院 1948 所，社区学院学生约占美国大学生总数的 40%。① 可见，产业结构调整

---

① Sarah Krichels Goan, Alisa F. Cunningham. Differential Characteristics of 2 – Year Postsecondary Institutions［EB/OL］. http：//nces. ed. gov/pubsearch，2007. 07.

会引起职业教育结构不断进行改革。

其次，产业结构调整影响职业教育的专业设置。产业结构调整是生产力发展的结果，必然迫使原来的劳动力转换生产部门，从而带来社会职业结构的变化，这就要求社会就业人员必须具备适应职业结构变化的专门知识和技能，即形成一定的职业能力结构。职业结构的复杂性，必然要求教育结构多样性。专业是职业教育与社会经济的接口，是保证职业教育人才培养与经济发展相协调的首要环节。回顾经济发展的历史可以发现，当机器大工业出现以后，工业、商业、交通等新的产业部门在经济结构中占有相当的地位和比例，职业教育的专业也随之增多。不仅如此，在每一产业部门中，职业工种愈来愈多，职业学校的专业设置也相应地增多。20 世纪 50 年代以来，由于电子技术、原子能技术、空间技术的迅猛发展，新的产业、行业风起云涌，为适应科技快速发展对劳动者职业的变动、劳动的变换和知识更新的需要，近 30 年世界职业教育的专业数已达到每 17 年翻一番的速度。与产业结构调整相适应，职业教育专业发展出现了一些新的趋势：（1）与产业升级相对应，形成了一批第三产业的新专业。一些生活、保健、服务等方面的新专业，如保健护理、家政与社区服务、金融证券、保险等专业不断出现；（2）与产业融合相对应，一些专业的形成和发展趋向细分化、复合化、综合化。一些新的专业在纵深发展过程中，不断细分产生新的分支，如计算机相关专业分成了计算机应用、多媒体计算机软件、计算机网络技术和计算机维修等若干专业，而有些专业则趋向复合化、综合化，如机械与电工电子技术复合形成机电技术应用专业等；（3）职业教育专业的发展与产业的生命周期密切相关。有些传统产业，如冶金业、纺织业，由于经济结构调整，大批人员失业，导致相关的专业趋向衰退。①

随着科学技术的发展和知识经济的兴起，新知识和新技术大量涌现，不断产生新的职业，即使是某些老职业，也不断注入新技术，科技含量越来越高，这就要求从业者不断学习和掌握新的技能，逐渐适应并胜任新职业岗位对劳动能力的要求。据统计，工业发达国家在过去 15

---

① 王清连等：《职业教育社会学》，教育科学出版社 2008 年版，第 96 页。

年中有 8000 多个低技术职位消失时，出现了 6000 多种新技术职位，其中不少是高技术职位；在经济发达国家的工厂里，职业劳动呈智能化的发展趋势。20 世纪初有 90% 的人从事体力劳动，现在从事知识生产和知识传播等智力劳动的人占 80%。专业职位、技术职位和非技术职位的比例已由 20 世纪 50 年代的 2:2:6 逐渐演变为 2:6:2。[①] 在美国，早期的职业教育体系的专业类型的重点是放在以农业为主的第一产业上，随着 19 世纪末 20 世纪初以制造业为主的第二产业的发展，其专业类型的重点逐步向工业技术教育转移，到第二次世界大战以后，新技术革命的兴起极大促进了第三产业的发展，其职业教育体系的专业类型也作出了相应的调整，在专业设置上，减少了传统工业类型专业，增加了与服务、贸易等第三产业相关的专业。目前美国的主要产业是以第三产业和高技术产业为主，英国、德国及日本都是以中高端制造业为主，因而其职业教育的专业设置也随着产业结构的调整而调整。近几年来，我国农村工业、建筑业、运输业等非农产业发展迅速，同时农业本身的产业构成也发生了变化，农、林、牧、渔业等比重呈逐年上升的趋势。据统计，目前中职开设的 470 个专业及专业方向中，有 53% 是近几年是根据产业结构变化和企业需求开始的。我国将在 21 世纪二三十年代进入信息社会，在今后几十年内，我国的农业人口可能从目前的 40% 左右下降到 5% 以内。新的产业结构对多数劳动力的智能化要求将大幅度提高，也必然促成行业结构与人才类型结构的急剧变化。根据产业结构调整和市场需要，我国将会进一步加快新兴产业和现代化服务业的发展，所以未来职业学校的专业设置将增加金融、保险、投资咨询、国际法律等高层次服务业的专业。由此可见，产业结构不断调整促使职业教育专业结构不断改变。

最后，产业结构调整影响职业教育的课程改革。职业教育作为培养学生具备一定的技术知识、工作能力从而使其顺利胜任就业岗位的教育类型，产业结构调整对其产生直接的影响。一种新的科学技术的产生推动生产技术的变革，生产技术的变革和产品创新又必将推动产业结构调整和新兴产业的产生。一方面，它表现在企业对现有员工进行新技术的

---

① 欧阳河等：《职业教育基本问题研究》，教育科学出版社 2006 年版，第 93 页。

培训或操作的更新与提升；另一方面，生产企业又期望新增劳动者掌握新技术和能够操作新型设备，这种要求一是可以显著地提高生产效率，二是可以减少生产部门的职业教育与培训的费用。生产部门的这种诉求将对劳动力市场发出强烈的导向信号，劳动力市场需求的变化，又直接引发为经济建设服务的职业教育重新对职业教育培养目标进行调整，对职业教育课程内容与实施进行新的选择与取舍，以适应产业结构调整的需要。

第二，职业教育改革促进经济结构调整。

首先，职业教育改革对产业结构优化升级具有反作用。产业结构优化升级主要表现为产业结构高移化和产业结构合理化。一方面，合理发展职业教育对产业结构的高级化具有推动作用。从产业结构发展和演变的角度来看，产业结构高级化是通过个别企业生产技术的不断更新和改造，使生产要素不断更新和形成新的组合，通过产业间的关联效应实现技术扩散，带动产业整体升级。它既体现经济发展的水平，同时也推动着经济发展的进程。决定产业结构高级化的因素是多方面的，但是，从根本上说，技术进步是推动和实现产业结构高级化的主要动力。技术进步推动产业结构高级化的途径体现在四个方面：刺激需求结构变化，诱导产业结构转型升级；促使新兴产业兴起，改变产业结构；改变各产业之间的资本存量比例和增量配置，促进产业结构变革；促进产业技术关联，影响产业结构变革。而职业教育可以提高全要素生产率，进而推动产业结构转型升级。其作用机理也体现在四个方面：其一，职业教育改革可以促进技术创新或工艺革新，从而降低生产成本和产品价格，使购买欲望变成有支付能力的市场需求；也可以发现新的可替代资源，创造新的替代品，诱发和刺激新的市场需求。在这一过程中，无论是高素质的科技研发人才，还是高素质的技术型、技能型人才都起着不可替代的作用，而职业教育可以为新兴产业的发展壮大提供应用型技术人才、管理人才和大批熟练的技术工人。其二，职业教育可以促进技术进步，从而促使原有产业规模日益扩大或不断分化，形成新的产业。当科技创新促使新型产业出现后，要将弱小的新型产业发展壮大，就需要大量的技术人才、管理人才和基层操作人员作保证。这些人才正是职业教育培养的对象。如果这些人才供不应求，无疑会影响产业发展的速度和水平。其三，职业教育可以提高劳动者的劳动技能和劳动素质，进而提高人力资本存量，改变产业的技术水平和技术特性，促进产业结构的变革和演进。其四，职业教育可以促进技术扩散，促使新技术为更多的企业所采用，实现产业间技术关联，最终通过部分产业扩张或压缩，促成产业结构转型升级。另外，职业教育发展有利于产业结构合理化。产业结构合理化主要通过产业转移来实现。职业教育的发展，使得转出区具备较多的高技能型人才和创新型人才，这些人才对新兴产业的培育和壮大，形成巨大的推动力，而新兴产业的发展，将愈发使得转出区的某些产业成为该地区产业结构调整和升级的压力，从而推动这些产业向外转移。因此，对转出区来说，职业教育的改革发展会促进某些产业向外转移。对转入区而言，由于经济发展落后于转出地区，他们利用转出区的经济辐射和产业转移的机会，其职业教育应适度超前发展，为顺利迎接相对本地区而言的先进产业转入做好人力资源的准备。因此，对转入区来说，职业教育的发展为外部产业转入提供了良好的人力资源环境，有利于产业的顺利转入。

其次，发展职业教育可以推动第三产业的发展。发展经济学指出，随着资本密集程度的提高和科学技术的进步，现代工业部门创造的就业机会已越来越少，大量农村将转移到城镇商业、服务业等第三产业领域。我国第三产业发展严重滞后影响了非农产业就业比重的上升，影响了工业化整体演进和城市化进程。根据中科院国情分析研究小组的预测，随着我国经济结构调整，经济改革和发展，科学技术的进步，在各产业中就业人数的比重将由 2000 年的 24% 上升至 2010 年的 30.1% 和 2020 年的 35.9%，即每隔 10 年都将上升 6 个百分点左右。按照上述预测的比重计算，进入第三产业的劳动就业者的绝对数将达到亿计，每年新增的就业人员也将达到几百万。而且，第三产业是一个包括门类广、行业多、内部结构复杂的产业部门，是一个劳动密集型、知识密集型和技术密集型行业并存的产业体系。第三产业有两个显著特点：一是劳动密集型产业，吸纳劳动力的能力强；二是对劳动力素质要求弹性大。既要求文化程度较高的劳动力，如教育、卫生、科学研究等部门，也可以吸纳一些文化程度低的劳动力，如饮食业、服务业、环卫业等部门。① 第三产业包含着大量操作岗位、服务岗位和一般管理岗位，其中有许多是普通工作岗位，需要的只是一般劳动能力的劳动者，但也有许多是各种专门的技术岗位，需要的是具有各种专门技术能力、操作熟练的专门技术人才。而职业教育可以为加快发展第三产业承担起各级各类专门人才的培养，各类劳动就业人员的就业、转岗培训和在职培训，这是职业教育面向现代化，实现教育为经济建设和社会服务的一项重要职能。随着经济的发展，第三产业从业人员的文化水平在不断提高，目前以高中及以下文化水平为主发展为以高中及以上文化水平为主，大专以上的文化水平的需求逐渐增加。大力发展中高等职业教育，可以大大推动第三产业发展。

2. 城乡结构调整与职业教育改革

第一，城乡结构调整驱使职业教育改革。

由于城乡结构调整主要通过农业现代化、农村剩余劳动力合理有序转移、大力发展第三产业和提高城镇化水平等途径来实现，而这些措施的实施也促使职业教育进行相应地变革。

首先，农业现代化驱使职业教育进行相应改革。农业现代化"既是一种过程，又是一种手段"，是指把建立直接经验和手工工具基础上的传统农业，转变为以现代科学技术和管理方法为基础的过程和手段。农业现代化需要高素质的人才来保证，而目前我国农业人口总体素质偏低，不能满足农业现代化的需要。我国农业人口与城市居民相比受教育程度总体不高。在我国农村劳动力中，全国农村劳动力文盲率为6.3%，小学和初中文化程度的农村从业人员占78.7%，高中以上文化程度仅占14.9%。② 如果将大专及以上程度的劳动力定为高级层次，中专及高中程度劳动力为中级层次，初中程度及以下劳动力初级层次，则我国农村劳动力层次结构比例为0.37∶10.6∶89，中高级层次劳动力比例过低，这将是制约农村现代化的重要因素之一。不仅我国农业劳动力整体素质偏低，而且农业科技人员短缺。农业推广人员与农业从业人员

---

① 陈吉元：《中国农业剩余劳动力转移——农业现代化的必由之路》，经济管理出版社1991年版，第157页。

② 中国社会科学院农村发展研究所：《中国农村经济形势分析与预测》，社会科学文献出版社2009年版，第128页。

的比例为 1:1200，而发达国家这一比例为 1:100。[①] 而且，我国农村劳动力中，没有接受过任何技术人员培训的人员达 76.4%，接受过初级职业技术教育或培训的人员只占 3.4%，接受过中等职业技术教育的人员只占 0.13%，接受过高等职业技术培训的人员则更低。[②] 可见，我国职业教育与培训的力度并不大。而在日本，80% 的青年农民都具有高中文化程度，农村行政管理人员都具有大学文化程度；德国 35 岁以下的农村劳动力中有 70% 的人接受过农业职业教育；荷兰全国农业劳动力约 30 万人，在校学习农业知识的就有 5 万多人。[③] 农民科技文化素质低下，对新技术的吸收和创新能力差，我国农业科技转化率仅仅有 30%—40%，仅仅为发达国家的一半。在美国，一项先进技术在全国推广仅需要一年的时间，在我国平均是 6 年。因此，我国要实现农业现代化，农业要有大幅度的增长，需要不断提高劳动力素质，增加科技人员的比重，特别是农业中高级技术人员的人数和比例。这就需要进行职业教育相应地改革，要进一步加大对农民进行各种层次的教育与培训力度，正如舒尔茨所说："迅速持续增长主要依靠向农民进行特殊的投资，以使他们获得必要的新技能和新知识，从而成功地实现农业的经济增长。"[④] 当前传统意义上的农业已经发生了变化，对职业教育所培养人才有了新的要求，现代农业所要求的从业人员必须具备农村所需要的科学文化知识和较强的职业技能的"智力型"、"复合型"的新型农业劳动者。然而，目前我国农村职业教育培训投入不足，农村职业教育经费不足的矛盾突出；农村职业教育师资数量不足，业务水平不高，结构不合理，合格率低，培养途径不畅；许多农村教育培训办学方向不明，并没有为当地农业现代化起到应有的作用，等等。这些矛盾和问题严重制约了我国农业现代化的顺利推进。可见，实现农业现代化需要职业教育进行相应地变革，扩大农村教育规模、优化农村职业教育师资、加大职业教育投入是农业现代化的现实需要。

---

①　闫杰：《农业专家系统与农业知识的扩散》，《清华大学学报》（哲学社会版）2000 年第 1 期。

②　马建斌：《对当前农村职业教育发展问题的思考》，《教育研究》2000 年第 2 期。

③　李湘萍等：《农业现代化与农民素质》，《经济问题》1994 年第 7 期。

④　[美] 西奥多·W. 舒尔茨：《改造传统农业》，商务印书馆 1999 年版，第 23 页。

其次，农村剩余劳动力转移驱使职业教育改革。据统计，到 2030 年，我国仍将有 2 亿左右的农业劳动力，劳动力转移仍然没有完成。可见，促进农村剩余劳动力转移仍将是我国中长期的重要任务，是解决我国"三农"问题、实现城乡协调发展的重要环节。① 而农村剩余劳动力转移驱使职业教育急需进行改革，主要体现在三个方面：一是职业教育培训机制需要进行改革。尽管我国政府开始对农民工实施免费教育培训，但接受培训的农村剩余劳动力的数量是有限的，农村剩余劳动力免费培训并没有得到普及。对农村剩余劳动力的教育培训缺乏针对性、适应性，为农村剩余劳动力培训的服务功能不强，不能提高农村剩余劳动力培训的积极性。当前的教育培训制度在培训机制上未能根据市场需求实现灵活办学，有的培训班在培训时间、培训地点上有严格的限制，农村剩余劳动力有时会因其工作时间、地点不固定，无法参加培训，而丧失培训机会。当前很多教育培训在指导思想上还未以就业为导向，在办学模式上不是"订单式"培训，在培训机制上未能实现灵活办学。对农民工来讲，由于农民工的工作变动性大，就业不稳定，其培训实际上更需要适应劳动力市场需求的变化，否则农民工难以就业。二是职业教育培训监督管理机制急需进一步健全。当前的教育培训制度缺乏必要的监督管理机制，对培训机构缺乏监督和引导，使得很多培训在专业设置上没有对准市场需求。这样，农村剩余劳动力即使参加了培训，就业也无法得到保证，就业状况非常不稳定，这势必阻碍农村剩余劳动力合理有序转移。三是职业教育培训内容急需进一步完善。目前的教育培训在培训内容上过多地注重职业教育培训，而忽视对农村剩余劳动力综合素质方面的培训。事实上，农村剩余劳动力综合素质是农村剩余劳动力合理有序转移的重要前提。农村剩余劳动力综合素质包括文化水平、劳动技能、法律知识、道德修养等各方面，但综合素质的提高不是某一培训机构的短期培训行为就能实现的，而是一个循序渐进的过程。目前，多数职业教育培训是以短期培训为主，缺乏长期培训，更缺乏终身培训，不利于农民综合素质的提高。可见，我国农村剩余劳动力合理有序转移驱使

---

① 韩俊：《中国农民工战略问题研究》，上海远东出版社 2009 年版，第 27 页。

职业教育进行相应地改革。

最后，提高城市化水平驱使职业教育改革。所谓城镇化是指农业人口变为非农业人口，人类社会逐渐向城镇化的生存状态不断推进的过程。它是伴随工业化和农村富余劳动力流动而出现的社会现象。一个国家由传统农业向现代工业社会过渡，必然会经历城镇化过程。城镇化也是实现经济可持续发展的引擎，是支撑未来经济发展的强大内在动力。著名发展经济学家钱纳里曾指出，城市化和工业化是伴随经济增长最重要的社会经济结构变迁。美国经济学家斯蒂格利茨也讲过，中国的城市化与美国的高科技发展将是影响 21 世纪人类社会发展进程的两件大事。1978 年我国的城市化率大约是 17.9%，2012 年这一数据已经达到 50%，约有 6.2 亿至 6.5 亿人居住在城市。到 2020 年，我国将有 8 亿人生活在城市，城市化率将达到 60%，到 2030 年中国城市化率将达到 65% 左右，各类城镇人口将新增 3 亿人。但目前中国城市化进程大大滞后于工业化进程，非农产业劳动力占总劳动力的比重已经超过 60%，而城镇人口占总人口的比重只有 46.6%。农村剩余劳动力转移到城市，提高城市化水平是大势所趋，但农村剩余劳动力转移到城市，实现由农民向城市居民的根本转变，存在着巨大的"教育壁垒"，即农村剩余劳动力总体教育文化素质较低，大多为非熟练技术人员，缺乏专门的技术培训和学习。而各类城市部门对劳动力素质的要求越来越高，农村剩余劳动力由于过低的文化教育水平很难达到要求，从而增加了劳动力转移的难度。对农村剩余劳动力有效转移，主要聚焦于三个方面：一要提高农村剩余劳动力的技术和职业素质。农村剩余劳动力转移不是简单的地域流动和职业改变，而应是劳动力人力资本提高的过程和结果，要通过教育和职业培训提高劳动力素质，提高技能型人力资源开发水平。二要提高农村剩余劳动力的综合教育文化素质和修养。要提高城市化水平，农村剩余劳动力转移到城市，要保证并促进城市的文明程度，避免城市边缘群体的形成，就需要转入城市的农村剩余劳动力要有较高的素质和较快的适应能力。要尽快适应转移后的工作和生活，促进城市文明的发展。三要实施观念意识教育。要加强农村剩余劳动力的法制观念教育，帮助他们树立现代公民意识、权利意识、平等意识，提高他们自身维权能力。只有大力培育职业教育市场，提高农村剩余劳动力的整体素质，才能有效地促进农村剩余劳动力有效转移，从而提高城市化水平。目前我国政府提供的农村剩余劳动力技能培训机构覆盖力度不大，各方面投入相对滞后，还没有建立有关农村剩余劳动力技能培训的相关法律法规，来保障培训资金的投入、分配和监管等。况且，由于对农村剩余劳动力技能培训缺乏一个量化的考核指标体系和激励机制，一些政府将"阳光工程"当作"政绩工程"，流于形式，浪费资源，培训效益低。民办培训机构坚持以营利为目的，较高的培训费用成为农村剩余劳动力接受培训的"经济门槛"。目前农村剩余劳动力技能培训的课程主要涉及专业技能、安全生产、就业观念及法律法规等，多数的培训内容单调、老化，缺乏针对性和实用性。这些问题的存在严重阻碍了农村剩余劳动力合理有序转移。所以，要提高城市化水平，实现农村剩余劳动力的有效转移，就必须进行职业教育改革，进一步加大对农村剩余劳动力的培训力度，改进培训方式和培训内容，确保农村剩余劳动力合理有序转移。

第二，发展职业教育有利于促进城乡结构调整。

首先，发展职业教育可以促进农业现代化。职业教育是教育和经济的结合点，是教育与社会各种职业沟通的桥梁，是实现农业现代化、农村现代化、农村城镇化的重要支柱。职业教育在促进农业现代化中作用不可小视：（1）职业教育可以为农业现代化提供人才和技术支撑。我国实现农村现代化，农业要较大幅度的增长，需要不断提高劳动力素质，增加科技人员的比重，特别是农业中高级技术人员的人数和比例。需要对现有农民进行各种层次的教育与培训。正如舒尔茨所说，"迅速持续增长主要依靠向农民进行特殊的投资，以使他们获得必要的新技能和新知识，从而成功地实现农业的经济增长"[1]。（2）职业教育可以促进农业结构调整。在农业结构调整过程中，新项目和新品种需要劳动者具有较高的技术素质，还需要农业生产者善经营、懂管理、闯市场，需要他们掌握市场经济知识和经营管理知识。也就是说，农业结构的调整将需要劳动者掌握科学技术知识、商业知

---

[1] ［美］西奥多·W. 舒尔茨：《改造传统农业》，商务印书馆1999年版，第23页。

识、管理知识和先进的技能，掌握新的生产方法和农用技术，这些知识和技能的获得需要接受职业教育。教育能改变人的素质，能提高劳动力的生产能力，正如舒尔茨所认为："人口质量在很大程度上是由教育造成的。"① 受过职业教育专门训练的劳动者，在相同的生产要素的情况下，能产出更多的产品，因为他们能获得更多的机会，将现有的资源优化组合，捕捉最新生产信息和市场机会，选用新的技术，适时投入，从而增加生产的能力。这实质上是一种农业企业家能力，受过职业教育的人获得这种能力和精神的可能性会大大增加，"受过教育的劳动力比没有受过教育的劳动力更容易获得恰当的经济信息，由这种优势所造成的收益可能会属于受过教育的人"。② 职业教育，使人学习到专业知识，增加人的认识能力、获得最新信息的能力以及处理信息的能力，培养人们了解市场"游戏规则"和对环境准确判断的能力，以及采用新技术和新工艺的能力。（3）职业教育可以促进农业产业化经营。经济学家吴敬琏指出，农业形成规模化、产业化生产，是农业走向现代化的重要举措。农业产业化经营对农村劳动力的素质和人才结构提出了新的要求，产业化经营需要这样一批人才：一是掌握种植、养殖业或其他基础生产技术的初级实用技术、具有一定接受新技术能力的普通劳动者；二是具有一定技术专长的中高级技术人员，他们为产业经营化提供科技服务，解决经营和生产中的技术问题，为农业产业化经营提供最新的科技和生产信息；三是具有一定农业经营管理能力的农业企业家或实业家。③ 农业产业化经营所需要的各种人才和现有劳动力素质的提高主要依赖于教育，特别是教育与培训。美国农业发展经济学家约翰·梅勒（John W. Mellor）把教育看成农业发展及农业产业化经营的关键因素，"我的基本论点是以这样一种方式来强调发展农业，即利用在农业中已经存在的资源——非熟练的劳动力、研究计划、种子繁殖和销售机构、信用机构——所有这一切的创建和运作都是依赖受过训练的人力……人力是丰富的；为发

---

① ［美］西奥多·W. 舒尔茨：《论人力资本投资》，北京经济学院出版社 1990 年版，第 45 页。

② 同上书，第 110 页。

③ 欧阳河：《职业教育基本问题研究》，教育科学出版社 2006 年版，第 100 页。

展所需的是这种人力转变为受过训练的人力的体制"。① 就发达国家的经验而言，美国较高的农业现代化水平主要来源于职业教育的巨大推动作用。1820 年美国农业进入商品化时代后，农用机械和先进技术在农业生产中得以推广，这对劳动者的素质提出了新的要求。为此，美国国会先后制定并通过了《赠地学院法》（1862 年）、《农业试验站法》（1887 年）、《农业推广法》（1914 年）、《职业教育法》等一系列法令，以农业职业教育为基础，极大地推进了美国农业化进程。德国农业职业教育学制 3 年，理论学习占 1/3（内容包括作物种植、农业机械操作、农业法规和环境保护等），生产实践占 2/3，以此培养学生的职业道德和农业技术技能。学生若要具备农民资格，享受国家待遇则通过严格频繁的考试。德国完善的职业教育制度，促进了农民职业化，有效推动了农业发展、农业科技进步和农业现代化进程。②

其次，发展职业教育可以促进农村剩余劳动力合理有序转移。在现代社会中，人口流动的条件和机会的获得越来越依靠教育，只有教育才能为人口流动提供必要的知识和技术。③ 美国经济学家米凯·吉瑟研究证明，在乡村地区，教育水平每提高 10%，就将多诱导 6%—7% 的农民迁出农业。④ 随着产业结构的转型升级，劳动力就业结构发生很大变化，仅仅掌握九年义务教育水平已经不能满足社会发展的要求，为了促进农村剩余劳动力合理有序转移，保证其接受一定的职业教育已成为必不可少的前提条件。其中，职业教育有两种特殊的作用：其一，职业教育程度决定农村剩余劳动力转移的难易程度。农村剩余劳动力转入非农产业时，一般都是劳动者个人在自身能力作出评估后，遵循成本收益规律，即寻求成本最小收益最大的原则。所以，农村劳动转移过程中，劳

① John W. Mellor. The Economic of Agricultural Development. Ithaca: Connell University Press, 1996, p. 345.

② 张宇、肖凤翔：《职业教育：推进农业现代化的引擎》，《职业技术教育》2012 年第 34 期。

③ Todaro, M. (1969). A Model of Labor Migration and Urban Unemployment in Less Development Countries. American Economic Review, Vol. 59, p. 22.

④ Drakakis-Smith, D. W. (2000). Third world cities, Routledge, p. 81.

动力的文化构成和劳动者掌握何种技能以及劳动力市场需求等因素起着关键性作用。文化技能水平低的劳动力通常只能滞留在依靠传统经验生产的有限领域，很难开拓新的就业门路和工作机会，也难以适应转移后的工作与生活；而所受职业教育培训越多，往往思路越开阔，越易于接受新事物，具有更强的自信、更高的收入预期以及更强的创新意识和冒险精神，更易于实现有效转移。其二，职业教育可以提高外出务工农民的收入水平。有学者对全国范围内的农户进行调查，并对调查数据进行回归分析，得出结论：在受教育水平和工作经验的两个变量中，受教育水平对农民工工资收入的回报为 5.36%，工作经验的回报为 8.4%；小学教育的回报率很小而且很不显著，导致教育的整体回报率偏低，而小学以上教育的回报率为 8.13%。多一年小学后的教育，收入会增加约 8.13%。[1] 也有研究表明，贫困农户通过劳动力外出途径，可以提高家庭人均收入的 8.5% 到 13.1%。[2] 另据研究，职前培训和在职培训使农民工收入分别增加 21% 和 5% 左右，说明职前培训和在职培训均能有效地促进外出务工农民的收入。[3] 就发达国家的经验而言，日本、韩国顺利完成产业结构转换和充分就业的根本条件之一就是教育合理地超前发展，有效地提高了全国就业人口平均文化技术素质，第一产业就业人口能够适应非农经济技术新领域的需要，较为顺利地完成了转移。美国在 1930—1974 年间，从农业转移出去的人口总数达到了 3280 万人，这是现代最大的人口转移。[4] 而恰恰在这一时期是美国教育特别是社区学院的大发展时期，美国社区学院由 1930 年的 436 所增加到 1974 年的 1203 所，增加了 767 所。[5]

最后，良好的职业教育是推进城市化进程的重要手段。现代社会的发展要求从一个以农业为主的社会向工业社会逐步转变。在这个过程

① 张泓骏、施晓霞：《教育、经验和农民工收入》，《世界经济文汇》2006 年第 1 期。
② Yang Du, Albert Park, and Sangguiwang, Migration and Rural Poverty in China, Journal of Comparative Economic, Vol. 33, pp. 688 – 709.
③ 张世伟：《培训对农民工收入的影响》，《中国人口经济》2010 年第 1 期。
④ ［美］西奥多·W. 舒尔茨：《论人力资本投资》，北京经济学院出版社 1990 年版，第 207 页。
⑤ 毛然：《美国社区学院》，高等教育出版社 1989 年版，第 24 页。

中，城市化水平是一个重要的指标，也是一个国家现代化程度的重要标志之一。城市化主要表现为一个包括产业结构调整优化升级和产业演进的过程，劳动力不断从农业转移到工业和服务业，从农村转移到城市的过程以及基础产业发达、市场发育程度高、土地节省集约利用、人居环境改善、人口素质提高，而且是城市的经济关系、价值观念的转变，并广泛渗透到农村的过程，还有文化创意、社会和谐和生活方式的变化。提高城市化水平，转移农村剩余劳动力，可以为经济发展提供广阔的空间和持久的动力，是优化城乡结构、促进国民经济和社会协调发展的重大措施。为推进这个进程，必须有良好的职业教育。可以说，职业教育是实现这一转变的决定性因素和重要手段。现代化进程中难度最大的是农村。目前，我国农村劳动力有 4.82 亿人，占全国劳动力总量的70%。我国农业科技人员在全部人口的比例为 0.1%，而发达国家是3%—4%。可见，无论是从农村劳动力转移的方向、规模、速度及劳动力转移的稳定性出发，还是从城市经济需要不断补充高素质一线劳动者的需要考虑，提高劳动力素质都是当务之急。如果农民在转化过程中接受不到良好的职业教育，势必影响着我国整体劳动力数字水平和城市化进程。发展社会主义市场经济，主要目的就是为了促进生产力的发展，更好地改善城乡人民的生活，建设和谐的社会主义新农村。而我国的现状决定了应该迅速地把职业教育的发展重点作为解决构建社会主义新农村的一个切入点，大规模地提高我国已经进城和准备进城的农民的文化素质及技术操作能力。

从西欧和美国的经验来看，劳动力从传统农业释放出来，重新配置到城市生产部门，促进了工业化，也提高了城市化水平。在我国社会发展过程中，必将出现农村居民就业的非农化。随着我国城市化进程加快，我国的社会结构也会发生相应的变化，即农业在国民经济种所占的比重不断下降，而农民的人数会不断减少，大批农民会向着非农转化。但是，正如法国社会学家 H. 孟德拉斯所说："现代化不是一个消灭农民的过程，它把大量的农民转化成为工人的同时，把留下的少量农民转化为现代新型农民。"① 因此，城市化进程实质上也是农民市民化的过

① ［法］H. 孟德拉斯：《农民的终结》，中国社会科学出版社1991年版，第28页。

程，城市化水平的提高很大程度上是转移农民再社会化的过程。其中职业教育的作用不可低估：其一，职业教育对转移农民再社会化的作用。从社会化的内容来看，无论是教导基本生活技能、社会规范或是培养社会角色，都是职业教育的直接结果。对于转移农民，接受一定的职业教育和培训是再社会化的关键，这是因为：（1）职业学校是知识最集中、信息最集中的固定的受教育场所，它有专门传播知识的教师，有严密的组织性、计划性和目的性，通过系统的文化知识的传播，加速转移农民的内化和社会教化的过程；（2）职业教育具有生活指导性，可以引导转移农民树立科学的世界观和人生观，明确生活目标，协调理想与现实之间的冲突，传授必要的生活技能，适应复杂的城市生活；（3）职业教育具有社会规范性，主要通过传统文化、风俗习惯、礼节规矩、思想信念、法律制度等对转移农民的行为施加外在的强制力，使他们充分认识到城市社会规范的内容和意义，认识到任何偏离社会规范的行为都必须受到制裁，从而约束转移农民的行为，维护社会稳定；（4）职业教育具有角色培养性，通过职业教育，转移农民除了学到基础知识、生活常识、基本社会规范外，还可以掌握一定的专业知识和技能，使其通过参与社会实践活动，获得某种社会职业从而实现社会化。[①] 其二，职业教育可以促进转移农民生活方式的改变。加强转移农民的教育，提高他们的文化素质和职业能力，通过提高他们的收入更新他们的消费方式和消费习惯；引导他们劳逸结合，有规律地生活，积极参加各类文娱、体育、旅游活动，去除酗酒、嗜烟、赌博等不良嗜好，培养更好的休闲生活方式；通过学校教育环境扩大转移农民的社交范围，提高他们的社交能力，转变交往方式；以学校教育为契机，转变转移农民的家庭婚姻观念，提高他们进行家庭教育的技能。[②] 由此可见，良好的职业教育，是推进城市化进程的关键因素之一。

---

① 参见杨海燕《城市化进程中职业教育发展研究》，中国海洋大学出版社 2008 年版，第 158 页。

② 杨海燕：《城市化进程中职业教育发展研究》，中国海洋大学出版社 2008 年版，第 168 页。

第三章　经济转型期世界主要国家和地区职业教育改革的经验及启示

西方发达国家在经济转型过程中职业教育改革积累了不少宝贵的经验。他山之石，可以攻玉。经济转型期世界主要国家和地区职业教育改革的基本经验，可以对经济转型期我国职业教育改革起到很好的启示作用，能让改革少走弯路，轻装前进。

一　经济转型期世界主要国家和地区职业教育改革的基本经验

英国是最早实现工业化的国家，也是最早在体系或制度上将普通教育与职业教育置于同一个国家资格证书的标准化平台上予以管理的国家；德国是职业教育最发达的国家，职业教育被誉为战后经济发展奇迹的"秘密武器"；日本是战后废墟中建立的国家，是最早跨越"中等收入陷阱"的亚洲新兴国家；韩国是亚洲"四小龙"之一，也是较早跨越"中等收入陷阱"的国家之一；我国台湾地区和大陆"同根、同族、同文"，有相同的文化背景和历史传统；俄罗斯是从计划经济向市场经济转型最典型的国家之一，职业教育在走出困境的过程中逐步形成了既保持俄罗斯传统和民族特色，又吸纳了西方发达国家职业教育改革的成功经验。这些国家和地区经济转型期职业教育改革对指导我国职业教育改革有很好的启示作用。

（一）英国

英国是最早实现工业化的国家。但受到崇尚古典文化传统的影响，英国职业教育发展举步维艰。随着经济转型与发展的迫切需要，英国政府开始着手进行职业教育改革。在探索职业教育发展模式中经历了由借鉴向主动创新的过程，长期积极变革为英国探索出一条独特的职业教育发展道路。经济转型期英国职业教育改革，可以为我国经济转型期职业教育改革起到很好的启示作用。

1. 从农业化向工业化转型初期：重点发展初等职业教育

18世纪中期，以蒸汽机的应用为标志的第一次工业革命首先在英国轰轰烈烈展开，到19世纪30年代末基本完成。从1740年开始，英国首先在棉纺织业方面获得重大发展，飞梭、珍妮纺纱机、动力织布机和自动走锭纺纱机等纺织技术的发明和蒸汽机提供的先进动力，使得英国的棉纺织业产量在短时间内有了成百倍的提高，棉纺织业成为英国第一次工业革命的主导产业，迅速改变着英国的产业结构、就业结构和城乡人口分布。在工业化过程中，农业在英国国民经济中的比重不断下降，而工业所占比重不断上升。到1820年，英国的产业结构发生了重大变化，农业比重不断下降，从40%迅速下降到26%，而工业和服务业比重不断上升，工业比重上升尤为明显，从1788年的21%上升到1820年的32%，工业比重首次超过农业，到1840年，英国的农业产业产值比重已经下降到22%，工业产值比重上升到35%。[1] 随着工业革命的推进，英国农村人口和农业劳动力大军逐渐向城镇和工矿区流动，农村人口向城市转移的速度不断加快，城市人口剧增。1851年，城市人口已占全国总人口的52%。在18世纪，英国劳动力主要集中在农业、纺织、服装、食品、饮料、烟草和皮革等行业。进入19世纪，由于工矿、建筑、交通运输和服务业的迅速发展，英国第二、第三产业的就业人口已超过了第一产业。

第一次产业革命使英国的生产方式发生了重大变化，机器大工业生

---

[1]　简新华、余江：《中国工业化与新型工业化道路》，山东人民出版社2009年版，第109页。

产逐渐取代家庭手工业或工厂手工业生产，对妇女和儿童这样低工资劳动力的需求也与日俱增。于是，强制性学徒制度成为雇主利益存在的工具，这种大量占用童工的欲望以及机器大工业生产后新工艺易于掌握的事实，使 7 年制的旧学徒制失去了时代感，导致 1814 年"工匠、徒弟法"最终废除。第一次产业革命在加速旧学徒制崩溃的同时，也导致了职业教育进行相应的变革。伴随机器大工业生产的建立，以传授现代生产技术原理和技能为主的职业教育应运而生。19 世纪初出现的面向工人的技工讲习所（Mechanics Institues）标志着英国职业教育改革的开始。1823 年，参加夜校的工人们创建了格拉斯哥技工讲习所，目的在于"教授手工艺和生产的科学原理"。[①] 技工讲习所具有成人教育的性质，往往聘请大学教授来讲习所开设有关科学的讲座，由于所讲授的科学原理与从事的职业有关，这很快引起工人们的兴趣，尤其深受白领工人的欢迎。1840 年全国技工讲习所 200 多个，有会员 2.5 万人。至 1850 年，伦敦、兰开夏郡、约克郡西区的城区和制造业地区共创办了 600 多所技工讲习所，学员超过 50 万，主要受益者是新的技术人员和其他熟练手工艺者。然而，很多技工讲习所由于收效甚微，未能实现其初衷，繁荣期倏忽即逝。[②] 尽管技工讲习所的生命并不长，但它在通过向技术工人讲授科学知识从而适应生产技术变革这一点上，是具有划时代意义的。值得注意的是，工业革命作为一场深刻的社会变革，它影响到社会生活的各个方面，带来了社会产业结构和劳动就业结构也发生相应的变革，必然对劳动者的知识和技能结构提出新的要求。按照这一逻辑，英国职业教育作为工业化的产物，理应得到蓬勃发展。但事与愿违，英国的教育与维多利亚盛世极不相称，特别是职业教育显得尤为薄弱。原因在于：其一，英吉利民族在长期的历史积淀中形成的崇尚古典教育的人文主义传统、对科学和职业技术教育的明显偏见，在人文和科学技术之间似乎造成了一道不可逾越的鸿沟。[③] 其二，英国工商界并未认识到正规职业教育的现实意义和潜在意义，他们担心职业教育会造成

---

① Keith Evans（1975），*The Development and Structure of the English Educational System*. London：University of London Press，pp. 211 – 213.

② 翟海魂：《发达国家职业技术教育历史演进》，上海教育出版社 2008 年版，第 46 页。

③ 石伟平：《比较职业技术教育》，华东师范大学出版社 2000 年版，第 7—8 页。

商业机密的公开。因此，大多数雇主对职业教育表现出冷漠的态度。其三，英国职业教育受传统古典式大学的影响，开设偏向培养青年绅士有关的课程，大多数教师和学生对职业课程毫无兴趣。

可见，工业化初期英国职业教育改革，侧重于传授现代生产技术原理和技能为主的初等职业教育，其主要受益者是新的技术人员和其他熟练手工艺者等。但是，第一次工业革命并没有给英国职业教育带来人们想象的那样蓬勃的发展。客观地说，英国职业教育改革的滞后，一定程度上阻碍了英国经济发展，最终造成了英国落后于欧美其他发达国家，失去了"世界工厂"的霸主地位。

2. 工业化中后期：关注和扶持高等职业教育

1840 年至 1914 年是英国工业化的第二个阶段，工业化进一步深入发展，使得英国的经济实力进一步增强。1840—1913 年，英国的工业产品产量增加了 3 倍，实际 GDP 增加了 3.14 倍，英国仍然是世界上最重要的经济体之一。[1] 但是，自 19 世纪 70 年代开始，英国的世界经济垄断地位逐步丧失。19 世纪 50 年代，英国的经济总量占世界的 40%，到 70 年代只占 32%，而美国占到 27%，德国占 13%。到 1900 年，美国以 31% 的优势居世界之首，德国上升到 16%，英国则跌至 18%。到 20 世纪初，德国也超过了英国。[2]

面对 19 世纪 70 年代中期的经济大萧条和日益激烈的国外市场竞争，英国政府和工商界逐渐提高了职业教育的认识，开始着手进行职业教育变革：一是设立政府机构，掌管职业教育。1853 年英国中央政府决定成立科学与工艺署（Department of Science and Art），其职责是——管理技术教育机关；向相关技术教育单位提供国库补助金；培训技术教育师资。二是成立皇家技术教育委员会，研究对策。三是制定法律，支持职业教育。1889 年颁布了《技术教育法》（*Technical Instruction Act*），规定 1888 年建立的郡和郡自治市的议会有权征收"一便士"税，以资助职业教育。1890 年颁布《地方税收法》（*Local Taxation Act*），允许地

---

① 简新华、余江：《中国工业化与新型工业化道路》，山东人民出版社 2009 年版，第 109 页。

② ［日］宫崎犀一：《近代国际经济要览》，中国财政经济出版社 1990 年版，第 21 页。

方政府从物品税收中提成，以发展职业教育。1891 年规定，授权各地方根据《技术教育法》新成立的技术教育委员会分管各地的这部分"技术教育税收"，以确保发展职业教育所需的资金。以法律形式确立了职业教育的地位，标志着国家高等职业教育的开端，有力地促进了英国职业教育发展。[①]

工业化中后期，英国的产业结构进一步发生了变化。到 1860 年，英国工业比重占到国民生产总值的 38%，而农业比重则下降到 18%，低于现代服务业比重。到 1894 年，英国的农业产值首次下降到 10% 以下，而工业比重则超过了 40%，到 1909 年，英国的农业产值比重已经下降到 6%，工业比重在 1900 年达到 43%，现代服务业比重也保持在 25% 左右。同时，英国的就业结构也发生了较大幅度的变化。1841 年，英国工业部门吸收的劳动力占全部劳动力的 44.1%，1851 年这一数值超过 50%。此后，英国农业人口比重仍然不断下降，于 1901 年降为 9.1%。[②] 第一产业转移出来的人口开始流向第三产业，生活水平的提高和城市化进程的加快，导致了人们对现代服务业（如律师、建筑师、秘书、会计、牙医等）需求不断增加，使得英国从事商业、金融业和交通运输业等现代服务业的劳动力增加。从工业结构来看，国民经济的主导产业从轻纺工业逐步转向煤炭、钢铁和化工等重化工业，工业进入了重化工业阶段。

随着工业化中后期英国产业结构和就业结构的变化，对中高级技术人才的需求与日俱增，客观要求职业教育也要进行相应的变革。此时，英国开始关注和扶持高等职业教育，主要措施有三点：其一，兴办城市大学。1890 年前后，英国开始对德国的技术学院进行模仿和移植，从改造曼彻斯特欧文斯学院开始，帝国理工学院等一批新型学校应运而生。到 19 世纪末，这些新兴教育机构逐步发展为大学或大学学院。其二，成立伦敦技术学院和技术教育协会。其三，兴建一批多科技术学院。这些学院是 19 世纪 80 年代以来，以部分时间制为主，并适应地区

---

① 翟海魂：《发达国家职业技术教育历史演进》，上海教育出版社 2008 年版，第 52—53 页。

② 简新华、余江：《中国工业化与新型工业化道路》，山东人民出版社 2009 年版，第 110 页。

产业界的需求，采用"工读交替"学习方式发展而来的。进入 20 世纪后，随着初级职业教育的发展以及中等教育逐渐向多样化方向发展，技术学院逐渐成为"初级技术学校"毕业生的继续教育机构，成为中高级技术人员的摇篮。到 1900 年，"多科技术学院"（polytechnic）已成为职业教育机构的专有名词。多科技术学院为英国培养了大批中高级技术人才，有力地推动了英国经济转型和产业结构升级。此外，为了职业教育的地位，促进职业教育发展，20 世纪初英国废除了"科学、技术"考试制度，进而实行国家资格技术人员证书制度。1921 年，英国中央一级的教育主管部门——"教育署"与一些专业团体（如工业技术人员协会）协作，共同建立了一套较为系统的技术人员证书制度。国家证书分为"普通"和"高级"两种，主要授予技术学院部分时间制课程学习合格者。"普通国家证书"一般授予学完 3 年技术学院部分时间制课程者，"高级国家证书"则授予那些已经有了"普通国家证书"后再继续学完 2 年部分时间制专修课程者。与此同时采用的国家文凭，也分为"普通"和"高级"两种，主要授予那些学完 2 年或 3 年全日制课程的技术学院毕业生。这种国家资格的证书制度一经建立，很快被许多行业或专业团体采纳。在 1931 年，获得"普通"和"高级"国家证书人数就达 2792 人；在 1939 年，这类证书获得者的人数已达 5330人。[①] 国家资格证书的技术人员证书制度的建立，使职业教育结构中学习合格者也能与大学毕业生获取同等的资格，这大大提高了整个职业教育的地位，使英国职业教育朝着多层次方向发展。

但是，客观地讲，英国在工业化中后期并没有受到严峻的经济压力，因此对提高工人的素质并无非常强烈的要求。由于工作或就业机会较多，人口持续增长，工业行业中的技术水平较低，劳动力市场处于转折阶段，雇主和社会还没有认识到职业教育的重要性。在 1889 年之后，职业技术教育的发展仍未达到预想的结果。以伦敦为例，在 2.5 万名泥瓦匠中，只有 90 人接受正规培训，在 20 岁以下的 7000 名木匠和家具装潢者中，只有 120 人能独立完成全部工作，在伦敦制革厂的 1 万名工

① 梁忠义、金含芬：《七国职业技术教育》，吉林教育出版社 1990 年版，第 206—207页。

人中，只有 13 人学习过专业知识和技能。[1] 虽然工业化中后期英国职业教育进行了一定程度的变革，但是同世界上其他发达国家相比，其职业教育受重视的程度差强人意。职业教育的落后导致工业的落后和"日不落"帝国的逐步衰落，1913 年，英国在世界工厂生产中的比重下降到 14%，从而失去了"世界工厂"的霸主地位。

3. 战后经济恢复时期：关注中等职业教育改革和加强产业训练

第二次世界大战是具有历史转折意义的重大事件，它改变了世界的格局，也加速了英国的相对衰落。第二次世界大战，使英国工业遭受巨大的损失，许多工厂设施毁于战火，设备得不到更新和长期失修，效率低下。原材料奇缺，工业生产下降，消费品工业下降尤甚。英国经济濒临破产边缘，经济实力严重削弱，维护殖民统治的能力急剧下降，正如英国比较教育家埃德蒙·金认为"两次世界大战的惊人消耗以及后来所负的债务使得英国一贫如洗。为了偿付战债，海外的巨额投资也落入别国的腰包。从前的附属国的解放，海外竞争性的现代工业的崛起，以及技术革命和军事实力中心的转移，使得英国有一阵子看上去像一个解甲归田而囊空如洗的武士一样"[2]。英国由盛转衰是一个渐进的过程，有其深刻的历史、政治和国际环境等方方面面的原因，应该说是各种因素综合作用的结果。纵观历史，种种迹象表明，在这一过程中，英国职业教育相对落后，职业学校数量不足，质量不高，不能为经济转型提供足够数量的熟练技术工人，也是英国战后经济不景气的一个重要原因。

战争是技术发挥效力的第一舞台，是职业教育发展的重要推动器。战争提高了英国对职业教育重要性的认识，为了振兴科技、复兴经济、重组战后社会民主生活，教育成为英国重要突破口，而发展和加强职业教育也就成为其中一项重要的战略措施。1944 年，英国教育部长巴特勒提出了一个旨在改革战后英国教育的议案《1944 年教育法》（也称《巴特勒法案》），该法以法律的形式确定了职业教育在中等教育和继续教育中的地位，将普通体系改成连续发展的三个阶段（即初等教育、

---

[1] Smith，H. L. （1892），London County Council Report to the Special Committee on Technical Education.

[2] ［美］艾萨克·康德尔：《教育的新时代——比较研究》，人民教育出版社 2001 年版，第 64 页。

中等教育和继续教育）；并把 5—15 岁定为义务教育的年龄；提出继续教育以全日制或部分时间制的形式，向未能升入继续教育的学生提供各种体格上或职业上的培训。这种新型的教育体制改变了过去以文法中学为中心的中等教育制度，将中等教育的实施机构分为文法中学、技术中学和现代中学，其中技术中学注重工商技术训练。《1944 年教育法》颁布以后，英国中学阶段的职业教育主要是在技术中学和现代中学中实施，其主要手段是开设职业教育方面的课程。在《1944 年教育法》的影响下，政府最终把技术中学纳入到公共教育体系中，建立了较为全面的面向所有年轻人的中等教育体系，实现了"二战"前提出的"人人享受中等教育"目标。此后的政策更加关注职业教育的发展，如"帕西报告"主张设置地区性和全国性职业教育协调机构，以加强产业界和教育界之间的联系和合作。

20 世纪 50 年代中后期，英国的经济与其他西方发达国家相比存在很大的差距。1955—1960 年，英国工业产量的年平均增长率仅为 2.5%，而同期的法国、德国、意大利、日本分别为 4.8%、6.4%、5.4% 和 9%，对此，英国朝野对此无不忧虑。[①] 1957 年，苏联成功地发射了第一颗人造地球卫星，这使英国朝野上下深受震动。为此，英国开始进行职业教育改革。1959 年，中央教育咨询委员会发表了题为《克劳瑟报告》（*The Growther Report*），提出关注义务教育结束后 15—18 岁人口的职业教育，也就是高中阶段职业教育。主要采取两种措施：一是技术中学应增加第六年级；二是将学生离校时间提高至 16 岁，或对 16 岁及 17 岁的学生实施强制性教育。[②] 为了培养适应经济发展所需中高级人才的要求，1963 年，英国政府发表了《罗宾斯报告》，将发展高等职业技术教育作为促进经济发展的重要举措。1965 年，时任英国教育与科学大臣安东尼·克洛斯兰（Anthony Crosland）建议建立高等技术教育与普通高等教育双轨运行的高等教育体制，以推动和支持多科技术学院的发展。此后，英国高等职业教育得到较快发展，到 1972 年，

---

① 翟海魂：《发达国家职业技术教育历史演进》，上海教育出版社 2008 年版，第 176 页。

② 15 to 18，A Report of the Central Advisory Council for Education（Geoffrey Growther）（1959）. Vol. I，p. 204.

英国共有 30 所多科技术学院的诞生。

由于熟练劳动力长期缺乏，严重地阻碍了英国战后经济进一步发展，要使经济持续增长并迎接激烈的国际竞争，就必须大幅度增加熟练劳动力的数量并提高他们的质量，使产业训练的水平处于高水平。为此，1964 年，英国颁布了《1964 年产业训练法》，提出"加强和改善目前产业界、政府与教育当局之间在提供产业训练方面所结成的伙伴关系"，具体措施如下：（1）改善经济需求、技术发展与产业训练之间的关系，使有关产业训练的决策能更好地与经济需求和科技发展相关；（2）提高整个产业训练的质量，确定最低标准；（3）公平合理地分担训练费用；（4）设立负责各种训练的产业训练委员会。[①] 该法是英国职业教育史上又一部划时代意义的法典，它在法律上对英国的产业训练作了一系列的规定，如产业训练委员会的设置、产业训练的财政经营制度、产业训练在继续教育中的地位等。《1964 年产业训练法》颁布后，各行业纷纷成立"产业训练委员会"，到 20 世纪 60 年代末，法定的"产业训练委员会"已发展到 27 个，下属工人总数达 1500 万人。[②] 这种以"产业训练委员会"为核心的产业训练制度的建立，大大推动了英国产业制度的发展，使企业内职业教育得到很大的加强，一定程度上促进了英国经济发展。

可见，战后经济恢复期英国职业教育改革，20 世纪 40 年代主要关注中等职业教育改革，将技术中学纳入到公共教育体系中，建立了较为全面的面向所有年轻人的中等教育体系。到了 20 世纪 50 年代，重点发展高中阶段职业教育；大力发展高等职业教育和继续教育、着力加强产业训练则是英国 20 世纪 60 年代职业教育改革的主要措施。经济恢复期职业教育改革，为英国培养一大批初中高级熟练技术工人，一定程度上促进了英国经济转型与良性发展。据统计，20 世纪 50 年代英国经济平均增长率为 2.8%，而 20 世纪 60 年代为 3.5%。[③] 但是，和其他西方发达国家相比，英国职业教育改革的力度还远远不够，难以有效地促进英

---

① 梁忠义、金含芬：《七国职业技术教育》，吉林教育出版社 1990 年版，第 316 页。

② 同上书，第 317 页。

③ 复旦大学世界经济研究所英国经济研究室编：《英国经济》，人民出版社 1986 年版，第 26 页。

国经济进一步发展，到 20 世纪 70 年代，其经济增长率仅为 1.3%。

4. 后工业社会转型时期：建立国家职业资格框架和现代学徒制

丹尼尔·贝尔（Daniel Bell）在 20 世纪 70 年代初，把制造业比率下降、第三产业、服务部门比率上升的状况称作"后工业化"社会到来的特征。伴随"后工业化"时代的来临，信息化经济和服务化经济的迅速发展，其经济和产业结构也会发生翻天覆地的变化。自 20 世纪 60 年代以来，在世界范围内兴起了以电子计算机、光导纤维通信、生物技术、新型材料和海洋工程为技术基础的新科学技术革命。所谓的"第三次浪潮"相继席卷一些工业化国家，英国自然也不例外。新技术革命对英国产生了深刻的影响，主要表现在两个方面：一是产业结构的变化。在所谓"第二次浪潮社会"即工业化社会，产业结构是以三大传统重工业——钢铁、机械、化工为基本组成要素的。在新科技革命过程中，由于信息技术、生物技术和材料技术的发展，形成了信息工程、生物工程和材料工程三大新兴智能产业，逐步实现了从劳动密集型产业向知识密集型产业的过渡。1971—1978 年，英国有 6000 个工种被淘汰。1983—1985 年，制造业又有 1/6 的工种被淘汰。仅 1985 年的一年里，钢铁业的劳动力就从 300000 人削减到 110000 人。[①] 产业结构的变化带来了劳动力结构变化，第一、第二产业的劳动力比例已大大下降，而第三产业即服务业的劳动力在不断增加。二是人才规格的变化。劳动的变换是现代工业的客观要求，也是经济发展的必然，在以科学技术最新成就为基础的自动化生产中，这种要求更为突出。随着新科技革命的发展，传统的劳动密集型产业逐步向知识密集型产业过渡，旧的行业和工种不断淘汰，大批工人必须迅速转换工种。顺利实现这种劳动变换的条件是工人具有较强的应变能力，正如美国未来学家阿尔温·托夫勒指出："未来的个人必须对付今天更为激动人心的变化。未来教育的主要目标是：增进个人的应变能力——速度和系统。靠这两样东西，个人就能适应不断的变化。"另外，20 世纪 80 年代经济持续衰退给英国带来了致命的打击，石油危机大大加剧了英国的通货膨胀，经济萧条，造成了英国失业率上升和社会不安定因素的滋长。据统计，1983 年，英国

---

① 王承绪：《战后英国教育研究》，江西教育出版社 1992 年版，第 223 页。

有 13.5% 的劳动力失业，其中 40% 的失业者失业 6 个月以上。1974—1977 年这三年中，英国离校青年的失业人数从 54000 人增加到 253000 人，其中 25% 的人在 25 岁以下。1981 年，失业者中有 100 多万即 40% 是 16—24 岁的青年。①

随着劳动力市场结构的变化，经济技术发展速度的加快，迫切需要提高在业成年人的技能和资格水平，同时要解决失业人员、妇女和残疾人的培训和就业。而旧的教育体系限制了劳动力的流动，妨碍了人的潜能的充分发挥，不利于对成年人的培训和满足其终身学习的需求。针对职业教育和产业发展需求相脱节的现象，英国政府发起了职业教育根本性的变革，如出台新政策鼓励雇主和教育制度之间建立强有力的伙伴关系，并由此设计并开发了一套全国性的职业资格框架体系。事实上，早在 20 世纪 20 年代，英国就开始实施国家职业资格制度，但长期以来，职业资格制度存在证出多门、互不相干的问题，缺乏一个统一的规范化管理体制。为此，英国开始对职业资格证书制度进行改革。1986 年，英国职业资格委员会（NCVQ）成立，旨在开发工作中所需的技能、知识和理解力，满足人们工作中的需要，促进终身学习，推行在工作现场进行的、能力本位的考核。英国政府当局确定了"国家教育培训目标"，提出"为成功的未来开发技能"的口号，开始在全国范围内推行国家职业资格证书制度（National Vocational Qualifications，NVQ）。NVQ 框架共分为五级水平（从熟练工人、技术员到专业或中层管理人员等），包括 11 个能力领域，每一个能力领域又包括数量不等的专业或职业方向。NVQ 确保了每一级资格拥有者可获得的职业生涯以及他们的技能可在其他职业领域得到承认，得到雇主、专业机构、高等教育机构和个人的承认和参与，并得到各经济部门的理解、接受与尊重。1993 年，英国推出针对高中阶段学生开发基于中学和继续教育学院的职业技术类生涯导向性课程，即"普通国家资格证书"（GNVQ），旨在开发广泛职业领域内所需要的技能和理解力。GNVQ 和 NVQ 的水平等级相仿，但未设水平五。GNVQ 课程设置采用目前英国颇为流行的模块或称单元课程，每一模块都有自己特定的目标和内容，一般包括四五个具体的内

---

① 王承绪：《战后英国教育研究》，江西教育出版社 1992 年版，第 227 页。

容。GNVQ 的实施，为 16—19 岁青年接受全日制的、非直接职业导向的学校教育提供了更为广泛的机会，弥补了高级水平考试机会少的不足，并同其他证书一起，在英国形成一个上下沟通、左右又能互转的完整的课程框架。[①] 2000 年，英国又将高等教育的各种证书汇集一体，构建起高等教育资格证书框架体系。2004 年，英国将国家资格证书体系和高等教育资格体系两个框架整体合并，形成了具有明显英国特色和时代特征的英国国家资格证书框架体系，成为落实终身教育的一种有效的工具，这是英国在教育领域的一种创举，其经验和做法符合终身教育的理念，也符合民主人权的平等准则。

20 世纪 90 年代，英国新的经济环境对劳动力市场产生了深刻影响：16—17 岁青年在同龄人中的就业率从 1975 年的 62% 下降到 1992 年的 9%；接受培训的学徒人数在 1978—1994 年间减少了 66%。研究表明，青年失业率的高低与教育体系中学生从学校到工作过渡的过程密切相关。[②] 如雇主经常抱怨从高中毕业中招来的雇员，其数学、英语等基本技能很差，并缺少良好的工作习惯、基本的职业态度和成熟度。为了促进学生从学校到工作的过渡，增加青年就业机会，缓解社会压力。1991 年英国政府发表了《21 世纪教育与培训》白皮书，指出要在 16—19 岁的青年中实施高质量的职业教育，从根本上解决职业教育脱离工商业实践的弊端。1993 年 11 月，英国宣布实施"现代学徒制"计划，并于 1994 年 9 月首次在 14 个行业部门试行该计划，这 14 个部门包括农业、园艺、商业管理、化工、育儿、建筑工程、信息技术和零售业等。至 1995 年 9 月，该培训计划扩展到全国 54 个行业。至此，现代学徒制开始在英国全面实施，至 1997 年，英国共有 72 个现代学徒制培训框架。[③] 1995 年，面向 18—19 岁青年人的高级现代学徒制（Advanced Modern Apprenticeship）开始实施。高级现代学徒制主要面向 16—24 岁的青年人，旨在提高他们在技术、管理和手工艺等方面的水平，并帮助他们获得国家职业资格（NVQ）3 级水平资格证书。1996 年，现代学

---

① 石伟平：《比较职业技术教育》，华东师范大学出版社 2001 年版，第 73 页。

② 徐国庆：《STW：当前西方职业教育研究热点及意义》，《上海教育》2001 年第 6 期。

③ 石伟平：《时代特征与职业教育创新》，上海教育出版社 2006 年版，第 311 页。

徒制与高级现代学徒制合并。目前现代学徒制包括基础现代学徒制（FMA）和高级现代学徒制（NVQ），统称现代学徒制（MA）。这种将职业教育与工作现场培训相结合的学徒培训模式，不仅可以帮助青年工人在工作现场中获得未来行为准则，而且也是他们实现社会化的一条重要途径。可以说，现代学徒制构筑起中等后教育、劳动力市场与高等教育之间一座"立交桥"，使青年人可以在横向和纵向两个方面更加自由地选择自己的道路。近年来，英国政府在振兴学徒制方面取得明显成效，接受学徒制培训人员的数量逐年递增。2001 年新增学徒数 16 万人，2005—2011 年连续五年，这一数字分别递增至 17.5 万人、18.5 万人、22.5 万人、24 万人和 28 万人。2010—2011 年度，这一数量已超过 40 万人。同时，学徒制培训项目的完成率也大有提高。2004—2005年度顺利完成学徒制培训的学徒数量仅占 37%，而 2009—2010 年度的完成率则提高至 74%。①

　　总的看来，经济转型期英国职业教育改革，大致可以分为四个阶段：工业化初期，侧重于传授现代生产技术原理和技能为主的初等职业教育为主；工业化中后期，英国开始关注和扶持高等职业教育，适应产业结构和就业结构的变化对中高级技术人才的需求；战后经济恢复期，主要关注中等职业教育改革，将技术中学纳入到公共教育体系中，发展高中阶段职业教育和高等职业教育技艺继续教育，着力加强产业训练，确立产业训练在继续教育中的地位；后工业化时期，英国侧重于建立国家职业资格框架和现代学徒制，来适应后工业社会经济转型和发展的需要。受到英国等级制度以及崇尚古典教育的传统的影响，职业教育在英国的发展一度举步维艰。随着英国政府逐渐意识到职业教育对经济社会发展的重要作用，开始大力进行职业教育改革，在探索职业教育发展模式方面经历了由借鉴向主动创新的过程，始终在尝试以政府为主导的、为公民提供一个与普通教育等值且融通的、具有公平性和开放性的体系。长期以来，英国传统文化使职业教育的发展存在先天不足，职业教育发展一直处于弱势地位，1944 年中等职业教育才获得正式法律地位，

① 姜大源：《当代世界职业教育发展趋势研究》，电子工业出版社 2012 年版，第 279页。

初步建立了分轨制职业教育发展模式。20 世纪 60 年代出现"综合中学"转型，英国开始打造现代产业训练体系，促进企业内职业培训体系的发展。1964 年颁布《产业训练办法》，对英国产业训练的质量和数量作出一系列的规定，标志着职业培训已进入政府宏观调控的范围。为了推动职业教育与普通教育融通，英国政府着手建立国家资格框架，构建开放的职业教育体系，学习者可以通过多元化的途径获得职业教育与培训服务。通过借助于普通职业资格证书，在学术教育与职业教育之间架设了一道桥梁，为学生提供更多的发展路径，提升职业教育的地位和吸引力。进入 20 世纪 90 年代后，为了适应新的经济环境对劳动力市场的影响，英国开始实施现代学徒制，旨在通过为 16—24 岁的青年人提供一种工作本位的灵活的培训体系，既培养学徒具备一般的工作技能，又能发展学徒的关键技能。可见，经济转型期职业教育改革，为英国培养了一大批技术专门人才，有力地促进了经济转型与发展。

（二）德国

德国是当今世界上职业教育最发达的国家。德国是"二战"战败国，战争使它遭受了巨大的损失，但它在废墟中经过短暂恢复，便成为世界经济强国，其秘密武器就是职业教育。正如德国前总理科尔在探索德国科学技术与经济迅速发展的奥秘时曾指出的，德国人民的文化素质和发达的职业教育是促成德国今日强盛的关键所在。经济转型期德国职业教育改革，可以给我国经济转型期职业教育改革提供很好的借鉴作用。

1. 从农业社会向工业社会转型初期：侧重于设立工业学校，举办高等技术学院和建立工业补习学校

19 世纪初到 1850 年是德国工业化的起步时期。1807 年德国长期存在的农奴制被废除，而同年和 1811 年的两次土地改革使得德国农民可以通过赎买方式获得土地，对大地主的人身依附关系宣告彻底结束。上述改革消除了阻碍德国工业和资本主义发展的制度障碍，不仅解放了德国占 70% 以上的农业人口，导致德国农业在 1807 年后出现加速发展，而且为工业的发展提供了极为有利的条件。农奴制的瓦解，加上 19 世纪 30 年代"关税同盟"的建立和农业剩余的积累，极大地促进了德国

工业的发展。19 世纪 30 年代德国真正进入工业革命时期，纺织工业在工厂制度的基础上迅速发展起来。1834 年，德国棉纺锭数量达到了62.6 万个，1852 年达到 90 万个。这一时期德国的纺织业和服装业的劳动人口，几乎占工业全部就业人口的 50% 左右，是德国最大的工业部门。同时采煤和冶金行业也有长足发展。如 1813 年德国的煤炭产量为130 万吨，到 1839 年为 300 万吨，1848 年达到 610 万吨。[1]

工业革命的迅猛发展对技术水平提出了更高的要求，德国开始进行职业教育改革，主要的措施如下：一是工业学校的创立。为了满足工业革命所需的初中级技术人才，1818—1845 年，就任德国工商局长的博依特建议在普鲁士 25 个行政区各设一所工业学校，并在此基础上设立中央工业学校，以形成工业学校网。到 1835 年，普鲁士 25个管辖区已设立了 20 所地方工业学校。[2] 1850 年前后，工业革命的发展对技术水平提出了更高的要求，德国对工业学校进行改革——在学校组织、教学科目、入学条件等方面制定全国统一的工业学校标准，毕业生有升入柏林工业专业学校的资格。1857 年，针对地方工业学校基础教育的不足，德国提出增设和改革教学科目、提高入学条件和延长修业年限等改革计划。二是举办高等技术学院。德国工业革命的迅猛发展需要大量中高级技术人才，建立与工业化进程相适应的培养高层次技术人才的教育机构迫在眉睫。为此，德国开始将一些中等教育机构改建为高等教育机构。例如，按巴黎理工学校的榜样建立了一批高级专科学校等多科技术学院（Vienna's Polytechic Institue），到 19 世纪末，德国多科技术学院逐步发展起来。它主要承担高等技术教育的主要力量，开设的科目包括工程学、农业学、力学、化学和建筑学，还有哲学和普通基础课程。多科技术学院不仅为德国工业化服务，而且为国家政府输送了大量中高级技术人才。三是建立工业补习学校。由于德国学校难以满足工业革命对工商业者的需求，加强工

① ［英］J. J. 李：《德国工业化进程中的劳动力》，载［英］彼得·马赛厄斯、M. M. 博斯坦主编《剑桥欧洲经济史——工业经济：资本、劳动力和企业》，经济科学出版社 2004 年版，第 554 页。
② 翟海魂：《发达国家职业技术教育历史演进》，上海教育出版社 2008 年版，第 67页。

业教育刻不容缓。为此，1853 年德国皇家工业委员会成立后，开始对星期日学校进行改革，将其逐步演变为工业补习学校。它由市镇村设立，由工商业者和校长组成的学校委员会来行使监督职责，经费由市镇村和同业行会负担，不足部分由政府予以补助，理论教学科目由中小学教师兼任，制图等实践性科目由具有实践经验的实际工作者兼任。1867 年，工业补习学校在城市有 97 所，农村有 25 所。在半个世纪里，补习学校获得飞速发展。①

可见，工业化初期德国职业教育改革，主要侧重于设立工业学校、举办高等技术学院和建立工业补习学校等，为德国经济起飞提供了大批初中高级技术人才。工业化初期德国职业教育改革，大大促进了德国经济转型与良性发展。据统计，1850 年到 1870 年的 20 年间，德国经济发生了翻天覆地的变化。工业生产增长了 1 倍，年平均增长率为 3.5%。煤产量从 690 万吨增至 3400 万吨，增长 3.9 倍；生铁产量从 21万吨增至 126.1 万吨，增长 5 倍。蒸汽机的使用日益普遍，铁路运输越来越发达，铁路线从 5856 公里增至 18876 公里，增长 2.2 倍。工业产值在国民生产总值中的比重已经从 21% 提高到 28%。②

2. 战后经济恢复期③：职业学校重建和恢复

第二次世界大战给德国造成了毁灭性破坏，德国在战场中死亡 800多万人，伤残军人 150 万人，全国死伤人数占总人口的 40%。城市建筑大部分被摧毁，鲁尔区埃森市房屋损失 80% 以上，汉堡 55 万套住宅中 94% 被毁，科隆 66% 的住宅无法居住，法兰克福 19 万套住宅中 45%被炸毁。据有关资料统计，由于战争破坏和战后拆迁造成生产能力下降，1946 年，德国的美、英、法占区的工业生产能力只相当于 1936 年的 33%，其中钢铁工业、汽车制造业、纺织工业只相当于 1936 年的21%、17%、20%。德国的黄金储备和国外资产全部丧失，商船队全部

---

① 瞿海魂：《发达国家职业技术教育历史演进》，上海教育出版社 2008 年版，第71 页。

② ［英］米切尔：《欧洲历史统计 1750—1970》，伦敦出版社 1970 年版，第 355—801页。

③ 这里主要指联邦德国职业教育改革，由于民主德国职业教育基本上借鉴"苏联模式"，这里不涉及。

被盟军没收，1947 年德国西占区的商品出口只占资本主义世界的0.5%，居 34 位。[①] 德国南部约有 90% 的工厂停产，工业产值也只有战前的 5%。[②]

战争后经济的重建和恢复迫使教育的及时跟进。第二次世界大战刚结束，德国便立即着手整个教育事业的重建和恢复工作，其中包括尽快恢复职业教育及"二战"期间被关闭的职业学校的教学工作。在此期间，各行业协会和学校领导想方设法为职业学校重建和恢复工作尽职尽责，行业协会不仅关心职业学校的兴建，而且积极参与职业学校内部建制工作。到 1946 年 5 月，有约 40% 的中小规模的职业学校已经恢复教学。正是因为职业学校的广泛开办和职业教育的蓬勃发展，为德国培养了大批技术人才，德国才创造了经济复苏的奇迹。德国在很短的时间里便恢复了经济，并于 1950 年进入经济高速发展时期。据统计，1951年，即战败的第六年，德国的产业经济恢复到战前水平。仅 1948—1952 年间，其工业生产增长了 110%。[③] 在 20 世纪 50 年代，德国国民生产总值平均每年增长 7.5%，工业生产平均每年增长 9.2%，超过美、英、法，仅次于日本。[④] 1950 年，德国的国民生产总值折合 233.4 亿美元，相当于美国的 8.2%，英国的 62.5%，法国的 81.0%。20 世纪 50年代后期，德国国民生产总值超过法国，1960 年超过英国。[⑤] 可以说，职业教育改革为德国经济的重建和恢复立下了不朽的功勋。

1957 年苏联人造卫星上天震撼了整个西方世界，在全球范围内引发了教育改革的浪潮。在这股教育改革浪潮的冲击下，德国开始着手职业教育改革。1959 年，德意志工业联合会提出了《职业培训法草案》，其主要内容包括：职业培训全面制度化，突出青年人的劳动

---

① 《第二次世界大战后资本主义国家经济情况（统计汇编）》，世界知识出版社 1962 年版，第 471—474 页。

② ［美］雷·马歇尔、马克·塔克：《教育与国家财富：思考生存》，教育科学出版社 2003 年版，第 58 页。

③ 翟海魂：《发达国家职业技术教育历史演进》，上海教育出版社 2008 年版，第 146—147 页。

④ 梁忠义、金含芬：《七国职业技术教育》，吉林教育出版社 1990 年版，第 2 页。

⑤ 复旦大学世界经济研究所德意志联邦共和国经济研究室：《德意志联邦共和国经济》，人民出版社 1984 年版，第 55 页。

关系、培训者和培训企业的资格审核标准、雇员的平等参与，并由联邦劳动与社会保障部负责该法规的实施和监督。为了保证"真正的自我管理"，在联邦、州和地方一级均设立职业培训委员会。[①] 1969 年，德国颁布了《联邦职业技术教育法》，其内容包括职业培训合同的签订、职业教育权限分配和实施、职业教育专业委员会的设立和建立联邦职业教育研究所。同时，该法还规定，德国职业教育包括三大部分：初始职业教育、职业继续教育和职业改行培训。除公务员的职业教育以及船舶上的职业培训以外，这一法律适用于所有职业和经济部门，并对职业的培训、进修、改行以及残疾人职业教育和远程职业教育均作了规定。另外，《联邦职业技术教育法》最大的贡献是确立了"双元制"职业教育的法律地位，尤其是在企业职业教育的指导思想、方针政策、培训的权责及职业培训的组织形式等方面作了阐述。"双元制"充分体现了国家、个人、学校和企业等各方面的通力合作，由于它的训练与以现代科学技术为基础的大生产密切结合，所以它对经济部门需要的反应非常灵敏，能及时预测到职业结构的变动和劳动力市场的需要。"双元制"能确保为经济界输送接受过现代职业教育的技术力量，因而它又是确保德国在世界上具有创新能力与竞争能力的一个基础平台。德国"双元制"培养了大批技术人才，到 1975 年，德国共有 160.7 万名职业学校学员，其中在"双元制"下培训的多达 138.2 万人。[②] 德国职业教育改革为德国经济转型培养了大批初中高级技术人才，也大大促进了经济发展。据统计，1980 年，德国的国民生产总值折合 8207.6 亿美元，相当于美国的 31.2%，日本的 79.2%，英国的 156.9%，法国的 125.1%。[③] 在 30 多年的时间里，德国从一个国民经济崩溃的战败国一跃成为具有相当实力的、经济高度发达的工业化强国，职业教育改革功不可没。

---

① 孙祖复、金锵：《德国职业技术教育史》，浙江教育出版社 2000 年版，第 83—84 页。

② 夏之莲：《外国教育史料选粹》，北京师范大学出版社 1999 年版，第 138 页。

③ 复旦大学世界经济研究所德意志联邦共和国经济研究室：《德意志联邦共和国经济》，人民出版社 1984 年版，第 59 页。

3. 后工业社会转型时期：注重职业教育接轨和法律法规建设

1990 年，民主德国和联邦德国在分裂 40 多年后实现统一。德国的统一使经济体制转轨全面展开，在不到 4 年的时间里便完成了德国东部国有企业私有化改造，德国东部经济体制顺利转轨。为了保证民主德国适应由计划经济向市场经济转型的需要，德国开始进行职业教育改革，主要分为两个阶段：（1）1989 年秋至 1990 年 10 月，是民主德国和联邦德国教育接轨时期，莫德罗在他的政府声明中提出教育改革方针，要求发扬几十年来社会主义国民教育中一切积极方面，消除消极成分，使行政管理、教学内容和高等教育与联邦德国一致起来。(2)1990 年 10 月，各新州进行选举，12 月，5 个州的文化教育部长正式加入联邦文化部长会议。1991 年，新州废除了民主德国时期制定的教育法，开始实施联邦德国制定的《职业教育法》。在高等教育方面，根据科学审议会的建议，原 45 所高等院校调整为 12 所大学（包括工业大学）和 12 所艺术院校，民主德国地区的专科学校也改建为"高等"专科学校。① 民主德国和联邦德国统一以后，联邦德国的职业教育体系得以顺利推行，以"双元制"为特色的职业教育在统一后的德国得到全面实施。但是，统一后的德国出现了转型后的经济大萧条，1990 年，联邦德国的 GDP 增长率达到 6%，但之后的增长率持续下跌，1993 年德国出现经济萧条，GDP 增长率下降到 1.7%。1994 年有所恢复，总体增长 2.9%，但 1995 年、1996 年又先后缩减为 1.9% 和 1.5%。经济的缓慢增长引起大量失业，至 1996 年 1 月，德国失业率超过 10%。为此，德国进行了职业教育改革：一是完善职业进修教育制度。由联邦政府负责将数量众多（约 2000 个）的原先由地区行业协会制定的进修职业条例，按照"双元制"的原则，进行科学的分析与综合，使其成为数量较少、覆盖面更广且更加灵活的法规性条例，这表明联邦立法的范围由职业教育扩展到职业继续教育，这是德国职业教育发展史上的里程碑。二是制定高职措施。为增强职业教育吸引力，适应知识社会和信息社会对高素质职业人才的需求，将卓有成效的"双元制"教育模式和教育思想引入高等教育领域，与企业及职业学院合作，构建"双元制"

---

① 匡瑛：《比较高等职业教育：发展与变革》，上海教育出版社 2004 年版，第 79 页。

职业教育与"双元制"职业继续教育体系，为接受职业教育的青年提供进入高等教育的机会。① 可见，20 世纪 90 年代德国职业教育改革，主要是实现经济转型后民主德国和联邦德国职业教育顺利接轨，增强转型导致经济萧条后职业教育的吸引力，保证职业教育更好地为统一后的德国经济转型与良性发展提供多层次技术人才。

进入 21 世纪以来，德国的产业结构呈现两种基本趋势：一是传统产业（传统加工业、农业、采矿业及传统服务业）日益萎缩，而新兴产业（如信息技术业、旅游业、护理业）则迅速发展；二是随着科学技术的不断发展，各职业本身也在进行自我革新，它对从业人员提出了更高和更新的要求。而且，面对经济全球化和欧洲一体化给德国社会和经济产生的巨大影响，为确保德国经济在世界上的竞争优势，确保其国家实力在国际上长期保持领先地位。一方面，德国决定将 1969 年颁布的《职业教育法》和 1981 年颁布的《职业教育促进法》合并，制定新的联邦《职业教育法》，于 2005 年开始颁布实施。它是德国为培养适应 21 世纪经济发展需要的技术人才而进一步发展职业教育的基本纲领，目标是确保并增加每位青年接受培训的机会，保证所有青年都能获得高质量的培训——杜绝由于社会地位、出身和地区造成的不平等。另一方面，德国根据经济全球化和一体化以及经济结构的转换及时调整和更新培训职业及其培训计划，把培训职业的现代化改造作为德国职业教育改革的重要内容。1996 年至 1999 年间，共有 90 个职业的培训条例被制定和修订，其中包括 34 个新增加的培训职业。这些新增加的培训职业大多数分布在如新媒体、信息与电子通信技术等领域。如 1997 年 8 月，14 个新的职业培训条例生效，其中 4 个属于信息与电子通信领域。② 1996 年至 2009 年，德国联邦职业教育研究所与德国经济领域的行会、协会以及工会领域的职业教育专家合作，共同对德国"双元制"职业教育所开设的约 350 个专业目录进行修订。目前，已开设新专业 82 个，修订专业 219 个。对专业目录修订的周期，也由原来五年修订一次改为

---

① 匡瑛：《比较高等职业教育：发展与变革》，上海教育出版社 2004 年版，第 84—85 页。

② 黄尧：《职业教育可持续发展战略研究》，高等教育出版社 2011 年版，第 159 页。

每年修订一次。尤其值得关注的是，德国职业教育专业设置"及时跟进"的应对极为迅速。例如，伴随世界范围内恐怖活动增多的局面，德国在职业教育领域，及时增加了与安全保卫相关的专业或课程内容；根据联合国哥本哈根会议的精神，更加重视与环境保护和低碳经济相关的专业或课程内容。①

总的看来，经济转型期德国职业教育改革，大致可以分为三个阶段：工业化初期德国职业教育改革，主要侧重于设立工业学校、举办高等技术学院和建立工业补习学校等，为德国经济起飞提供了大批初中高级技术人才；"二战"后经济恢复期，主要侧重于为职业学校重建和恢复工作尽职尽责；20世纪60年代，颁布了《联邦职业技术教育法》，确立了"双元制"职业教育的法律地位；20世纪90年代，主要侧重于实现经济转型后民主德国和联邦德国职业教育顺利接轨，增强转型导致经济萧条后职业教育的吸引力；21世纪后，为适应产业结构调整和科学技术不断发展，对职业教育专业设置进行灵活调整。德国职业教育改革历程表明，德国职业教育始终追求高度专业性和人才培养的稳定性。为了保证职业教育办学有法可依、有章可循，德国颁布了十多项有关职业教育的法令，如《职业教育法》《职业促进法》《实践训练师资规格条例》《手工业学徒考试条例》等，并且根据经济和社会环境的变化适时对这些法令进行修订。依法发展，违法必究，法规体系的健全为德国职业教育体系的形成和发展奠定了良好的法律基础。德国职业教育通常分为两大体系：一是学校教育，包括职业学校、职业高中、高级专科学校等；二是非学校教育，一般指企业、行业、社会团体及社区职业教育。可见，德国职业教育实施形式多样，形成了一个初、中、高比例结构合理的完整体系，为学习者提供多元化的学习机会和方式。这正如"一种职业培训不能走进死胡同，而应该为职业进修以及其他继续教育过程提供多样化选择……目标就是职业教育与普通教育等值以及教育途径的透明度"②。另外，德国"双元制"将职业教育体系与就业体制紧

---

① 姜大源：《当代世界职业教育发展趋势研究》，电子工业出版社2012年版，第292页。

② 石伟平：《比较职业技术教育》，华东师范大学出版社2001年版，第100页。

密联系在一起，保持培训机构和就业机构的相对平衡；以企业为核心，企业培训与学校教育密切合作，形成一个有机的整体；企业参与职业教育，能够保证培养目标符合企业需要，并能提供真实的生产环境以及充足的经费；具有高度的灵活性和适应性，能对经济和社会结构的变化作出适当的反应，从而不断满足新的需求，承担起新的责任。"双元制"实行国家负责与自治相结合的原则，对职业培训进行有效监督，有效地保证了职业培训的质量。还有，德国经济全球化和一体化以及经济结构的转换及时调整和更新培训职业及其培训计划，把培训职业的现代化改造作为职业教育改革的重点，这就充分保证了职业教育专业设置适应了经济转型与良性发展的需要。德国之所以能率先走出经济危机的阴影且损失最少，主要原因在于高水平职业教育的"德国制造"。德国职业教育应对新世纪社会、经济和科技变化带来的挑战的成功经验，特别是在职业教育改革中的战略决策，更值得作为一个正处于经济转型的发展中的中国去学习和借鉴。

（三）日本

日本是中国的重要邻邦，两国有着无法割裂的历史和文化渊源。职业教育在日本教育体系中占有重要地位，在日本经济社会发展中起着无法取代的作用，充分证明了一个国家的经济社会进步与职业教育发展的密切联系。日本在完成工业化进程和进入知识经济时期前后，职业教育改革为该国经济顺利转型立下汗马功劳。日本也是最早跨越"中等收入陷阱"的亚洲工业化国家之一。经济转型期日本职业教育改革的基本经验，可以为我国经济转型期职业教育改革提供很好的借鉴作用。

1. 从农业社会向工业社会转型初期：大力移植欧美职业教育

在明治维新之前，日本经历了长达 300 年之久的闭关锁国的封建时代。封建统治下的江户时代，其社会经济发展是非常缓慢甚至停滞的。1868 年，德川幕府彻底垮台，日本开始了明治维新，从此走上了资本主义发展道路。为了实现资本主义工业化，日本政府由封闭转为开放，积极学习欧美经验，提出了有代表性的经济政策——殖产兴业，即充分发挥国家力量，大力移植欧美资本主义的近代产业和经济制度，使之在日本扎根并最终壮大的经济政策。自明治维新后，日本将教育视为

"立国之本"，尤其重视发展职业教育，将其作为其"殖产兴业"政策的重要一环，其目的在于通过发展实业教育，学习和掌握欧美国家的先进科学技术。

由传统经济时代向现代经济增长时代的过渡或"条件准备"，更主要体现在明治维新以后日本社会发生的重大变革上面。建立现代国家制度并通过政府的作用推进现代产业发展，以实现富国强兵的目标，是日本明治政府的国家发展战略的核心内容。在发展产业方面，政府的作用集中体现在通过所谓"殖产兴业"政策，运用政府的力量直接推进或引导现代产业部门的发展，其政策内容主要包括四个方面：第一，在初期发放政府贷款和培育国立银行；第二，政府直接投资铁道、邮政和电信等社会基础设施建设；第三，建立官营的工厂和矿山并转卖给私人，对私人企业的发展给予示范和支持；第四，给私人企业发放贷款和出租设备并最终低价卖给企业，帮助企业引进先进的技术和设备。[①] 明治政府在工农业生产方面移植近代资本主义产业的做法有两个明显特点：一是无论工业或农业，全部官办，即创立国营企业；二是以官办企业为核心来进行"劝业"，指导民间兴办近代资本主义产业。[②]

产业移植政策的推行，在客观上要求必须具备一定数量的技术人才，而当时日本的技术人才极度匮乏。为此，明治政府大力移植欧美职业教育，在外国专家的指导下，通过企业进行职工培训和创办独立的职业教育机构来培养适合产业发展的技术人才。1871年，工部省各寮开设了修技所或讲习所，用较为简单的方法向学习者传授一些必要的技术。1872年，日本颁布了第一个全国统一的教育改革法令《学制令》，首次将职业教育作为国家法令提出，规定开办工业（机械、矿山）、农业、水产、商业等实业学校，对国民实施职业教育。1883年颁布了《农学校通则》和1884年颁布了《商业学校通则》，标志着日本职业教育制度初步建立。值得注意的是，明治维新初期的职业教育与产业移植紧密相连，"不是有工厂，才创办工业学校，而是先创办工业学校，培

---

① 崔岩：《日本的经济赶超：历史进程、结构转变与制度演进分析》，经济管理出版社2009年版，第20页。

② 朱文富：《日本近代职业教育发展研究》，河北大学出版社1999年版，第29页。

养毕业生，才能办工厂"。① 通常伴随一个产业的兴起，同时就有为其服务的职业教育学校开办。例如，日本工矿业的引进，促使 1871 年成立的工业高等教育机构工学寮中就设置了矿学专业，专门培养矿业人才；纺织业的发展和造船业的建立，驱使日本缫丝厂职工学校开学和造船学校的兴办。为了适应明治时期经济产业发展的需要，在森有礼领导制定的学校令规定，在寻常中学校的学科增设农业，根据地区情况经文部大臣认定可设置产业、工业学科。伴随以纺织产业为中心的工业逐渐现代化和机械化，要求对工人进行基本技术训练。1893—1894 年间任文部大臣的井上毅认为，国家富强的基础在于振兴产业，因而大力实施振兴产业教育的政策。1893 年颁布了《实习补习学校章程》，1894 年又颁布了《国家职业教育津贴法》《简易农业学校章程》《徒工学校章程》和《工业教员养成条例》。同年还制定了《实业教育国库补助法》，依据此法，将 15 万日元的国库支出分配给全国 20 多所学校，从而促进了职业技术学校的发展。② 上述法令的实施，推动了初等职业学校的迅速普及和发展，从 1894 年到 1898 年，徒弟学校由 3 所增加到 23 所，实业补习学校由 19 所增加到 113 所，传授农业、工业、商业等方面技术的技工学校由 29 所增加到 83 所，初等职业教育体系基本形成。③ 甲午中日战争以后，日本资本主义工业高速发展驱使全国各地职业教育蓬勃兴起，客观上要求职业教育进行变革。1899 年日本政府颁布了新的《实业学校令》，规定各地实业学校均分为甲乙两种：甲种实业学校招收四年制高小毕业生，学习 3 年，属于中级职业学校；乙种实业学校招收初小毕业生，学习 3 年，属于初级职业学校。1903 年再颁布专门学校令，设立一些专门学校，属于高级职业学校。《实业学校令》及各类职业学校规程的颁布，标志着日本中等职业教育制度的确立，使中等职业教育实现了向制度化和体系化的转变。从此，日本的职业教育体系初步确立起来，成为独立于普通教育体系之外的另一体系。

　　日本职业教育体系的初步建立，为近代日本经济和产业发展提供了

---

　　① ［日］天野郁夫：《高等教育模式》，教育科学出版社 2006 年版，第 84 页。

　　② 谷峪、姚树伟：《职业教育·生涯教育·终身教育——转型期日本职业教育发展及其启示》，高等教育出版社 2010 年版，第 19 页。

　　③ 朱文富：《日本近代职业教育发展研究》，河北大学出版社 1999 年版，第 85 页。

大批技能型人才。例如，1900—1912 年，日本实业学校和学生数增加了 4 倍左右，实业补习学校增长近 49 倍，学生增长 38 倍，培养出了大批当时所需要的中级人员和技工，使职业教育有了一定的基础。[①] 同时，日本职业教育改革，也大大促进了日本经济转型和产业结构升级。通过引进西方技术和职业教育，不仅实现了纺织等轻工业的快速发展，而且在造船等工业的带动下机械工业及钢铁产业得以确立和发展。据统计，1874—1890 年，日本工业生产年平均增长率为 12.1%，而英国为 1.7%，美国为 5.2%，法国为 2.1%，德国 3.5%。1891—1900 年，日本工业生产年平均增长率为 14.3%，而英国为 1.6%，美国为 3.5%，法国为 2.6%，德国为 4.8%。[②] 在此后的 1901—1910 年间，日本的工业生产年平均增长率仍保持高增长态势。增长的结果使日本的产业结构发生了重大变化。1888 年 A（第一产业）、I（第二产业）、S（第三产业）的构成分别为 44.7%、19.6% 和 35.7%，到 1900 年 I 产业比重上升到 25.5%，A 产业和 S 产业的比重分别下降到 40.5% 和 34%，1910 年 I 产业的比重再进一步上升到 31.9%。[③] 到 20 世纪初，日本完成了步入现代经济增长的初始期，实现了"产业革命"。日本经济自此实现了以农业为中心的结构向以轻纺工业为中心的结构的转变。

2. 工业化加速时期：初步建立初、中、高级职业教育体系

以中日甲午战争为契机而奠定雄厚根底的日本产业，在 20 世纪初迅速跃入了工业化加速的阶段。这一时期，日本的重工业发展速度超过了轻工业，工业革命从轻纺工业为中心的轻工业转向以钢铁工业为中心的重工业，开始进入重化工业阶段。第一次世界大战后，日本产业结构发生了重大变化。据统计，重化工业在全部产业比重中 1914 年只有 28.8%，1920 年则猛增到 36%；农业在工农业总产值中的比重 1914 年为 50.5%，1919 年则下降到 38.9%。1920 年与第一次世界大战前的 1913 年相比，日本的棉纺织和生丝产量增加了 60% 以上，钢铁产量增

① 梁忠义、金含芬：《七国职业技术教育》，吉林教育出版社 1990 年版，第 139 页。
② 谷峪、姚树伟：《职业教育·生涯教育·终身教育——转型期日本职业教育发展及其启示》，高等教育出版社 2010 年版，第 17 页。
③ 崔岩：《日本的经济赶超：历史进程、结构转变与制度演进分析》，经济管理出版社 2009 年版，第 20 页。

加了 1 倍，造船增长 5 倍，发电量增加 1.4 倍。[1] 20 世纪 30 年代日本发动侵华战争，这一时期日本经济增长最突出的特征是以军事工业为中心的重化工业的发展。1931 年至 1936 年日本军费支出在国家总支出的比重，由 30.8% 提高到 47.2%，大量增长的军费支出，刺激了军火工业的急速膨胀，钢铁、机械制造、造船、飞机等重工业部门主要为军事工业服务。从增长速度来看，1878—1900 年日本重化工业的年增长率为 4.9%，而 1921—1938 年则达到 9.8%。从贡献率来看，重化工业的贡献率从 13% 上升到 61%。[2]

日本政府为适应侵略扩张和经济转型的需要，为提高全体国民的教育水准以满足战争对科技人才的需要，对包括职业教育在内的教育制度进行了一系列的改革。1920 年日本颁布改正《实业学校令》，其修正要点包括：(1)将原来的实业学校令规定的"实业学校以对从事工业、农业、商业的实业者实施必要的职业技术教育为目的"，改为"实业学校以向实业者传授必要的知识技能和着力涵养其德性为目的"。(2)在职业学校种类方面，将原来一直被看作农业学校之一的水产学校定位独立的学校种类；废除一直被作为工业学校之一的徒弟学校，并将其纳入工业学校之中。(3)废除对设立实业补习学校的限制，承认商业会议所、农会及其他各种公共团体所设立的私立实业补习学校；废除过去规定的道厅府县立实业补习学校只许设于其他道厅府县立实业学校之中的限制，承认实业补习学校的独立地位；废除实业补习学校教员的待遇以公立小学校的基准为例的规定，改之与中等学校教员同等对待。[3] 根据这些规定，实业补习学校的地位得到前所未有的提高。1921 年日本又相继修改了《工业学校规程》《农业学校规程》和《商业学校规程》。修改后的《工业学校规程》规定，凡具备寻常小学校毕业的入学资格者在工业学校可修业 3 年至 5 年，凡具备高等小学毕业的入学资格者可在工业学校修业 2 年至 3 年。扩大实业学校修业年限的伸缩程度和废除实业学校的甲、乙种别，其目的在于重点振兴低级职业教育，培养更多的

---

① 简新华、余江：《中国工业化与新型工业化道路》，山东人民出版社 2009 年版，第 162 页。

② ［日］南亮进：《日本的经济发展》，经济管理出版社 1992 年版，第 79 页。

③ 朱文富：《日本近代职业教育发展研究》，河北大学出版社 1999 年版，第 101 页。

下级技术人才。① 在修正《职业教育法令》的同时，作为实业学校诸规程的一种，又新制定了《职业学校规程》，主要设立裁缝、手工、烹饪、照相、簿记和通信等专业。其特点是：入学资格要求低，一般为寻常小学毕业程度；修业年限伸缩大，一般为 2 年到 4 年；所涉专业灵活多样，并以女子为主要教育对象。1923 年，日本对《商业学校规程》和《水产学校规程》也进行相应的修正。

　　日本在工业化加速时期职业教育改革促进了职业教育迅猛发展。这一时期，就初等职业教育而言，日本大力发展实业补习教育，使实业补习学校的教育体制明显得到改善的同时，其数量也得到快速增长。从 1914 年到 1930 年，实业补习学校的数量从 8343 所增加到 15248 所，增加了 1.8 倍；学生数从 444844 人增加到 1277338 人，增加了 2.9 倍。在 1930 年的 15248 所实业补习学校中，有 12630 所属于农业补习学校，工业补习学校仅 101 所。② 由于第一次世界大战和侵华战争引起的产业规模扩大、产业结构不断高度化和当时特殊的政治形势要求，中等职业教育的学校数量和学生数均得到不同程度的补充。1914 年日本有中等职业学校 536 所、学生 87397 人，到 1930 年分别增长为 974 所和 287663 人。其中，中等农业学校从 35 所增加到 118 所，学生数从 6843 人增长到 36256 人。中等商业学校从 108 所增加到 308 所，学生数从 30314 人增长到 141365 人；中等水产学校从 13 所增长到 14 所，学生数从 794 增长到 1977 人；中等商业学校从 11 所增长到 12 所，学生数从 1918 增长到 2775 人。③ 与此同时，高等职业教育也得到一定程度的发展。1918 年 9 月，日本政府在《诸高等学校创设与扩充计划案》中，提出 1919—1924 年增减 17 所专门学校的计划，其中商业专门学校 7 所，工业专门学校 6 所和农业专门学校 4 所，农业专门学校的增加和工商业专门学校的增加，正式适应了日本工业化加速时期工商业发达以及市场空前繁荣的经济形势发展的需要。

　　日本在工业化加速时期职业教育改革，基本上满足了当时产业规模

---

① 朱文富：《日本近代职业教育发展研究》，河北大学出版社 1999 年版，第 101 页。

② 同上书，第 104 页。

③ 同上书，第 106 页。

迅速扩大和产业结构日益高度化的需要,使初、中、高等职业教育数量得到不同程度的发展。并且,初、中、高等职业教育在工业化加速时期形成了和当时的产业规模和结构大致相称的结构,使日本职业教育开始步入近代职业教育发展的鼎盛时期。日本经济加速时期的职业教育改革,为当时经济和产业发展提供大量不同层次的技能型人才,也大大促进了经济发展和产业结构调整。1901—1920年日本年经济增长率达到5.4%,高于工业化初期的增长速度。1937年日本的经济总额比1931年已经翻了一番,实际国民生产总值已经达到了6.2%。① 到1938年,日本重工业的比重在制造业中达到了51%,首次超过轻工业。此时,日本已成为亚洲重工业基地,产业结构中工业比重已经达到32%,农业比重下降到21%,农业人口也降低到50%以下,基本实现了工业化。

3. 战后工业化恢复转型时期:实行单轨制与高中教育多样化

第二次世界大战结束以后,受到战争严重破坏的日本,经济崩溃,工农业生产萎缩,1945年发生粮食危机,1946年爆发恶性通货膨胀,物资匮乏,物价飞涨,民不聊生,陷入瘫痪的状态。面对这种悲惨的局面,日本政府果断采取措施,1946年采纳了倾斜生产方式,通过优先发展煤炭和钢铁行业以带动其他产业发展。通过"倾斜生产方式",日本的工业生产迅速恢复,钢产量从1946年的56.4万吨增加到1955年的940.8万吨。煤炭产量增加了30%,而且还带动了其他部门的恢复。② 20世纪50年代初,是日本实施产业合理化计划和产业政策的发端期,日本开始对重点发展产业给予资金支持,如日本开发银行主要对四大重点产业——电力、钢铁、海运和煤炭提供大量的融资,通过促进这些产业的发展以破解国民经济发展的瓶颈。1951年日本政府公布了钢铁合理化计划,到20世纪50年代中期,通过制定《特别租税措施法》《机械工业振兴法》《电力机械振兴法》等政策,开始大规模地实施产业政策。在政府的大力支持下,各主导产业通过积极的生产投资和大规模地引进国外先进技术,产出量恢复到第二次世界大战前的水平。

---

① 崔岩:《日本的经济赶超:历史进程、结构转变与制度演进分析》,经济管理出版社2009年版,第26页。

② 简新华、余江:《中国工业化与新型工业化道路》,山东人民出版社2009年版,第166页。

到 1955 年，日本的主要经济指标除个别之外，大都已经恢复或大幅度超过了第二次世界大战前的水平。

为满足战后重建急需大量技术人才的需要，1949 年 6 月在日本教育革新审议会上，提出了高中阶段职业教育振兴方案：一是避免高中阶段教育单一化，更多设置以进行职业技术教育为重点的高中；二是为使部分时间制高中的教育取得全日制教育的效果，必须制订符合实际情况的以职业课程为中心的教学计划；三是为振兴产业教育，确立国库补助制度。同年 10 月，文部省的职业技术教育及指导审议会通过决议，要求在财政方面支持产业教育的振兴和扩充。[①] 1950 年美国发动朝鲜战争，日本经济借机得到一定的恢复，从而对职业教育的发展提出了更迫切的要求，产业界多次提出建议，希望培养出更多的有能力的劳动者，特别希望学校教育培养出大批一走上工作岗位马上就能发挥作用的熟练工人。为此，1951 年日本政府颁布了《产业教育振兴法》。该法明确了职业教育的定义以及有关振兴职业教育的国家任务；规定了中央及地方产业教育审议会的设置、组织、权限、专门委员等事项；规定了公立学校和私立学校的财政援助问题，而且主要对象是职业高中；同时确立了工业课教师的进修制度等。《产业教育振兴法》制定后的第二年，根据此法进行的《国家补助事业法》等就开始实施了。依靠国家的补助金，实习时所必需的设施设备逐步得到了落实。这一法律的实施给职业教育界带来了生机，成为战后日本职业教育真正获得发展的契机。该法实施当年，补助预算 6.66 亿日元，1952 年职业高中的设备完备率为 20%—40%，到 1957 年达到 60%—80%。[②] 1955 年以后，日本的产业进入了所谓技术革新时代，引起了劳动力结构的质的巨大变化，将产业工人逐步从机械操作和体力劳动中解放出来，代之以监视、观测仪表等工作。这就需要产业工人必须具备更坚实的基础知识和灵活的适应能力。因此，经济和产业发展客观要求建立长期的有组织有计划的技工培养制度。1958 年，日本政府颁布了《职业训练法》，该法统一了历来的技工

---

① 翟海魂：《发达国家职业技术教育历史演进》，上海教育出版社 2008 年版，第 164 页。

② 顾明远、梁忠义：《世界教育大系·职业技术教育》，吉林教育出版社 2000 年版，第 133 页。

培训制度和职业辅导制度，对技术鉴定制度也作出了新的规定。制定该法的目的是为了让职工学习必要的技能以及提高他们的技能水平，从而为工业及其他产业培训急需的技能者，谋求职业的安定与提高产业工人的地位，使之对经济发展作出贡献。[①] 进入 20 世纪 60 年代，日本开始实施"国民收入倍增计划"，从而引起投资的持续性增长，劳动力的流动，以及产业结构的变化，特别是由于国民收入的提高，使就业的初中毕业生骤减，而高中毕业生激增，即劳动力市场的结构发生根本性变化。为此，要求改革 1958 年的《职业训练法》的体制。1967 年日本开始修订《职业训练法》。该法修订的重点是：把企业内部培训机构和社会上职业训练所的培训标准统一起来；另外，为了有阶段性地整顿职业训练，将其种类分成养成训练、提高训练、能力再开发训练、指导员训练等；扩充了公共职业训练设施的业务内容；原来都道府知事的认可制度只限于养成训练，而这次扩大到一切职业训练，同时还决定公共职业训练设施从各方面对得到认可的职业训练进行援助。[②] 同样，日本战后工业化恢复时期经济高速发展也驱使高等职业教育进行改革。1952 年《关于重新探讨新教育制度的要求》中就尖锐地批评日本高等教育忽视职业教育的倾向，要求调整高等教育结构。为了解决这一问题，日本政府决定增设理工科大学。从 1965 年至 1968 年，新设理工科院校 56 所，改组和扩充 20 多所。1965 年，理工科新生人数占新生总数的 45.3%，1970 年比 1965 年增加了 62.3%。[③] 为了适应经济高速发展对中级技术人员的需求，1956 年日本提出设立五年制专科学校，1962 年开始建设高等专科学校，主要招收初中毕业生，学制五年，以培养工业方面的中级技术员为主。初建高等专科学校均为工业高专，1967—1971 年先后建立了商船高专和无线电高专。高等专科学校初建时由 19 所，学生3376 人，1975 年发展为 65 所，学生 47955 人，达到高峰。[④] 高等专科学校在整个 20 世纪 60 年代培养了大批企业急需的中级技术人才，据统

---

① 梁忠义、金含芬：《七国职业技术教育》，吉林教育出版社 1990 年版，第 149 页。

② 同上书，第 152 页。

③ 翟海魂：《发达国家职业技术教育历史演进》，上海教育出版社 2008 年版，第 166 页。

④ 吴式颖：《外国现代教育史》，人民教育出版社 1997 年版，第 657 页。

计，仅 1965—1970 年的 5 年间就业于各部门的中级技术人员就有 19 万人之多。这些既有理论基础知识，又有实践能力的第一线技术人员，为实现日本经济高速增长起到了不可忽视的作用。[①]

20 世纪 50 年代中期，日本经济进入"高速增长"时期后，经济飞速发展对中高级人才的需求日益高涨，产业界建立"产学合作"教育的呼声不断。为此，1956 年日本通产省产业合理化审议会提出了"产学合作的教育制度"的咨询报告；日本经营者团体联盟也发表了"关于振兴科学技术教育的意见"，在重申"要进一步加强与产业界的合作关系"的前提下，要求"进一步加强企业内技术人员的培养制度与定时制高中及函授制高中之间的联系"。日本生产性本部赴美考察以后，于 1958 年 7 月设置了"产学合作委员会"，1960 年 7 月日本经济同友会发表了题为"关于产学合作"的政策性文件。1960 年 12 月，日本制订《国民收入倍增计划》，正式提出："对于教育训练来说，今后更重要的是推进产学合作。"[②] 日本的产学合作包括高中和大学同产学界合作两种。高中阶段"产学合作"，主要是定时制高中和函授制高中同企业合作，主要形式包括：定时制高中同职业训练机构合作，定时制高中、函授制高中、职业训练机构"三结合"，集体入学，巡回指导，委托制。其突出特点是，产学界和学校相互承认学院在对方所学的课程和学分，即高中承认学员在职业训练机构学校的专业课和进行实习的学分，而产业界承认学员在高中学习的基础课和一部分专业课的学分。这种体制既利用了产业界的技术力量和实习场地，又发挥了高中教师的作用，这便于高中教师同技术人员的交流，从而提高了科学技术水平。大学阶段"产学合作"的主要形式包括：产学界向学校投资，企业和大学在人员上相互交流，为学生的实习提供场所，企业委托大学搞研究项目。总之，"产学合作"体制适应了经济发展的需要，使学校体制发生了新的变革，从而使学校培养的人才更能适应社会和企业的需要；同时，也缩短了科技人员从理论到实践的距离，加速了科技人员的培养，

[①] 谷峪、姚树伟：《职业教育·生涯教育·终身教育——转型期日本职业教育发展及其启示》，高等教育出版社 2010 年版，第 64 页。

[②] 石伟平：《比较职业技术教育》，华东师范大学出版社 2001 年版，第 173 页。

促进了经济转型与发展。日本在强调产学合作的同时，也非常注重企业
内职业培训，并将能否培养所需要的优秀人才，视为国家强盛和企业兴
衰的关键。1958 年，日本政府制定了企业内职业培训标准，并确立了
技术鉴定制度。这些标准和制度，成为各企业实施合理的、系统的职业
培训的指针。在这一时期，日本各企业形成了具有各种各样教育培训方
式的企业内职业教育培训体系。20 世纪 60 年代，日本经济高速发展，
给企业内职业培训带来了新的问题，如技术工人不足等。为此，1969 年
日本对原来的《职业训练法》进行了修订，其目的是广泛开展系统的现
代化新技术培训，大量培养技术工人，提倡一专多能，以适应工种变化
的需要。到了 70 年代，随着产业结构转型升级，原来高中毕业程度的工
作人员不能适应生产和管理的需要。因此，日本企业内工业高中和各种
学校逐渐减少，夜大和大专水平的学院有所发展，如 1976 年共有 171000
人在夜大学习。[①] 企业内职业培训适应了不断更新的技术设备和工艺过
程的需要，不断补充和提高企业职工的技术知识和业务水平，从而大大
促进了劳动生产率的迅速提高，有力地保证了经济转型顺利推进。

　　日本职业教育改革为该国战后工业化恢复立下了汗马功劳。在战后
不到十年的时间里，日本经济就得到全面恢复。由于工业化水平的迅速
提高，日本经济出现了持续高速增长，1955—1960 年实际 GDP 的增长
速度为 9.3%，1961—1970 年则达到了 10.12%。尽管这期间日本遭遇
了四次经济危机，但其发展速度要比美、英、法、德国等发达国家要快
2—3 倍，到 1968 年，日本在资本主义世界中跃居第二位。这一阶段，
经济与教育的作用尤为明显，职业教育改革在日本战后经济成功转型中
发挥了不可估量的作用，正如日本前文相奥野诚亮在《产业教育 90 年
史》中写道："战后我国的复兴和经济飞速发展，特别有赖于产业教育
的普及和发展。"[②] 经济的高速发展也使得日本的产业结构发生重大变
化，1955 年日本农业比重还占全部 GDP 的 19%，到 1975 年下降到
5%，工业比重则从 32% 上升到 42%。1950 年日本农业就业人口还接
近 50%，到 1970 年则不到 20%，工业就业人口上升到 34% 以上。从工

<hr>

① 梁忠义、金含芬：《七国职业技术教育》，吉林教育出版社 1990 年版，第 197 页。
② 转引刘春生：《为职教发展营造良好的政策环境》，《职教论坛》2001 年第 12 期。

业内部结构来看，1956—1970 年，轻工业增长速度为 7.97%，而重化工业增长速度达到 15.8%，导致轻工业比重下降到 18.7%，而重工业比重上升到 66.3%，其中机械工业贡献率最高，达到 27.1%，其次是金属行业（19.5%）和化学工业（19.1%）。①

4. 后工业化社会转型时期：职业教育综合化、功能多元化

20 世纪 60 年代末至 70 年代初，国际经济环境的变化和日本经济本身经过长期高速增长的质的变化，使日本经济发展机制发生了重要的变化。经济增长速度大幅度下降，经济发展的重心由单纯追求产业发展、高速增长转变为稳定增长，从生产第一开始转向注重整个社会基础建设、重视消费和纠正产业发展导致的环境污染问题。20 世纪 70 年代是战后日本经济发展的转折期，高速经济增长极大地促进了传统重化学工业的发展和成熟，而以信息技术为重心的新科技革命又为新产业的发展带来了新的机遇。20 世纪 70 年代末起，日本调整产业结构，使产业由耗能源、耗资源多的资本密集型向耗能低、省资源、高附加值的知识密集型产业转化，经济的信息化、软件化、服务化发展迅速。所谓知识密集型产业结构就是指以知识活动集约度高的产业为核心的产业结构，其经济增长最主要的特征是技术进步，而技术进步的核心是知识活动，因此知识活动是产业发展的动力。1975 年，日本国内生产总值中第一、二、三产业的比率分别为 5.8%、41.4% 和 52.8%，到了 1984 年该指标变为 3.4%、40.5% 和 56.1%。② 日本已经进入"后工业社会"时期。20 世纪 90 年代，伴随着经济全球化及信息技术的高速发展，日本进入知识经济和全球一体化为特征的经济转型期。所谓"知识经济"是对"以知识为基础的经济"的简称，按照 OECD（经济合作与发展组织）的定义，知识经济包括以现代科学技术为核心，建立在知识、信息生产、存储、使用和消费至上的经济。因此，知识经济是一种以高新技术为主要产业支柱，以智力资源为首要依据的可持续性发展的新型经济。20 世纪 90 年代，伴随着"泡沫经济"的破灭，日本经济陷入了以通货紧缩为主要特征的长期停滞怪圈，被称为"失去的十年"。从 2002

---

① ［日］南亮进：《日本的经济发展》，经济管理出版社 1992 年版，第 207 页。
② 石伟平：《比较职业技术教育》，华东师范大学出版社 2001 年版，第 176 页。

年开始，日本经济开始转向复苏，2004 年和 2005 年经济增长汇率持续走高，日本经济走过经济转型"拐点"，开始步入长期经济景气回升局面。

随着信息化社会的到来，每一个向知识经济社会迈进的发达国家都无可避免地面临着产业结构和人才需求结构调整，日本也不例外。以知识密集型产业为主的知识经济社会需要受过职业教育的毕业生具有较宽厚的基础知识和较强的适应性，因此日本"后工业社会"时期的经济转型驱使职业教育也要进行相应的变革。为此，1976 年日本颁布了《关于改革高中职业技术教育的报告》，提出改革高中职业教育的意见：重视基础教育，职业教育课程弹性化，改善学科结构以及加强劳动体验。从此，日本高中阶段的职业教育开始向综合化、基础化的方向发展。[1] 为了进一步充实和加强职业教育，1975 年日本又设立新型职业教育的专门机构——专修学校，它包括三种类型：开设高中课程的高等专修学校、设专门课程的专门学校，设一般课程的一般专修学校。这三种类型的专修学校根据教育目的和教育对象的不同，施以不同程度、各具特色的职业教育。进入 20 世纪 80 年代后，日本经济速度进一步减慢，1980 年其国民生产总值的增长速率为 4.5%，1981 年又下降到 2.9%。为谋求经济的可持续发展，日本将"科技立国"定为 20 世纪 80 年代的经济发展战略。为此，日本开始酝酿和着手准备对职业教育进行改革。改革的基本方针有四点：(1)使职业教育适应产业经济的变化；(2)适应学生多样化的情况，采取灵活性的措施；(3)培养具有灵活性的职业人才；(4)使职业教育具有开放性。其基本内容包括：(1)改善充实学科，以适应社会经济的发展变化；(2)制订灵活性的教学计划，以适应学生的多样性；(3)加强学校、学科间的合作，以增强职业教育的吸引力。[2] 进入 20 世纪 90 年代，日本开始保持经济低迷状态，教育方面进一步讲究效率和社会效益，职业教育开始走内涵式发展道路。为此，职业教育也进行了改革：高等专门学校设置专攻科，毕业生可获得相应的学位；专门学校实现与大学的衔接，毕业生获得专门学士学位；出现五年制的新型职业高中；高职

---

[1] 翟海魂：《发达国家职业技术教育历史演进》，上海教育出版社 2008 年版，第 167 页。

[2] 梁忠义、金含芬：《七国职业技术教育》，吉林教育出版社 1990 年版，第 219—220 页。

进一步向社会开放。① 20 世纪 90 年代中期，为应对知识经济时代的挑战，日本提出了科技创新"立国论"，旨在实现经济增长方式由工业立国向科技创新兴国的战略性转移。为此，日本制定了《终身学习法》，提出要建立"每一个人在其一生中的任何时候都可以自由地选择学习机会进行学习，且其学习成果能得到适当评价"的终身学习社会。日本已组建包括终身职业能力开发中心、职业设计指导中心以及地方职业能力开发综合中心在内的，面向 21 世纪终身职业能力开发体系。在此引导下，高职开始昼夜讲制，扩大学校在校外学习的认定范围，激发人们终身学习的动机，及时提供学习信息，承认民间团体举办的旨在证明知识和技能水平事业中那些在教育上有积极意义的试点，招收各个年龄层的学员。② 同时，日本根据新技术革命的发展和产业结构、就业结构的变化，对职业教育的课程也进行了相应的变革。在农业学科，把"农业科"、"园艺科"、"林业科"等改为"生物生产科"、"生产流通科"、"地域开发科"、"环境科"等。在工业类职业教育中新设置了"电子机械科"及"纺织设计科"，提高"电子机械科"、"信息技术科"等的比率。在商业类职业教育中，把"商业科"、"经理科"等改为"流通经济科"、"国际经济科""会计科""信息处理科"等。在家庭类职业教育中，新设置了"福利科"、"生活文化科"、"生活情报科"，同时，对"被服科"也加以重新审视。③ 20 世纪 90 年代以来，日本在继续注重学校职业教育的同时，也不断制定与完善产学合作政策。基于知识社会的特点，日本产学合作和高校改革呈现以下趋势：以搞活经济为目标的产学合作；服务于企业技术合作战略的产学合作；为实现知识财产的创造、活用、储备、继承而开展的产学合作；为具有社会性的"大学"的教育、科研服务的产学合作；为建立知识社会的基础和文化而进行的产学合作。

进入 21 世纪，随着经济全球化和经济转型进一步发展，日本职业教育面临着新的挑战，即如何培养青年掌握适应时代发展的高度化的职

---

① 阎广芬、张玉琴：《日本科技创新"立国论"与高等教育资源配置重点的转移》，《比较教育研究》2003 年第 9 期。

② 顾明远、梁忠义：《世界教育大系·职业技术教育》，吉林教育出版社 2000 年版，第 703—705 页。

③ 匡瑛：《比较高等职业教育》，上海教育出版社 2004 年版，第 121—122 页。

业技能。为此，构建终身职业能力体系，为国民提供可以不断拓展其职业生涯的教育和学习机会，成为日本当前职业教育改革的方向。日本文部科学省所管辖的学校职业教育，与厚生劳动省所管辖的职业培训共同组成的职业教育体系，在新世纪也积极共同寻求变革，2003 年 6 月日本内阁制订了《青年自立和挑战计划》，这一计划的主要内容包括：一是实施从教育到职业工作转移的职业生涯和就业的援助，涵盖对初中、高中学生接触实际工作活动的援助、职业生涯探索计划扩充的援助，通过就业指导加强学校毕业生就业人群对于就业市场需要的适应能力、防止毕业生早期离职对策、启发职业意识和就业等基础知识能力开发援助的扩大；二是实施日本模式的职业教育"双元制"；三是推进针对青年职业生涯形成的援助活动，如专业性知识生涯指导师的培养和使用、为促进自愿不就业者等人群职业意识提高基地建设；四是建立和完善面向年轻人的劳动力市场，如实践能力的评估和公证组织的建立、企业用人和培训信息的收集和提供、就业试用制度的推进，从非正式就业到正式就业的登录制度的推出；五是与地方联手合作，开展年轻人就业援助对策，等等。① 为了促进产学合作，2004 年，日本借鉴德国的"双元制"，建立了日本的二元制职业技能教育体系，即一方面学员在职业学校或培训机构学习系统的理论知识；另一方面到企业进行实习的交替方式。这样，在学校进行的职业教育就与企业进行职业培训有机结合起来。2006 年，日本又创立了新的职业技能培训方式，即所谓"实习并用职业训练制度"，也称为"实用型人才培养体系"，并将这一制度写入新修订的《职业能力开发促进法》。

总的来看，经济转型期日本职业教育改革经历了四个主要阶段：自明治维新后，日本将教育作为"立国之本"，尤其重视发展职业教育，将其作为"殖产兴业"政策的重要一环；工业化加速时期，日本注重建立和当时经济和产业发展相适应的初、中、高等职业教育体系；战后工业化恢复时期日本职业教育进行全面改革，出现了单轨制与高中教育多样化的博弈；20 世纪 80 年代"技术立国"战略的确立使得强调基础与发展、综合化、功能多元化成为职业教育改革的重

---

① 姜大源：《当代世界职业教育发展趋势研究》，电子工业出版社 2012 年版，第 21 页。

点；新世纪到来后，构建终身职业能力开发体系，为国民提供可以不断拓展其职业生涯的教育和学习机会，成为当前日本职业教育改革的重点。日本的职业教育是其整个教育体系中的重要组成部门，在日本国民经济的发展中起着至关重要的作用。经济转型期日本经济高速发展的实践，充分说明一个国家的经济发展与职业教育改革有着紧密的联系，可以说职业教育改革是经济发展的基础，它的发展影响着经济发展的速度。

（四）韩国

韩国是一个典型的新兴工业化国家。所谓新兴工业化国家，是指第二次世界大战后实现工业化、由农业化转变为工业国的国家。从 1953 年到 20 世纪 70 年代末，"韩国在短短二三十年间的时间走完了老工业国用了一二百年才走完的历程"[①]，其中，1961—1972 年韩国的高速增长被誉为"汉江奇迹"。韩国也是亚洲"四小龙"之一，早在 20 世纪 90 年代初就顺利跨越了"中等收入陷阱"，一举成为高收入国家。职业教育为其较早成为一个新兴的工业化国家和顺利跨越"中等收入陷阱"起到了不可估量的作用，经济转型期韩国职业教育改革的成功经验，可以为经济转型期我国职业教育改革提供很好的借鉴作用。

1. 以农业为主的进口替代转型时期：重点发展"一人一技"职业教育

1953 年朝鲜战争结束的时候，韩国的经济处于崩溃的边缘。战争造成严重的损害，导致半数以上的工业企业倒闭，失业率超过 20%，出口只占 GDP 的 2%，而且处于严重贸易逆差状态，1953 年韩国人均收入只有 67 美元，固定资产投资不到国民生产总值的 6%，第二产业占国民经济的比重只有 13%，其中制造业产值比重不到 9%，而农业产值比重占 45%。在劳动力方面，1955 年韩国农业劳动力占到全部就业人口的 80%，第二产业就业人口只占 8%。[②] 整个 20 世纪 50 年代，韩

---

① 吴敬琏：《市场经济的培育和运作》，中国发展出版社 1993 年版，第 228 页。
② 简新华、余江：《中国工业化与新型工业化道路》，山东人民出版社 2009 年版，第 211 页。

国经济结构是以分散的个体农业为主要基础，农业、水产业产值占国民生产总值45%，就业人口中，从事农村水产的人员占63%，从事工矿的人员仅占8.7%。当时的韩国政府正处于"低投资、低产出、低收入"的所谓"三低时代"，75%的企业开工不足，失业率高达40%，完全失业人口240万人。无论是产业结构还是就业结构都表明，当时的韩国是一个不折不扣的落后农业国。为了迅速改变贫困落后的状态，韩国政府开始着手制定工业化政策，试图通过工业化推动经济增长。1953—1961年是韩国经济重建恢复时期，当时韩国政府选择了进口替代工业化战略。韩国政府专门建立了加工农产品的食品加工业来加工出售美国的农业品，韩国的食品加工工业等轻工业部门迅速发展起来，带动了整个经济的发展。部分技术水平较高的轻工业的产品如面粉、棉花和糖等，不仅产量增长较多（如这一时期棉织品产量增加了75%），而且已经具有一定的竞争力，开始形成一些轻工业进口替代产业，间接实现了这些产品的进口替代。[1]

受传统儒家文化影响的韩国，社会普遍重视人文教育，忽视职业教育。由于当时国内政治和经济混乱，韩国政府无暇顾及职业教育，加上经济结构单一、畸形，客观上也没有给职业教育提出强烈的需求。1951年3月，韩国进行了战时学制改革，将原来的六年制中学分为三年制中学和三年制高等学校。同时，鼓励技术教育，实行"一人一技"的教育，要求各学校在传授理论知识的同时，注重实用技术的教育，使每个学生至少掌握一门技术，做到学行一致，通过生活指导，以养成勤劳精神，培养自由人格。[2] 20世纪50年代中期以后，韩国举国上下出现了"教育热"，大力兴办各级各类学校，但这一时期是韩国基础教育恢复时期，职业教育并未得到应有的重视。韩国政府在这一阶段仅提出了实施中小学教育课程和教材改革，主要是在普通教育体系中加强生活教育和职业课程。具体措施如下：开设个别生活课程，包括集会等学生活动，满足个人能力及其成长的活动，有关职业准备活动等。同时，从小学四年级起，又增设实践课，加强动手能力培养。初中课程除传统的各

---

[1]　江时学：《韩国与巴西工业化道路比较》，《当代亚太》2002年第6期。
[2]　袁本涛：《韩国教育发展研究》，山西教育出版社2006年版，第116页。

科外，特别增加职业教育选修课程，并规定职业课程实践不得低于总课时的15%。高中课程扩大选修课内容，并随着年级升高，比重逐渐加大，至高中三年级，选修课比重占60%以上。[①] 随着社会的发展，特别是社区多样化的青少年教育的发展，1957年起韩国成立综合高中。综合高中的课程分为必修课和选修课，在选修课中又分为工业课程、农业课程、商业课程和升学课程。在学科课程运营管理上，则采用学分制，选修科目是多种多样的，把在普通高中作为特别活动的内容，如话剧、乐器演奏、柔道等，也可以作为选修课列在正式科目之中。[②]

可见，进口替代转型时期韩国职业教育改革，主要聚焦于改革学制，实行"一人一技"的职业教育，实行课程体系改革，扩大选修课内容，等等。客观地讲，韩国当时的经济结构单一、畸形，没有额外地对职业教育提出需求，因此职业教育发展缓慢、数量较少、形势较单一。为了应对进口替代时期经济发展对初级人才的要求，韩国发展"一人一技"职业教育。总之，韩国这一阶段职业教育改革力度并不大。

2. 以劳动密集型产业为主的出口导向转型时期：大力发展中等职业教育

20世纪60年代是韩国经济起飞非常重要的时期。20世纪50年代实施的进口替代战略，虽然经济有所恢复，但工业化效果差强人意。例如，在经济增长方面，1960年后GDP增长开始放缓，人均收入出现下降的趋势；在投资方面，如果除掉外部经济援助，韩国国内的储蓄融资在总投资比例中还不到10%；在工业发展方面，1961年制成品和矿产品产出增长不到5%。[③] 朴正熙上台不久，便以军事独裁的强力手段保持政局相对稳定，并迅速将国家转入以经济建设为中心的轨道，摒弃了李承晚时期的"经济自由化"政策，推行"政府主导"下的经济发展体制，提出"出口立国、工业立国、技术立国"的经济发展战略：一

---

① 马早明：《亚洲"四小龙"职业技术教育研究》，福建教育出版社1998年版，第105页。

② 黄日强：《比较职业技术教育》，原子能出版社2010年版，第23页。

③ 简新华、余江：《中国工业化与新型工业化道路》，山东人民出版社2009年版，第213页。

是在主导产业选择方面，主要发展劳动密集型的轻工业，利用西方发达国家将部分劳动密集型产业转移到劳动力成本更低的发展中国家的机会，开始大力发展以轻纺工业为主的劳动密集型产业，带来经济的迅速增长。二是在贸易政策方面，实行多种政策促进进口，韩国政府对出口产品实行补贴政策，提高出口商的积极性。在金融政策方面，支持出口，主动发展劳动密集型产业，在增加就业的同时提高劳动密集型产品的竞争力。三是在政府作用方面，加强调控和服务。1961 年韩国政府通过设立经济企划院，在计划和预算方面对经济进行全面指导。韩国在出口导向这一阶段，在经济起飞前期，大力发展劳动密集型经济，加速劳动密集程度，并以此为基础，发展加工贸易，提高产品竞争力。经济起飞中期开始，则注重产业结构高度化，适时转向发展技术密集型经济，促使韩国经济高速发展。

经济的快速发展和迅速转型要求社会不断地提供大量不同层次的技术人才，随着韩国经济开发全面推进，技术升级换代日趋明显，提高全民尤其是全体从业人员技术素质已迫在眉睫。1962—1976 年韩国先后实行了三个经济发展五年计划，自 1977 年起又实施第四个五年计划，从而为韩国职业教育发展奠定了良好的经济社会基础。为了适应1962—1967 年第一个五年计划的需要，韩国于 1963 年颁布了《职业教育振兴法》，该法明确规定了中央政府和地方政府对发展职业教育的义务，为韩国职业教育发展奠定了坚实的法律基础。该法进一步明确了职业教育的重要性，规定了为振兴职业教育，政府当局、地方自治团体和学校法人如何进行支援以及如何更加具体地确保实施实习设备和试验实习费的支援、如何对职业教育教师、职业学校、理工科系学生的优先照顾等。[①] 为了振兴职业教育，韩国政府对职业教育进行了一系列的改革。例如，为了配合"纠正社会和经济恶性循环，为构建自立经济创建基础为基本目标"的第一个五年计划，韩国改革职业高中课程体系。1963 年公布职业教育高中课程，明确了职业教育课程目标，克服了以往那种学校普遍学校化的弊端。从 1964 年起，职业高中的职业学科占

[①] 马早明：《亚洲"四小龙"职业技术教育研究》，福建教育出版社 1998 年版，第 106页。

总学科的一半以上，而其职业教育学科本身，理论科目只占40%，而实习占60%，提高了专业化程度。[①] 同时，为了培养产业结构转型升级所需的骨干技术人才，韩国设立了五年制的实业高等专门学校，其入学资格为初中毕业生，以教授职业技术为主，这是一种把三年制的职业高中与两年制的初级学院统一衔接起来形成的新型的具有大专水平的职业学校。韩国政府很重视这类学校，采取了一些优惠政策，例如，学生毕业经考试合格可插入大学三年级，毕业生可免服兵役，其成绩优秀者毕业后就业有保障。据统计，1963年该类学校只有9所，到1978年增至112所，增加了11.4倍；学生从707人增加到110145人，增加了154.8倍。[②] 为配合第二个五年计划，1967年韩国颁布了《职业训练法》，该法按照劳动标准法和工业教育促进法把分散的职业教育培训统一起来，作为全国范围的正式体制确定下来并向全国推广。《职业训练法》的颁布，标志着韩国职业培训制度的正式确立。1968年韩国还成立了国立中央职业训练院，及时解决了职业教育师资严重不足的问题。

可见，韩国出口替代转型时期职业教育改革，主要为适应经济起飞时期经济发展对初中级技术人才的需要，颁布了《职业教育振兴法》和《职业训练法》等法律法规，为韩国职业教育发展奠定了坚实的法律基础；调整中等教育结构，发展职业教育；改革职业高中课程，避免职业教育学校化；设立实业高等专科学校，为经济转型和产业结构升级提供中级技术骨干人才；成立国立中央职业训练院，解决职业教育师资严重不足的问题。韩国这一时期职业教育改革，培养了一大批初中级技术人才，为韩国经济起飞和迅速发展立下了汗马功劳。这一时期韩国经济发展很快，出口导向型工业化取得了巨大的成功。在经济增长方面，从1962年起，韩国的制造业年增长率都在16%以上，国民生产总值增幅在8%以上，1970年韩国GDP比1964年增长了185%，创造了"汉江奇迹"；在产业结构方面，工业产值比重从1960年的20%上升到20世纪70年代末的37%，农业产值比重从41%下降到22%；在出口方

---

① 马早明：《亚洲"四小龙"职业技术教育研究》，福建教育出版社1998年版，第107页。

② 黄日强：《比较职业技术教育》，原子能出版社2010年版，第27页。

面，总出口在 1962—1985 年期间增长率达到惊人的 22.8%，其中制成品出口年增长率达到 27.3%，消费品的出口占到全部出口工业品的 50% 以上，消费品出口导向战略的效果得到明显体现。[①] 但是，客观地讲，虽然职业教育发展为韩国的工业化作出了巨大的贡献，但也付出了沉重的代价，因为职业教育的发展速度远远超过经济发展速度。例如，20 世纪 60 年代后期至 70 年代职业教育改革为经济发展与工业化准备了大量技能型人才，但对社会来说却带来了巨大的就业压力，如职业高中毕业生的失业率高达 21.1%。[②] 同时，职业教育的高速发展对教育质量带来极大的威胁，生师比居高不下，教育设施严重不足。

3. 以重工业为主的资本密集型产业转型时期：加强工业职业教育，推动"产学合作"

由于韩国 20 世纪 60 年代实施的出口导向战略导致劳动密集型产业迅速发展，引起劳动力短缺和工资上涨，降低了消费品出口的竞争力；西方主要发达国家由于石油危机而出现的不同程度的经济衰退，增加了韩国出口的难度；一些发展中国家也实施出口导向战略，这些国家在劳动力成本上的优势使得韩国出口产品受到严峻的挑战。这表明韩国劳动密集型产业进一步发展困难重重，加上轻纺工业优化升级和国防工业发展的需要，以重化工业为发展重点的资本密集型产业发展势在必行。另外，20 世纪 70 年代，西方发达国家经济陷入经济"滞涨"阶段，美日等发达国家为减少对石油的依赖和环境的污染和破坏，将重化工业的某些部门转移到发展中国家。面对这一难得的机遇，韩国一方面通过加强劳动密集型产业的技术升级；另一方面集中力量，发展资本密集的重化工业，并把它们作为出口工业的核心，以进行第二次工业升级，即从劳动密集型工业向资本密集型工业过渡，实现更高级的出口导向型工业化。为此，韩国经济发展进入新阶段——着重发展资本密集型工业、重工业和化学工业。韩国政府采取了以发展化学工业为重点的"出口主导型"新经济战略，由劳动密

---

①　简新华、余江：《中国工业化与新型工业化道路》，山东人民出版社 2009 年版，第213 页。

②　Shin – Bok Kim and Quee Young Kim, etc. , *Education and Development in Korea*, published by Harvard University Press, 1980, p. 57.

集型产业向资本密集型产业发展。这一时期韩国大力推进造船、电子、有色金属和石油化工等重工业产业发展，重视电子机械、家用电器、汽车等高新产业的形成与进步。

20世纪70年代，韩国政府推行重化工业为重点的"第三个经济开发五年计划"，为此，急需更复杂的知识技能来操作机器和管理工厂，韩国各大企业感到人才不足，特别是技术人才和熟练的技术工人供不应求。为此，韩国政府加大了为重化工业部门培养各类技术人才的力度。1973年韩国制订了"加强重化工业教育方案"。该方案规定，到1981年，要培养出振兴重化工业所需要的技术人员1015400名，改善工业教育的内容。为此，韩国制定了五年间各年所要培养的各专业领域的人数指标，扩建和新建有关职业高中、专科学校、大学等学校。为了达到以上目标，在学制上采取了多样化的措施，开设了夜间制，二部制；增设夜间工大和女子工大等。修改教学大纲，增加专门技术科目和比重，使工业高中占70%、工业专科学校占80%—88%，工业大学占67%—77%；大单位设置共同实习中心，加强试验实习设备和增加试验实习费；由"国库"负担国立工业高中和工业专科学校所需的费用等。对重工业化学工业领域的职业技术教员、助教、大学附设研究机构的研究人员、理工科大学研究生等采取兵役缓征或免征的特惠待遇，成立了一批培养精密加工工业的专门学校。[①] 为了进一步促进产学合作，1973年韩国修改《产业教育振兴法》，将"产学合作"写入该法并使之制度化。修改后的法令规定，职业教育学校的学生现场实习义务化，而有关产业体要积极协助学生的现场实习。为了有效地提高职业学校的社会地位和职业学校学生学习的积极性，促进韩国职业教育健康稳定发展，1973年韩国政府颁布《国家技术资格法》，规定产业界各种技术人才和技能人员要具备国家统一的技术技能标准，要求凡是接受技术教育和职业培训后参加工作者，必须按照该法规定的内容进行考核，对获得技术资格者，给予相应的经济和社会待遇。同时还规定，职业学校、实业高中、实业专门学校和初级大学毕业生必须义务地参加国家技术资格鉴定

---

① 马早明：《亚洲"四小龙"职业技术教育研究》，福建教育出版社1998年版，第106—107页。

考试。韩国政府根据不同阶段学校学生的成绩，对考试合格者分别授予技术员和技能工的职称。[①] 随着韩国经济发展和产业结构调整的加快，技术升级换代日趋明显，提高全民尤其是全体从业人员的技术素质已刻不容缓。为此，1976 年韩国修改了《大韩民国教育法》，规定：1977年起，在雇用 1000 名以上工人的工矿企业中为青少年工人设置初高中学校；在雇用 100 名以上的就业人员的厂矿企业为青少年就业者设立特别班级。到 1979 年已有 1108 个企业设置了 113 所学校和 730 个班级，使 41937 名青少年就业者重新接受学校教育。[②]

可见，韩国重化工业经济转型时期职业教育改革，重点为重化工业培养大批的技术人员和管理人员，改革教育内容，修改教学大纲，改革学制；为促进产学合作，修改《产业教育振兴法》；为提高职业学校地位和学生积极性，颁布《国家技术资格法》。韩国这一阶段职业教育改革，主要为 20 世纪 70 年代经济转型和产业结构升级提供了大批技术熟练工人和管理骨干力量。同时，韩国职业教育改革，也大大促进了产业结构转型升级。通过一段时间的努力，韩国在重化工业发展进展迅速。例如，1976—1983 年，韩国造船量增加了 4 倍多；1973 年韩国钢产量为 115.7万吨，到 1984 年增加到 1178.3 万吨，同时期汽车产量从 2.7 万辆增加到25.7 万辆。[③] 这些产业的快速成长，不但为韩国经济的高速发展奠定了坚实的基础，使其轻工业的比重逐步下降，重工业的比重明显上升。据统计，1962 年重工业占 26.8%，轻工业占 73.2% 发展为 1979 年重工业占55%，轻工业占 45%。在不到 20 年的时间里，不仅实现了工业化，而且实现了重工业化，特别培育了出口值居世界前 10 位的一些主干产业，如钢铁、非铁金属、机械、造船、汽车、电子、石油化工、水泥、瓷器、纤维产业等，使韩国产业发展后劲较足。[④] 韩国职业教育改革也促进了韩

---

①　马早明：《亚洲"四小龙"职业技术教育研究》，福建教育出版社 1998 年版，第 108页。

②　黄日强：《比较职业技术教育》，原子能出版社 2010 年版，第 35 页。

③　简新华、余江：《中国工业化与新型工业化道路》，山东人民出版社 2009 年版，第 214页。

④　金泓汛：《亚洲"四小龙"崛起的奥秘：其战略和体制的比较》，中国财政经济出版社1990 年版，第 289 页。

国经济持续增长，实力大为增强。据亚洲开发银行计算，韩国平均实际增长率 1971—1981 年为 8.7%，1971 年韩国国民生产总值仅为 95 亿美元，1980 年增至 603 亿美元，人均国民生产总值 1971 年只有 288 美元，1977 年突破 1000 美元，1984 年超过 2000 美元。①

4. 以高科技为导向的技术密集型产业转型时期：建立相对完备的职业教育体系

20 世纪 70 年代末至 80 年代初，韩国经济出现了负增长，针对这一情况，韩国改变了重化工业主导型的经济发展战略，提出了"技术立国"的口号，制定了以高科技为先导的经济发展战略。为此，1980 年韩国制定了《80 年代综合技术政策》和《科学部门实践计划》，前者将电子、机械、生物工程、信息产业、原子能利用 5 个部门列为"国策战略产业"；后者则规定了未来五年技术发展的三大重点：技术密集型的轻工业技术、技术密集型的重工业技术和知识密集型的新兴技术。20 世纪 80 年代后期，韩国在国际市场上面临越来越多的竞争，这使韩国政府清醒地认识到，只有注重技术升级、提高出口产品附加值才是出路所在。因此，韩国政府对原来的纺织、水泥、石化、钢铁、家电、汽车、造船等产业进行技术升级，保持其出口优势；同时对精细化工、精密仪器、计算机、电子机械、航空航天等高新技术产业予以重点支持，并将信息、新材料、生物工程等新兴产业作为未来积极发展的产业。

1970 年韩国提出了 15 年教育发展计划，在人才需求预测的基础上，提出量的扩展转向质的发展的方针，并提出高等教育的综合发展和改革方案，高等职业教育发展迫在眉睫。为此，韩国开始着手改革高等职业教育，主要包括两个方面：一是扩大办学形式，增强多样化；二是加强产学技术合作，提高办学效益。具体措施如下：1）改革开放大学。韩国向已就业青年和成年人提供高等教育机会的开放大学与四年制大学的差别逐渐缩小，20 世纪 90 年代初它们被重新命名为"工业大学"。这类大学是高等教育水平的职业教育机构，但为了方便学生学习，它们提供的课程约有 50% 安排在晚间。2）扩大科技院校。政府对

---

① 谷源洋等：《亚洲四小龙起飞始末》，经济科学出版社 1992 年版，第 112 页。

鉴定合格的学校，将允许它们扩大招生规模。从 1994 年起，政府每年将为出色的科技院校提供 1200 万美元的赠款。3）创立科技大学。职业高中的毕业生可升入初级职业学院，进而再进入技术大学。这类学校把理论与技术教育结合起来，强调高校教学计划与产业部门保持密切联系，以便为产业部门提供高级科技人才。① 为了满足高科技发展对高素质综合类人才的需要，韩国政府积极提倡终身教育。1985 年 3 月，韩国成立了直属总统的"教育改革审议会"，3 年后提出了"十大改革方案"，其中包括韩国终身教育体制，具体的规定有：加强大学生的继续教育课程；开设非正规和非学位课程；允许大学收取讲课费和注册费；确立继续教育和委托教育体制；扩大单位、住宅小区文化空间和青少年余暇文化设施；建立专设教育广播电视台体制，等等。②

　　从 1989 年开始，韩国经济面临新的挑战。由于工资的快速增长、工作意愿的减弱和劳动生产率的下降以及经济全球化等原因，韩国产品在国际市场上失去价格优势，出现经济增长缓慢、高通胀和国际收支平衡恶化等问题，韩国的经济建设和社会发展进入了困难时期，韩国的劳动力市场也经受了人力资源分配不足、人力发展资金困乏和人力资源质量退化等困难。20 世纪 90 年代，韩国出现了严重的技术员和技术工人的短缺现象，尤其是中小企业为甚。据统计，20 世纪 90 年代初，仅制造业就缺少 10 万—15 万技术人员。为此，韩国积极进行中等职业教育改革，以工业高中为中心，扩充职业学校的收容能力，补充设施、设备及器材，并扩大普通高中学生接受职业教育机会，培养大量产业人才。另外，高科技发展时期，韩国政府注重发展高等职业教育，引导其特色办学。建立了相对完备的职业教育体系，高等职业教育由专科大学、产业大学和研究生院构成，不仅有专科层次，还包括本科层次和研究生层次。韩国政府把学位制度引进职业教育领域，除引进"专科学士学位"和"本科学士学位"外，还在亚洲国家中较早地引进专业硕十、博士学位制度。面对知识经济时代，

---

① 马早明：《亚洲"四小龙"职业技术教育研究》，福建教育出版社 1998 年版，第 156 页。

② 黄日强：《比较职业技术教育》，原子能出版社 2010 年版，第 42 页。

新旧职业岗位交替加快，劳动力流动频率增加，出现了不可预计的职业能力和不可预计的劳动力市场，需要教育培养体系更加灵活、更富有弹性。为此，韩国积极发展终身职业教育的模式：通过加强职业继续教育、发展远程教育和网络课程、建立职业能力认证制度和"学分银行"等手段，以积极有效的政策导向构建开放式终身职业教育体系，力图将传统技能型劳动者造就高技术条件下的核心人力资源。这样，在政府主导下拓宽职业教育的内涵和外延，重点培养十大增长引擎所需的技术人员和中小企业急需的复合型技术工人，为韩国经济社会持续发展提供了较高素质的基础人力资源。[①] 同时，韩国进一步推进"产学合作"发展，采取组织运营"产学合作教育议会"措施，积极开展支援"产学间的姊妹单位"活动，加强企业界和学校密切联系，计划、指导、协调该地区的"产学合作"。韩国"产学合作"制度促进了该国经济腾飞和产业结构升级。

表3.1 韩国普通高中与职业高中变化对比

年份	高中总计		普通高中数	职业高中数	普高学生数	职高学生数
	学校数	学生数				
1980	1353	1696792	748	605	932605	764187
1985	1602	2152802	967	635	1266840	885962
1990	1683	2283806	1096	587	1473155	810651
1995	1830	2157880	1068	762	1246427	911453
1996	1856	2243307	1085	771	4303874	939433
1997	1892	2336725	1121	771	1376688	960037
1998	1921	2326880	1149	772	1399394	927486
1999	1943	2251140	1181	762	1399389	851751
2000	1957	2071468	1193	764	1324482	746986

资料来源：根据文教部、韩国教育研究开发院《2000年教育统计便览》，第112、116、132页整理而成。

---

① 黄尧：《职业教育可持续发展战略研究》，高等教育出版社2011年版，第176页。

表 3.2 韩国高等职业教育发展概况

年份	教育机构总计		专门大学		产业大学		放送大学	
	学校数	学生数	学校数	学生数	学校数	学生数	学校数	学生数
1980	343	601494	128	165051	—	—	1	32053
1985	262	1277825	120	242114	—	—	1	153215
1990	270	1691681	117	323825	—	—	1	148650
1995	333	2343894	145	569820	—	—	1	196175
1997	385	2792410	155	724741	—	—	1	208932
1998	350	2950826	158	801681	—	—	1	190964
1999	354	3154245	161	319687	19	158444	1	203246
2000	372	3363549	158	339233	19	170622	1	202937

资料来源：根据文教部、韩国教育研究开发院《2000 年教育统计便览》，第 164、173、196、200、208 页整理而成。

可见，高科技发展转型时期职业教育改革，主要着手高等职业教育改革，保证办学形式多样化和提高办学效益；提倡终身教育，培养高素质综合类人才；建立相对完备的职业教育体系，拓宽职业教育发展道路；积极推进职业教育与企业结合，注重提高职业教育的社会地位。

总的看来，经济转型期韩国职业教育改革大致可以分为四个阶段：20 世纪 50 年代进口替代转型时期，韩国重点发展"一人一技"教育，为经济转型初期培养大批初级技术人才。进入 20 世纪 60 年代出口替代转型时期，为适应经济起飞时期经济发展对初中级技术人才的需要，韩国颁布了《职业教育振兴法》和《职业训练法》等法律法规，调整中等教育结构，发展职业教育；改革职业高中课程，设立实业高等专科学校，为经济转型和产业结构升级提供中级技术骨干人才。20 世纪 60 年代末 70 年代初开始重化工业经济建设，推行以钢铁、汽车、造船等支柱产业的重化工业，为此，韩国强调中等教育结构改革，加强工业职业教育，推动"产学合作"，提高劳动者的技术水平，成为该时期职业教育改革的重点。进入 20 世纪 80 年代以后，韩国政府采取多种手段，抑制通货膨胀，改变重化工业主导型经济发展政策，提出"技术立国"的口号，制定以高科技为先导的经济发展战略，为此，韩国着手改革高等职业教育，扩大办学形式，提倡终身教育，建立从学士到博士层次相对完备的职业教育体系。可见，韩国政府在经济转型的不同阶段，有所侧重地发展不同类型和层次的职业教育，20 世纪 70 年代前，重点扩大职业教育规模。积极发展中低层次的职业教育。进入 20 世纪 80 年代，重点发展高等职业教育。20 世纪 90 年代以后，逐步建立层次相对完备的职业教育体系。韩国政府根据经济发展趋势制定职业教育发展规划，使职业教育与国家经济发展建设协调发展，始终注意教育与不同发展阶段的经济开发目标相匹配，使职业教育与国家经济建设相协调。为了保证经济转型顺利进行，韩国政府还制定了一系列的法规，先后制定了《产业教育振兴法》《职业训练法》《国家技术资格法》等，为职业教育改革保驾护航，通过立法保证职业教育健康稳定发展。同时，为了拓展职业教育体系，韩国十分重视在普通教育体系中进行职业教育，将课程改革和设置作为在普通教育体系中进行职业教育的切入点，先后进行 7 次普通的课程改革。可见，韩国职业教育始终贯彻与经济建设相适应，配合不同转型时期区域经济开发与社会发展的需要，推动经济转型，促进经济腾飞。韩国之所以能实现经济的现代化和经济的高速增长，就是因为教育为它准备了丰富的人力资源，如果没有大量的受教育人口的供给，其经济政策也将归于失败。[1] 正如 UNESCO 指出："过去几十年韩国经济的高速增长主要基于大量的人力资源供给，教育为其培养了丰富的有文化的产业工人。"[2] 经济转型是韩国职业教育改革的经济背景和发展的物质基础，职业教育改革有力地支持和促进了韩国经济转型。

（五）中国台湾

台湾地区和大陆"同根、同族、同文"。有相同的文化背景和历史传统的台湾，从 20 世纪 50 年代开始，仅靠单一的传统农业，发展到今天以电子工业、信息产业和创意产业为支柱的主导产业，经济飞速发

---

[1] Noel F. Meginn, Yung－Bong Kim, etc., *Education and Development in Korea*, published by Harvard University Press, 1980, p. 99.

[2] UNESCO, Republic of Korea, Educational Services in a Rapidly Growing Economy, 2 Vols., Paris, 1974, p. 11.

展，创造了亚洲"四小龙"之首的奇迹，而在这一发展过程中，职业教育扮演了极为重要的角色。台湾经济转型期职业教育改革的成功经验，为大陆地区经济转型期职业教育改革提供了很好的借鉴作用。

1. 以农业为主的进口替代转型时期：重点发展以农业为主的初中等职业教育

1949—1952 年，是台湾工业恢复和重建时期，当时台湾人口剧增，物价飞涨，民众生活极为困难，经济濒临崩溃。台湾当局采取一系列旨在稳定社会和恢复经济的政策与措施。到 1952 年，台湾经济基本恢复到"二战"前的最高水平，如台湾纱产量已达 13576 吨，布 87639 千尺，以远远高出日据时期最高产量 539 吨和 2682 千尺的水平。[①] 但是，农业在整个经济结构中还是占相当大的比重，1952 年农民占就业人数的 60% 以上，农产品占出口的 92%，劳动密集型产业在稳定社会和解决人民穿衣问题方面作出了突出贡献。从 1953 年起，随着工农业逐步恢复发展，台湾开始步入经济稳定发展时期。此时岛内经济以农业为主，劳动力过剩，外汇极度短缺，进口消费能力极低，台湾当局确定了"以农业培养工业、以工业发展农业，发展进口替代"的经济发展战略。这一时期开展的农地改革促进了农业劳动生产率的提高，解决了民生最重要的粮食问题，并使农产品及其加工品在总出口中的比重非常高，1957 年达到 71.5%，成为创汇主力。台湾当局还通过肥料换谷、强制收购等不等价交换的方式，换取利润，把它转移到工业部门。在工业方面，台湾当局把工业发展重心放在资金需求量不大、技术要求不高、建厂周期短的民生工业上，以岛内生产替代进口，以适应岛内的消费需求，并节省外汇开支，创造更多的就业机会，减轻就业压力。这个时期台湾利用岛内优越的地理位置和廉价劳动力资源比较优势，积极吸引外资，劳动密集型产品呈稳定发展态势。当时台湾的糖、茶、菠萝及香茅油等农副产品加工业，以及水泥、玻璃、木制品、造纸、花费、番木瓜汁、食油、面粉、塑胶原料及制品、人造纤维、自行车、缝纫机和家用电器等进口替代工业得到迅速发展。

20 世纪 50 年代的台湾，因其经济发展以农业为主，以农业培植工

---

① 严正：《台湾产业结构升级研究》，九州出版社 2003 年版，第 121 页。

业，需要大批中低级劳动技术人员。为了适应当时经济发展的需要，台湾当局对职业教育进行了改革，职业教育以培养农工发展所需要的基层技术劳动力为主，实行"以发展农职为主，工职为辅"的办学方针。在工业职业学校教育方面，接受美国援助以充实设备，并引进实施美国的单位行业教学，其内容是以单一行业所需主要技术为范围，精简教学内容，缩短训练期限，达到学以致用；农业职业学校教育方面，试行综合农业课程，并增拨经费，各校增建工场、教室，添置农机设备；其余各类职业学校教育，皆以加强实用技术训练及专业技术的讲授为发展方向。至20世纪50年代中期，随着社会政局的稳定，台湾经济的发展和初等教育的普及，原有以招收小学毕业生的初级职业学校和五年制职业学校越来越不适应时代发展的要求。为配合台湾发展技术密集型工业，扩大培养经济建设所需的技术人力，台湾当局自1956年起，着重发展高级职业学校，以提升基层技术人力及培育中级实用专业人才，主要培养拥有专业技术的工人。通过学习，使学生掌握一定的生产知识与技能，毕业后进入社会就可直接从事各项实际生产工作。此后，高职学校如雨后春笋，普遍而快速地在台湾各地设立。在1950年，全岛有职业学校77所，其中初职44所、高职1所，高初职联合学校32所，学生总数34437人。其后初职学生逐年减少，1953年，初级职业学校学生数23541人，远超过高级职业学校学生数13075人；但在1960年，初级职业学校学生数39720人，高级职业学校学生数44617人。① 就职业教育所培育的发展方向而言，20世纪50年代职业学校类别归并为农业、工业、商业、海事、医事、家事六类，下设22科。在各类科学生人数方面，以农业、工业及商业类科学生最多，增长速度也最快。

在台湾地区，职业教育与职业训练为培训基层技术人员的两大主要途径。职业训练是正规以外的训练系统，训练课程及期限较具弹性，可根据实际需要予以调整。早在1950年，台湾就颁布了"建教合作实施方案"，加强工业界与正式教育机构的合作。1955年台湾当局根据"建教合作实施方案"制定了"建教合作实施办法"，其主要内容包括：(1)职业学校应尽量利用公私营工厂及其他机构设备，供学生实习。

———————————

① 杨辉：《研究与比较：海峡两岸高等职业教育》，上海人民出版社2010年版，第6页。

(2)生产事业机构如需专门人才或技工，得以委托方式或合作方式洽商职业学校代为培养。(3)生产事业机构得选送优秀职工，经入学考试，从宽录取各职业学校进修。[①] 此后，"建教合作"工作得到更广泛深入的开展。到了 20 世纪 50 年代中期，参加重要合作项目的学校共 15 所，其中专科以上学校 2 所，占 13.3%；职业学校 13 所，占 86.7%。[②] 可见，职业学校成为当时"建教合作"的主要力量。通过"建教合作"，使学生既能获得教育上的成长，又能增进职业能力，也使其更好地为经济转型与发展服务。

表 3.3　　　20 世纪 50 年代台湾初职、高职及专科学校学生数汇总　　　单位：人

年份	1950	1951	1952	1953	1954	1955	1956	1957	1958	1959
初级职校	23541	56860	29787	35007	39211	40493	39445	36728	37205	39720
高级职校	13075	14232	15814	17823	21186	25410	30378	35104	40495	44617
专科学校	2140	3137	4240	4578	4545	5025	4879	5822	5624	7888

资料来源：杨辉：《研究与比较：海峡两岸高等职业教育》，上海人民出版社 2010 年版，第 6 页。

可见，台湾在以农业为主进口替代转型时期职业教育改革，主要是从初级职业学校向高级职业学校方向发展，其专业设置积极配合经济建设计划，促进农业工业发展，为台湾经济建设提供充足的技术人力。同时，台湾当局注重"建教合作"，加强工业界与正式教育机构的合作。20 世纪 50 年代台湾职业教育改革大大促进了经济发展和产业结构转型升级。整个 20 世纪 50 年代，台湾岛内生产总值年均增长率为 8.3%，其中农业为 6.4%，工业为 11.5%，以农产品为主的出口增长率则达到 20%。[③] 台湾在 20 世纪 50 年代末迅速完成了初级进口替代向出口导向战略的转变，不仅使长期困扰台湾经济的通货膨胀问题得到缓和，居民

[①]　马早明：《亚洲"四小龙"职业技术教育研究》，福建教育出版社 1998 年版，第 93 页。

[②]　台湾"教育部"教育年鉴编纂委员会：《第四次"中华民国"教育年鉴》，正中书局 1985 年版，第 936 页。

[③]　严正：《台湾产业结构升级研究》，九州出版社 2003 年版，第 121 页。

生活有所改善，而且为进一步稳定岛内经济基础和后来 10 多年的高速发展奠定了良好的基础。

表3.4　　　20 世纪 50 年代台湾职业学校各类科学生人数汇总表　　　单位：人

年份	1950	1951	1952	1953	1954	1955	1956	1957	1958	1959
农业	3990	4398	4887	5515	6129	7195	7959	9128	10612	11914
工业	4339	4301	4480	4857	5711	6775	8429	8844	9141	8828
商业	3885	4342	4889	5591	7071	8637	10666	13291	16149	18450
海事	458	616	792	886	997	1056	1077	1270	1452	1563
医事	358	441	498	559	592	657	690	748	880	1083
家事	45	134	268	415	609	821	1081	1547	2030	2541

资料来源：杨辉：《研究与比较：海峡两岸高等职业教育》，上海人民出版社 2010 年版，第 6 页。

2. 以劳动密集型产业为主的出口导向转型时期：建立工业职业教育为主流的职业教育体系

20 世纪 60 年代初，台湾岛内进口替代产品市场趋于饱和，但国际需求旺盛。为此，台湾当局确定了继续发展劳动密集型消费品工业，努力拓展外销的出口导向型经济发展战略。除了进一步鼓励发展原有的纺织、食品等消费品进口替代工业外，还大力发展电子电器、塑料、合板、橡胶、金属制品等耐用消费品出口装配工业。台湾利用廉价工资的国际比较优势，陆续修正或制定旨在促进出口的政策与措施，鼓励民间资金和外国资本发展出口加工工业。中国台湾从日本进口生产资料，向美国出口工业品，从而加快了台湾工业化进程。台湾岛内工业得到迅速发展，建立起一个以出口加工区为依托，以轻纺、家电等加工工业为核心的支柱产业。1962 年，工业产品出口比例达到 50.5%，首次超过农产品出口金额；1963 年，工业生产在经济结构中的比重首次超过农业；1963 年，工业生产在经济结构比重首次超过农业，台湾工业开始进入"起飞"时期；1964 年，台湾经济首次出现两位数增长，财政收支改变长达 14 年的赤字而出现盈余，人均"国民所得"首次突破 200 美元；1965 年，对外贸易额首次超过

10 亿美元，其中纺织品超过糖成为台湾最大的出口品；1966 年，重工业产值比例首次超过轻工业，达到 52%；1968 年，制造业单项产值第一次超过农业，标志着台湾由农业经济时代跨入工业经济时代；1968 年，有 100 万名农村剩余劳动力投入加工出口区等工业生产，这些低工资的劳动力对于劳动密集型出口加工业的发展起了很好的帮助作用，工业制品的输出产业于是迅速得以成长。[①]

20 世纪 60 年代，台湾大力发展以劳动密集型加工工业为特征的出口导向型经济，这就需要大量的受过一定程度职业教育的劳动力。此时，台湾一方面关闭了初级职业学校，另一方面大力发展高级职业学校。由于技术劳动力需求量大，台湾当局在大力兴办职业教育的同时，也积极鼓励私人兴办各种类型和层次的职业教育机构，私立职业学校和学生人数大幅度增长。例如，1960 年 24 所，18578 人；1970 年 70 所，89365 人，学校增加了 2.9 倍，学生增加了 4.8 倍。[②] 从 20 世纪 60 年代中期开始，台湾加速发展外向型工业，随着工业现代化的迅速发展，越来越需要大批掌握熟练技能的工人及技术人员。为配合劳动力市场对新的产业结构的专业技术人才的需求，台湾当局及时对职业教育进行改革：(1)关、停、并、转初级职校。1965 年，颁布了"五年制高级职业学校设置暂行办法"；1968 年秋，台湾实施"九年国民义务教育"以后，原为招收小学毕业生的初级职业学校和五年制职业学校全部停办，一律改办招收初中毕业生的高级职业学校。(2)调整普通高中与高级职校的比例。如 1965 年至 1970 年间，中等学校在校学生增长率为 11.8%，高等学校在校学生增长率为 19%，因而人力市场出现了基层技术力量不足，而受过普通中等、高等教育的人才却严重过剩的结构性矛盾。为改变这一状况，台湾大力调整普通高中与高级职业教育的比例，对高中教育采取"限制量的增长，着重质的提高"的政策，1972 年高中与高职的比例为 4.5:5.5。(3)大力发展工业职业教育。台湾当局及时从科类结构上对职业教育进行调

---

① 贺涛：《台湾经济发展轨迹》，中国经济出版社 2009 年版，第 65—66 页。

② 马早明：《亚洲"四小龙"职业技术教育研究》，福建教育出版社 1998 年版，第 63 页。

整，即从过去以农业职教为重点逐步转到着重发展工业职教方面。[1]
工业职校在校学生数从 1961 年的 13142 人，增加到 1972 年的 93308
人，农业职校在校学生数 1961 年为 25350 人，到 1972 年为 14018
人。农职不但没有增加，反而略有下降，逐步形成以工业职业教育为
主流的体系。[2] 同时，台湾当局大力发展专科职业教育，以提升基层技
术人才的水平，培育中级实用专业人才，适应部分行业对高层次人才的
需求。这期间，专科职业教育获得快速发展，专科学校从 1960 年的 12
所发展到 1970 年的 70 所。[3]

可见，台湾以劳动密集型产业为主的出口导向转型时期的职业教育
改革，逐步关闭初级职业学校，在大力发展高级职业学校的同时，积极
鼓励私人兴办各种类型和层次的职业教育机构，适当调整普通高中与高
级职业教育的比例，大力发展工业职业教育和专科职业教育，以适应经
济转型期对掌握熟练技能的工人及技术人员的需求，确保有充裕的技术
人力来支持经济结构调整，促使台湾从农业为主的经济结构转变为以轻
工业为主的经济结构。这一时期正是台湾转向出口导向型工业经济发展
阶段，职业教育及时转向以发展工业职业教育为重点，逐步形成以工业
职业教育为主流的职业教育体系，有力地推动了现代工业的发展，也大
大促进了台湾经济发展和产业结构转型升级。1968 年到 1972 年，台湾
生产总值年平均增长 9%，其中工业年平均增长 16.8%，农业为
4.1%，出口贸易达到年平均增长 27.8%。[4] 这期间，台湾工业在三大
产业的比重逐年提高，从 1952 年的 18% 上涨到 1960 年的 24.9%，到
1970 年的 34.7%。[5] 到 20 世纪 60 年代末，台湾经济开始逐步向资本与
技术密集型过渡。

① 马早明：《亚洲"四小龙"职业技术教育研究》，福建教育出版社 1998 年版，第
63—64 页。
② 曾繁相：《台湾经济转型与职业教育改革研究》，福建师范大学博士学位论文，2008 年。
③ 陈孔立：《台湾研究十年》，厦门大学出版社 1990 年版，第 534—552 页。
④ 马早明：《亚洲"四小龙"职业技术教育研究》，福建教育出版社 1998 年版，第
63 页。
⑤ 严正：《台湾产业结构升级研究》，九州出版社 2003 年版，第 124 页。

表 3.5　　　　　20 世纪 60 年代台湾职业学校各类科学生人数汇总　　　单位：人

年份	1960	1961	1962	1963	1964	1965	1966	1967	1968	1969
农业	12903	12679	13950	15615	12238	12860	12019	12977	12711	12774
工业	8894	9329	9988	11733	13822	15490	17778	25535	35159	52401
商业	19285	20527	23160	28233	34449	40624	32575	35331	40866	48147
海事	1800	1938	2305	2601	3006	3492	3797	4448	4547	4937
医事	1103	1199	1336	1496	1936	2201	2936	3383	3192	4299
家事	2785	3124	3511	4307	4722	5116	4475	5369	5170	5525

资料来源：杨辉：《研究与比较：海峡两岸高等职业教育》，上海人民出版社 2010 年版，第 8 页。

3. 以重工业为主的资本与技术密集型产业转型时期：建设相对完备的职业教育体系

1973 年至 1986 年是台湾工业重要的转型时期。20 世纪 70 年代初，台湾经济面临新的问题：由于台湾经济是出口加工工业型经济，1973 年和 1974 年第一次世界能源危机和接踵而来的西方经济危机，给台湾经济带来了严重影响，经济增长率下降。与此同时，东南亚国家和周边地区都在积极发展工业，使出口产品竞争加剧。还有，台湾重工业基础薄弱，对外依赖尤为严重。为此，台湾调整工业结构的重点从以轻工业为主逐步过渡到以重化工业为主，从劳动密集型工业为主过渡到以资本和技术密集型产业为主。台湾当局审时度势，实施新的经济发展战略，即在继续发展电子、电器、纺织等行业的同时，开始加强资本和技术密集型产业。台湾当局推行出口导向和第二次替代并举的发展策略，通过进行十项建设和十二项建设，大力发展重化工业及中间材料工业，增加对钢铁、石油化学工业等投资，增强台湾在生产资料方面的自给率，减轻对进口的依赖程度，以实现产业结构由以轻工业为主的劳动密集型向以重工业为主的资本密集型转变。

20 世纪 70 年代中期至 80 年代中期以"工业升级"为目标的经济转型，对高级技术人才的需求也就增多，台湾职业教育发展注重从量的扩充转向质的提升。同时，前一阶段发展快速的专科学校出现了办学质量下降的现象，也引起了台湾当局的注意。为此，台湾当局对职业教育进行相应的变革：就中等职业教育来说，台湾当局鼓励增设职业学校，逐年调整普通高中与高级职业学校的比例，据统计，1972 年为 4.5：5.5，1975 年为 4：6，到 1981 年普通高中与高级职业学校的比例调整为 3：7，基本适应了台湾经济发展对初中级技术人才的需求。就高等职业教育而言，主要进行两项改革：一是控制专科学校的数量，提升办学质量，走内涵式发展方向，即在现有的专科学校整体规模的基础上，挖掘潜力扩大学校的办学规模，提高办学效益，促进办学质量的提高。这从专科学校发展数量上可以充分反映其严控的决心。从 1972 年宣布暂停设立私立专科学校时 76 所，到 1980 年专科学校 77 所，仅增加 1 所，到 1985 年才重新开放私立学校的设立。二是组建本科职业技术学院，提升台湾职教办学层次，构筑完整的职教体系。① 1974 年 8 月，第一所技术学院——台湾工业技术学院正式成立，以教授应用科学与技术、养成高级实用技术人才为培养目标，这标志着台湾首次将职业教育延伸到本科层次。最初这所技术学院只设有新系并延长学制，先后增加了机械工程、纺织工程系及营建工程技术等专业。1976 年电子、机械、营建、纺织工程技术增设四年制高级职业学校专业。1979 年该学院增设工程技术研究所，开始招收技术硕士研究生班，1983 年进一步增设工程技术研究生博士班，培养高层次工程技术人才。② 至此，台湾已形成由职业学校、专科学校、技术学院及其研究所构成的，从高职、专科到本科、硕士、博士阶段完整的职业教育体系，成为台湾普通高等教育并行的重要体系。

20 世纪 70 年代，随着产业结构升级和经济转型，"建教合作"的方式、方法和管理也在进行相应地变革。1974 年，台湾"教育部"修订"建教合作实施办法"。1976 年 5 月公布"职业学校法"，其中第 9 条规定："职业学校应配合社会需要，办理推广教育及建教合作。"同年 7 月公布"专科学校法"，其中第 30 条规定："专科学校得办理推广教育，并应加强建教合作之实施。""职业学校法"补充说明并归纳建

---

① 杨辉：《研究与比较：海峡两岸高等职业教育》，上海人民出版社 2010 年版，第 33—34 页。

② 马早明：《亚洲"四小龙"职业技术教育研究》，福建教育出版社 1998 年版，第 61 页。

教合作的 4 种主要方式：轮调式建教合作、阶梯式建教合作、进修式建教合作、委托式建教合作。多种形式的"建教合作"，有利于企业根据自身的性质和特点，选择其中一种或几种方式与学校建立合作关系，以培养适应企业自身要求的技术人才，从而实现企业与学校的互惠和双赢，使"建教合作"更强的生命力，也大大促进了当时的经济转型与发展。

可见，台湾资本与技术密集型产业转型时期职业教育改革，主要是适当增设职业学校，合理调整普通高中与高级职业学校的比例，着重控制专科学校数量并注重提升办学质量，逐步建立从高职到博士阶段相对完备的独立的职业教育体系，配合以重工业为主的资本与技术密集型产业发展的需要。同时，根据产业结构升级和经济转型的需要，台湾当局修订"建教合作实施办法"，归纳建教合作方式，强化学校和企业的合作。职业教育改革培养了一大批初中高级职业技术人才，有力地促进了台湾经济发展和产业结构转型升级。据统计，"人均 GNP"从 1970 年的 519 美元增加到 1980 年的 2312 美元，1978 年重工业产值在制造业中的比重达 58%。到 1984 年，台湾轻重工业所占比重分别为 45.2% 和 54.8%，相比而言，1952 年轻重工业比重分别为 75.2% 和 24.8%，1965 年为 60.6% 和 39.4%，1970 年 55.3% 和 44.7%。[①]

表3.6　　　　20 世纪 70 年代台湾职业学校各类科学生人数汇总　　　　单位：人

年份	1970	1971	1972	1973	1974	1975	1976	1977	1978	1979
农业	12962	13749	12505	12512	12915	13857	14325	13887	14313	14856
工业	68897	82475	90695	102138	111928	117384	119862	122423	117925	127984
商业	55234	59882	63628	69418	80175	89423	92968	94425	85253	86990
海事	5421	5731	5826	6098	6293	6089	6409	6557	6623	6071
医事	4685	5592	6605	7438	8138	8423	8897	9069	8495	8929
家事	5238	5211	4728	4408	4381	4749	5488	6673	5768	6869

资料来源：杨辉：《研究与比较：海峡两岸高等职业教育》，上海人民出版社 2010 年版，第 10 页。

---

① 贺涛：《台湾经济发展轨迹》，中国经济出版社 2009 年版，第 67 页。

4. 以高科技为方向的技术密集型产业转型时期：职业院校改制和提升职业教育质量

20 世纪 80 年代中期，新台币在美国贸易保护主义压力下被迫大幅升值，土地价格上升，岛内工资也大幅上涨，劳动密集型加工出口工业逐渐丧失了比较优势，台湾经济发展出现了前所未有的困境，经济转型势在必行。为此，台湾当局于 1986 年提出实行"自由化、国际化、制度化"的战略，进一步健全和完善市场经济制度建设，并以产业升级和拓展美国以外的外贸市场作为重大的调整内容，确定以通信、信息、消费电子、半导体、精密机械与自动化、航天、高级材料、医用化学及制药、医疗保健及污染防治十大新兴产业为支柱产业。从 20 世纪 80 年代中后期开始，台湾的农业和工业产值在国内生产总值中的比重继续逐年递减，而服务业的比重呈逐年上升之势，在 1989 年突破 50% 以后，服务业超过工业成为经济增长的主力，台湾社会开始呈现后工业社会的典型特征。制造业产值在第二产业中的比重也明显下降。以劳动密集型产业为主的制造业曾是台湾经济快速发展的主力军，但从 1987 年开始制造业盛极转衰，制造业在第二产业产值中的比重从 1986 年的83.33% 下降到 77.43%。[1] 台湾对外出口市场的重心也逐渐从欧美转向亚洲，对美国出口比重已由 1984 年的 48.8% 上升到 1995 年的 23.7%，对亚洲的出口比重则由 1988 年的 32.8% 上升到 1995 年的 52.6%。出口结构也发生了很大变化，电子、信息、机械、电机与运输工具产品已占总出口的 50% 以上。[2] 2001 年底到 2002 年初，大陆和台湾地区先后加入 WTO，为台湾经济进一步发展提供了新的契机和发展机遇。21 世纪至今，台湾实施"挑战 2008 发展重点计划"，随后提出"文化创意产业"。当前，经济增长动力主要来自智能手机、平板电脑和云计算等高科技产品与技术推陈出新，同时由于《海峡两岸经济合作框架协议》（ECFA）早期收益项目效益的扩大，大陆的产业升级对岛内电子、咨询和机械等产品需求，大大促进了台湾经济发展和产业转型升级。

进入 20 世纪 80 年代，台湾的工业结构开始逐步向技术密集型转

---

① 严正：《台湾产业结构升级研究》，九州出版社 2003 年版，第 130 页。

② 贺涛：《台湾经济发展轨迹》，中国经济出版社 2009 年版，第 7 页。

型，工业开始注重技术进步，对高技术人才的需求也逐年增多，社会各界要求增设技术学院的呼声不断。为配合工业升级和满足民众的需求，台湾当局一方面加紧职业教育系科调整，从1985年起重新开放私人办学；另一方面，逐步停招三年制专科学校，将其改制为学院、技术学院或二专，最终于1994年全部停止招生。20世纪90年代，台湾进入了全面转型促进产业升级阶段，其经济及产业出现了向高科技方向发展的趋势，社会对高新技术人才的需求也日益增多。为适应社会经济和科学技术发展对社会分工和就业岗位技术需求的变化，台湾当局对职业教育进行相应地变革：一是根据本地区实际情况和学生个人发展的要求，开始试办综合高中，为学生提供学术导向和职业导向的课程，加强基础学科能力和通识教育，提高学生的综合能力。到2002—2003年度，综合高中从试办时的18所6568名在校生增长到151所87374名。[1] 二是对职业学校进行改革，普通高中和高级职业学校的比例调整到5:5，规模大致相当；试办高中高职学年学分制；办理在校生丙级技术士鉴定；成立技术及职业教育课程研究发展中心；试办技艺教育方案，通向十年教育目标；准予高职设立普通科；公布师资培育法，加强教师在职进修，师资培育进入多元化轨道；加强建教合作，提高学生的操作技能；改进技术及职业教育课程，应对21世纪人才需求；延教班改名实用技能班，并纳入学制；加强外语运用能力。三是对高等职业教育进行改革，其主要措施有三项：其一，专科学校改制技术学院。1995年《专科学校法》，规定办学成绩优秀的专科学校科改制为技术学院，1995年技术学院只有7所，到2000年底，技术学院增加到51所，专科学校却由1995年的74所减少到23所。[2] 其二，技术学院改制为科技大学。1996年，台湾当局公布《大学及分部设立标准》，规定独立学院包括技术学院只要校地校舍符合规定标准，至少由3个领域群和12个学系以上，都可改名为大学，即"科技大学"。通过改制提升职业教育层次，以满足职业教育学生升学和接受更高层次教育的愿望，这也是职业教育改革适应

---

① 杨辉：《研究与比较：海峡两岸高等职业教育》，上海人民出版社2010年版，第15页。

② 同上书，第16页。

经济发展对高级科技人才的要求。到 2000 年底，已有 11 所技术学院改名为科技大学。2003 年已有 20 所，到 2006 年有 32 所。[1] 其三，普通大学附设二技本科。到 2002 年底，附设二技的普通大学已有 25 所。从此，台湾从高级职业学校到技术学院科技大学及普通大学附设二技，构成了一个相当完备的职业教育体系。21 世纪初，为适应台湾经济转型升级的需要，台湾当局发布了"追求卓越的技职教育"白皮书，在强调因应台湾的经济需求及高科技发展趋势继续完善技职教育的一贯体系基础上，针对其发展过程中出现的特色、质量等问题，提出改进、提升与"退出"机制。[2]

可见，以高科技为方向的技术密集型产业转型时期职业教育改革，主要是兴办综合高中，适当调整职业学校的规模和结构，逐步停办专科学校，适时改制或增设技术学院及技术大学，注重职业教育的特色和质量提升。台湾这一阶段职业教育改革，有力地促进了经济发展和产业结构转型升级。据统计，2000 年，台湾地区生产总值（GDP）突破 3000 亿美元，人均生产总值近 14000 美元，对外贸易额 2800 亿美元，外汇储备达 1067 亿美元。[3]

表 3.7　　　　　　　　1995—2006 年台湾高等职业技术学院校数

年份	1995	1996	1997	1998	1999	2000	2001	2002	2003	2004	2005	2006
科技大学			5	6	7	11	12	15	20	22	22	32
技术学院	7	10	15	20	40	51	55	56	53	53	53	46
专科学校	74	70	61	53	36	23	19	15	15	14	17	16
职业学校	203	204	204	201	199	188	178	170	164	161	161	156
二技院系	2	16	20	23	22	25	25	37	34	31	31	39

资料来源：杨辉：《研究与比较：海峡两岸高等职业教育》，上海人民出版社 2010 年版，第 17 页。

---

[1]　郑金贵：《台湾高等教育》，厦门大学出版社 2008 年版，第 141 页。
[2]　陈鸿助：《台湾地区技职教育的发展和经验》（www.360ve.com/ly_ 2007zt//y_ 4. htm 2007 - 10 - 10）。
[3]　贺涛：《台湾经济发展轨迹》，中国经济出版社 2009 年版，第 7 页。

　　总的看来，经济转型期台湾职业教育改革大致可以分为四个阶段：在以农业为主的进口替代转型时期，为改善人民生活，提高经济实力，台湾当局重点发展农业，建立劳动密集进口替代工业，并致力于发展初级职业教育，培养农工发展所需的基层技术人员。确定了"以发展农职为主，工职为辅"的办学方针，重点发展以农业为主的初中等职业教育；以劳动密集型产业为主的出口导向转型时期，经济发展的重点转为发展出口加工工业，社会需要大量接受过一定程度职业教育的劳动力，台湾当局关闭初级职业学校，大力发展高级职业学校，同时积极鼓励私人兴办各种类型和层次的职业教育；在以重工业为主的资本与技术密集型产业转型时期，台湾着重发展重化工业，职业教育专业设置主要以第二产业工科类为主，由于经济和产业发展对高级技术人才的需求日益高涨，职业教育以发展专科教育和高等职业教育为重点，以满足资本与技术密集型产业发展的需要；以高科技为方向的技术密集型产业转型时期，台湾的工业结构开始逐步向技术密集型转变，工业开始注重技术进步，对高技术人才的需求也逐年增多，台湾当局兴办综合高中，适当调整普通高中和高级职业学校的比例，改制专科学校或增设技术学院和科技大学，提升职业教育层次，专业设置向电子商务、计算机信息等方向发展。可见，一方面，台湾经济转型要求职业教育进行相应地变革，台湾在经济转型的不同阶段，对职业教育的办学层次、课程设置、专业结构、办学规模和教学方法等提出了新的要求，驱使职业教育适应经济发展的需要；另一方面，台湾职业教育改革，主动适应经济转型和社会变革的需要，适应不同行业对就业者知识结构、能力结构和职业技能的要求，在结构体系、课程设置、专业调整、办学规模以及教学方法等方面，始终贯彻与经济发展相适应的原则，为经济发展培养了大量具有熟练技能和文化素质的劳动者。例如，随着经济发展和产业结构转型升级，台湾职业教育层次已逐步上移，从高级职业学校、专科学校到技术学院、科技大学及普通大学附设二级技术学院，构成了一个相当完备的职业教育体系，并且培养目标定位准确，这样不仅较好地解决了不同层次职业教育之间有机衔接的问题，而且有效地提升了职业教育的社会地位，也增强了职业教育的吸引力。台湾当局在注重学校职业教育的同时，也非常注重"建教合作"，加强企业和学校的密切合作。这种方式提高了人才的培养质量，节约了办学经费，减少了结构性失业，加快了经济转型与发展。值得注意的是，台湾在构建职业教育体系过程中，既吸纳了现代西方职业教育先进的理念，又借助于东方儒家文化崇尚读书的传统，建立起与普通教育并重并立、上下衔接、相互沟通的独具特色的现代职业教育体系。就职业教育科类体系而言，台湾在专科学校层次上，科类比较单一；在技术学院和科技大学层次，科类结构体系以多元、综合和实用为特征，这种科类结构与台湾经济产业结构、技术结构的发展是相适应的。就培养目标而言，随着职业教育重心不断上移，以及终身教育理念的普及，台湾职业教育培养目标转向多元，从以就业为主转向以兼顾升学，学校除了培养学生进入职场的就业能力及职业生涯发展能力外，还要提供学生适应性发展及多元学习的环境，满足他们进一步升学的需要，这种兼顾就业与升学的培养目标，满足了经济转型对高素质技能型人才的需求。台湾职业教育强化与经济发展的紧密结合，从早期规模很小的职业教育，到为应对经济发展急需各种实用型人才的培养而大力发展职业教育；伴随20世纪六七十年代传统工商产业逐步被高科技产业取代，原有职业人才无法适应产业升级能力需求而导致技术人才的供需失调，到制定多项发展职业教育的策略及方针，明确提出职业教育改革的思路，从而配合产业结构快速调整教育结构，建立与台湾经济发展和产业结构调整密不可分完整的、贯通的职业教育体制，为台湾经济转型升级培养了大批符合产业界需要的技术人才。

（六）俄罗斯

俄罗斯是世界上面积最大的国家，是国际公认的世界性大国和世界第二军事强国，也是当今世界上经济增长最快的"金砖"五国之一。从苏联解体后计划经济的衰落到现在市场经济的建立和完善，在这20多年经济转型过程中，曾为苏联的辉煌作出巨大贡献的职业教育，也一直在艰难地探求自身的改革之路，来适应经济转型的需要。俄罗斯职业教育在经济转型过程中的艰难历程，在走出困境的过程中逐步形成了既保持俄罗斯传统和民族特色，又吸纳了西方发达国家职业教育改革的成功经验。经济转型期俄罗斯职业教育改革的典型经验，可以为我国经济转型期职业教育改革提供很好的借鉴作用。

1. 经济转型初期职业教育改革：重点进行中等职业教育改革

20 世纪 80 年代末 90 年代初，苏联发生了令世人为之惊愕的剧变，苏联共产党不复存在，人类历史上第一个社会主义国家瞬间瓦解。俄罗斯人抛弃了社会主义道路，选择建立西方自由主义的市场经济制度。苏联时期虽对传统的计划经济体制进行过多次改革，但均未获得成功。主要是没有摆脱传统的计划经济体制模式，从而使传统体制逐渐走进"死胡同"，成为瓦解苏联经济并最终导致苏联解体的一个重要原因。苏联解体后，以激进民主派代表人物盖达尔等人为首的俄罗斯新政府在其西方顾问的帮助下，提出了激进的经济转轨计划并付诸实施，其主要内容包括四点：一是实行私有化。私有化的基本内涵是出售和处理国有企业及国有资产。目的是建立起以私有制为主体的所有制结构，形成广泛而强大的私有者和企业家阶层，作为新政权的社会经济基础。二是实行自由化。全面放开价格，并力争一步到位；摈弃物资计划调拨制，废除国家计划和国家计划管理机构；给企业充分的生产和经营自由，把企业推向市场。自由化的目标是尽可能迅速形成自由市场体制。三是全盘西化。俄罗斯全面引入和效仿西方国家尤其是美国的自由市场经济模式，实行全盘西化尤其是美国化。四是实行"休克疗法"。其要点是实行全面自由化，特别是全面放开价格、形成自由价格制度的同时，实行严格的货币紧缩政策，把稳定卢布、控制通货膨胀、减少财政赤字作为政府经济政策的重点。

从俄罗斯私有化步骤来看，俄罗斯首先实行"小私有化"，到 1992 年 1 月 1 日在职工人数不超过 200 人，固定资产 100 万卢布以下的商业、饮食服务业、小型建筑企业及其他行业的小企业实行私有化，到 1994 年，俄罗斯已有 12 万多家小企业实现了私有化，占全部企业的 96% 以上。接着，俄罗斯开始实行"大私有化"，将国有大中型企业改造成股份公司，实行股份化。然后使股份公司的股票进入资本市场，向社会出售股票，或以优惠价格向本企业职工出售股票。据统计，俄罗斯有 23 家大中型企业，到 1997 年，成立股份公司的企业约占 60%。[①] 从

---

① 郭连成：《从苏联到俄罗斯乌克兰——若干经济问题研究》，经济科学出版社 2001 年版，第 140 页。

物价自由化来看，从 1992 年 1 月起，俄罗斯全面实行价格自由化政策，80% 以上的商品价格在一两个月内全部放开。1994 年和 1991 年相比，物价上涨了 784 倍，同 1990 年 12 月相比则上涨了 2039 倍。1992 年消费品综合物价指数达 2500%，大大超过恶性通货膨胀的国际标准。① 俄罗斯从计划经济体制向市场经济体制转型时，其转型性贫困非常严重，经济衰退尤为明显。20 世纪 90 年代的俄罗斯经济转型最直接的后果是经济严重衰退，国内生产总值下降了近 50%，仅相当于美国的 1/10；工业生产下降了 50% 以上；投资减少了 80%，其中对固定资产的投资减少了 60%，退休金减少了 70%；居民实际收入总体降低了约 43%，实际工资收入下降了 60%，退休金下降了 45%，有 3500 余万的居民收入位于贫困线以下；社会贫富分化急剧加大，10% 最富阶层的收入比 10% 最穷阶层的收入高 13.4 倍，而世界公认的极限比值是 8 倍。②

俄罗斯经济转型初期，由计划经济向市场经济转变，这是一个巨大的落差。当时大多数居民生活水平下降，国家对教育投资减少，职业教育尤其是中等职业教育经历了持续的衰退和震荡，1994 年，职业教育发展跌入谷底，面临的困难主要是学生招生困难和毕业生就业难。俄罗斯独立之初的 1992 年，中等职业教育每年招生人数为 73.2 万人，在校生为 209 万人，到 1994 年，招生人数和在校人数分别下降了 63 万人和 187.1 万人。毕业生就业问题表现突出，学生就业困难，即使找到了工作也未必与其所学的专业对口，其中在为军工、重工业以及医学培养人才的专业中，每年有近 20 万人找不到工作，1994 年中等职业教育就业率仅为 64%。出现这种困境的原因是多方面的，主要有以下三点：一是人才培养没有面向劳动力市场。在苏联时期，中等职业教育系统的毕业生由国家统一分配，学校知识充当人才"生产车间"的角色，其中心任务是提高人才培养质量。学校只是被动完成国家下达的任务，无权自主培养社会急需的人才也从不担心学生的就业问题。苏联解体后，俄罗斯从计划体制向市场经济体制转型，面对变化的劳动力市场，中等专

① 陆南泉等：《经济转轨的进程和难题》，黑龙江教育出版社 1996 年版，第 20 页。
② 胡键：《转型经济新论——兼论中国俄罗斯经济转型》，中央党校出版社 2006 年版，第 23 页。

业学校无所适从。二是专业设置不合理。专业目录长期以来一直是中等职业教育人才培养的标准文件，在苏联解体前专业目录中规定的专业数量有500多个，直到1994年仍然达到527个，其中2/3以上的是军事工业、中型和重型机械制造业培养熟练工人的，轻工、民用、服务、文化方面的专业数量则不足20%。而社会急需的新型专业却没有，如小企业经营管理、金融、经纪人、市场学等。[①] 加上原来的专业划分过细，专业也过窄，对学生的专业技能要求过于明确，强调课程围绕专业组成，与国民经济各部门严格对口，这种窄口径的专业培养模式不利于毕业生的灵活就业。三是人才培养质量下降。苏联解体后，由于俄罗斯经济与社会形势动荡，教育成了转嫁经济危机的领域，政府对职业学校的拨款不断减少，提供的经费只能达到所需最低级的67.6%。办学经费得不到保障，俄罗斯中等专业学校没有足够的财力更新教学试验设备，约有一半的机床修理厂陈旧过时，现代化的生产线和机床生产线不足2%。[②] 这就使学生难以具备当代生产所需要的能力，而作为生产教学条件提供单位及用人单位的"基地企业"与中等专业学校脱离关系后，学生缺乏实习场所，造成其实践能力不足。同时，优秀教师大量流失，优秀年轻专家又不能及时得到补充，教师队伍的年龄结构趋于老化，而新进教师又并非那些有丰富生产经验的专家，这就导致教师队伍的整体素质下降，工作积极性也普遍不高。为此，俄罗斯开始着手对中等职业教育进行改革：一是扩大中等专业学校办学自主权。这些权利包括：专业设置权，即中等专业学校在遵循联邦基本教学计划的前提下，可以根据地区发展要求以及劳动力市场状况增加富有地方特色的教学计划，面向劳动力市场确定专业、课程和教学内容；招生权，即学校可以根据社会需求和劳动力市场反馈的信息以及国家的宏观规划自主决定招生计划。此外，学校在人事、内部事务和财务管理方面也获得了相应自主权。二是努力拓宽经费来源。各中等专业学校加大了自身创收的力度，主要包括三种形式：教育服务创收，即学校与法人或个体签订人才培养协议，学校向对方收取培养费用或学费；生产性创收，即有条件的

---

① 王义高：《俄罗斯教育10年变迁》，北京师范大学出版社2003年版，第78页。
② 同上。

中等专业学校在生产教学过程中，根据市场需求的变化，结合自身实际生产出工业品和其他产品；经营性创收，即学校可以将学校资产总量的30%进行商业化运营，为居民提供有偿服务，以此增加收入。三是调整专业目录，拓宽专业口径。一方面，压缩专业数量，调整专业种类和培养规模，设置28个专业群，每个专业群下设若干个培养方向，每个培养方向又分为若干个专业，在把专业总数压缩到255个的同时，新增了信息安全类的专业群和面向服务业行业的专业群。① 通过调整，中等专业学校人才培养的结构逐渐符合劳动力市场的需求；另一方面，拓宽专业口径，优化毕业生的能力结构。

可见，经济转型初期俄罗斯工业受到重创，工人和技术人员的需求减少。俄罗斯职业教育改革主要在中等职业教育领域，基本措施是：扩大中等专业学校办学自主权，努力拓宽经费来源，调整专业目录，拓宽专业口径。俄罗斯中等职业教育慢慢得到恢复和发展。从1996年开始，中等职业学校的学生人数出现稳定增长，2003年的中等职业学校录取人数为90万，这是俄罗斯历史上中等职业学校录取人数最多的一年。② 经济转型初期俄罗斯中等职业教育改革，培养了大批中等技术人才，为俄罗斯经济转型与良性发展起到了至关重要的作用。

2. 经济转型深化和完善时期：建立相对完备的职业教育体系

20世纪90年代末至21世纪初，俄罗斯经济转型进入新的阶段性跨越，从内部因素来看，俄罗斯已经建立市场经济体制的基本框架，支持市场经济体制的政治体制、法律制度及意识形态都已初步形成；从外部因素来看，俄罗斯的市场经济地位初步得到美国和欧盟的承认，这些均表明俄罗斯正在融入以政治民主化和经济市场化为实质的全球化进程中，俄罗斯市场化进程不可逆转。从经济发展状况来看，俄罗斯基本走出经济衰退的阶段，经济开始平稳增长，经济结构发生了巨大变化，短缺经济基本消除。据统计，1999年俄罗斯国内生产总值比上一年增长3.2%，达到44760亿卢布，其中工业生产增长8.1%，农业增长

---

① 施永达：《俄罗斯中等职业教育改革及其对我们的启示》，《外国中小学教育》2006年第11期。

② 姜晓燕：《俄罗斯职业教育正走出困境——访俄罗斯教科院职业教育学与心理学研究所所长穆罕穆德佳诺娃》，《中国教育报》2008年7月22日。

2.4%，经济出现恢复性增长，已经初步"走出衰退的泥潭"。进入21世纪后，俄罗斯经济仍保持良好的增长势头。有资料显示，2000年俄工业、农业、建筑、运输和零售商业五大基础经济领域比1999年同期增长了9.5%。[①] 2000年普京执掌俄罗斯政权，既排除了叶利钦时代全盘西化的西方模式，也摈弃了高度集中全民公有的苏联模式，实施"市场经济和民主原则与俄罗斯现实有机结合起来"的"可控制的市场经济"战略，主要的政策有：一是彻底摈弃新自由主义政策，加强了国家对经济宏观调控；二是加强国有资产的管理，提高国有资产管理的效率，加强对国民经济命脉的掌控。从此，俄罗斯已经进入经济转型与良性发展的新阶段。

　　20世纪90年代末，伴随俄罗斯经济逐步复苏，而为经济发展培养人才的职业教育却问题重重，严重制约了俄罗斯经济复兴。为此，1996年俄罗斯修订了《联邦教育法》，1997年又通过了《联邦初等职业教育法》，在法律层面确立了教育特别是初等职业教育优先地位。按照《联邦教育法》，俄罗斯仿效西方发达国家"大职教"的观念，将职业教育分为四个层次：初等职业教育、中等职业教育、高等职业教育和高等后职业教育与补充职业教育，从而构建了相对完备的职业教育体系。初等职业教育相当于我国的普通高中层次的职业教育，招收初中毕业生，学制2—3年，分为职业学校和职业性实科学校，后者提供更高层次人才的培养，甚至可以实施中等职业教育。初等职业教育主要培养一般熟练的技术工人和职员，教学内容以实践课为重，不同专业的实践课占总课时的50%—70%，远远超过理论课的比例。中等职业教育相当于我国专科层次的职业教育，招收九年制不完全中学、十一年制完全中学和初等职业学校毕业生。学制因招生对象而异，前者基本学制为三年，后两者基本学制为一年，中等职业教育以培养熟练工人为主。[②] 中等职业培养获得拥有职业技能的中等层次的实践性专业人员，技校毕业生获得"技师"资格，而学院毕业生获得"高级技师"资格，其中部分专业的

---

　　① 郭连成：《从苏联到俄罗斯乌克兰——若干经济问题研究》，经济科学出版社2001年版，第159—160页。

　　② 谢勇旗、张宇：《新时期俄罗斯职业教育透视》，《职教论坛》2006年第21期。

学生可以直接升入高等职业学校的二年级或三年级。高等职业教育，相当于我国本科层次的教育，招收完全中学或中等职业学校毕业生，学制2—3年，培养具有技术创造能力的工程师和高级技术工人。高等职业教育包括综合性大学、专科性大学、学院。所有的高等职业学校及其分校，在有相应的许可证条件下都可以开展普通初等、普通基础、完全中等、初等和中等职业教育，甚至补充职业教育。而高等后职业教育和补充职业教育中，高等后职业教育相当于我国研究生层次教育，学制至少两年，毕业时授予中等职业教育，甚至补充职业教育，补充职业教育相当于我国继续教育及各类成人培训班。[①] 可见，随着经济逐渐复兴，客观上要求多种层次的技术人才，俄罗斯职业教育进行了相应的变革，逐步建立了相对完备的职业教育体系，适应经济转型与发展的需要。

21 世纪后，随着俄罗斯经济稳定增长，经济改革持续推进。苏联时期以重工业为主的经济结构，以及与之相对应的职业学校的专业设置，已不能适应经济转型的需要。当时，为工业部门和服务部门培养的工人的比例是 80∶20，严重失调。而高新技术和新兴行业的迅速发展。因此，俄罗斯对职业教育进行相应地变革，在职业教育培养目标上，使职业教育培养的人才定位于高新技术的发展要求，围绕产业结构作出专业调整，以使专业方向与劳动力市场需求相匹配；另外，在职业教育的内容上，更加注重职业教育的实践性倾向，推动工商界参与职业教育人才培养计划的制订，以保证职业学校毕业生符合企业的需求。2000 年，国家制定了《2010 年前俄罗斯教育现代化构想》，提出要增加教育投资，提高教育质量。同时也提出了优先发展初等和中等职业教育，其主要任务不仅包括要扩大初等和中等职业教育人才培养规模，而且要根本改变职业教育质量。[②] 为了进一步推进教育现代化，2002 年俄罗斯职业教育开始实施现代化改革，在俄罗斯教育部协调委员会的统一管理下，在多个部委和组织的相互协作和共同努力下，制订了职业教育现代化方案，其重点是：一是制定职业教育标准；二是创建质量评估和证书体

---

① 参见姜大源《当代世界职业教育发展趋势研究》，电子工业出版社 2012 年版，第127—128 页。

② 姜晓燕：《俄罗斯职业教育正走出困境——访俄罗斯教科院职业教育学与心理学研究所所长穆罕穆德佳诺娃》，《中国教育报》2008 年 7 月 22 日。

系；三是确立预测经济结构和就业结构改变对劳动力需求变化的方法论基础；四是推进职业教育领域的社会伙伴的发展。为了保证职业教育毕业生质量，俄罗斯在 1995 年第一次颁布《中等职业教育国家教育标准》所催生的 1997—1998 年第一代课程标准的基础上，于 2002 年开始实施了更多社会伙伴参与的 2002—2003 年第二代课程标准。这是由联邦、联邦主体和地方三个层次参照欧盟标准的教育标准，目的是使职业教育毕业生的质量，不仅在俄罗斯国内有统一的标准，而且与国际，尤其是与欧盟接轨，使俄罗斯中等职业教育的人才培养工作立足在本国劳动力市场的同时，还要面向有着广阔就业前景的欧盟。[①]

可见，俄罗斯经济转型深化和完善时期职业教育改革，逐步建立了相对完备的职业教育体系，依照产业结构作出专业调整，以使专业方向与劳动力市场需求相匹配，强调职业教育的实践性，提高职业教育质量。俄罗斯职业教育改革，培养了一大批初中高级技术人才，为俄罗斯经济转型与发展作出了不可磨灭的贡献，推动了俄罗斯新一轮经济增长，从而进入新的发展阶段。1999—2003 年，GDP 增长了 35%，这个数字高于世界工业发达国家同期的指标，工业生产增长 44%，国民经济基本建设投资试图更大的增长，即增长 60%。居民实际可支配的收入增长在 60% 以上。[②] 职业教育改革，也大大促进了俄罗斯产业结构转型升级。从俄罗斯 GDP 的产业构成来看，第一产业的产值比重降幅最大，从 1991 年的 18.6% 降到 2006 年的 4.1%；第二产业比重基本保持稳定，一直保持在 45% 至 48% 之间，比 1991 年的 40.2% 升至 2003 年的 49.6% 之后略有下降；第三产业占国内生产总值的比重正在接近发达国家（这一指标美国为 75%，英国、法国、德国和日本在 60%—70% 之间）。[③]

总的看来，俄罗斯职业教育改革是伴随经济转型而进行，无论是教

---

① 吴雪萍、陈炯奇：《面向就业的俄罗斯中等职业教育改革》，《比较教育研究》2005 年第 7 期。

② ［俄］O. T. 博戈莫洛夫：《俄罗斯改革的教训与前景》，《经济社会体制比较》2004 年第 5 期。

③ 关雪凌、宫艳华：《俄罗斯产业结构的调整、问题与影响》，《复旦学报》（社会科学版）2010 年第 2 期。

育观念还是发展模式，都是在继承与变革中寻求统一，寻求融合，寻求创新，具有鲜明的经济转型时期的特点。俄罗斯职业教育改革继承了苏联职业教育的优良传统，主要体现在三个方面：一是办学理念的公益性。改革之初，俄罗斯政府曾大力推行职业教育私有化，但遭到教育界以及广大群众的激烈反对，效果并不理想。后来俄罗斯还是坚持国家办学的理念，坚持职业教育的公益性。二是职业教育的学校责任主导性。俄罗斯经济转型过程中，苏联时期建立的规模庞大的职业学校体系仍承担着主要的应用型人才的培养任务。根据俄罗斯国情，即使社会性职业教育机构有了一定的发展，俄罗斯职业教育仍继承了苏联计划经济条件下形成的学校为主的传统，因而经济体制和教育模式之间并非一一对应的关系。三是职业教育的基础性。经济转型后，俄罗斯仍坚持苏联时期国民教育体制的基本特征，即保证人民群众接受普及义务教育的权利。自 20 世纪 70 年代起，义务教育年限增加到 10 年，然后在此基础上，才实行职业教育与普通教育分流，这就防止了过早的专门化。俄罗斯"大职业教育观"下的职业教育体系，都是夯实在基础教育水平之上进行的。同时，在继承苏联职业教育传统的基础上，俄罗斯坚持吸纳西方国家的成熟经验和做法，主要体现在四个方面：一是职业教育管理分权化。经济转型后，俄罗斯破除了对职业教育中央集权管理，调整职业教育管理机构，重新配置国家、地方和学校之间的权责，赋予职业学校灵活应对市场的权力，以建立其主动面向社会和市场的动力机制和制度机制。二是职业教育体系的完备性。俄罗斯突破苏联单一的中等职业教育模式，基于"大职业教育观"理念下构建新的俄职业教育体系，包含前职业教育、初等职业教育、中等职业教育、高等职业教育和高等后职业教育等相对完备的职业教育体系。并且初中等职业教育的毕业生既可以直接就业，又可升入中高等职业教育深造，这就构成了一个相互衔接、上下贯通的职业教育体系。三是职业教育的多样化。俄罗斯打破苏联唯一公办的职业教育体制，以法律的形式明文规定教育机构的创办者可以是国家、社会团体和个人，因此，俄罗斯职业学校由国家举办的国立学校、由地方自治机关举办的地方学校和由个人、社会组织、宗教团体举办的私立学校等。四是职业教育综合化。经济转型后，俄罗斯改革苏联时期职业教育专业过细、过窄以及集中于军事工业和重工业领域，为应对经济转型后轻工业、文化产业和服务业兴起对人才的渴求，并为适应人才流动和科学技术综合化要求，俄罗斯重新制定并颁布了初等和中等职业教育新专业目录，不同类型数量的比例应根据市场需求进行调整，体现了基于需求导向的鲜明的综合化、基础化和人文化的特点。可见，经济转型期俄罗斯职业教育改革，一方面，延续了苏联后期职业教育改革的方向，保留了传统模式的优势；另一方面，大量且大胆借鉴了西方发达国家先进的经验，冲破苏联时期传统思想的束缚，更加贴近经济转型与发展的需要。

二　经济转型期世界主要国家和地区职业教育改革对我国的启示

他山之石，可以攻玉。经济转型期是世界主要国家和地区职业教育改革的典型经验和失败的教训，可以对经济转型期我国职业教育改革有着很好的启示作用。我们可以取其精华，去其糟粕，锐意改革，推动我国职业教育健康稳定发展。

（一）重视经济转型与职业教育改革的同步推进

经济转型期世界主要国家和地区职业教育改革的经验表明，教育作为社会系统中的一个子系统，有其发展速度、规模、结构、体制等特殊问题，必须整体与经济转型相适应，否则教育发展就会脱离现实需要，发挥不了它应有的作用。英国是最早实现工业化的国家，但受到传统古典文化传统的影响，英国职业教育发展曾举步维艰。第一次工业革命并未给英国职业教育带来蓬勃的发展。相反，职业教育改革的滞后一定程度上阻碍了英国经济的发展。19世纪70年代的经济大萧条和日益激烈的国际竞争，英国开始着手职业教育改革：设立政府机构，掌管职业教育；兴办城市大学，兴建多科技术学院，满足工业化中后期产业结构和就业结构变化对中高级技术人才的需要。"二战"后，英国经济出现了严重的衰退，为振兴经济、复兴经济、重组战后社会民主生活，英国着手职业教育改革，重点关注高中阶段职业教育，颁布《1964年产业训练法》，推动了英国经济转型与发展。到了20世纪80年代，经济持续衰退给英国带来了致命的打击，为振兴经济和解决失业问题，英国设计并开发了一套全国性的职业资格框架体系。2004 年，英国将国家资格证书和高等教育资格体系两个框架整体合并，形成了有特色的国家资格框架，构建了开放的职业教育体系。进入 20 世纪 90 年代后，为了适应新的经济环境对劳动力市场的影响，英国开始实施新学徒制。可见，职业教育滞后曾经一定程度上阻碍了英国经济发展，而经济转型期的职业教育改革也大大促进了该国经济转型与发展。德国是"二战"战败国，"二战"给德国造成了毁灭性破坏。战后德国职业教育恢复和重建，培养了大批技术人才，德国才创造了经济复苏的奇迹。进入 20 世纪 90 年代，民主德国和联邦德国在分裂 40 多年之后实现统一。为了保证民主德国适应由计划经济向市场经济转型，德国开始着手职业教育改革，提出民主德国的教育管理、教学内容与联邦德国保持一致，废除民主德国时期制定的《职业教育法》，从而适应民主德国经济体制顺利转型。21 世纪后，为适应产业结构调整和科学技术发展，德国对职业教育专业设置进行灵活调整。20 世纪 50 年代，韩国实行"进口替代"为特征的内向型发展道路，国内市场狭小，劳动力市场供过于求。此时，韩国教育注重量的扩张，但教育结构比例失调，职业教育发展尤为薄弱。20 世纪 60 年代初，韩国果断地由内需型发展战略转为外向型发展战略，提出"出口立国"、"工业化立国"、"技术立国"的口号，重点发展以出口为导向的劳动密集型经济，加速劳动密集程度。为此，韩国颁布《产业教育法》，改革中等教育结构，增设职业高中，强化职业教育，培养初级技术人才，使教育结构与这一阶段的以出口为导向的劳动密集型经济开发的人力资源要求相匹配。为了配合产业结构升级，执行"二五"计划，1968 年韩国颁布《职业训练法》，以推动教育结构改革，强化在职培训体制，满足经济结构现代化对中级技术人才的需求。到了 20 世纪 70 年代，韩国注重产业结构高度化，改变重化工业战略，开始转向发展技术密集型经济，产业结构升级需要大批中高级技术人才。为此，韩国对短期大学进行整顿，统一确立为专科大学，其培养目标是造就实用职业技术骨干及高级管理人才。到了 20 世纪 80 年代以后，韩国制定了以高科技为先导的经济发展主导型发展战略。为此，韩国着手改革高等职业教育，扩大办学形式，提倡终身教育。进入 20 世纪90年代后，韩国逐步建立了从学士到博士相对完备的职业教育体系。韩国职业教育始终贯彻与经济经济建设相适应，配合不同转型时期区域经济开发和社会发展的需要，推动经济转型，促进经济腾飞。20世纪50年代至60年代初，台湾以农业为支柱产业，实行农业现代化，职业教育重点是培养现代农业的技术人才。20世纪60年代初至70年代中期，台湾转向出口导向型工业经济，职业教育及时转向发展工业职业教育为重点，逐步形成工业职业教育为主流的体系。在这一时期，前半阶段台湾完成了岛内经济结构由农业经济转向以发展工业为主，后半阶段由发展轻工业转向重点发展重化工业，全面发展台湾工业化经济。自20世纪70年代中期，台湾职业教育又以发展专科教育和高级职业教育为重点。进入20世纪80年代，台湾工业结构开始逐步向技术密集型转型，工业开始注重技术进步。此时，台湾开始加紧职业教育系科调整和进行高等职业教育改革。同时，经济转型也要求职业教育进行相应地变革，台湾在经济转型的不同阶段，对职业教育的办学层次、课程设置、专业结构、办学规模和教学方法等提出了新的要求，驱使职业教育适应经济发展的需要；另一方面，台湾职业教育改革，主动适应经济转型和社会变革的需要，适应不同行业对就业者知识结构、能力结构和职业技能的要求，在结构体系、课程设置、专业调整、办学规模以及教学方法等方面，始终贯彻与经济发展相适应的原则，为经济发展培养了大量具有熟练技能和文化素质的劳动者。可以看出，每一次经济转型都使技术得到升级，台湾现代化获得进一步发展，并由此对职业教育提出了更高的要求，使职业教育与台湾经济现代化发展联系得越来越紧密。20世纪90年代初，俄罗斯经济转型初期，由计划经济向市场经济转变，国民生活水平下降，经济出现衰退和震荡，劳动力市场需求不旺。为此，俄罗斯主要着手中等职业教育改革，扩大中等专业学校办学自主权，大力调整专业目录以拓宽专业口径，注重提高人才培养质量。到了20世纪末至21世纪初，俄罗斯经济实现了历史性跨越，基本走出了经济衰退的阶段，经济开始平稳增长，经济结构发生了巨大变化，对初中高级技术人才的需求旺盛。为此，俄罗斯职业教育进行了相应地变革，逐步建立了相对完备的职业教育体系。可见，任何一个国家或地区职业教育模式的形成，都与其经济发展水平、经济发展模式、产业结构、就业情况、社会传统文化等社会因素有着密切的联系。经济发展水平会影响一个国家或地区的产业结构，进而决定其所需的技能类型与职业教育模式。职业教育改革与经济发展相互促进：职业教育发展既借助于社会经济的发展，又推动着经济的迅速转型和产业结构转型升级。职业教育的发展需要社会经济、科技、产业发展需求的支撑，职业教育改革要适应社会发展的整体要求，也就是说职业教育改革应根据社会经济发展的要求特别是经济转型的要求实施调整。

（二）注重经济转型期职业教育法律法规的建设

制定和实施法律是政府干预职业技术教育的主要手段，法律是反映客观规律的主观规则，它对事物的发展具有导向作用和规范作用。[①]从世界主要国家和地区来看，经济转型期职业教育制度的建立到快速发展，它们先后通过知识和实施法律法规来促进职业教育发展。德国是全世界职业教育的典范。早在1869年，德国就颁布了《强迫职业补习教育法》，1889年又颁布了《工作法典》，以法律条文规定了企业学徒培训必须与职业教育相结合。[②] 1953年，德国颁布《手工业条例》，对职业培训和违纪处罚做了具体规定。20世纪60年代，德国颁布了《联邦职业技术教育法》，确立了"双元制"职业教育的法律地位，尤其是对企业职业教育的指导思想、方针政策、培训的权责及职业培训的组织形式等方面进行了详细的阐述，充分体现了国家、个人、学校和企业等各方面的通力合作。到了20世纪80年代，德国出现了职业教育吸引力下降、企业提供培训位置不足和课程更新缓慢等问题。为此，1997年，德国制订了《职业技术教育改革计划》，强调缩短职业培训条例更新周期，开发新的职业培训领域，鼓励企业积极参与，重视培养青年的就业能力和职业转化适应能力，承认职业教育和普通教育等值。特别是2004年7月，联邦政府制定了《职业技术教育法》，决定将1969年颁布的《联邦职业技术教育法》和1981年

---

① 翟海魂：《发达国家职业技术教育历史演进》，上海教育出版社2005年版，第233页。
② 同上书，第234页。

颁布的《职业技术教育促进法》，经充分酝酿，新《职业技术教育法》于 2005 年 4 月正式生效。该法律为职业教育改革与创新创建了一个更具有灵活性与竞争性的框架。① 日本政府非常重视职业教育立法，注重以法律形式来规范职业教育实施主体的权利和义务，以立法的形式把国家对职业教育的基本方针和重大政策固定下来，使职业教育有章可循、有据可依。例如，经济转型初期的 1872 年，日本就颁布了历史上第一个全国统一的教育改革令《学制令》，首次将职业教育以法律形式提出，规定了对国民实施职业教育。1880 年颁布了《改正教育令》，明确了文部省对职业教育的统一领导权，结束了明治时期职业教育管理各自为政的混乱局面。1899 年，明治政府颁布了《实业学校令》，标志着早期职业教育体系的出现。"二战"经济恢复期，针对日本国内经济颓败、职业教育几近瘫痪的状况，日本制定了《职业安定法》，其目的是通过对从业人员的技能培训，为有技能人员提供就业机会，满足工业以及其他产业对劳动力的需求，达到社会安定和经济昌盛的目的。为了满足振兴战后经济所需的技术人才，1951 年日本颁布了《产业教育振兴法》，明确了职业教育目的、国家任务、国家对职业教育的财政补助以及地方职业教育审议会的组织、权限。《产业教育振兴法》的公布与实施，促进了"二战"后日本产业教育的振兴，也带动了日本相关产业经济的迅速发展。20 世纪 50 年代后期，日本经济进入高速发展时期，1958 年日本颁布了《职业训练法》，目的是培训经济高速发展迫切需要的技能人才，从而促进职业训练的发展。进入后工业社会后，日本经济进入稳定增长时期，日本制定和颁布了一系列的职业教育法规，以适应经济发展和产业结构调整的需要，致力于组建终身学习体制和面向 21 世纪终身职业能力开发新体系。如 1985 年颁布了《职业能力开发促进法》，目的是突破原来狭义的职业训练范围，致力于更广泛的职业能力开发促进工作，体现了训练长期化、训练广泛化和训练弹性化等特色。韩国经济起飞时期，1963 年公布并实施了《产业教育法》，强调中等教育

---

① 姜大源：《德国职业教育改革重大举措——德国新职业教育法解读》，《中国职业技术教育》2005 年第 3 期。

结构改革，强化职业教育。1967 年、1968 年先后公布了《科学教育法》和《职业训练法》，目的是推动高等教育结构改革，强调高等职业教育，完善在职培训体制。1973 年修订了《职业培训法》，进一步完善职业培训体制。1974 年颁布的《职业培训特殊措施法》，使在职培训成为公司应承担的义务。1976 年的《职业培训基本法》，使《职业培训法》和《职业培训特殊措施法》统一起来。这样，职业教育成为韩国全社会的责任，每个雇用工人或技术人员的企业、公司都必须为全社会的职业教育与职业培训承担义务。为确保韩国职业教育健康稳定发展，1976 年 12 月，韩国政府颁布了《职业培训资金法》，决定以《职业培训基本法》为依据征收的税金建立韩国职业教育培训基金。可见，韩国在其经济转型期尤为注重职业教育法律法规的建立和完善，为经济转型与发展保驾护航。台湾地区经济转型期职业教育法律法规更是门类齐全，如 1963 年颁布的"建教合作实施办法"、"职业学校法"（1976 年）、"成人教育工作纲要"（1974 年）、"私立学校法"（1974 年）、"专科学校法"（1976 年）、"专科以上夜间部设置办法"（1970 年）等。① 台湾地区门类齐全的职业教育法律法规为该地区职业教育健康稳定发展奠定了良好的基础，也大大促进了该地区经济转型与发展。苏联解体后，职业教育遭到前所未有的破坏，私有化浪潮也影响到职业学校，1992 年，《俄罗斯联邦教育法》颁布，并据此推行"大职业教育"概念。同时，依法确立了教育包括职业教育的优先地位，并增加对职业教育的投资。在经济转型初期，俄罗斯工业受到重创，工人和技术人员的需求减少，职业教育发展极不平衡，初等和中等职业教育曾一度被忽视。到了 20 世纪 90 年代末，伴随俄罗斯经济开始复苏，客观需要大批初中级技术人才。为此，俄罗斯修订了《联邦教育法》，1997 年通过了《联邦初等职业教育法》，在法律层面上确立教育，特别是初等职业教育的优先地位。为了满足经济转型与良性发展的需要，2001 年俄罗斯制定《2010 年前俄罗斯教育现代化构想》，再次确定初等和中等职业教育优先发展

---

① 马早明：《亚洲"四小龙"职业技术教育研究》，福建教育出版社 1999 年版，第 217 页。

的方针。总的看来，世界主要国家和地区非常重视经济转型期职业教育法律法规建设，将其作为发展职业教育的重要措施。职业教育法律法规建设有如下特点：一是职业教育立法与职业教育同步发展；二是借助立法为职业教育提供资金保障；三是通过立法加强职业教育质量的监控；四是注重职业培训方面的法律制定。职业教育法律法规建设，对职业教育的发展起到导向与规范的作用，有力地促进了职业教育健康稳定发展，也为经济转型与发展起到了保驾护航的作用。我国职业教育立法产生时间晚，立法辐射面窄，而且立法内容单一，如多涉及职业教育内部发展的问题，如培养目标、学制、管理、师资、经费等，而面对诸如就业、考核、培训等问题则很少考虑，客观上影响了我国职业教育的发展。如何借鉴经济转型期世界主要国家和地区职业教育法律法规建设的典型经验，也是我们着重考虑的问题之一。

（三）关注经济转型期职业教育体系的完善

经济转型期世界主要国家和地区职业教育改革的经验表明，经济发展水平会影响一个国家和地区的产业结构，因而决定了其所需的技能类型和职业教育模式，因此职业教育体系类型结构必须随着经济转型与发展而不断调整，不同发展时期，其侧重点有所不同。例如，英国在工业化初期，侧重于传授现代生产技术原理和技能为主的初等职业教育为主；工业化中后期重点兴办城市大学和兴建多个技术学院，培养经济转型和产业结构升级所需的中高级技术人才；战后经济恢复期主要关注中等职业教育改革，大力发展高等职业教育和继续教育，为战后英国的经济恢复和发展培养各类层次的技术人才；后工业社会时期着重建立国家资格框架制度以构建开放的职业教育体系。德国在工业化初期主要侧重于设立工业学校和建立工业补习学校等，满足经济起飞阶段初中级人才的需要；战后经济恢复期确立了"双元制"教育体系，为德国经济恢复和发展培养大批初中高级人才；后工业社会时期则着重构建"双元制"职业教育与"双元制"职业继续教育体系，为接受职业教育的青年提供进入高等教育的机会。日本在工业化初期主要是发展工业学校和实业学校，学习和掌握欧美国家先进的科学技术，为日本由传统经济向现代经济过渡提供大批初中级人才；

工业化加速时期重点发展初中高等职业教育，为当时的经济和产业发展提供不同层次的技能型人才；战后经济恢复期主要是设立五年制专科学校和理工科大学，为日本经济恢复和高速发展提供大量中高级技术人才；后工业化社会时期重点构建终身职业能力开发体系，为国民提供可以不断拓展职业生涯的教育和学习机会。韩国在以农业为主的进口替代转型时期主要发展"一人一技"的教育，满足进口替代时期对初级人才的要求；以劳动密集型产业为主的出口导向转型时期则重点发展中等职业教育和设立实业高等专科学校，适应经济起飞时期经济发展对初中级技术人才的需要；在以重工业为主的资本密集型产业转型时期则重点发展理工科大学，重点为重化工业培养大批的技术人员和管理骨干；以高科技为导向的技术密集型产业转型时期重点扩大科技院校和科技大学。同样，台湾地区在经济转型与发展的不同阶段，着重发展不同层次的职业教育——以农业为主进口替代转型时期重点发展高级职业学校，在以劳动密集型产业为主转型时期大力发展工业教育和专科职业教育，而以重工业为主的资本与技术密集型产业转型时期重点发展本科职业教育，到了以高科技为方向的技术密集型产业转型时期的今天，台湾地区职业教育建立了完善的立交桥式教育体系。俄罗斯在经济转型初期重点发展中等职业教育，为俄罗斯经济的转型和发展提供了大批初中级技术人才；经济转型深化和完善时期则重点建立相对完备的职业教育体系。

同时，经济转型期世界主要国家和地区职业教育改革的经验也表明，经济转型与发展促进了产业结构不断升级，建立相对完备的职业教育体系势在必行。世界主要国家和地区根据本国或本地区的实际情况，大都建立了较为完善的职业教育体系。例如，2005 年英国将国家资格证书体系和高等教育资格体系整体合并，形成具有明显英国特色和时代特征的职业教育体系。当前德国有相对健全的职业教育体系，一是学校教育，包括职业学校、职业高中、高级专科学校等；二是非学校教育，包括企业、行业、社会团体及社区职业教育。而且，德国的职业教育与整个人的教育过程密切联系。如由这个体系实现的中等职业教育是一个从普通学校里的职业预备教育开始，经职业基础教育到职业专业教育乃至职业继续教育的由低级到高级，由一般到专门，逐步深入的过程。因而它包括了职业预备教育、职业基础教育和职业专业教育等。就职业学校的层次而言，德国有为适龄青年接受职业教育的学校，也有为在业人员进修提高的学校。它们之间相互补充、相互衔接，成为一个完整的职业教育网络，为广大适龄青年接受职业教育提供了广泛的就业教育和进修提高的机会，形成了一个初、中、高比例合理，职前与职后结合的双元制教育体系。德国职业教育实施形式也多种多样，既有普通职业教育机构，也有训练残疾青少年的特殊职业学校；既有全日制，也有部分时间制；既有私立的、公立的，也有企业单独办的和企业联合办的。这种多样化教育体系为经济转型期德国培训各级各类职业人才提供了可靠的保障，也大大促进了德国经济转型与发展。日本不仅有相对完备的学校职业教育体系，还有世界公认的职业教育"企业模式"。就学校职业教育而言，日本有职业高中、短期大学、专修学校和各种学校，20 世纪90 年代后，一些著名大学也积极跻身于职业教育行业，视"培养高级职业人"为己任，既面向广大社会上的在职人员开设硕士、博士学位各类职业类课程，又面向高中选拔和鼓励有数理天赋的学生提前上大学，接受专业教育。[①] 就企业内教育来说，其种类很多，主要包括工人教育、技术人员教育和管理人员、领导人员教育三大类。当今韩国也建立了较为完备的职业教育体系，高等职业教育由专科大学、产业大学和研究生院构成，不仅有专科层次，还包括本科层次和研究生层次。台湾地区现行的教育体制中，明确划分为普通教育和职业教育两大系列，且上下衔接，左右沟通，全日制、夜间制和补习制并存，其中职业教育体系包括高级职业学校、专科学校、技术学院或科技大学、研究生院校。不同学制的设立，既有利于不同层次教育的衔接，也有利于满足不同层次学生接受不同层次教育的需求。随着经济转型和发展，台湾地区的产业结构不断走向合理化和高度化。为此，台湾职业教育体系逐渐上移，从高级职业学校、专科学校到技术学院、科技大学及普通大学附设二级技术学院，构成了一个相当完备的职业教育体系。俄罗斯则突破苏联单一的中等职业教育模式，基于"大职业教育观"理念下构建新的职业教育体系，即包含前职业教育、初等职业教育、中等职业教育、高等职

---

① 石伟平：《比较职业教育》，华东师范大学出版社2001 年版，第186 页。

业教育和高等后职业教育等相对完备的职业教育体系。并且，初中等职业教育的毕业生既可以直接就业，又可升入中高等职业教育深造，这就构成了一个相互衔接、上下贯通的职业教育体系。可见，世界主要国家职业教育体系，是随着社会经济和科技的发展、产业结构的变化逐步健全、完善的。

（四）重视经济转型期职业教育专业设置和课程改革

日本除了在初中、高中实施职业教育以外，还开办了各种学校、专修学校等中等职业学校来实施职业教育。初中设有必修的职业、家政科，男生以学习生产技术为主，女生以学习家庭生活基础为主。1958年，职业、家政科名称改为"技术、家政科"，其目标及其内容排除了某种职业相对立的倾向，以掌握所有产业共同的基础性技术为中心。进入 20 世纪 60 年代以后，随着普通高中的逐步普及，开设和选修职业课程很少了。20 世纪 50 年代，日本职业高中设有农业高中、工业高中、商业高中、水产高中、家政高中等多种，其培养目标是为农、工、商、水产、医疗等行业培养熟练工人和初级技术人员。1958 年至 1959 年，日本高中增设了电气科、机械科和工业化学科等，满足经济"高速增长"时期经济发展的需要，培养与现代生产发展相适应的多方面的技术人员和熟练工人。20 世纪 60 年代日本进入重化工业阶段，开始实施高中职业教育多样化政策，淘汰了已落后于产业发展和技术革新需要的学科，增设了一些急需而过去又没有开设的学科。到了 1973 年，工业学科达 140 种，农业学科 21 种，商业学科 66 种，水产学科增加 1 种，家政学科增加 5 种。随着经济不断发展，专业划分过细的弊端日益显现出来。为此，1978 年日本颁布了高中教学大纲，将 314 门课程改为 158门，强调课程内容以基础知识为重点，职业教育课程设置转向综合化、基础化为重点，来适应经济转型的需要。从 1945 年 8 月朝鲜半岛光复到目前为止，为了使韩国的中小学教育能及时反映经济恢复、腾飞、转型等实际需要，韩国先后进行了 7 次普通学校课程改革。自 20 世纪60 年代以来，韩国在制订经济开发五年计划时，都制订相应的教育发展规划，且把改革教育课程作为改革劳动知识结构的核心步骤之一。为适应经济发展和科技进步的需要，自 20 世纪 60 年代开始，韩国开始注重在普通教育体系中渗透职业教育，逐步走向普通教育职业化。如从20世纪60年代中期到70年代末，韩国教育课程改革主张加强职业教育，为韩国经济起飞培养了大批适应劳动密集型产业和以出口为主导的外向型经济开发战略的技术人力；20世纪80年代后，韩国提出了"尖端科技立国"的政策，韩国教育课程改革就提出了发展个性、加强"英才教育"，其目的是为了造就一大批能够适应资本和科技密集型产业所需要的高科技人才。1953—1956年，台湾地区以农业为主，重点发展农业加工以替代工业，实施"以进口替代工业"的经济建设计划，对技术人员逐渐增加。台湾当局批准设立专科学校，但重点发展农科。20世纪60年代，台湾实行"以农业支持工业，以工业照顾农业"经济政策，由农业转型工业发展，致力于发展外向型工业。此时，台湾重点发展工业职业教育，优先设置工业专业。20世纪70年代以后，随着经济的快速增长，所需技术人才数量极为庞大，为配合工业技术升级政策，职业教育优先发展工业类专业。20世纪80年代，台湾处于工商业转型时期，开始从商品经济向发展服务业为主过渡。此时，台湾职业教育全面调整专业设置，以群集理念重新规划类别结构。进入20世纪90年代以后，台湾正式迎来服务经济时代，经济发展对人才素质的要求日趋严格，职业教育在原来相对单一科类的基础上增设其他科类，强调专业设置与课程发展整合，专业设置向综合学群迈进。20世纪50年代至80年代末，根据经济发展的需要，台湾职业教育课程经过了4次较大的改革，主要体现在各类课程的比例、培养目标要求以及技能要求上。课程模式采用单位行业训练、能力本位教学和职业群集课程。每一次课程改革的结果，都使职业教育更好地适应对劳动力资源提出的新要求，既兼顾职业教育在质量上配合劳动力市场的需求，也重视学生职业生涯发展的需要，促进职业教育与经济转型的有效配合。俄罗斯在经济转型初期，其专业设置沿袭苏联体制，专业设置过细、过窄，强调课程围绕专业组成，要求同国民经济部门严格对口，不利于毕业生灵活就业。为此，俄罗斯进行职业教育改革，扩大中等专业学校办学自主权，强调面向劳动力市场确定专业、课程和教学内容。21世纪后，俄罗斯经济稳定增长。以往以重工业为主的经济结构以及与之相适应的专业设置，已不能适应经济转型的需要。为此，俄罗斯强调职业教育培养的人才定位于高新技术的发展要求，围绕产业结构进行专业调整，使之与劳动力市场需求相适应。

（五）关注经济转型期产学合作

经济转型期世界主要国家和地区职业教育改革的经验表明，加强产学合作，是促进经济发展、产业结构升级和经济转型的一个重要的手段。产学合作，是指学校与企业合作，共同进行职业教育，培养适应社会和企业所需的人才。德国的"双元制"就是产学合作的典范。"双元制"由企业和学校共同担负培养技术人才的任务，政府和企业共同办学，但以企业办学为主，按照企业对人才的要求组织教学和岗位的培训。坚持理论与实践教学相结合，但以实践教学为主。20世纪50年代中期，日本经济进入高速增长期，职业教育成为经济发展的重要支柱，仅靠学校形态的职业教育难以满足经济发展对技术人才的要求。产业界强烈呼吁，建立产学合作体制，将之作为"经济自立化"的重要条件。1955年，日本产学合作体制开始进入发展的轨道。1956年，通产省产业合理化审议会提出"关于产学合作制度"的咨询报告后，产学合作作为产业合理化一个重要环节被逐渐具体化了。1957年，日本提出"关于振兴科学技术教育的意见"，阐述了产学合作的要求和具体措施。1960年制订的"国民收入倍增计划"中提出"对教育训练来说，今后更为重要的是推进产学合作"。上述计划促成了日本产学合作体制的形成。20世纪90年代后，日本政府不断制定与完善产学合作政策，基于规则和合同的产学合作势头渐增。在日本，产学合作有两种层次：一是产学界同普通高中的合作，二是产学界与大学的合作。合作的形式多种多样，产学界同普通高中的合作包括定时制和函授制两种类型，产学界与大学的合作包括民间企业、公共企业或公共团体等实行的各种形式的合作。产学合作使产业界直接参与干预学校教育，职业教育得到进一步发展，也为日本经济转型与发展培养了大批各种层次的技术人才。20世纪70年代，韩国开始推行重化工业为重点的"第三个经济开发五年计划"，为了加快为重化工业部门培养各类技术人才的速度，韩国修改《产学教育振兴法》，将"产学合作"写入该法并使之制度化。修改后的这项法令规定，职业教育学校的学生现场实习义务化，有关产业体要积极协助学生的现场实习。进入 20 世纪 90 年代后，韩国进一步推进"产学合作"发展，采取组织运营"产学合作教育议会"措施，积极开展支援"产学间的姊妹单位"活动，加强企业界和学校密切联系，计划、指导、协调该地区的"产学合作"。① 韩国"产学合作"制度促进了该国经济腾飞和产业结构升级。20 世纪 50 年代至 80 年代末，随着台湾产业结构升级和经济转型，企业界生产工艺不断更新，生产方式、管理方法及工作内涵都发生了重大变化，企业所需的技术人才在数量和质量要求上逐步提高。而职业院校的教学设备、教学方法改革、类科设置和课程发展相对滞后，难以适应经济迅猛发展的需要。为此，台湾当局注重推行"建教合作"，鼓励学校和企业密切配合，充分发挥自身的优势，通过工学交替的过程，完成理论教学和学校与企业共同制定的实践内容，把学生培养成既有一定理论知识、又有一定操作技能和实践经验、符合岗位需求的技术人员。同时，随着产业升级和经济转型的需要，对"建教合作"的方式、方法和管理不断寻求新的突破，使"建教合作"办学模式能够更好地适应经济转型对人才质量的需求。

---

① 　马早明：《亚洲"四小龙"职业技术教育研究》，福建教育出版社 1999 年版，第 145 页。

第四章 经济转型期我国职业教育改革的回顾与反思

任何一种教育现象的产生发展都依赖于一定的民族文化、历史传统，都是民族文化、历史传统以教育这种形式的反映，职业教育也不例外，它的产生、发展历史反映出一个国家的教育主导思想。职业教育是经济发展的产物，它与先进生产力紧密联系，反映一个国家经济发展水平、科技发展对教育人才培养结构提出的要求。1978年改革开放以后，我国经济开始迈入体制改革的轨道，其目标是建立社会主义市场经济体制。为了适应社会经济体制变革的要求，职业教育也面临重大的变革。因此，研究经济转型期职业教育改革不能脱离国家整个教育改革乃至整个社会经济体制改革来进行。回顾经济转型期我国职业教育改革历程，总结成功的经验和失败的教训，对于指导经济转型新时期我国职业教育改革具有十分重要的现实意义。

一 经济转型期我国职业教育改革的回顾

我国经济转型期，主要包括三个阶段，即经济转型初期、社会主义市场经济体制初建阶段和社会主义市场经济体制完善阶段。其中，经济转型初期又分为两个阶段：计划经济为主、商品经济为辅阶段和有计划商品经济阶段。因此，经济转型期职业教育改革同样分为三个阶段，即经济转型初期职业教育改革、社会主义市场经济体制初建阶段职业教育改革和社会主义市场经济体制完善阶段职业教育改革。

（一）经济转型初期职业教育改革（1978—1992）：大力发展中等职业教育和试办高等职业教育

改革开放以前，以重工业优先目标的赶超型发展战略与封闭的高度集中的计划经济相结合，是导致我国经济在20世纪70年代末期陷入经济结构严重失衡，瓶颈制约日益加剧，投资效率快速递减，物质生活极度匮乏的困境的根本原因。面对发展后劲几近殆尽与就业和人民改善物质生活的要求日益强烈之间的矛盾所产生的压力，经济转型势在必行。从1978年改革开放到1992年社会主义市场经济开始确立，我国经济转型大致可分为两个阶段：第一，从1978年至1984年，是计划经济为主、商品经济为辅的阶段；第二，从1984年至1992年，是有计划的商品经济阶段。

1. 计划经济为主、商品经济为辅阶段（1978—1985年）：大力发展中等职业教育

20世纪80年代前的我国农村经济体制，有三个明显的特点：（1）"三级所有，队为基础"和"统一经营，统一分配"的微观经营体制，即农村人民公社的经济体制；（2）政府对绝大多数农产品实行按计划的统购、派购制度，即农产品不能流通；（3）土地、劳动力等生产要素被封闭在社区集体经济组织之中，不能自由流动，资金和农业生产资料等，也都由政府有关部门按计划分配，即计划是配置资源的基本手段。实行这种封闭的农村经济体制，目的是从农业中提取工业化积累资金，然而农村经济为此付出了沉重的代价，主要表现在四个方面：一是工农业产品的不等价交换，破坏了农村经济的积累功能。到1978年，全国农村人民公社共拥有农业固定生产资料849亿元，平均每个农村生产队仅拥有农业固定生产资料17269元，只相当于同期国营工业企业中，每个工人拥有的固定生产资料价值的1.54倍。而当时，每个农村生产队却平均拥有63.6个劳动者。不仅如此，我国按人口平均的农产品产量，1978年与1957年相比，粮食仅增长了4%，而棉花和油料，则分别下降了11.5%和16.7%。① 二是市场的关闭，使农业经营者失去了优化资源配置的可能和动力。1978年，在我国农产品社会收购总额

---

① 陈文通：《中国经济体制改革通论》，北京工业大学出版社1993年版，第501页。

中，由政府定价收购的比重高达 92.6%。通过政府定价、政府统购的办法，将农业创造的剩余集中到政府手中，造成了农民的贫困，也使得农产品的供给越来越单调，人民的物质生活越来越贫乏。三是农业经营体制中缺乏有效的监督手段和激励机制，使劳动者的生产热情受到严重损害。四是严格的身份管理制度，使农村劳动力失去了流动和重新组合的机会。我国投入农业的劳动者，从 1953 年的 18610 万人，增加到了 1978 年的 30683 万人，而同期，粮食的商品率却由 28.4% 降为 20.3%，农业创造的国民收入，在整个国民收入中所占的比重，从 52.8% 降为 32.8%。[①] 随着农村劳动者数量的不断增加，耕地的经济负荷日益沉重。农村经济体制的弊端，严重阻碍了农村经济的发展和农民生活水平的提高。在农村经济的一些重要经济指标上，1978 年与 1957 年相比，不仅没有提高，反而下降（如表 4.1）。因此，农村经济体制改革已刻不容缓。

表 4.1　　　　　　　1957 年和 1978 年农村经济指标对比

	人均粮食产量占有量（公斤/人）	农业劳动生产力（元/人·年）	农民家庭生活消费支出中食品支出所占比重（%）	农民家庭平均纯收入（元/人·年）
1957 年	306	806.8	65.75	72.95
1978 年	316.6	508.2	67.71	133.57

　　20 世纪 80 年代前，我国经济结构一个特征表现为在"二元结构"现象强化基础上形成"多元失衡"格局。就产业结构而言，首先是我国二次产业畸重和三次产业畸轻。1979 年，我国国内生产总值的构成中，二次产业所占比重为 47%，比其他低收入国家几乎高出一倍，比中等收入国家也高出 25%。相反，三次产业比重却仅为低收入国家的 58%，是中等收入国家的 45.8%。产业结构失衡反映了基础设施建设与制造业发展的失衡，同时，也反映了中国市场经济程度低的特征。其次，产业结构与就业结构的严重错位，其深层次的含义是中国工业化进

[①]　陈文通：《中国经济体制改革通论》，北京工业大学出版社 1993 年版，第 503 页。

程并未为城市化创造条件。最后，在工业部门和农业部门内部，比例失衡也严重存在，工业部门以钢铁为主和农业部门以粮食种植为主的产业结构畸形，形成了以自我循环、自我服务为特点的重工业体系，产业关联度极低。就技术结构而言，我国的生产技术水平参差不齐，在总体水平较低的层次上，从最原始的刀耕火种到最尖端的航天技术，各种水准的技术表面上相互兼容，实际上互不关联。就地区结构而言，我国地区结构呈现出趋同化而发展水平趋异化为特点的失衡。我国采取以资源的倾斜配置为手段实施优先发展重工业的产业政策和将建设重点内移的地区色彩，但由于这种模式脱离各地既有的基础和资源条件，带有强烈的行政命令和主观意志色彩，因此，地区之间在产业结构趋同化的同时，发展水平的差异却日趋拉大。① 改革前 30 年，人民生活仍处于较低水平，1953—1980 年的 20 余年里，城市职工的实际工资竟没有增长，农业人均收入年增长也不足 2%。在 1957—1977 年期间，人均消费水平增长率仅为 1.3%，仅高于低收入国家 1 个百分点，却大大低于中等收入国家 2.9% 的水平。20 世纪 50 年代的人口生育高峰，使中国在 60 年代末 70 年代初面临着越来越大的就业压力，到 70 年代末期，待业人口约为 2000 万人，其中包括留城及返城的待业青年 1020 万人。② 经济结构改革势在必行。

表 4.2　　　　　　　　　　　　　工农业内部结构

	工农业总产值构成（%）			农业总产值构成（%）					
	全部	重工业	农业	全部	种植业	林业	牧业	渔业	副业
1952 年	100	15.3	56.9	100	83.1	0.7	11.5	0.3	4.4
1957 年	100	25.5	43.3	100	80.6	1.7	12.9	0.5	4.3
1978 年	100	41.1	27.8	100	67.8	3.0	13.2	1.4	14.6

资料来源：《中国统计年鉴（1983 年）》，中国统计出版社 1983 年版，第 20、151 页。

---

① 高尚全：《中国经济体制改革 20 年基本经验研究》，经济科学出版社 1998 年版，第 16—17 页。

② 经济体制改革委员会：《经济体制改革汇编（1978—1983）》，中国财政经济出版社 1984 年版，第 10 页。

农村经济体制改革的突破口，是在农村实行家庭联产承包责任制，最早的尝试是 1977 年的安徽省凤阳县小岗村。1978 年 12 月党的十一届三中全会召开，确立了实事求是的思想路线，作出了转移工作重心、调整发展战略、改革高度集中的经济管理体制的决定。着重讨论了农业问题，制定了保护社队（乡镇）和农民所有权及生产经营权，认真贯彻按劳分配的原则，不得对自留地、家庭副业和集市贸易乱加干涉等政策。在党的十一届三中全会政策的倡导下，起源于安徽农村生产经营责任制迅速在全国范围内推广。家庭联产承包责任制的基本特征是：（1）以生产队为基本单位的集体经济组织将土地等固定生产资料包给组织内的农户经营，生产资料所有权归集体经济组织，经营权归农户；（2）集体经济组织与农户以契约规定彼此的责权利关系，前者督促后者执行政府计划并向后者提供各种服务，后者要确保完成农产品上交的任务；（3）经营成果包干分配"交够了国家的，留足了集体的，剩余的就是自己的"，从而形成集体经济组织统一经营和农户分散经营相结合的双层经营体制。

以家庭经营为主的联产承包责任制，极大地调动了农民生产的积极性和创造性，激发了农民科学种田、劳动致富奔小康的积极性，这就要求职业教育必须进一步结合农村新变化进行变革，才能更好地为农村、农业和农民服务。以家庭经营为主的联产承包责任制，也大大促进了农村经济迅速发展，对掌握生产技术和科学知识的劳动者的需求增大。但当时我国农村教育结构单一，教学内容脱离农村实际，农村职业教育发展缓慢。再者，由于管理上条块分割，农业、科技、教育等部门各自为政，农村教育难以统筹规划、办学效益不高的问题尤为突出。为此，20世纪 80 年代初，我国职业教育改革从农村职业教育开始。1982 年 5月，中共中央、国务院发出《关于加强和改革农村学校教育若干问题的通知》，提出现阶段农民教育的具体任务之一是广泛开展技术教育。1983 年 1 月，中共中央发出《当前农村经济政策若干问题》，提出"必须抓紧改革农村教育，要积极普及初等义务教育，扫除青壮年文盲，有步骤地增加农村中学和其他职业中学的比重。面向农村的高等学校和中等专业学校，要有一套新的招生和分配办法，打开人才通向农村的路子。要对农民进行各种形式的职业技术教育和培训，农村教育必须适应而不可脱离农民发展生产、劳动致富、渴望人才的要求，必须考虑而不可忽视乡村居民劳动、生活的特点"。① 同年 1 月，中共中央在《关于加强农村思想政治工作的通知》中又强调"农村教育制度要改革，以适应农村的现状和农民的要求。要采取几条腿走路的方针，实行多种办学形式，逐步形成具有中国特色的农村教育体系，要充分发挥农村知识分子在乡知识青年的作用，开展农村智力资源"。② 1983 年 5 月，中共中央、国务院在《关于加强和改革农村学校教育若干问题的通知》中明确指出："近几年来，我国农村普遍实行了多种形式的农业生产责任制，农村经济迅速发展，传统农业向现代农业转化的过程加快，广大农民迫切需要掌握文化科学知识，这种形势向农村教育提出了新的更高的要求。要求各级党委和政府必须充分认识加强和改革农村学校教育、提高农村文化水平的重要性和紧迫性，认清教育在农村现代化建设中的地位和作用。""提高劳动者政治、文化素质，造就农村需要的各种人才，是农村社会主义建设的一个重要方面。""农村学校的任务，主要是提高新一代农村劳动者的文化科学水平，促进农村社会主义建设。""有步骤地增加一批农业高中和其他职业学校；对于普通高中，农村应保持一定的数量并其切实办好。在普通高中增设职业技术科，开办职业技术班；把一部分普通高中改办为职业学校；初中要逐步普及，要增设劳动技术科，或在三年级时，分为普通科和职业科，或试办初级职业中学，学习期为三年或四年。要重视对没有升学的高中、初中和小学的毕业生职业技术教育，通过举办农民职业学校、短期培训、专题讲座等，使他们获得一技之长。"③ 根据这一基本要求，主要采取以下几项措施来发展农村职业教育：(1)恢复并办好农业中专，充分发掘其潜力，扩大招生和服务面向农村的学生；(2)有计划地将一批普通高中改为农、职业中学；(3)在普通高中增设职业技术课，办职业技术班；(4)根据可能，新办一些各类农、职业学校。这些措施极大地促进了农村职业教育快速发展。

---

① 《中华人民共和国重要教育文献（1976—1990）》，海南出版社 1998 年版，第 2069—2070 页。

② 同上书，第 2062 页。

③ 同上书，第 2087 页。

家庭联产承包责任制极大地解放了生产力，而农村职业教育改革为农业生产提供了大量初中级技术人才，因而也大大促进了我国农村经济发展。据统计，1979—1984 年，农业总产值增长 35.54%，年均递增7.9%，比 1978 年前的 26 年的年均增长率高 1.8 倍。与此同时，主要农产品产量全面提高。1978—1984 年，粮、棉、油、肉、水产品产量的平均递增率分别达 50%、19.3%、14.7%、10.3% 和 4.8%。[①]

以家庭联产承包责任制为主要内容的农村改革经验对中国经济体制改革的思路形成强烈的启示作用。"承包"这一解放农村生产力的有效形式不仅很快由种植业扩散到林牧副渔等农业的其他经济部门，而且还从农业迅速扩散到农村工业。在农村经济体制改革全面推进的同时，城市经济体制改革也拉开了序幕，其主要内容是：（1）"放权让利"。一是扩大企业自主经营权并改企业基金制为利润留成制，1980 年又试行旨在保证以利润包干为主的经济责任制，1983 年开始又实行两步"利改税"。二是实行财政包干制度以调整中央与地方的关系。（2）试办特区，迈出对外开放的第一步。1979 年 7 月，设立了深圳、珠海、汕头、厦门 4 个特区，在特区内实行主要依靠外资，发展出口加工业的战略和主要依靠市场调节的经济管理体制并制定了吸引外资的优惠政策。1983年又进一步开放了海南和 14 个沿海开放城市。（3）发展多种经济成分，为缓解就业压力，我国政府决定发展城镇经济和个体经济。并就资金筹集、经营场地、供销渠道、价格税收、收益分配等问题制定了具体政策。（4）进行了城市综合配套改革试点。（5）推行了企业改组和横向联合。[②]

党的十一届三中全会确立的以经济建设为中心思想路线，家庭联产承包责任制和城市经济体制改革的全面推进，迫切需要大量为经济建设服务的初中级技术人才。此时，人口高峰带来的求学高峰和就业高峰相继出现，在 1966 年到 1976 年的 10 年间，从 8 岁到 16 岁的青少年大体有 1.6 亿人，他们本来都应在中小学学习，但"文化大革命"鼓吹

---

① 郭书田等：《变革中的农村与农业》，中国财政经济出版社 1993 年版，第 125—126页。

② 高尚全：《中国经济体制改革 20 年基本经验研究》，经济科学出版社 1998 年版，第31 页。

"打、砸、抢"、"交白卷",严重地毒害了这一代。从 1970 年到 1978 年,每年平均接受新增劳动力 1600 万人。"文化大革命"期间片面发展普通高中的政策,造成大量适龄青年需要上学、需要谋生。还有,改革开放以后产品要求高质量,经营上要求高效益,但由于职工队伍素质过低,难以实现这一要求。1980 年全国有 9960 万职工(当时在全民所有制的占 7600 多万,在集体所有制的占 2300 多万),受过系统职业教育的只有 525 万,而且绝大多数在全民所有制,只占 7600 多万人的 6.9%,急需加强职业培训和输入大批人才。[1] 为此,我国开始了中等教育结构改革和大力发展职业教育的战略。

　　1978 年 4 月,邓小平在全国教育工作会议上强调"整个教育事业必须和国民经济发展的要求相适应",他提议:"应该考虑各级各类学校发展的比例,特别是扩大农业中学、各种中等专业学校、技工学校的比例。"[2] 1979 年五届全国人大二次会议指出:"中等教育要有计划地多举办各种门类的中等职业教育,这是社会主义建设多方面的迫切需要,同时也有利于解决大量中学毕业生的就业问题。"1980 年 10 月,国务院批转教育部、国家劳动总局《关于中等教育结构改革的报告》。报告强调改革中等教育的结构、发展职业教育是当前亟待解决的问题。报告指出,中等教育结构改革主要是改革高中阶段的教育,"应当实施普通教育和职业、技术教育并举、全日制学校与半工半读、业余学校并举、国家办学与业务部门、厂矿企业、人民公社办学并举的方针"。"要提倡各行各业办职业(技术)学校。可适当将一部分普通高中改办为职业(技术)学校、职业中学、农业中学。经过调整改革,使各类职业(技术)学校的在校学生数在整个高级中等教育中的比重大大增长。"城镇职业中学的学生国家不包分配,由劳动部门推荐,经用人单位考核,按专业对口的原则择优录用,也可以自由选择职业。农村职业学校毕业生由社队安排,择优录用为各种技术人员。职业学校毕业生可以报考高等院校,报考对口专业的学生,考试成绩在同一分数段优先录取。在党和国家领导的高度关怀下,中等教育结构改革全面启动,主要

---

① 闻友信、杨金梅:《职业教育史》,海南出版社 2000 年版,第 100 页。
② 《邓小平文选》(第二卷),人民出版社 1983 年版,第 104 页。

措施是将部分普通高中改办职业中学、职业（技术）学校或在普通高中设职业班，这类学校和班级，可以由教育部门自己办，也可以与其他业务部门、企事业单位联合办，隶属关系不变。同时发动各行各业举办职业中学、职业（技术）学校或举办学制长短不一的职业技术培训班，还可以举办职业技术教育中心。1983 年 5 月，教育部、劳动人事部、财政部、国家计委曾经专门就城市职业教育的发展联合发出《关于改革城市中等教育结构、发展职业技术教育的意见》，认为试点工作"方向正确、效果显著、深受欢迎"、改革"有了良好的开端，但发展很不平衡，部分地区工作进展缓慢，有的地方基本未动"，为了进一步推动城市中等教育结构改革工作，文件再次强调提高认识，明确职业教育发展方向、途径和要求，并帮助落实就业和招工政策，初步解决了补助经费（首次明确每年专项补助 5000 万元，用于发展职业高中，地方财政则按中央分配数字至少以 1∶1 配置）、配备师资、确定教材、加强领导等几个问题，及时加强了改革工作的力度。经过艰苦的努力，中等教育结构严重失调的局面已得到根本性的扭转。

为了满足经济体制改革后我国初中级技术人才的需要，国家开始加强中等专业教育。1980 年全国中等教育工作会议召开，会议对有关中等专业教育发展的重大问题作了明确规定：（1）确定了中专学制。中专是"在相当高中文化程度的基础上进行专业技术教育"，"是介于高中与大学之间的一种学校"，"中专学制可以多样化"。（2）要求全面规划，搞好调整。"要在保证质量的前提下有计划地逐步发展，避免大起大落"，要使中专与高校的招生由适当比例，"逐步提高经济管理、政法等专业的招生比例"，"要努力做到学用一致"。（3）切实办好重点学校，会议确定了全国重点中专学校 239 所。此外，还要求加强师资队伍建设，稳定教学秩序，切实改善办学条件，加强领导管理，等等。此后，国家进行了中等专业教育招生制度改革：一是招生对象逐步单一化。1982 年教育部发出《关于 1982 年中等专业学校招生工作的意见》中规定，今后中等专业学校招生应按专业的不同特点确定招生对象，逐步增加初中毕业生的比重。同一学校要招收一种对象，招收初中毕业生，年龄为 15 周岁至 18 周岁，学习年限一般为 4 年，个别为 5 年，有的专业仍保持 3 年。招收高中毕业生，年龄不超过 22 周岁，学习年限一般为 2 年，医科和工科有些专业可为 2 年半或 3 年，在校期间和毕业后的待遇，与招收的初中毕业生相同。国有和集体企事业单位的职工，须经所在单位批准方能报考，年龄不得超过 22 周岁，限未婚青年。二是招生考试改革。招生考试方面要求采取全国统一考试和单独统一命题相结合的方式进行。1982 年开始实行由省、自治区、直辖市统一命题，县（区）组织考试，地（市）评卷录取。招收初中毕业生也可与高中升学考试结合进行，招收高中毕业生的，也可与高等学校全国统考结合进行。三是扩大招生规模。1983 年 6 月，教育部与国家计委联合发出《关于完成和扩大 1983 年中等专业学校招生计划等问题的通知》指出：遵照国务院领导通知"要认真办好中专"，"要多办中专"的指示精神，对 1983 年中等专业学校招生等工作作出扩招的安排。四是招生形式多样化。国家允许中等职业学校跨省招生和单独招生，且在招生总数中划拨部分定向招生和委托培养的份额，从而打破了统一招生分数的惯例。值得注意的是，国家在改革中等专业学校招生制度的同时，也加强了中等专业学校领导班子建设。1984 年 1 月教育部发出了《关于中等专业学校领导班子调整工作的几点意见》，提出坚持德才兼备和党政分工等原则，领导班子要年富力强，知识结构、专业结构与主管业务相适应，坚持领导和群众相结合，等等。在党和政府大力支持下，中等专业学校发展非常迅速。1976 年，全国共有中等专业学校 1461 所，学生 385521 人。到了 1985 年，全国共有中等专业学校 2529 所，学生 1009918 人。

国家在大力发展中等专业教育的同时，也开始注重发展职业高中。农村经济体制的改革和商品经济的发展，要求劳动者具有较高的文化技术水平，而农村普通中学培养的仅有一般文化基础知识的毕业生已不能适应商品经济发展的要求。不仅如此，新时期农村乡镇企业的兴起，每年需要补充大量各类人员，主要是初中级人员、管理人员和技术工人，这些人员主要靠农村各类职业学校来培养，因而有力地推动了职业高中的发展。职业高中是 20 世纪 80 年代初中等教育结构改革的产物，也有用职业中学、职业中专等作为校名的，与当时普通中专、技校的不同主要是在于它的来源，即都是在原来普通中学的基础上建立起来的职业学校。一些中学从试办职业班开始，逐步使整个高中都改为职业高中，多数学校将初中部剥离，成为单纯的职业高中，学制一般为3年。1980年和1983年，国家先后规定：职业高中的毕业生，国家不包分配，实行择优录用的政策。职业高中的毕业生根据"三结合"的就业方针，由劳动部门介绍到全民或集体所有制企事业单位就业，或由劳动部门帮助他们组织起来就业，或自谋职业，农村职业高中的毕业生，除由农村安排各种技术管理人员，择优录用外，主要回乡生产，使职业高中的发展不受指标多寡的限制，可以较快地得到发展。职业高中利用原中学的基础，投入小，见效快，促成了职业教育改革，奠定了中等职业教育的存在基础，有效地实现了初中毕业生分流，缓解了高校升学压力，而且培养了一大批有一技之长的劳动者，也促进了就业体制的改革。在党和政府大力支持下，职业学校从无到有，至1985年已经发展到8070所，在校生为229.6万人，相当于当年中专、技校在校生人数之和的1.3倍。同年普通高中在校生741.1万人，比1978年的1553.1万人减少了52.3%。[1] 1980年，职业高中在校生仅占普通高中阶段的2.6%，1985年逐步上升到15.9%，人数从31万上升到184万人，5年内在校生年递增率分别为58%、63%、55%、26%、21%。[2] 但是，职业高中在快速发展中存在不少问题，如某些地区主管教育的部门对职业教育认识不足，只把条件较差的或办学中问题较多的学校改为职业高中；整个职业高中经费仅靠人头费维持，无专项经费，无必要的实训装备，投入严重不足；有的地方由于认识跟不上，明办暗不办，使职业教育成为翻牌子学校，有名无实；再加上师资、教材一时难以跟上，使初期的职业高中信誉受到一定的影响，也对以后一段时间职业高中的发展产生一定的阻力和消极影响。

技工学校在20世纪70年代末到80年代初也得到相应地变革。"左"倾错误和"文化大革命"使技工教育事业受到严重的挫折和损失，"文化大革命"以后，我国技工学校徒有空壳。学校校舍大量被

---

① 俞启定、和震：《中国职业教育发展史》，高等教育出版社2012年版，第163页。
② 闻友信、杨金梅：《职业教育史》，海南出版社2000年版，第105页。

占，实习场地被当地办成企业，原有的教学实习用品变为工业用品，技工师资队伍所剩无几，致使我国职工队伍素质直线下降。例如，上海从 1977 年至 1980 年安置的 104 万名技术工人中，经过职业培训的仅有 18 万人，只占总数的 17.3%。当时全国在职的青年技术工人中，已获学历和所授技术等级多与实际文化程度和技术水平不相符合，普遍存在名高实低的情况。① 为此，1979 年国家劳动总局颁布了《技工学校工作条例（试行）》，规定根据工种、专业性质的不同，招生对象分别为具有初中毕业和高中毕业文化程度的未婚青年，规定招收初中毕业生的学习年限为 3—4 年，招收高中毕业生的学习年限为 2 年。有关当局调整了技工学校的管理体制，加强行业部门对技工教育的管理，劳动部门负责技工学校的综合管理工作，包括编制发展规划、招生计划、拟定有关方针政策、规章制度，组织有关部门编写、审定教学计划、教学大纲和教材，以及培训师资、组织交流工作经验等。1981 年中共中央、国务院颁布了《关于加强职工教育工作的决定》，明确要求："1968 年至 1980 年初高中毕业但实际文化水平达不到初高中毕业程度的职工和未经过专业技术培训的三级工以下的职工，均应补课。"这对技工教育和职工培训产生了广泛和深远的影响，全国各地进一步开展了对中高级工人的技术培训，要求 5 年内实际操作水平普遍提高 1—2 级。1981 年 5 月，国家发布了《关于改进和加强学徒培训工作的意见》，恢复和改进了学徒培训工作，正式规定改招工为招生，先培训、后上岗，实行现场培训同学校培训相结合的办法。从 1979 年到 1983 年底的 5 年内，技工学校的毕业生就有 130 余万人，超过了过去 30 年的综述。技工学校和职业中专还开展了以学历和技术培训为核心的职工教育活动，培训工种从过去的 200 种增加到 440 多种，而且多数是机械制造修理方面的，而且许多珍稀工种也都通过职业教育进行培养和培训，仅 1983 年一年就轮训在职工人 23 万多人。②

---

① 闻友信、杨金梅：《职业教育史》，海南出版社 2000 年版，第 105 页。
② 俞启定、和震：《中国职业教育发展史》，高等教育出版社 2012 年版，第 167 页。

表 4.3 　　　　　　　　1976 年和 1985 年职业教育发展对比

	中专		技工学校		职业中学	
	校数（所）	在校学生数（人）	校数（所）	在校学生数（人）	校数（所）	在校学生数（人）
1976 年	1461	385521	1267	211499	—	—
1985 年	2529	1009918	3548	471712	8070	2295712

资料来源：闻友信、杨金梅：《职业教育史》，海南出版社 2000 年版，第 118 页。

　　总的看来，"文化大革命"结束以后，经过拨乱反正，我国进入改革开放的新时期。20 世纪 70 年代末到 80 年代初，在以经济建设为中心的党的基本路线指引下，各条战线都出现了欣欣向荣的发展态势。特别是冲破了长期以来各种"左"的错误观念的束缚，确立了实事求是的思想和工作作风，有力地保证了改革开放的顺利推进。党的十一届三中全会确立的以经济建设为中心思想路线，家庭联产承包责任制和城市经济体制改革的全面推进，迫切需要大量为经济建设服务的初中级技术人才。为此，职业教育进行了相应地变革。主要措施包括：进行了中等教育结构改革，其结构严重失调的局面已得到根本性的扭转；加强中等专业教育，着重发展职业高中，改革技工学校制度，满足了经济体制改革后我国初中级技术人才的需要。据统计，到 1985 年年底，全国共有中等专业学校 2529 所（不含中等师范），在校学生 101 万人；技工学校 3548 所，在校学生 74 万人；职业中学 8070 所，在校学生 229 万人；高等职业技术学校 118 所，在校学生 6 万多人；全国各地劳动部门举办的培训中心 1345 所，共培训了 177 万人。各类中等职业学校在校学生数占高中阶段在校生总数的 36%。[①] 中等教育结构改革和大力发展职业教育的战略，为国家经济建设培养了大批各行各业急需的技术人才，大大地促进了我国经济转型与发展。据统计，从 1979 年开始，我国经济尤其是农业和轻工业快速增长，服务业也加快增长。农业从 1981 年开始出现持续增长，其中 1981—1984 年农业增长极为迅速，年均增长接近 10%，超过同期工业 8% 的增长速度，这是中国农业发展史上极为罕

---

① 黄尧：《职业教育可持续发展战略研究》，高等教育出版社 2012 年版，第 65 页。

见的现象，1979—1981 年轻工业的增长速度分别为 11%、18.9% 和 14.3%，明显高于同期重工业的 8.0%、1.9% 和 - 4.5%，而且轻工业比重在 1981 年超过了重工业，达到 51.5%。1983 年前后，服务业也逐渐摆脱计划经济的束缚，获得快速发展，1983—1987 年服务业的产值增长在 15% 以上。经过 10 多年的发展，整个国民经济迅速从"文化大革命"的破坏中恢复过来，踏上了一个新的台阶，经济结构也逐渐趋于协调。①

2. 有计划商品经济阶段（1984—1992 年）：重视中等职业教育改革和试办高等职业教育

家庭联产承包责任制和城市经济体制改革的推进，改革取得了重大成绩，国民经济持续增长。1983 年，全国工业总产值比上年增长 10.5%，农业总产值增长 9.5%，工业总产值以及粮食、棉花、原煤、原油、钢、钢材、生铁、水泥、化肥等 30 多种主要产品产量，提前两年达到或超过第六个五年计划规定的 1985 年的目标，国家财政状况逐步好转，为全面改革打下了较好的基础。② 此时，由于农业连年大丰收，农村普遍反映城乡矛盾突出的是"买难卖难"的问题，专业户、重点户要卖的商品越来越多，农村对工业品的需求不断增长，富裕后的农民日益要求"吃的要营养，穿的要漂亮，用的要高档"。这种形势迫切要求疏通城乡流通渠道，为日益增多的农产品开拓市场，同时满足农民对工业品、科学技术和文化教育的不断增长。同时，城市经济体制中严重妨碍生产力发展的种种弊端还没有从根本上消除，政企职责不分，条块分割，国家对企业统得过死，忽视商品生产、价值规律和市场的作用，企业吃国家"大锅饭"和职工吃企业"大锅饭"的现象，严重压抑了企业和广大职工群众的积极性、主动性和创造性。因此，进一步推进经济体制改革势在必行。

1984 年 10 月，中国共产党十二届三中全会在总结前六年改革经验的基础上通过了我国经济体制改革的纲领性文件——《中共中央关于

---

① 简新华、余江：《中国工业化与新型工业化道路》，山东人民出版社 2009 年版，第 264 页。

② 金碚峰、刘昌钊：《经济体制改革问答》，湖北人民出版社 1985 年版，第 21 页。

经济体制改革的决定》，在理论上突破了将计划经济和商品经济对立起来的传统观点，明确提出社会主义经济是"在公有制基础上的有计划的商品经济，商品经济的充分发展，是社会经济发展的不可逾越的阶段，是实现经济现代化的必要条件"，规定了经济体制改革的目标是建立以公有制为基础的有计划的商品经济，并提出了经济体制改革的三项基本任务：（1）进一步增强企业，特别是全民所有制大中型企业的活力，使之真正成为相对独立的经济实体，成为自主经营、自负盈亏的社会主义商品生产者和经营者；（2）进一步发展社会主义商品经济，逐步完善市场体系；（3）使国家对企业的管理逐步由直接控制为主转为以间接控制为主，建立新的社会主义宏观经济管理制度。此后，国家开始进行一系列的经济体制配套改革：一是以转换经营机制为重点的企业改革，主要在以下三个方面展开：（1）按照所有权和经营权适当分离的原则，大中型国有企业实行了各种形式的承包责任制，小型国有企业采取资产经营责任制、租赁经营等方式；（2）在企业内部实施了以企业为主领导体制改革和内部经济责任制为主的制度创新；（3）推动横向联合的进一步迅速发展，进行企业组织制度的创新。二是进行流通体制改革，主要在以下四个方面展开：（1）改革工农产品的购销体制，除少数商品还维持统购统销以外，大部分商品都采取合同订购、市场收购或自销；（2）恢复供销社的合作商品性质，使之成为城乡经济交流的主渠道；（3）对大中型国营商业企业实行承包制，对小型国营商业企业，或改由集体经营，或改为集体企业，或租赁个人经营；（4）改革由商业部独立垄断的、封闭的、固定层次的批发体制，下放批发站，形成不分层次的多头批发网络。三是改革价格管理体制及价格形成机制，发挥市场机制的作用。四是进行宏观经济体制改革，对国民经济的管理从直接调控为主转向间接调控为主，从以行政手段为主转向以经济手段为主。五是进行对外贸易管理体制改革，赋予一些地区和部门部分商品的进出口经营权，实行外贸企业承包经营制。① 这表明，我国经济体制改革的市场化取向已经成为必然的逻辑趋势，"市场调节"在经济运行中的作用日益

---

① 高尚全：《中国经济体制改革 20 年基本经验研究》，经济科学出版社 1998 年版，第 32—35 页。

突出和重要。

1984 年的经济体制改革，表明我国计划经济体制逐步向社会主义市场经济体制转轨，也标志着经济建设直接成为我国社会主义改革的主战场。经济建设越来越迫切要求教育与之适应，职业教育与经济建设关系最直接最密切，进一步进行职业教育改革必然提上日程。1985 年 5 月，中共中央颁布了《中共中央关于教育体制改革的决定》（下称《决定》），将调整中等教育结构、大力发展职业教育作为我国教育体制改革的一个重点，认为职业教育"是当前我国整个教育事业最薄弱的环节"，强调"一定要采取切实有效的措施，改变这种状况，力争职业教育有一个大的发展"。《决定》极其深刻地指出："社会主义现代化建设，不仅需要高级科学技术专家，而且需要千百万受过良好职业教育的中、初级技术人员、管理人员、技工和其他受过良好职业培训的城乡劳动者。没有一支劳动技术大军、先进的科学技术和先进的设备就不能成为现实的社会生产力。"《决定》总结了职业教育局面没有打开的原因，"在于长期以来对就业者的政治、文化、技术缺乏应有的要求，在于历史遗留的鄙薄职业教育的陈腐观念根深蒂固"。要求树立劳动就业必须有一定的政治、文化和技能准备的观念，并且在改革教育体制的同时改革有关的劳动人事制度，实行"先培训，后就业"的原则。《决定》提出，逐渐建立一个从初级到高级、行业配套、结构合理又能与普通教育相互沟通的职业教育体系。《决定》提出，青少年从中学阶段开始分流：初中毕业生一部分升入普通高中，一部分接受高中阶段的职业教育。在小学毕业后接受初中阶段职业教育的，可以就业，也可以升学，凡是没有升入普通高中、普通高校和职业技术学校的学生，可以经过短期职业技术培训，然后就业。《决定》强调，发展职业教育要以发展中等职业教育为重点，力争在 5 年左右，使大多数地区的各类高中阶段的职业技术学校招生数相当于普通高中的招生数。同时积极发展高等职业技术院校，优先对口招收中等职业技术学校毕业生及有本专业实践经验、成绩合格的在职人员就学。逐步建立一个从初级到高级、行业配套、结构合理又能与普通教育相互沟通的职业教育体系。《决定》还要求，中等职业教育要同经济和社会发展的需要密切结合起来，在城市要适应企业的技术、管理水平和发展第三产业的需要，在农村要适应调整产业结构和农民劳动致富的需要，要着重职业技能的训练，训练的范围不要太窄，基础教育也要适当配合，以适应长期广泛就业、进行技术革新和继续进修的需要；同时还要重视职业道德和职业纪律的教育。《决定》指出，师资严重不足，是当前中等职业教育的突出矛盾，各单位和部门办的学校，要首先依靠自身力量解决专业技术师资问题，同时可以聘请外单位的教师、科学技术人员兼任教师，还可以请专业技师、能工巧匠来传授技艺，要建立若干职业技术师范院校，有关大专院校、研究机构都要担负培训职业教育师资的任务，使专业师资有一个稳定的来源。总之，《中共中央关于教育体制改革的决定》明确了职业教育在我国现代化建设中的地位、作用和历史赋予的任务，也为职业教育的全面改革提出了方向和达到目标的基本途径和方法，是指导我国职业教育发展的一个纲领性文件，为我国 20 世纪 80 年代中期至 90 年代末建立职业教育体系提供了指导方针，有力地推动了职业教育大发展。

《中共中央关于教育体制改革的决定》颁布后，我国职业教育虽然取得了很大的成绩，但与中央的要求对照还有不小的差距，如：中等职业教育在校生数占高中阶段的比重尚在 35% 之间，与中央要求各半还有较大距离；人们对职业教育地位和作用也远远没有提高到中央所指出的战略高度，尚有不少部门的领导对职业教育仍不够充分重视；"先培训、后就业"的原则尚在小范围实行；构建职业教育体系的工作还处于起步阶段。[①] 为了全面落实《中共中央关于教育体制改革的决定》的精神，总结、交流经验、研究、确定今后一个时期改革和发展职业教育的任务、工作方针和政策措施，1986 年 7 月，国家教委、国家计委、国家经委、劳动人事部联合召开了第一次全国职业教育工作会议。这次会议的主要内容是：第一，贯彻落实《中共中央关于教育体制改革的决定》对职业教育改革提出的要求，认为职业教育成为教育体系的重要组成部分和社会经济发展不可缺少的部分，社会对职业教育的社会地位和重要作用的认识正逐步提高。第二，认真总结了改革开放以来我国职业教育取得的成就、经验及存在的主要问题，指出全国职业教育已经形成了一定的规模，出现了加快发展的势头，也有了各种不同发展程度地区的典型经验，

---

① 闻友信、杨金梅：《职业教育史》，海南出版社 2000 年版，第 126 页。

但是职业教育仍存在发展规模、层次、结构与社会经济发展需求不相适应：职业教育地区发展不平衡，发展形式单一；中等职业教育发展缓慢，办学质量与效益不高等问题，需要加以解决。第三，提出 20 世纪 90 年代我国职业教育的发展目标：即在 1990 年前后使全国大多数地区高中阶段职业技术学校的招生人数与普通高中的招生人数大体相当；5 年内培养 800 万新的初级、中级技术人员和管理人员；培养上千万新的技术工人，努力提高中级、高级技工的比例；使多数回乡的初中、高中毕业生受到不同程度的职业技术培训；办成一批起示范作用的学校和培训中心，等等。第四，明确今后职业教育改革的重点：实行"先培训，后就业"，改革劳动人事制度；改革现行的管理体制，逐步形成一个既便于进行地方统筹协调，也能调动各业务部门的积极性，学校又有较大自主权限的管理体制；多渠道解决师资及经费不足的问题，提高职业教育的办学效益和教育质量；大力发展农村职业教育，农村职教必须确立振兴农村经济、发展农业生产和为农民致富服务的办学方向。

1984 年经济体制改革推动了我国由计划经济向社会主义市场经济体制逐步转轨的同时，也大大促进了我国经济结构调整。从 1984 年至 1991 年，农业的比重不断下降，从 1984 年的 32.1% 下降到 1991 年的 24.5%；第二产业的比重则由 47.1% 下降为 41.8%；第三产业发展迅速，其增加值占国民生产总值的比重迅速由 21.6% 上升为 33.7%。由于优先扶持轻工业，轻工业获得较大发展，轻工业产值占全部工业产值比例连续上升，在 1990 年达到 49.4%，几乎与重工业"平分天下"，而重工业的增长速度开始放慢，但轻重工业保持基本平衡的发展态势。经济结构调整客观要求一大批与产业结构相适应的技术人才，而 20 世纪 80 年代中后期轻工业的大发展也渴求一大批中高级技术人才。为此，高等职业教育发展势在必行。事实上，新中国成立之初，我国的高等职业教育就开始起步了，由于各种原因，在改革开放初高等职业教育的发展一直非常缓慢。20 世纪 80 年代初以来，为了推进中等专业教育的不断深化，提高教育质量，国家于 1980 年对全国中专进行了初步评价，除了确定 100 多所重点中专，还将原先一部分办过大专和本科院校的中专学校升格为大专，与此同时，调整高等教育的结构、层次比例和积极提倡大城市、经济发展较快的中等城市以及大型企业举办高等专科学校和职业大学。这一时期试办高等职业教育的政策取得初步成效，主要表现在：第一，短期大学发展迅速，改革开放初仅几所，1983 年已多达 53 所。第二，国家已经在大专院校和研究机构进行高等职业教育的试点解决中等职业教育师资问题。① 1985 年《中共中央关于教育体制改革的决定》首次明确提出要"积极发展高等职业技术院校"，指出构建职业教育体系应该是"从初级到高级"。1986 年 7 月在全国职业教育工作会议上，李鹏副总理指出高等职业学校、一部分广播电视大学、高等专科学校，这类学校"应该属于职业性高等教育，应该划入高等职业技术教育这个层次"。到1985 年，单独设置的高等职业院校招生数达到了 3.01 万人，在校生 6.31 万人。我国职业教育又一次发生历史性跨越，高等职业教育得到强劲的发展。②

　　1984 年经济体制改革以后，政企逐步分开，所有制结构和企业运行机制开始发生变化，教育必须相应地进行变革，尤其是中等专业教育，面临着严重的挑战，主要表现在以下五个方面：(1)原有部门的办学体制、服务面过于单一，不能适应当地经济的需要，办学效率和效益低，教育资源严重浪费；(2)不少专业与实际需要脱节，专业也过于狭窄，而中小企业往往要求一专多能，身兼数职，既能当干部，又能当技术员，还能动手当工人，要求复合型人才；(3)原有计划经济下的管理体制，无法适应市场经济的运行方式，必须树立主动开拓和发展的精神；(4)在人才短缺的条件下，毕业生实行统包统分制度，有其必然性，但长期形成的"铁饭碗"也影响了教与学两方面积极性的发挥；(5)教学上过于强调学科体系，长期存在重理论轻实践的倾向。③ 可见，中等专业教育改革刻不容缓。为了主动积极地促使中等专业教育早日走出困境，国家加大了对职业教育改革力度，具体包括以下三个方面：(1)结合市场需求，修订专业目录，使专业设置更加符合经济和社会发展的需要；(2)狠抓专业全面评估，使专业进一步自我提高和完善；

---

① 陈亚玲：《改革开放以来中国高等职业技术教育的政策文本分析》，《洛阳师范学院学报》2006 年第 4 期。

② 方展画等：《知识与技能——中国职业教育 60 年》，浙江大学出版社 2009 年版，第 95 页。

③ 闻友信、杨金梅：《职业教育史》，海南出版社 2000 年版，第 174 页。

（3）推动中专面向农村培养人才，积极进行招生分配制度改革，打破部门系统的局限，扩大学生入学途径和服务面向，推动毕业生深入基层，自主创业。① 随着经济体制改革的全面推进，社会主义商品经济不断发展，个体经济、中外合作企业、外商独资企业等非公有制经济异军突起，迅速成为我国经济生活中的一股重要力量。随着经济所有制的多元化和国家经济社会的快速发展，非公有制和集体所有制单位人才需求日趋旺盛。20 世纪 90 年代初，在全国的工业企业中，集体所有制企业的产值占 35.5%，职工数占 36%，但具有高等专科及其以上学历者只占此类企业职工数的 1.9%，比国有企业少 6.1 个百分点，具有中等专业教育学历的也只占 2.8%，而国有企业是 6.9%。在不同规模的工业企业中，各级各类教育所培养的人才大部分集中在大中型企业中，小企业的从业人员占全国工业企业人员总数的 73.59%，但具有中等专业教育以上学历者只占工业企业同类人员总数的 33.7%，占小企业职工总数的 6.7%，比大型企业低 11.6 个百分点。② 可见，经济体制改革后经济社会发展所需人才剧增和职业教育供给能力有限之间的矛盾，迫使原来计划经济体制下职业教育办学体制急需改革。1991 年，国务院颁布的《关于大力发展职业技术教育的决定》明确提出，要在各级政府的统筹下，发展行业、企事业单位办学和各方面联合办学，鼓励民主党派、社会团体和个人办学，充分发挥企业在培养技术工人的优势和力量。此后，职业高中普遍实行了企业在培养技术工人方面的优势和力量，中等专业学校和技工学校也不同程度地进行了联合办学。到 1996 年，职业学校与行业、企业联合办学的比例达到了 80%。③ 同时，随着经济体制改革的不断推进，国家也逐步认识到职业教育属于非义务教育，学生应当缴纳学费，招生时对录取分数不应统得过死，只要初中毕业生或高中毕业生统考合格就可以报名入学，而且学校应根据市场的需要和自身的力量实现自主招生，学生毕业后应不包分配。因此，原有计划经济体制

---

① 闻友信、杨金梅：《职业教育史》，海南出版社 2000 年版，第 176 页。

② 教育部职成司：《职教学会崛起的年代，丰硕的成果》，高等教育出版社 1999 年版，第 225 页。

③ 杨金土：《90 年代中国教育改革大潮（职业教育卷）》，北京师范大学出版社 2002 年版，第 68 页。

下的招生和就业制度亟待进行变革。在原来计划经济体制下，职业教育机构完全是按国家下达的当年招生计划和国家统一规定录取新生，缺乏灵活性；在就业分配方面则由国家统一分配，学校的任务是组织好分配工作，学生必须服从分配，而商品经济社会要求择优录取和竞争上岗，将用人权交给企业，通过企业和毕业生的双向选择，达到劳动力与生产资料优化配置的目的。随着经济体制改革的全面推进，企业自主权不断扩大，原有的技工教育体制也受到严重的冲击，改革刻不容缓。技工学校原来的招生和毕业生就业体制，与中等专业学校相似。技工学校多数是行业部门和企业举办，其中企业举办的约占技工学校一半，由企业举办的技工学校招生计划，有相当部分是服务于本企业的需要。在原有计划经济体制下，企业的招工指标由劳动部门统一安排，技工学校归劳动部门管理，并且由地方劳动部门直接举办的占有一定的比例，技工学校的招生计划和毕业生就业都受劳动就业指标的支配和保护。为此，1991年国务院颁布的《关于大力发展职业技术教育的决定》中，明确提出积极稳妥地改革中等专业学校和技工学校招生和毕业生分配制度，要按照国家计划分配、用人单位择优录用和个人自谋职业相结合的就业方针，面向城乡多种所有制的需要培养人才，并根据专业特点，合理安排毕业生去向，特别要打开中级技术人才通向农村的渠道。

20世纪70年代末以家庭经营为主的联产承包责任制，极大地调动了农民生产的积极性和创造性，激发了农民科学种田、劳动奔小康的主动要求。而1984年的经济体制改革使整个农村和农业产业结构发生了极大的变化，农业得到迅速发展，以前极为薄弱的林牧副渔业也得到相应发展，到1986年已占农业总产值的37.8%，乡镇企业蓬勃兴起，总产值占农村社会总产值的32.3%，在全国工业总产值中也占到20%以上，并拥有从业人员4390多万人，约占全国职工总数的30%左右。此时，国家批准了"星火计划"和"丰收计划"，这些都要求农村职业教育必须进一步结合农村新变化作较大的变革，才能更好地为农村、农业、农民服务。《中共中央关于教育体制改革的决定》颁布后，为了贯彻《决定》提出的教育必须为社会主义建设服务，农村职业教育改革又一次拉开帷幕。主要的改革措施有：第一，建立改革试验区。1987年1月国家教委加大了对农村教育改革的力度，决定与河北省共同建立农村教育改革试验区，目的是改革农村教育结构，把普通教育、职业教育与成人教育结合起来统一规划、合理安排。到 1988 年年底，全国已有 28 个省（自治区、直辖市）80 多个县建立了农村教改试验区，全国县镇和农村职业技术学校有 6642 所，在校生 187.8 万人。[①] 农村教育综合试验区从促进经济开发、帮助脱贫入手，因地制宜地发展各类初、中级职业教育和短期实用技术培训，取得了适应不同类型地区的经验。第二，实施"燎原计划"，目的是通过改革和发展农村教育，大面积提高农村劳动者的素质，与"星火计划"、"丰收计划"相结合，增强农村吸收和运用科学技术的能力，促进农村两个文明建设。当时全国已有 758 个县、2458 个乡开始实施此项计划。[②] 第三，深入推进教育综合改革。改革的主要任务是，落实教育战略地位，优化农村教育结构，坚持"三教统筹"和"农科教结合"，促进"燎原"、"星火"、"丰收"三种计划的有机结合，使农村教育与农村经济、社会协调发展，使农村劳动者素质有较大提高，为当地建设培养所需要的初、中级专业人才，逐步形成适应现代化建设需要的农村教育体系。实行在普通教育引入职业教育因素，成人教育与职业教育相互支持沟通的办学模式。

　　总的看来，1984 年《中共中央关于经济体制改革的决定》吹响了我国教育全面改革的号角，职业教育也在这场改革中得到积极地回应。此时，我国经济社会快速发展，经济驱动成为 1984 年至 1992 年我国职业教育改革的基本动力。这一阶段的职业教育改革，主要聚焦于：试办高等职业教育，培养经济体制改革后所需要的中高级技术人才；着力于中等职业教育改革，职业教育市场化运作机制开始萌芽，实现办学主体多元化和招生就业自主化；加大对农村职业教育改革力度，建立改革试验区，实施"燎原计划"，深入推进综合改革，为农村当地建设培养所需的初中级人才。据统计，第一次全国职业教育会议后，1986 年至 1991 年我国职业教育发展的步伐进一步加快，技工学校增加最多，超过 90%，中等专业学校居中，超过 50%；职业高中的增长，接近 40%。三类中等职业学校，不论学校数和在校生数都在继续稳步上升。

---

①　俞启定、和震：《中国职业教育发展史》，高等教育出版社 2012 年版，第 177 页。

②　闻友信、杨金梅：《职业教育史》，海南出版社 2000 年版，第 156 页。

中等职业教育在校生数，在高中阶段的比重，已由 1985 年占 35% 上升到 47.28%，基本上达到 1985 年《中共中央关于教育体制改革的决定》中提出的"力争在五年左右，使大多数地区的各类高中阶段的职业技术学校招生数相当于普通高中的招生数，扭转目前中等教育结构不合理的状况"。有计划商品经济阶段职业教育改革，培养了一大批初中高级技术人才，大大促进了经济转型与发展。据统计，1984 年至 1991 年，我国经济结构调整力度进一步得到优化。第一产业的比重由 1984 年的 32.1% 下降到 1991 年的 24.5%，第二产业的比重由 1984 年的 43.1% 下降到 1991 年的 41.8%，第三产业的比重由 1984 年的 24.8% 增加到 1991 年的 33.7%。由于优先扶持轻工业，轻工业获得较大发展，工业内部重工业比例过大的畸形结构也得到调整，轻重工业总产值之比从 1979 年的 0.78 上升为 1991 年的 0.95。

表 4.4　　　　　　　　　1985—1991 年我国职业教育发展

	1985 年		1991 年	
	校数（所）	学生数（万人）	校数（所）	学生数（万人）
中专	2529	100.90	2977	160.30
技校	3548	74.17	4269	142.21
职高	8070	229.60	9572	315.55
合计	14147	404.67	16818	6018.06

资料来源：闻友信、杨金梅：《职业教育史》，海南出版社 2000 年版，第 118 页。

表 4.5　　　　　　　1984—1991 年中国三大产业增长速度　　　　　　单位:%

年份	全部	第一产业	第二产业	第三产业
1984	15.2	12.9	14.5	10.9
1985	13.5	1.8	18.6	22.2
1986	8.8	3.3	10.2	15.9
1987	11.6	4.7	13.7	17.9
1988	11.3	2.5	14.5	8
1989	4.1	3.1	3.8	-8.4
1990	3.8	7.3	3.2	1.2
1991	9.2	2.4	13.9	9.6

数据来源：《中国统计年鉴（2008）》，中国统计出版社 2008 年版。

表4.6　　　　1984—1991 年中国三大产业结构和轻重工业结构变化

年份	三次产业结构（%）			轻重工业结构（%）	
	第一产业	第二产业	第三产业	轻工业	重工业
1984	32.1	43.1	24.8	47.4	52.6
1985	28.4	42.9	28.7	47.1	52.9
1986	28.2	43.7	29.1	47.6	52.4
1987	26.8	43.6	29.6	48.2	51.8
1988	25.7	43.8	30.5	49.3	50.7
1989	25.1	42.8	32.1	48.9	51.1
1990	27.1	41.3	31.6	49.4	50.6
1991	24.5	41.8	33.7	48.4	51.6

数据来源：《中国统计年鉴（2008）》，中国统计出版社 2008 年版。

（二）社会主义市场经济体制确立阶段（1992—2000）：注重中等职业教育质量和进行高等职业教育改革

1978 年开始的经济体制改革的过程实际上是微观经济基础与宏观经济管理体制两个渐进变化过程的统一。从微观的角度来看，一方面，在传统体制内的国有企业，沿着放权让利的改革路径经过数阶段的演变，其组织形式以及与政府的关系都出现了明显的变化，从而其行为方式已不再具有典型的传统计划体制的特点；另一方面，在传统体制外出现了具有市场经济行为的非国有企业，这两类企业的变化导致微观经济基础的变化。宏观经济的控制手段也由财政主导型向金融主导型转化，其后果是无论其宏观经济的控制目标还是手段均日益脱离传统计划经济的轨道。加上 20 世纪 80 年代以来各个领域内的改革都无一例外地对传统体制特别是传统宏观经济体制提出了前所未有的深刻挑战。这表明改革不能再沿着传统体制内行政性的分权，即放权让利式的道路前进，需要在战略上作出新的调整与安排，这就有必要对传统宏观经济体制做一个根本性的变革，即用市场经济条件下的宏观经济管理手段来取代传统的行政性手段，建立新的适应我国市场化需求的宏观调控体制。

1992 年初，邓小平视察南方各地，先后在武昌、深圳、珠海和上海等地发表了重要谈话。邓小平在谈话中强调指出："计划多一点还是市场多一点，不是社会主义与资本主义的本质区别。计划经济不等于社会主义，资本主义也有计划，市场经济不等于资本主义，社会主义也有市场。计划和市场都是经济手段。"① "改革开放迈不开步子，不敢闯，说来说去就是怕资本主义的东西多了，走了资本主义道路。要害是姓'资'还是姓'社'的问题，判断的标准，应该主要看是否有利于发展社会主义的生产力，是否有利于增强社会主义的综合国力，是否有利于提高人民的生活水平。"② 邓小平的这些重要谈话，澄清了在计划与市场的性质上多年来争论不休的姓"社"姓"资"的理论是非，廓清了"左"的思想对经济理论的研究和改革开放以来的干扰和阻碍，使人们进一步解放了思想，开阔了眼界，消除了顾虑。1992 年 10 月党的十四大在北京召开，大会总结了改革开放 14 年以来我国经济体制改革与经济发展的经验和教训，对社会主义市场经济问题作了全面系统的论述：一是确定了我国经济体制改革的目的建立社会主义市场经济体制。报告根据我国 14 年来改革开放的实践经验，从国际国内两个方面阐述了市场对解放和发展生产力的重要作用。二是指出问题的核心是正确认识和处理计划与市场的关系。报告要求要进一步解放思想，不要被一些姓"社"姓"资"的抽象争论束缚了自己的手脚，突破认为计划经济是资本主义和计划经济等于社会主义的传统观念，计划多一点还是市场多一点不是社会主义与资本主义的本质区别，深刻认识计划和市场都是经济手段。三是明确了要使市场对资源配置起基础性作用。报告要求经济活动遵循价值规律的要求，适应市场供求关系的变化，通过价格杠杆和竞争机制使资源配置到效益好的部门中去，促进企业优胜劣汰，运用市场信号促进产需协调，通过加强和改善宏观调控克服市场自身的弱点和缺点，发展全国统一市场，引导市场健康发展。四是强调了社会主义市场经济是同社会基本制度结合在一起的。报告中谈到，在所有制结构上以公有制经济为主体，非公有制为补充，多种经济成分长期共同发展和自愿实行多种形式联合经营；在分配制度上，以按劳分配为主，其他分配形式为补充，兼顾效率和公平；在宏观调控上，实行当前和长远、局部

① 《邓小平文选》第四卷，人民出版社 1993 年版，第 373 页。
② 同上书，第 372 页。

和整体利益相结合，充分发挥计划和市场两种手段的长处。五是提出了
围绕建立社会主义市场经济体制加快改革开放步伐的具体要求，具体包
括：(1)转化国有企业经营机制，把企业推向市场，增强市场活力，提
高企业素质；(2)加快市场体系的培育，尽快形成全国统一的、开放的
市场体系；(3)深入分配制度和社会保障制度改革；(4)加快政府职能
的转变，实行政企分开，加快机构改革；(5)扩大对外开放，充分利用
国外资金、资源、技术和管理经验。该报告标志着我国经济体制改革和
经济发展进入了一个全新的历史发展阶段，从此，社会主义市场经济成
为我国经济体制改革的总目标。与此同时党的十四大提出：必须把教育
摆在优先发展的战略地位，要积极发展职业教育，进一步改革教育体
制、教学内容和教学方法，加强师资队伍的培养和建设，扩大学校办学
自主权，促进教育同经济、科技的密切结合。

　　为了实现党的十四大所确定的战略任务，指导20世纪90年代乃至
21世纪初教育改革与发展，使教育更好地为社会主义现代化建设服务。
1993年2月，中共中央国务院发布了《中国教育改革与发展纲要》。
《纲要》对职业教育提出进一步改革措施：(1)高中阶段职校在校生人
数有较大幅度增加，未升学的初中和高中毕业生普遍接受不同年限的职
业技术培训，使城乡新增劳动力上岗前都能得到必须的职业训练。
(2)在结构选择上明确"积极发展职业技术教育"，把提高劳动者素质，
培养初、中级人才摆在突出的位置。(3)强调指出："职业教育是现代
教育的重要组成部分，是工业化和生产社会化、现代化的重要支柱。"
到20世纪末，中心城市的行业和每个县，都应当办好一两所示范性骨
干学校或培训中心，同大量形式多样的短期培训相结合，形成职业技术
网络。(4)坚持发展职教与当地经济发展的需要相适应，实现"普九"
的地区应以发展初中后职教为重点，尚未实现"普九"的地区，对不
能升入初中的小学毕业生实行职业技术培训，对升入高校的高中毕业生
进行职业技术培训，普通中学也要适当开设职教课程。(5)"提倡联合
办学，走产教结合的路了，更多地利用贷款发展校办产业，增强学校自
我发展的能力。"(6)认真实行"先培训、后就业"、持证上岗制度、对
未培训已就业的要进行岗前培训。(7)"有计划地实行小学后、初中
后、高中后三级分流，大力发展职业教育，逐步形成初等、中等、高等

职业教育和普通职业教育共同发展、相互衔接、比例合理的教育系列"。(8)"全国逐步建成约2000所重点中等职业学校或职业培训中心。"(9)在政府统筹管理下,主要依靠行业、企事业单位、社会团体和公民个人举办,鼓励社会各方面联合举办。(10)进一步理顺管理体制,教育行政部门负有统筹、协调和宏观管理的责任。学历教育为主的,原则上由教育部门管理,职业培训和在职的岗位培训,原则上由各级劳动、人事部门和有关业务部门管理。(11)中专、技校毕业生,近期委托、定向培养生和自费生外,实行国家宏观指导下,学校与用人单位供需见面和一定范围内双向选择的制度。(12)结合职教的特点,制定师资资格标准。到2000年,职中、技校60%以上教师要达到任职资格标准。《中国教育改革与发展纲要》的发布,使职业教育的定位更加清晰,进一步促进了我国职业教育在办学与管理体制、运行与激励机制、教学内容与方法等方面的改革正在向更深层次发展。

伴随着社会主义市场经济体制的初步建立,职业教育法制化建设很快提上议事日程。1996年5月,第八届全国人民代表大会常务委员会第十九次会议通过了《中华人民共和国职业教育法》,于当年9月1日起实施。该法明确了职业教育的法律地位,即"职业教育是国家教育事业的重要组成部分,是促进经济、社会发展和劳动就业的重要途径",进一步明确了"国家发展职业教育,推进职业教育改革,提高职业教育质量,建立、健全适应社会主义市场经济和社会进步需要的职业教育制度",使职业教育走上了依法治教的健康发展道路。它不仅为今后我国职业教育实业的改革与发展提供了强有力的法律保障,而且为各级政府和有关部门制定职业教育配套法规规章提供了法律依据。该法的颁布与实施,是我国职业教育近代发展史上的一个重要里程碑,是我国教育结构调整改革的重要法律成果,也是教育特别是职业教育对社会主义市场经济体制建立和完善的一个理性回应。为了贯彻《中国教育改革与发展纲要》和《中华人民共和国职业教育法》,1996年9月我国召开了第三次全国职业教育会议,会议强调了发展职业教育对实现现代化具有重要意义,提出通过深化改革走符合我国国情的发展职业教育的道路,在大力发展职业教育过程中不断提高职业教育质量,建立适应社会主义市场经济体制和社会发展需要的职业教育制度。会议确定了20世纪末至 21 世纪初我国职业教育的主要奋斗目标和工作任务：（1）进一步调整职业教育结构，推进以初中后为重点的不同阶段的教育的分流，建立、健全职业学校教育与培训并举，并与其他教育相互沟通、协调发展的职业教育体系。到 2000 年，使各类中等职业学校招生数和在校生数占高中阶段在校生数的比例全国平均达到 60% 左右，普及高中阶段教育的城市可达到 70%，不能升学的初中毕业生在从业前普遍受到不同形式的职业培训。（2）进一步深化办学体制、管理体制和运行机制的改革，逐步建立、健全有中国特色的、适应社会主义市场经济和社会进步需要的职业教育制度。（3）进一步加强职业教育内部建设和管理，深化教育教学改革，办出职业教育特色，努力提高教育质量和办学效益。会议强调通过三级分流大力发展职业教育，通过"三改一补"大力发展高等职业教育，并与其他教育相互沟通、协调发展职业教育体系。

　　社会主义市场经济体制的初步建立，大大解放和发展了生产力，促进了我国经济快速发展。同时，社会主义市场经济体制的初步建立，也大大加快了经济结构调整的步伐。在 20 世纪 80 年代末 90 年代初，经过加工工业的高速发展，农业、基础工业、基础设施相对较为滞后，油电煤等无法满足需要，引发了经济过热的问题。"八五"计划确定的产业结构调整的主要任务是，加强农业，加快交通运输业的发展，加快能源和重要原材料的发展，合理控制固定资产投资规模；"九五"计划确定的产业结构调整的主要任务是，把农业放在首要地位，同时调整第二产业，积极发展第三产业，保证国民经济持续、快速、健康发展。在"八五"、"九五"计划的指导下，我国产业结构得到进一步优化：第一，国内生产总值增长迅速，从 1990 年至 1999 年，国内生产总值由 18667.8 亿元增长到 89677.1 亿元，增长了 380.1%。第三产业继续保持最快速的增长，由 5888.4 亿元增长到 33873.4 亿元，增长了 475.3%。第二产业稍逊之，其增加值由 7717.4 亿元增长到 41033.6 亿元，增长了 191.8%。第二，第三产业产业比重持续上升，第一产业增加值占国内生产总值比重继续下降，由 1990 年的 27.1% 下降为 1999 年的 16.5%。第二产业和第三产业的比重继续增加，特别是第三产业比重增加迅速，第二产业比重由 41.3% 小幅上升为 45.8%，第三产业比重则由 31.6% 上升为 37.3%。第三，工业中轻工业比重略超重工业。

从 1990 年至 1999 年，中国轻工业总产值个重工业产值之比虽然变化不是很大，但轻工业略胜一筹，两者之比 1990 年为 1∶0.98，1999 年为 1∶0.97。[①]

产业结构优化带来了劳动力市场的巨大变化，对初中级技术人才数量和培养质量提出了更高的需求。为此，教育质量成为 20 世纪 90 年代后中等职业教育改革的重点。1991 年，国家教委开始对中等专业学校进行评估。1993 年 5 月，国家教委决定评选重点中专。1994 年 2 月，国家教委又推出政策，要求集中力量建好一批重点中专。重点中专建设成为提升中等职业教育质量的重要举措，作为承担培养大批技术工人任务的技工学校，随着其招生规模的扩张和办学主体的多元化，保障重点建设、突出质量办学也成为国家调控的重点。1994 年 9 月，国家教委首次确定要建设 130 个"国家级重点技工学校"。随着国家级重点中专、省部级重点中专的认定，中等专业学校的办学水平大幅度提高，这些骨干示范学校对提高职业教育的教学质量和办学水平，推动职业教育的改革与发展具有十分重要的作用。在对中等专业学校评估的同时，国家教委也对职业高中的质量进行评估。从 1990 年开始，国家教委开始了认定省级重点职业高中的工作，通过两次组织进行评估，1994 年评出了 455 所省级重点职业高中，占全国职业高中总数的 5.7%。1998—1999 年间，教育部修订了《普通中等专业学校办学水平评估指标体系》和《国家级重点中等专业学校条件》，突出了质量和效益以及评估的可操作性。1994—1996 年，国家教委通过评估颁布 349 所国家级重点中专、296 所国家级重点职业高中。到 2000 年初，共有国家级重点技工学校 297 所，骨干学校的建设推动了职业教育整体水平的提高。[②] 在建设骨干学校的同时，职业教育课程和教学改革也轰轰烈烈开展起来。1998 年 7 月教育部发出《关于制订职业高级中学专业目录的通知》，提出调整原有专业设置的主要原则，包括严格把握中级技术工人、具有中级技术水平的农

[①] 国家统计局：《2008 年中国统计年鉴》，中国统计出版社 2008 年版。

[②] 杨金土：《90 年代中国职业教育改革大潮丛书（职业教育卷）》，北京师范大学出版社 2002 年版，第 62 页。

民、中级管理人员以及技术人员和其他从业人员的目标；要与国家制定的职业分类和职业等级标志相适应，并体现职业高中的特点；每个专业都应有相应的生产、服务、技术和管理方面的职业能力的基本要求，有突出的应用性和实践性的课程体系；专业服务范围应适当拓宽，一般面向一个职业岗位群；在适应当前经济、科技发展水平的基础上，适度超前考虑专业人员的需求，对于新的职业、岗位对人才的需求给予充分的重视。[1] 总之，20 世纪 90 年代中等职业教育改革，提高了中等职业学校的教育质量与办学效益，也促进了中等职业教育健康稳定发展。经过"八五"和"九五"的重点建设，全国中等职业教育发展达到历史最高水平。1997 年全国中等职业技术学校（含中专、技工学校、职业技术高中）共有 17116 所，在校生 1089.4 万人，招生规模 520 万人。1998 年，中等职业教育在校生规模达 1430 万人，提前实现了《中国教育改革与发展纲要》确定的职业教育到 20 世纪末的发展目标。[2] 中等职业教育在规模上的大扩张和开始注重追求质量的重点建设思路，表明我国职业教育改革正在朝着新的方向发展。

20 世纪 90 年代产业结构调整对中高级技术人才的需求也促进了高等职业改革。随着国务院《关于〈中国教育改革与发展纲要〉的实施意见》和《关于推动职业大学改革与建设的几点意见》等文件的实施，积极发展高等职业教育并加强高等职业教育进行研究，成为高等教育发展的重点。《关于〈中国教育改革与发展纲要〉的实施意见》要求："办学部门要认真研究这些学校（即短期职业大学）的办学方向。"《关于推动职业大学改革与建设的几点意见》认为："高等职业教育在我国发展时间不长，经验不足，重视不够……影响了职业大学的建设与发展"，"要采取有力的措施，重视和加强对职业大学的领导和管理，积极推动职业大学的改革、建设与发展"。在中央相关政策的指引下，我国高等职业教育发展步伐逐步加大。1994 年 6

---

[1]　俞启定、和震：《中国职业教育发展史》，高等教育出版社 2012 年版，第 186 页。

[2]　胡诚、胡萍：《中国职业技术教育及其研究的历史回顾》，《长春工业大学学报》（高教研究版）2006 年第 9 期。

月，中共中央、国务院召开了第二次全国教育工作会议，会议首次提出了"三改一补"的高等职业教育发展方针，即"通过现有的职业大学、部分高等专科学校和独立设置的成人高校改革办学模式、调整培养目标来发展高等教育，在仍不满足时，经批准可利用少数具备条件的重点中等专业学校改制或举办高职班等方式为补充"。1997 年进一步强调，指出我国高等职业教育以内涵发展为主，以改革为重点，通过推进现有职业大学、专科学校和独立设置的成人高校的改革、改组、改制来实现，在仍不能满足需要时，经批准可利用少数具备条件的国家级重点中专办高职班或改制等方式作为补充。1998 年，教育部规定，现阶段发展高等职业教育的重点是以内涵为主，实行"三多一改"的发展方针。即：一是多渠道。主要通过高等专科学校、职业大学、职业技术学院、成人高等学校、民办高校以及部分办学条件较好的中专学校改制承办高等职业教育，部分本科特别是综合性大学，可以设立高等职业技术学院。二是多种模式。对于学历高等职业教育以高中后二至三年高等职业教育为主，同时，要积极探索初中后 5 年制高等职业教育的办学模式，专业设置"宽"、"窄"并存，学历教育与非学历教育并举。三是多种运行机制。除国有学校举办高等职业教育以外，逐步实行"学校面向生源市场自主办学、学生不转户口、自谋职业"的办学机制，鼓励民办高等职业教育。四是一改。就是要以教学改革为工作重点，面向地区经济社会发展和就业市场的实际需要，努力培养生产、服务、管理第一线的实用人才，办出特色。至此，职业大学、职业技术学院、高等专科学校、普通本科院校二级职业技术学院、部分重点中专、成人高等学校六类高校共同举办高等职业教育的局面初步形成，极大地促进了我国高等职业教育的发展。1999 年党中央和国务院在全国教育工作会议上作出了高等教育扩招的决策，我国高等职业教育步入了高速发展的新阶段。1999 年 6 月，《中共中央、国务院关于深化教育改革全面推进素质教育的决定》明确提出"大力发展高等职业教育，培养一大批具有必要理论知识和较强实践能力，生产、建设、管理、服务第一线和农村急需的专门人才"，"现有的职业大学、独立设置的成人高校和部分高等专科学校要通过改革、改组和改制，逐步调整为职业技术学院"。到 1999 年，全国共有高等职业技术学院 37 所，职业大学 73 所，高等技术专科学校 3 所，举办五年制高等职业教育的中专学校 14 所。[①]

20 世纪 90 年代后，市场经济建设步伐越来越快，农村在整个国民经济建设中的地位和作用日益明显，对农业技术人才的需求越来越大。此时，农村职业教育的改革思路及发展重点主要体现在，一是围绕农科教结合模式发展农村职业教育；二是开展大规模的农村教育综合改革。1992 年《国务院关于积极实行农科教推动农村经济发展的通知》发布，提出农科教结合是科教兴农的具体表现形式，它是农业现代化的一个重要途径，在农科教结合中大力发展农村职业教育。所谓"农科教结合"，即在当地政府统筹下，改变农村经济、科技、教育相互脱节的状况，坚持农村的发展要依靠科技和教育、教育要为农业和农村工作服务的方向；坚持教育部门与农业、科技等部门密切合作的体制，实现资源共享，优势互补，共同为农业和农村经济发展服务，逐步形成农业、科技、教育相互促进协调发展的良好运行机制。1995 年国家教委颁布了《关于深入推进农村教育综合改革的意见》，提出农村教育综合改革的主要任务和具体要求。其主要任务是：(1)落实教育优先发展的战略地位，在各级政府和教育主管部门的领导下，进一步调整和优化农村教育结构，坚持"三教统筹"和"农科教结合"，促进"燎原计划"与"星火计划"、"丰收计划"的有机结合，使农村教育与农村经济、社会协调发展，使农村劳动者素质有较大提高，为当地建设培养所需要的中、初级专业人才，逐步形成适应现代化建设的农村教育体系。(2)农村教育综合改革必须从农村各地区经济、社会发展不平衡的实际出发，按照分区规划、分类指导、分步实施的原则进行。(3)农科教结合是农村教育综合改革实践的重要经验，各地要继续认真落实。(4)农村教育综合改革实验县要继续建立、健全由主要领导牵头的，有农业、科技等部门参加的农村教育综合改革协调小组，成立具体的办事机构，配备素质较高的人员，安排必要的经费，提供必要的条件。(5)教育部门在农科教结合中，要主动了解和关心当地农业、科技发展对各类人才的需

---

① 胡诚、胡萍：《中国职业技术教育及其研究的历史回顾》，《长春工业大学学报》（高教研究版）2006 年第 9 期。

求。多年来，以"燎原计划"、"农科教结合"、"三教统筹"为标志的农村教育综合改革，在农村经济社会中发挥了巨大的作用：(1)促进了农村教育的整体发展和"两基"目标的实现。农村教育的办学方向得到较大转变，农村教育结构得到较大调整，初步形成了基础教育、职业教育和成人教育相互沟通的农村教育体系和县、乡、村三级成人文化技术与培训网络。(2)促进了农村劳动力素质的提高，探索出一条符合我国国情的农村教育综合改革的路子，为将我国沉重的人口负担转变为人力资源优势作出了积极贡献。据统计，1998—2002年，中等职业学校共培养农村学生1300万人，扫除文盲1270万人，培训农村劳动力4.6亿人次，培养了大批科技示范户和致富带头人。农村15岁及以上人口人均受教育年限，由4.7年上升为6.85年。(3)促进了农村实用技术的普及与推广，推动了农业和农村经济的发展。各地通过开展农科教结合，大量引进农业新技术、新品种、新项目，使科技在农业生产总值的贡献率得到提高。(4)涌现了一大批三教统筹、农科教结合、教育为农服务的好典型。如山东平度县、黑龙江呼兰县、上海嘉定县、四川省温江县、安徽省黄山市、湖南省怀化市、河北省唐山市等。①

总的看来，20世纪90年代，随着社会主义市场经济体制的初步建立，经济转型使生产力得到极大的解放的同时，劳动力市场也发生巨大变化。为此，国家大力倡导教育体制改革，重视中等职业教育改革，提高中等职业学校的教育质量与办学效益；对职业教育结构进行进一步调整，大力发展高等职业教育；开展大规模的农村教育综合改革，实行农科教相结合。重视职业教育法制化建设，颁布《中华人民共和国职业教育法》。这一时期职业教育改革的基本特点主要体现在三个方面：一是职业教育的规模迅速扩大，具体体现为职业院校数量增加和学生人数的增长，并且初步建立起具有中国特色的职业教育体系；二是办学理念的转变，重视中等职业教育质量和高等职业教育规模扩张，为经济转型与发展提供不同类别的中高级技术人才；三是制定专门的法律法规，使职业教育在整个教育体系中的地位和作用再一次得到明确，职业教育进

---

① 孙琳：《转型时期中国职业教育的改革与发展》，高等教育出版社2007年版，第131页。

入法制化健康发展的轨道。但不容忽视的问题是，从计划经济体制转向引入市场经济体制的转型期，中等职业教育出现了前所未有的困顿和危机。自1997年开始，中等职业教育招生数在总量增加的同时，占高中阶段招生比例在不断下降，从1998年开始招生数出现负增长。中等职业教育招生规模、在校生规模分别从1998年的526万人、1467万人下降到2001年的100万人、1165万人。到2001年，高中阶段职业教育（含职业高中、普通中专和技工学校）招生337.83万人，此时普通高中的招生数为557.98万人。① 这一变化导致高中阶段教育的比例失调，影响了经济建设一线技能型人才的补给，进而造成整个社会人力资源结构的不合理。2001年9月全国人大教科文卫委员会对各地实施《职业教育法》的情况进行检查，提出了以下主要的问题：一是职业学校教育在校生规模滑坡、生源质量下降和职业学校资源流失；二是对职业教育认识不足，政府的作用没有充分发挥；三是职业学校主动适应市场变化的力度还不够。②

（三）社会主义市场经济体制完善阶段（2000—2008）：大力发展职业教育和注重高等职业教育质量

20世纪末到21世纪初，面对突如其来的亚洲金融危机，我国实施了"扩大内需"的方针，适时采取积极的财政政策和稳健的货币政策，克服了亚洲金融危机和世界经济波动的不利影响，保持了经济较快增长。然而，随着经济体的不断壮大和经济体制改革的不断进一步深入，我国经济发展遇到一些新的问题，主要包括：第一，能源问题。我国的能源总量比较丰富，但由于人口较多，人均能源资源拥有量在世界处于较低水平。煤炭和水力资源拥有量仅为世界平均水平的50%，食油、天然气人均资源拥有量仅为世界平均水平的1/15左右。而且，由于体制的原因，中国煤炭产业生产能力的后劲严重不足。同时，中国的能源利用率也很低，只有32%左右，比发达国家低10个百分点。中国从1993年已经成为石油净进口国，石油进口量从1993年的988万吨增加

---

① 和震：《职业教育政策研究》，高等教育出版社2012年版，第128页。
② 黄尧：《职业教育可持续发展战略研究》，高等教育出版社2012年版，第69页。

到 2002 年的 7000 多万吨，年均增长近 25%，对外依存度也从 6.4% 上升到 30%。① 第二，人口和粮食安全问题。中国有 13 亿人口，是世界上人口最多的国家。专家预测，到 2030 年中国的人口会增加到 16.5 亿人。而且，中国正处于工业化中后期阶段，在未来几十年内，产业结构和社会结构将会发生剧烈变革。进入 21 世纪后，中国粮食需求的增长将超过供给的增长，粮食自给率下降，外贸依存度上升。不仅如此，中国粮食供求还面临严峻的结构性矛盾，这种结构性矛盾既包括工业化进程中的农业生产对食物消费结构变化的不适应，又包括区域间粮食供求的不平衡，还包括粮食市场和价格波动对宏观经济的稳定，等等。第三，环境问题。随着中国工业化进程的加速以及消费结构升级、产业结构变动，中国必将进入新一轮的经济增长期。在这个增长期内，第二产业会加速发展，工业结构的重化工业和技术升级特征明显。在这种条件下，能源的需求是比大幅度增加。这将导致主要污染物和生态恶化已经到了相当严重的程度。水、大气、土壤等污染日益严重，固体废物、汽车尾气、持久性有机物等污染持续增加。据估计，每年由于环境污染和生态破坏所造成的经济损失高达 2000 亿元，占中国 1992 年国民生产总值（GNP）的 9% 左右。第四，城乡差距进一步扩大。据世界银行统计，1982 年中国居民收入基尼系数为 0.28，1990 年上升为 0.35，2001 年为 0.45。据中国社会科学院经济研究所收入分配课题组研究，全国居民收入基尼系数已由 1988 年的 0.382 上升到 2002 年的 0.454。全国居民财产分布的基尼系数差距更大，已由 1995 年的 0.40 上升到 2002 年的 0.55。② 第五，市场体制改革和政府职能转变的问题。中国加入 WTO 后，市场经济体制需要进一步与世界接轨，这其中包含着政府职能的接轨。可见，新一轮的经济体制改革刻不容缓。

2002 年中国共产党召开了第十六次全国代表大会，提出了 21 世纪头 20 年全面建设小康社会的宏伟目标，其中最根本的是坚持以经济建设为中心，不断解放和发展生产力，其措施包括：第一，走新型工业化

---

① 武力、彤新春：《中国共产党治国经济方略研究》，中国人民大学出版社 2009 年版，第 190 页。

② 同上书，第 192 页。

道路。坚持以信息化带动工业化，以工业促进信息化，走出一条科技含量高、经济效益好、资源消耗低、环境污染少、人力资源优势得到充分发挥的新型工业化路子。第二，全面繁荣农村经济。加快城镇化进程。第三，积极推进西部大开发，促进区域经济协调发展。第四，坚持和完善基本经济制度，深化国有资产管理体制改革。第五，健全现代市场体系，加强和完善宏观调控，将促进经济增长、增加就业、稳定物价、保持国际收支平衡作为宏观调控的主要目标。第六，深化收入分配制度改革，健全社会保障体系。第七，坚持"引进来"和"走出去"相结合，全面提高对外开放水平。第八，千方百计扩大就业，不断改善人民生活。2003 年 11 月，党的十六届三中全会通过了《中共中央关于完善社会主义市场经济体制若干问题的决定》，提出以科学发展观和建设社会主义和谐社会为战略思想，全面深化经济体制改革，建立健全转变经济发展方式、构建和谐社会、适应经济全球化趋势的体制机制。会议提出了完善社会主义市场经济体制的目标和任务。按照统筹城乡发展、统筹区域发展、统筹经济社会发展、统筹人与自然和谐发展、统筹国内发展和对外开放的要求，更大程度地发挥市场在资源配置中的基础性作用，增强企业活力和竞争力，健全国家宏观调控，完善政府社会管理和公共服务职能，为全面建设小康社会提供强有力的体制保障。主要任务是：完善公有制为主体、多种所有制经济共同发展的基本经济制度；建立有利于逐步改变城乡二元经济结构的体制；形成促进区域经济协调发展的机制；建设统一开放竞争有序的现代市场体系；完善宏观调控体系、行政管理体制和经济法律制度；健全就业、收入分配和社会保障制度；建立促进经济社会可持续发展的机制。会议提出了完善社会主义市场经济体制的具体措施：进一步巩固和发展公有制经济，鼓励、支持和引导非公有制经济发展；完善国有资产管理体制，深化国有企业改革；继续改善宏观调控，加快转变政府职能；深化涉外经济体制改革，全面提高对外开放水平；深化科技教育文化卫生体制改革；深化行政管理体制改革，完善经济法律制度。从此，我国经济改革进入了一个新的历史时期，即在全面发展和建设和谐社会的目标下，以科学发展观为指导，以转变政府经济职能为核心的完善社会主义市场经济体制的时期。

以转变政府经济职能为核心的社会主义市场经济体制改革大大促进

了产业结构转型和城乡结构调整。进入 21 世纪以来，我国产业结构演进呈现的突出特征为重工业发展明显加快，重工业的产值比重一路走高，从 1999 年的 58.03% 一直提升到 2010 年的 71.36%，而轻工业所占比重显著下降。从三次产业整体变动来看，第一产业比重仍然呈下降趋势，第二产业总体略有升高，而第三产业所占比重在波动中基本上保持稳定。此时，由于发育不健全的市场体制和政策在重化工业过程中扮演了主要角色：一是把数量扩张作为主要目标的旧思想和老做法没有彻底改变；二是各级政府继续保持着过多的资源配置权力和对企业微观经济决策的干预权力；三是财政体制的缺陷使各级政府官员有动力和能力进行过度投资，营建"形象工程"和"政绩工程"。四是要素价格的严重扭曲鼓励高资源投入、低效率项目的扩张。[1] 在多种因素的共同作用下，重化工业化的浪潮席卷全国，重工业投资和产值比重节节攀升。2000—2010 年，我国工业产值增速为 5.92 倍，而增速较高的行业主要集中在两类：一是基础工业，例如煤炭开采和洗选业（16.32%），黑色金属采选业（35.39%），有色金属采选业（8.37%），电力、热力的生产和供应业（7.79%），燃气生产和供应业（13.05%）；二是高加工度产业，例如黑色金属冶炼及压延加工业（8.85%）、有色金属冶炼及压延加工业（11.9%）、通用设备制造业（10.53%）、专用设备制造业（8.83%）、交通运输设备制造业（9.34%）、电器机械及器材制造业（7.97%）。[2]

以重工业为特征的工业结构调整和以城镇化为特征的城乡结构调整，给我国经济和社会带来了很大的影响。20 世纪 90 年代中期以来，受产业结构调整与经济体制改革加快的双重影响，我国城镇失业人口和失业率连创新高。尽管我国经济一直处于持续高速增长的状态，但所提供的就业机会仍不能满足过去几十年城市改革中出现的 4000 多万下岗职工的再就业需要及现在每年新增 1000 万以上进城务工农民和 300 万—400 万新增毕业大学生就业的需要。因此，职业教育改革与发展刻不容缓。

---

① 赵显洲：《中国农业剩余劳动力管理转移问题研究——以产业结构变动为主线》，经济科学出版社 2010 年版，第 41 页。

② 易善策：《产业结构演进与城镇化》，社会科学文献出版社 2013 年版，第 187 页。

2002 年党的十六大提出了"造就数以亿计的高素质劳动者、数以千万计的专门人才和一大批拔尖创新人才",要"形成比较完善的现代国民教育体系、科技和文化创新体系、全民健身和医疗卫生体系。人民享有良好教育的机会,基本普及高中阶段教育,消除文盲。形成全民学习、终身学习的学习型社会,促进人的全面发展"。按照党的十六大的精神,推动职业教育更好地服务于小康社会建设,2002 年国务院召开了全国职业教育会议,会议作出了《国务院关于大力推进职业教育改革与发展的决定》,进一步确立了新时期职业教育的重要地位,明确了"十五"期间职业教育改革与发展的指导思想、基本思路和目标任务,提出了一系列推进职业教育事业的重大政策措施。具体包括:一是明确职业教育改革与发展的新目标。《决定》提出,"力争'十五'期间初步建立起适应社会主义市场经济体制,与市场需求和劳动就业紧密结合,结构合理、特色鲜明、自主发展的现代职业教育体系",为新世纪职业教育改革与发展明确了新目标。二是强化了职业教育的社会服务功能。《决定》提出,职业教育要"为经济结构调整和技术进步服务,为促进就业和再就业服务,为农业、农村和农民服务,为推进西部大开发服务"。三是推进职业教育管理体制改革。《决定》提出,"推进职业教育管理体制改革,建立并逐步完善在国务院领导下,分级管理、地方为主、政府统筹、社会参与的管理体制"。四是深化职业教育办学体制改革。《决定》提出,"深化职业教育办学体制改革,形成政府主导,依靠企业、充分发挥行业作用、社会力量积极参与的多元办学格局"。不仅如此,与之相配套,劳动和社会保障部、教育部和人事部制定了《关于进一步推动职业学校实施职业资格证书制度的意见》,教育部、国家经贸委及劳动和社会保障部制定了《关于进一步发挥行业、企业在职教育和培训中的作用的意见》。这些政策为我国近年来职业教育在新时期的主要任务定下了基调,对未来的发展确定了方向。此后,我国职业教育改革与发展取得了新的重大成就。中等职业学校招生从 2001 年的 398 万人上升到 2005 年的 656 万人;2005 年高职院校招生 268 万人,占普通高校招生数的 53.14%。另据 2005 年教育部统计数据显示,各种形式的城乡教育培训在全国广泛开展，年培训达 7000 多万人次。①

2005 年 10 月，国务院作出了《关于大力发展职业教育的决定》（下称《决定》）。《决定》明确提出，发展职业教育是我国经济社会发展的重要基础和教育工作的战略重点，在此基础上确定了我国职业教育改革发展的指导思想、目标任务和政策措施。其中职业教育在"十一五"期间的改革发展目标是：进一步建立适应社会主义市场经济体制，满足人民群众终身学习的需要，与市场需求和劳动就业紧密结合，校企合作、工学结合、结构合理、形式多样、灵活开放、自主发展，有中国特色的现代职业教育体系；继续完善"政府主导、依靠企业、充分发挥行业作用、社会力量积极参与，公办和民办共同发展"的多元办学格局和"在国务院领导下，分级管理、地方为主，政府统筹、社会参与"的管理体制；继续扩大职业教育的规模，使我国劳动者的素质得到明显提高；职业教育办学条件普遍改善，师资队伍建设进一步加强，质量效益明显提高。《决定》提出：到 2010 年，中等职业教育招生计划达到 800 万人，与普通高中招生规模大体相当；高等职业教育招生规模占高等教育招生规模一半以上。《决定》同时提出了"十一五"期间我国发展职业教育的重大举措：中央财政对职业教育投入 100 亿元，实施国家技能型人才培训工程、国家农村劳动力转移培训工程、农村实用人才培训工程、以提高职业技能为重点的成人继续教育和再就业培训工程等"四大工程"；实施职业教育实训基地建设计划、县级职业教育中心专项建设计划、职业教育示范性院校建设计划、职业院校教师素质提高计划等"四大计划"，加强职业教育的基础能力建设。在深化职业教育教育教学改革、加强职业教育内涵建设方面，《决定》提出"以就业为导向"，努力实现职业教育办学思想的转变，改革教学内容、教学方法、教学评价，强化实践和实训环节教学，推行工学结合、校企合作等培养模式，全面推进素质教育。《决定》还对职业教育管理体制改革与创新、推动校企合作、完善就业制度、增加经费投入、加强政府领导和社会支持等方面进行总体定位。这次会议进一步明确了"十一五"期

---

① 黄尧：《职业教育可持续发展战略研究》，高等教育出版社 2012 年版，第 70—71 页。

间我国职业教育改革与发展的指导思想、目标任务和改革措施，是我国职业教育发展史上的新的里程碑。

为了落实国务院作出的《关于大力发展职业教育的决定》的精神，2005 年 6 月，教育部、财政部印发了《中央财政支持的职业教育实训基地建设项目支持奖励评审试行标准》，进一步加大专项资金投入力度，在全国引导性奖励、支持建设一批能够资源共享，集教学、培训、职业技能鉴定和技术服务为一体的职业教育实训基地。中央财政用于支持职业教育实训基地建设的专项资金将采取以奖代补的方式下达，主要用于职业教育实训基地购置设备。2005 年 12 月，财政部决定安排 7.4 亿元，对涉及数控、计算机、汽修、电子电工、建筑技术、煤炭安全、生物技术 8 个专业类别的 392 个职业教育实训基地给予奖励支持。到 2006 年底，共支持 763 个实训基地建设。[①] 就县级职业教育中心专项建设而言，2004 年，国家发展与改革委员会会同有关部门共同发布了《关于组织制订推进职业教育发展专项建设计划指导意见》。该意见提出：在今后几年内，经过中央和地方的共同努力，加强 1000 所左右市、县级骨干中等职业学校的建设，形成一批设施、设备条件基本满足技能型人才培养要求和基本满足农村劳动力转移培训要求的职业教育基地。2005 年，国家安排 10 亿元国债资金支持以县级职业教育中心为主的 525 所中等职业学校的建设，每年安排 5 亿元左右的经费用于县级职业教育中心的建设。2006 年度中央财政安排 20 亿元专项资金，共支持了 171 个县级职教中心、218 所示范性中等职业学校、317 个职业教育职业基地。[②] 2006 年 12 月，教育部、财政部印发了《关于实施中等职业学校教师素质提高计划的意见》，主要内容包括：（1）实施专业骨干教师国家培训，重点支持 3 万名中等职业学校专业骨干教师参加国家级培训，时间为 2 个月，参培教师先在国家公布的培训机构进行 1 个月的专业理论和教育教法培训，然后到对口企业进行 1 个月的企业实践活动。（2）开发重点专业师资培养方案、课程和教材，中央财政安排专项资金，支持全国重点建设职教师资培养培训基地和全国职教专业技能示范

---

① 和震：《职业教育政策研究》，高等教育出版社 2012 年版，第 199 页。
② 同上书，第 200 页。

单位,开发100个重点专业、紧缺专业的师资培养方案、课程和教材,完善这些专业的教师培养培训项目体系,满足新师资培养、教师继续教育和校长培训等不同层次和类型的培养培训需求。(3)实施中等职业学校紧缺专业特聘兼职教师自主计划,中央财政安排专项资金,支持一批发展势头较好、社会声誉较高、专业师资紧缺的中等职业学校从社会上聘请在职或退休的专业技术人员、高技能人员兼职任教,以补充学校专业课和实习指导教师的不足。

20世纪末到21世纪初,受"拉动内需"指导思想的影响,我国高等职业教育得到飞速发展。但是,高等职业教育发展定位不清晰,内涵建设缺失,导致人才培养质量不高。因此,高等职业教育改革迫在眉睫。高等职业教育改革主要体现在三个方面:一是启动高职院校人才培养和办学水平评估工作,通过评估促进高等职业院校的内涵建设。2003年,教育部下发了《关于开展高职高专院校评估试点工作的通知》,启动高职高专评估试点工作,对25个省市的26所高等职业院校进行了评估。在试点的基础上,2004年4月,教育部印发了《关于全面开展高职高专院校人才培养工作水平评估的通知》,委托省级教育行政部门具体组织实施本地高职高专院校评估工作,正式建立起五年一轮的高职高专评估制度。在高职院校第一轮评估过程中,又不断完善内涵建设思路,于2008年颁布更多地体现高等职业教育特色的《高等职业院校人才培养工作评估方案》,有效指导了后续的评估工作。各省级教育行政部门在教育部的指导和部署下,也制定了本省高等职业院校人才培养工作水平评估工作的总体规划和年度计划,保证五年内完成本省所有高等职业院校的第一轮评估。[①] 二是重视高等职业教育质量建设。2004年教育部颁布了《以就业为指导,深化高等职业教育改革的若干意见》,标志着我国高等职业教育的发展开始转向更加注重质量提高、更加重视内涵建设。2006年,教育部发布《关于全面提高高等职业教育教学质量的若干意见》,强调了提高高等职业教育教学质量的重要性和紧迫性,对高等职业教育专业

---

① 方展画等:《知识与技能——中国职业教育60年》,浙江大学出版社2009年版,第195页。

建设、课程改革、实践能力培养、实习基地建设、专业教学团队建设、完善教学质量等方面提出了指导性意见。文件提出了八大改革措施：加强素质教育，强化职业道德，明确培养目标；服务区域经济和社会发展，以就业为导向；大力推行工学结合，突出实践能力培养，改革人才培养模式；校企合作，加强实训、实习基地建设；注重教师队伍的"双师"结构，改革人事分配和管理制度，加强专兼结合的专业教学团队建设；加强教学评估，完善职业教育质量保障体系；切实加强领导，规范管理，保证高等职业教育持续健康发展。① 三是重视示范性高职院校建设。2006 年 11 月，教育部、财政部联合出台了《关于实施国家示范性高等职业院校建设计划加快高等职业教育改革与发展的意见》，采取中央引导、地方为主、行业企业参与、院校具体实施的方式，重点支持 100 所国家示范性高等职业院校。该计划包含五个方面的内容：以示范院校基本建设和提高教学基础设施水平为主要手段，提高示范院校的整体办学水平；大力推进教学改革；加强重点专业领域建设，在 100 所示范院校中，选择 500 个左右办学理念先进、产学结合紧密、特色鲜明、就业率高的专业进行重点支持；增强社会服务能力；创建"共享"型专业教学资源库。这是"十一五"期间提高高等职业教育质量、加快高等职业教育改革与发展的重要战略举措。

21 世纪以来，随着农村生产力水平的提高和工业化进程提速，我国城乡结构调整力度进一步加大，城镇化步伐明显加快，城镇化水平持续提高，城市体系和功能不断完善，吸纳就业的能力不断增强。城镇就业岗位快速增加，带动了农村剩余劳动力不断向城镇转移。2000 年农村外出劳动力突破 8000 万人；2005 年突破 1 亿人，达到 1.26 亿人；2006 年达到 1.3 亿人。预计到 2020 年还将有 2.2 亿人农村富余劳动力向城镇和非农产业转移。因此，加强农村职业技能培训势在必行。2004 年 2 月，教育部印发了《农村劳动力转移培训计划》。同年 3 月，教育部与农业部等六部门联合启动了农村劳动力转移培训"阳光工程"，计

---

① 方展画等：《知识与技能——中国职业教育 60 年》，浙江大学出版社 2009 年版，第 195 页。

划要在粮食主产区、劳动力主要输出区、贫困地区和革命老区开展的农村劳动力转移到非农领域就业前的职业技能培训示范项目。按照"政府推动、学校主办，部门监管、农民受益"的原则组织实施。旨在提高农村劳动力素质和就业技能，促进农村劳动力向非农产业和城镇转移。2005 年 3 月，教育部印发了《关于实施农村实用技术培训计划的意见》，要求动员组织农村各级各类学校，特别是职业学校和成人学校，实施"农村实用技术培训计划"，对在乡农村劳动力普遍开展适合当地生产需求的实用技术培训，促进农村劳动力的科技文化素质普遍提高。

　　总的看来，社会主义市场经济体制改革完善阶段职业教育改革，已经取得了初步成效：第一，建立了世界上规模最大的职业教育体系。2008 年，我国中等职业学校 13093 所，在校生 959 万人。中等和高等职业学校在校生的总数近 3000 万人。2008 年，仅依托学校和教育机构开展各类职业培训就达 6000 多万人次。2002 年以来，职业教育累计为我国现代化建设输送了 200 余万高素质劳动者和技术技能人才。第二，形成了基本完善的职业教育法律制度体系。目前，我国已基本形成了以《中华人民共和国职业教育法》为基础，《中华人民共和国教育法》《中华人民共和国劳动法》《中华人民共和国就业促进法》等相关法律为补充，行政法规、地方法规、行政规章为配套的职业教育法律制度体系，以及以法律制度为基础的职业教育行政管理体系、职业教育机构体系和职业教育服务支撑体系。第三，探索了灵活多样的职业教育办学模式。截至 2011 年，行业企业举办的中等职业学校占中职学校总数的 9.6%，举办的高等职业学校占高职学校总数的 24%。行业企业与职业院校共同组建职业教育集团 500 多个；行业与职业教育的对话机制形成，共举办对话协作活动 17 次。积极发展民办职业教育，全国共有民办职业学校 3164 所，在校生 450 多万人。第四，确立了覆盖广泛的职业教育学生资助体系。2007 年，我国进一步完善了中等职业学校家庭经济困难学生资助政策。从 2009 年起，对全日制中等职业学校农村家庭经济困难和涉农专业学生实施免学费政策，2010 年又扩大至城市经济困难学生，2011 年受助学生达 395 万人。高等职业教育学生享受国家奖学金、助学金和助学贷款等各项奖补政策，受助面达 20% 以上。第五，走出了一条中国特色的职业教育发展道路。随着对职业教育本职特征和伴随规律的认识不断深化，党和政府提出了职业教育面向人人，面向社会，构建具有中国特色、世界水准的现代职业教育体系等一系列重要理念、方针和目标，形成了推进职业教育科学发展的思想体系，我国职业教育走出了一条中国特色的发展道路。[①] 尽管我国职业教育改革与发展已经取得了很大的成就，但与适应现代化建设的实际要求相比仍存在很多差距，面临着一系列迫切需要解决的问题，主要包括：第一，从制约职业教育发展的社会环境来看，国家的相关法律制度和宏观政策有待进一步完善；第二，从制约职业教育发展的经费保障因素来看，职业教育"高成本"与"低投入"的矛盾非常突出；第三，从制约职业教育发展的学校内部因素来看，职业学校的办学条件难以适应规模发展的需要；第四，从制约职业教育发展的管理体制因素来看，突破多头管理的体制性障碍成为实现协调发展的关键；第五，从制约职业教育发展的教学因素来看，职业院校培养技能型人才的质量和水平亟须全面提高。[②]

社会主义市场经济体制改革完善阶段职业教育改革，大大促进了我国经济持续、快速、健康发展。据统计，2000 年至 2008 年，国内生产总值由 99214.6 亿元增加到 300670 亿元，增长了 203.1%，其中第二产业增长幅度最大，由 45555.9 亿元增长到 146183.4 亿元，增长了220.9%，第三产业次之，由 38714 亿元增长到 120486.6 亿元，增长了211.2%，第一产业由 14944.7 亿元增长到 34000 亿元，仅增长了127.5%。产业结构继续演变，第二、三产业比重持续增大。第二产业增加值和第三产业增加值占国内生产总值的比重不断提高，其中第二产业比重由 45.9% 上升到 48.1%，第三产业比重由 39% 上升到 40.1%，第一产业增加值占国内生产总值的比重由 15.3% 下降为 11.3%。工业中重工业比重持续增长，轻重工业总产值之比由 2000 年的 0.68:1 下降

① 教育部职业技术教育中心研究所：《中国特色职业教育发展之路——中国职业教育发展报告 2002—2012》，高等教育出版社 2012 年版，第 1—19 页。
② 黄尧：《职业教育可持续发展战略研究》，高等教育出版社 2012 年版，第 89—96 页。

为 2007 年的 0.42:1。①

表 4.7　　　　2002—2008 年中职招生数变化、高职招生数变化　　（单位：万人）

年份	2002	2003	2004	2005	2006	2007	2008
中职	473.65	509.53	566.20	655.66	747.82	810.02	812.11
高职	161.70	199.64	237.43	268.09	292.97	283.82	310.60

　　资料来源：《中国教育年鉴（2002—2008）》，人民教育出版社；《2008 年全国教育事业统计公报》，教育部。

表 4.8　　　　2002—2008 年中职在校生数变化、高职在校生数变化　　（单位：万人）

年份	2002	2003	2004	2005	2006	2007	2008
中职	1190.7	1256.7	1409.2	1600.0	1809.8	1987.0	2087.0
高职	376.28	479.36	595.65	712.96	795.50	860.59	916.80

　　资料来源：《中国教育年鉴（2002—2008）》，人民教育出版社；《2008 年全国教育事业统计公报》，教育部。

表 4.9　　　　　　2005—2008 年民办中等和高等职业教育情况

年份	民办中等职业教育				民办高等职业教育			
	学校数（所）	招生数（万人）	在校生（人）	招生数占中职（%）	学校数（所）	招生数（万人）	在校生（人）	招生数占中职（%）
2005	2017	73.11	154.14	11.15	223	45.09	109.57	16.82
2006	2559	94.30	202.63	12.61	247	51.27	138.22	17.50
2007	2958	118.31	257.54	14.67	265	56.70	157.56	19.98
2008	3234	122.25	291.81	15.05	269	63.67	169.86	20.50

　　资料来源：《中国教育统计年鉴（2005—2008）》，人民教育出版社；《2010 年中国教育事业发展统计简况》，教育部发展规划司；《2011 年全国教育发展统计公报》，教育部。

二　经济转型期我国职业教育改革的反思

　　通过对经济转型期我国职业教育改革系统回顾，我们发现，经济转

---

　　①　国家统计局：《2008 年中国统计年鉴》，中国统计出版社 2008 年版，第 338 页。

型阶段性不同，其改革与发展的重点也各有侧重，这就引起了我们对经济转型期我国职业教育改革的反思。

（一）我国职业教育改革是否与经济转型同步

从广义的视角来看，经济转型包括经济体制改革和经济结构调整。经济转型推动职业教育改革，因此，我国的经济体制改革和经济结构调整会促进职业教育进行相应地变革来适应经济转型的需要。

就经济体制改革而言，1978 年以后，我国开始实行计划经济为主、市场经济为辅，这一时期我国职业教育改革的显著特点是，一方面，国家举办的中等专业学校和技工学校以及后来进入 20 世纪 80 年代发展起来的干部管理学校和职工中专基本保持计划经济的模式；另一方面，大力推进不需要国家投资、不需要分配的职业中学。所以，进入 20 世纪 80 年代以后，我国职业教育政策基本是围绕如何大力发展职业中学为目标。到了 1985 年，我国经济开始进入有计划的商品经济阶段。为此，1987 年 12 月，国家教委下发《编制普通中等专业学校跨省招生计划的试行办法》，对学校的招生明确划分为三种生源，即国家任务、委托培养和自费生三种。1992 年党的十五大胜利召开，标志着我国经济体制改革和经济发展进入了一个全新的历史发展阶段，从此，我国开始进入社会主义市场经济体制基本确立阶段。为此，职业教育也随着经济体制转型而不断进行改革。1993 年 2 月，《中国教育改革与发展纲要》提出，改革全部按国家统一计划招生的体制，实行国家任务计划和调节性计划相结合。在保证完成国家任务计划的前提下，逐步扩大招收委托生和自费生的比重。1994 年，国家教委下发《关于普通中等专业学校招生与毕业生就业制度改革的意见》，规定国家只下达分省、分部门所属普通中等专业学校招生计划总数，而不再下达分学校招生计划。1995 年国家出台了《关于普通中等专业学校（不含中师）改革与发展的意见》，拉开了中等职业教育由计划管理体制向市场经济管理体制过渡的序幕。该意见提出了确定国家任务计划和调节性计划的比例，改变"统包统配"和"包当干部"的做法，根据招生计划形式，实行不同方式的就业。国家任务招生实行按需培养，供需见面，双向选择，择优录取；委托培养生按合同就业；自费生自主择业。1998 年国家教委、国家经贸委联合下发的《关于实施〈职业教育法〉加快发展职业教育的若干意见》提出，要进一步加快职业学校招生和毕业生就业制度的改革，要积极推进中等专业学校招生、收费并轨改革，实行缴费上学，1998 年绝大多数省、自治区、直辖市要实行并轨，2000 年基本完成新旧体制并轨。1998 年 7 月，国务院颁布《关于调整撤并部门所属学校管理体制的决定》，46 所中等专业学校和技工学校划归地方管理。就管理体制来说，20 世纪 70 年代末到 80 年代中期，由于计划经济体制的影响，我国仍实行高度集中、统一领导的分级分工、按系统归口，由不同部门进行管理的多元管理体制。从 20 世纪 80 年代中期到 90 年代中期，我国开始实行以市为主，地方统筹管理职业教育的改革。新时期以后，我国积极推进职业教育管理体制改革，建立并逐步完善在国务院领导下，分级管理、地方为主、政府统筹、社会参与的职业教育管理体制。就办学体制而言，从 20 世纪 70 年代末到 80 年代中期的计划经济为主、商品经济为辅阶段，职业教育发展不仅受到教育部门的重视，而且特别受到产业部门的高度重视，主要以教育部门办学为主、产业部门参与办学，这一期间职业教育办学体制的主要特点单一、多头管理，资源浪费现象严重。不论是教育部门主办的，还是行业、企业主办的学校，均以国办为主，基本没有民办、私办职业学校。从 20 世纪 80 年代中期至 90 年代初的有计划商品经济阶段，这一时期职业教育办学体制的显著特点是校企联办，实行"校企合作，定向培养"，企业深入到职业教育第一线，成为重要的办学主体。1992 年至 2000 年我国社会主义市场经济体制初建时期，我国经济运行逐步脱离以往的计划经济体制，市场经济在资源配置中逐渐发挥作用，这一时期职业教育初步形成了政府、行业、企业和其他社会力量共同举办职业教育的良好局面。2000 年以后的社会主义市场经济体制完善阶段，职业教育办学体制主要特点——办学主体多元化、联合办学多元化和办学趋向集团化，职教集团、国有民办、私人办学等多种办学主体得到很好的发展。由此可见，在我国经济从计划经济向市场经济转轨阶段，我国职业教育也随着经济体制改革而不断地进行变革，如管理体制趋于科学化和民主化、办学主体多元化、投资体制多渠道化等。但值得注意的是，由于经济体制改革不完善，导致我国职业教育改革同样不彻底，职业教育发展与我国经济体制改革的要求显然还有许多不一致之处，如管理体制不顺、缺乏有效的机制、职业学校内部管理与建设滞后等问题。

就经济结构调整来说，它包括产业结构调整、地区结构调整和城乡结构调整，其中主要是产业结构调整。在计划经济为主、商品经济为辅阶段，尽管我国产业结构仍是以农业和轻工业为主，但党的十一届三中全会确定了以经济建设为中心思想路线，迫切需要大批初中级技术人才。为此，职业教育进行了相应地变革，主要措施包括：进行中等教育结构改革，其结构严重失调的局面得到根本性扭转；加强中等专业教育，着重发展职业高中，改革技工学校制度。这基本满足了我国以农业和轻工业为主的经济结构调整阶段初中级技术人才的需要。20 世纪 80 年代中期至 90 年代末期，我国的国民经济继续高速增长，经济结构调整的力度持续加大，产业结构也进一步演进，第一产业增加值占国内生产总值比重继续下降，第二产业和第三产业占国内生产总值持续增加，这一阶段是以轻工业和出口加工业为主，客观需要中高级技术人才。为此，国家对职业教育进行了相应地变革，主要措施包括：注重中等职业教育质量，试办并大力兴办高等职业教育，满足经济转型与良性发展中高级人才的需要。从 20 世纪末至 21 世纪初，从产业结构来看，我国工业发展出现了转折性变化，无论是在产值、投资、利润增长方面，还是在比重上，重工业都超过了轻工业，出现了重工业化的趋势，产业结构调整进入了一个新的阶段，迫切需要大批高级技术人才。为此，我国职业教育也进行了相应地变革，主要措施有：大力发展职业教育，注重高等职业教育质量。总的看来，经济结构调整期间，产业结构调整引起了我国职业教育进行相应地变革，以农业和轻工业为主的产业结构调整阶段，主要聚焦于中等教育结构调整和大力发展中等职业教育；在以轻工业和出口加工业为主的产业结构调整阶段，主要致力于试办并大力兴办高等职业教育和注重中等职业教育质量；在以重工业为主的产业结构调整阶段，主要进行大力发展职业教育和注重高等职业教育质量。可以看出，产业结构调整期间，职业教育改革基本能适应我国经济结构调整的需要，但职业教育改革的力度和措施还不够，随着经济结构调整的力度进一步加大，我国职业教育必须进行进一步改革。

（二）为何经济转型期我国职业教育规模和发展速度一再出现波折

在计划经济向市场经济转轨的初期，中等专业学校培养出来的人才仍作为国家干部对待，因此，报考和就读中专、技校等职业教育的人趋之若鹜。正如潘懋元老先生所言："以往许多地方初中学生抢着上职业性的中专而不愿去高中……因为上高中之后要考大学，只有很少的愿望。考不上大学，又无一技之长，找工作都难。而上中专，保证3年后毕业生由国家分配为技术员，由城市户口变成城镇户口，吃'商品粮'……"①，那时真可谓"教育改变命运。"在中国，直到20世纪80年代中期以前，工农子弟接受中等以上的职业教育都可以看作地位升迁的标志。当时高等教育属于精英教育，高校招生有限，自然要控制高中规模，而处于人口增长高峰段的初中毕业生与年俱增，从而为中等职业教育提供了良好的发展空间，这是自20世纪80年代到90年代初期"普职比"得以持续扩大的主要原因，中职生源也能总体上保证较高水平。到了20世纪末，随着新生代独生子女进入大学的年龄，社会对接受高等教育的期盼值飙升。顺应形势的需要，从1999年起，高校大幅度扩招，普通高校本科招生1998年为108万人，2001年增加到268万人，三年间扩大两倍半。高校扩招极大地激励了人们接受高等教育的愿望，普通高中也必然随之扩展，1998年招生359.2万人，2001年招生557.79万人，增加了55.2%，仍赶不上高校扩招的速度，结果高中升学率也大大提高，1990年高中毕业生升学率为27.3%，2000年达到73.2%，即原来只有1/4的高中毕业生能够升学，现在正好颠倒过来，不能升学的仅占1/4。随着普通高中的扩招，各类中等职业学校招生随之下降，招生数从1998年的408.9万人减少到2000年的333.4万人，两年间下降了19个百分点，滑坡到1994年前后的水平。2001年，主要得益于"普九"的成果，初中毕业生比上一年剧增近百万人，职业高中招生数略有增加，技校招生更有明显上扬，但由于高校继续大规模扩招，拉动普通高中招生的增率更大，2005年达到877.7万人，普职比下降到0.69∶1。从2006年起，我国初中毕业生人数增长越过顶点，

---

① 潘懋元：《我对高等职业教育的看法》，《职业技术教育》2006年第18期。

开始下降，同时高校招生增率减缓，普通高中招生人数自 1993 年以来首次减少，但中职招生继续保持近百万的增率，这主要得益于 2005 年以来党中央、国务院高度重视职业教育发展的政策，2005 年国务院颁布了《国务院关于大力发展职业教育的决定》，同时提出"十一五"期间实施"四大工程"和"四项计划"，"四大工程"即国家技能型人才培养培训工程、国家农村劳动力转移培训工程、农村实用人才培养工程、以提高职业技能为重点的成人继续教育和再就业培训工程；"四项计划"即职业教育实训基地建设计划、县级职教中心专项建设计划、职业教育示范性院校建设计划、职业院校教师素质提高计划。2007 年中职招生 810 万人，提前 3 年实现了国务院要求"中等职业教育招生规模达到 800 万人，与普通高中招生规模大致相当"的目标。2009 年，全国共有 14401 所中等职业学校，招生 868.5 万人，在校生 2915 万人，占高中阶段在校生总数的 47.3%，全国高等职业院校 1215 所，招生 313.4 万人，占高校本专科招生总数的 49%，在校生 964.8 万人，占高校本专科的在校生的 45%。[①] 2009 年以后，由于我国学龄人口出现显著下降，加上职业教育缺乏足够的吸引力，我国职业教育发展规模和速度又一次呈现下降的趋势。可以看出，经济转型期我国职业教育规模和发展速度一再出现波折，主要受国家制度和政策取向的影响。国家制度和政策的安排，特别是政府的教育政策对职业教育发展影响巨大。在计划经济向市场经济转轨的初期，由于职业教育的向上社会流动功能的作用，职业教育规模和发展速度一直保持较高的水平。到了市场经济阶段，由于职业院校毕业生自主择业、高校扩招和学龄人口的下降等因素的影响，我国职业教育规模和发展速度出现了下行的迹象。后来在国家大力发展职业教育政策的影响下，职业教育规模和发展速度出现了显著回升的势头。改革开放 30 年以来，每当职业教育发展的关键时刻，通常政府都要制定法律法规，进一步明确职业教育体制、经费等方面的规定，使得职业教育有法可依，有章可循，为职业教育事业的健康发展提供了强有力的保障。21 世纪以来，国家加大了对职教育支持力度，各项支持职业教育发展的措施不断落实，职业教育受到前所未有的重视，

---

① 和震：《中国职业教育发展史》，高等教育出版社 2012 年版，第 204 页。

呈现了蓬勃发展的势头。随着学龄人口的显著下降等因素的作用，我国职业教育发展规模和速度再次出现下行的趋势。

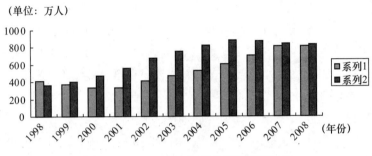

图 4.1　1998—2008 年高中阶段数量变化

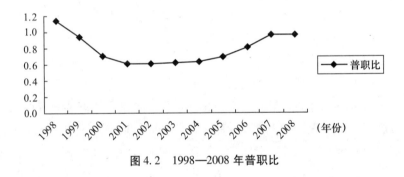

图 4.2　1998—2008 年普职比

（三）经济转型期我国职业教育发展政策有何变化

纵观改革开放 30 年我国职业教育发展政策，主要围绕以下三个问题：经济转型期我国要不要发展职业教育？经济转型期我国需要一个什么样的职业教育？经济转型期我国应该怎样发展职业教育？30 年来我国职业教育政策的历程，实质上就是对上述问题不断探索的过程。自 20 世纪 70 年代末至 80 年代中期，我国经济处于以计划经济为主、市场经济为辅的阶段，本阶段我国职业教育政策重点指向改革中等教育结构，大力发展中等职业教育。因为"文化大革命"期间我国职业教育体系遭到严重破坏，中等教育结构单一化。由此，调整中等教育结构，发展职业教育被提到政策制定的日程上来。1980 年教育部、国家劳动总局《关于中等教育结构改革的报告》提出了一系列促进中职教育的倾斜政策，包括一部分普通高中改办职业（技术）学校、职业中学、农业中学。这个政策的一个明显效果在于，在中专、技校数量增长的同时，出现了一种新的中等职业教育结构——由普通中学改办而成的职业高中。20 世纪 80 年代中期至 90 年代末，本阶段我国职业教育发展体现出政府推动、外部驱动的特点，职业教育的重点在于注重中等职业教育质量和兴办高等职业教育，但主要是规模发展。1985 年《中共中央关于教育体制改革的决定》推动了职业教育大发展，它肯定了"社会力量办学"作为集体、个人办学的补充，为各种形式的办学提供了政策基础，也使市场力量介入职业教育办学成为可能。中共中央以《决定》的方式发布的政策，在政策的层级上处于高位，这种关于职业教育发展的政策具有高度权威性的表述，为经济转型新时期我国职业教育发展确定了基调。在 20 世纪 80 年代职业教育恢复和发展的基础上，1991 年《国务院关于大力发展职业技术教育的决定》大大丰富了职业教育政策的内涵——确定了职业教育发展走内涵发展的路子；提高中等职业教育办学质量；支持职业学校毕业生就业；提出职业学校的师资队伍建设问题，等等。而1993 年《中国教育改革与发展纲要》对于职业教育的定位更加清晰，它强调了职业教育的重要性，要求兴办多形式、多层次的职业教育，并对各层次未升学的毕业生进行职业技术教育；职业学校走依靠行业、企业、事业单位办学和社会各方面联合办学、产教结合的路子；实行"先培训，后就业"制度，强调劳动者的岗前培训和职业技术教育经历。这使我国普通教育和职业教育的办学体制开始分离，普通学校仍由国家办学为主，而职业教育则主要依靠社会办学。此后，我国职业教育首先在招生和就业方面开放，而后在职业学校设施、专业等方面逐渐减少政府的干预和支持。1996 年实施的《中华人民共和国职业教育法》是我国职业教育政策发展中的重大事件，它确定了职业教育的法律地位，规定了政府、社会、企业、学校以及个人在职业教育中的义务和权利，明确了职业教育的根本任务、办学体制和管理体制，提出了发展职业教育的方法途径，制定了职业学校的设置标准和进入条件。从 20 世纪 80 年代中期到 90 年代中末期，这一时期以外部驱动为主带来的外延发展的繁荣暂时推迟了职业教育发展中的潜在危机的显现。20 世纪末，由于生源减少、改革滞后和高校扩招等复杂因素的影响，我国职业教育发展面临严重困难，突出表现在生源减少、比例下降、资源流失和质量降低等方面。自 21 世纪初到 2008 年，国家确立了大力发展职业教育的战略重点不可动摇的指导思想，在此前提下，重新认识职业教育，探索和发展中国特色职业教育发展路径。2002 年至 2005 年，国务院连续召开了 3 次全国职业教育工作会议，先后颁发了《国务院关于大力推进职业教育改革与发展的决定》（2002 年）、国务院七部委《关于进一步加强职业教育工作的若干意见》（2004 年）、《国务院关于加强大力发展职业教育工作的决定》（2005 年）。这三次会议的高层次、高频度，是中国职教史前所未有的，充分表明中央政府大力发展职业教育的坚定决心。这三次会议有力地推动了我国职业教育发展——扩大了职业教育规模，增加了职业教育的入学机会；加大了投入，加强职业教育的基础能力建设，确保职教质量所需的硬件条件，促进有质量的教育公平；推动了职业教育办学模式改革，形成了政府主导、行业指导、企业参与的办学模式。2006 年财政部、教育部颁发《关于完善中等职业教育贫困家庭学生资助体系的若干意见》，提出建立贫困家庭学生助学金制度、学费减免制度、助学贷款制度或延期支付学费制度等政策，吸引了更多学生进入中等职业学校学习。

总的看来，经济转型期我国职业教育发展政策在不同的时期各有侧重。毋庸置疑，经济转型期我国职业教育发展的动力基础是经济需求驱动，经济转型的需要是推动职业职业教育发展的基本因素。进入 21 世纪以后，我国职业教育的发展则明显受到了除经济需求以外的政治需求、民生需求等综合社会动力驱动。而且，经济转型期我国职业教育发展过程中的一个明显特征就是借助市场力量和社会力量的办学体制不断深入发展。政策制定者试图将职业教育定位于和普通教育不同的教育形式。从政府的角度来看，职业教育更加贴近市场，在运营中更多采取市场机制的形式。但是，市场机制并未能解决我国职业教育发展包括职业教育滑坡在内的诸多问题，反而面临不少危机：市场机制不能实现职业教育自我发展；市场机制无法实现对公共资源的有效配置；市场机制无法实现职业教育与其他社会组织尤其是行业和企业组织的有效联合；市场机制无法替代政府对职业教育的高投入；市场机制无法实现职业学校内部运营机制最优化。①

---

　　①　覃壮才：《市场化及其危机——20 年来我国职业教育政策发展的基本取向分析》，《比较教育研究》2003 年第 11 期。

第五章　经济转型期我国职业
教育改革展望

2008 年全球金融危机爆发以后，我国经济转型面临新的十字路口，国内外复杂的经济环境导致我国第二次经济转型刻不容缓。作为实现经济可持续发展的"万能钥匙"，在经济转型新时期，职业教育的规模和发展速度、经费保障机制、专业设置和职业教育体系等改革势在必行。

一　当前我国经济转型的特殊背景和基本特征

1978 年召开的党的十一届三中全会是我国经济发展的转折点，这次会议将我国的工作重心转向了经济发展，掀起了改革开放的大潮。30 年改革开放，改革了传统计划经济体制，初步建立了社会主义市场经济体制；调整了不合理的国民经济结构，推动了经济结构调整；转换了经济发展战略，由重工业优先的赶超战略转向现代化战略。这些重大改革带来了我国经济前所未有、震惊世界的巨大发展。和 1978 年以来的第一次经济转型相比，由于国内外经济环境和发展条件发生了新变化，第二次经济转型面临特殊的现实背景，因此，第二次经济转型也有着自身独特的特征。

（一）当前我国经济转型面临的特殊背景

2008 年全球性金融危机爆发以后，我国经济转型面临新的十字路口。其中，经济粗放型发展方式走向尽头，我国农村剩余劳动力无限供给也成为历史，工业化城镇化提速给我国经济发展带来了机遇也面临着挑战，西方发达国家"再工业化"浪潮的巨大威胁，等等。

1. 经济发展方式亟待转变

改革开放以来，我国在传统计划经济体制向社会主义市场经济体制转变的同时，也推动了经济发展方式的转变。2007 年党的十七大报告明确提出实现国民经济又好又快发展，关键是转变经济发展方式。经过几年来坚持不懈的努力，我国的经济发展方式发生了明显的变化，正在由粗放型为主转向以集约型为主，由高积累、高投入、高消耗、重速度转向积累适度、投资与消费协调合理、低消耗、重效益，由内需推动型转向外需拉动型再转向以内需为主的内外需结合推动型。

目前这种经济发展方式正在转变，但总的看来，我国总体上依然还是以粗放型、投资和出口拉动型为主，目前我国经济发展方式存在固定资产的投入高、劳动者工资低、资源型产品价格低和对环境损害的补偿低等问题，主要体现在以下四点：一是主要依靠投资驱动刺激经济增长。在古典经济增长理论和现代发展经济学理论中，资本积累在经济发展中都具有极为重要的作用。投资是经济增长的一大动力，而投资需求需要资本积累，因此，增加资本积累成为一国实现工业化的必要手段。历史经验表明，增加资本积累和投资，无论在发达国家早期工业化还是发展中国家工业化初期和中期都是必要的经济增长手段。改革开放以来，我国进入工业化中期，资本形成率也相当高，但是远远高于实际工业化相同阶段资本形成率的相同水平。据统计，中国资本形成率在第一个五年计划时期仅为 20% 左右，到了 20 世纪 70 年代已经超过 30%，而到了 90 年代甚至超越了 40%，现在则保持在 40% 左右。[①] 如此高的资本形成率，无论适合发达工业化国家早期相比，还是与现在正在实现工业化的发展中国家相比，都是非常高的。例如，从"十一五"期间GDP 的构成来看，投资占 GDP 的比重逐年上升，2006 年占 50.9%，2010 年上升到 69.3%；资本形成率 2006 年为 41.8%，2010 年上升到48.6%；从投资的速度来看，"十一五"期间投资平均实际增长21.9%，远高于 GDP 年均 11.2% 的增速；从对经济增长的贡献率来看，投资对经济增长的贡献率为 43.9%，2010 年达到 54.0%，其中 2009 年甚至高达 91.3%。这种主要依靠投资拉动经济增长不仅挤压了消费，

---

① 国家统计局：《2008 年中国统计年鉴》，中国统计出版社 2008 年版，第 426 页。

消耗了大量资源，损害环境，而且使投资效益下降。到 2009 年，投资效果系数为 12.0%，处于历史最低水平，即每一亿元的固定资产投资，GDP 只增加 0.12 亿元，比 1996 年减少了 3220 万元。这样的发展方式虽然使中国实现了快速增长，但是也存在经济波动、资源消耗、环境污染、效率低下、消费需求不足、人民生活改善不理想等问题。二是主要依靠较低的劳动者报酬提高竞争力。在高积累的情况下，我国每年的国民收入中有很大比例用于投资，而用于劳动者报酬发放部分自然较少，使得以劳动报酬为主要收入来源的普通居民收入的提高慢于经济增长的速度，导致消费不足，经济增长不能更好地提高人民的生活水平。据统计，我国劳动者报酬占 GDP 比重已经从 1990 年的 53.4% 下降到 2007 年的 39.7%，下降了 13.7 个百分点，明显低于成熟市场经济国家 54%—65% 的水平，而同期企业利润占 GDP 的比重从 21.9% 增加到 29.6%。我国过去十年间财政收入年均增长超过 20%，GDP 增长 10% 左右，但城乡居民收入只增长了 6%—8%，出现了政府在分配中得"大头"，居民收入占"小头"的失衡格局。[①] 根据测算，目前我国制造业劳动力成本仅相当于发达国家的 3% 左右。1996—2005 年 10 年间，全国职工工资总额年均增长 9.15%，不足同期企业利润增幅（28.62%）的 1/3。农民工的工资增长更慢，2007 年农民工工资收入相当于城镇职工的 79.70%，增幅比城镇职工低 1.17 个百分点，且不少农民工没有参加社会保险，而一些垄断行业的职工收入特别是企业高管人员的收入过高，目前电力、电信、金融、保险、烟草等行业职工的平均工资是其他行业职工平均工资的 2—3 倍，如果加上工资外收入和职工福利待遇上的差异，实际收入差距可能在 5—10 倍。不仅如此，城乡居民收入差距扩大，导致贫富差距拉大。三是主要依靠大量消耗资源维持粗放型发展。在主要依靠数量规模扩张的情况下，不是主要通过提高生产要素的实用效果来实现经济发展，必然要消耗更多的资源、产生更多的废弃物、造成更大的环境污染；在高投资率的影响下，投资需求是总需求的重要组成部分，在新增加的投资中有很大一部分是投向投资品部门，而投资品部门有不少是高消耗、高污染的传统重工业部门，这

---

① 马岩：《中等收入陷阱的挑战及对策》，中国经济出版社 2011 年版，第 233 页。

些部门规模迅速扩大也会加大消费和污染。不仅如此，我国资源型产品税低、价格不合理，使我国资源消耗高、浪费大。我国每百万美元国内生产总值能耗比世界平均水平高出 2.2 倍，比美国高出 2.5 倍，比欧盟高近 5 倍，比日本高 8 倍多，目前我国钢铁、电力、水泥等高能耗产业的单位产品能耗比世界先进水平平均高 20％ 左右；矿产资源总回收率为 30％，比国外先进水平低 20％ 以上；木材综合利用率为 60％，比国外先进水平低 20％。再生资源利用量占总生产量的比重，比起国外先进水平也低很多。其中，钢铁工业年度废钢利用量不到粗钢总产量的20％，国外先进水平为 40％；工业用水重复利用率比国外先进水平低15％ 至 25％ 左右。2009 年中国国内生产总值占全球的 8.5％，而消耗的钢材占 46％，煤炭占 45％，水泥占 48％，油气占 10％。[①] 另外，据统计，2000—2009 年，我国拥有的水资源总量从 27701 亿立方米下降为 24180 亿立方米，导致这一期间我国人均水资源总量从 2193.9 立方米减少至 1816.2 立方米。从世界范围来看，在全球 180 个国家和地区中仅列 125 位。同时，2009 年我国森林覆盖率为 20.36％，在全球 227个国家和地区当中排到 140 位之后。四是主要靠牺牲环境换取经济增长。根据国家统计局的数据，进入新世纪以来，我国的污染物排放总量逐年增长。如全国工业废水排放量从 2000 年的 1942405 万吨增至 2010年的 2374732 万吨，年均增长 2.03％。全国工业废气排放量从 2000 年的 138145 亿立方米增至 2010 年的 5191168 亿立方米，年均增长14.16％。而全国工业固体废弃物的产生量在 2000 年时是 81608 万吨，至 2010 年达到了 240944 万吨，年均增长 11.43％。[②] 五是技术进步对经济增长的贡献较低。改革开放以来，我国的经济增长虽然逐渐在由粗放型向集约型转变，但是仍然没有发生根本改变，对投资的依赖性依然过大，技术进步对经济增长的贡献相对较小。统计数据显示，改革开放以来，全要素生产率的增长对于经济增长的贡献率在 2％—4％，这与世界发达国家甚至一些发展中国家相比都比较低。根据世界银行 1991

---

① 林岗等：《迈过"中等收入陷阱"的中国战略》，经济科学出版社 2012 年版，第12 页。

② 陈佳贵：《经济发展方式转变与经济结构调整》，经济管理出版社 2012 年版，第5—8 页。

年的计算结果，1960—1987 年，包括法国、德国、日本、英国和美国在内的发达国家全要素生产率的增长对经济增长的贡献率在 50% 以上，其中德国高达 87%，而东亚、中东、欧洲和北非的发展中国家的全要素生产率的增长对经济增长贡献率则达到 28%，南亚的发展中国家的这一数字也达到 14%，仅非洲和拉丁美洲这一数字为零。[①]

2. 人口红利即将消失

20 世纪 90 年代一些哈佛经济学家，在使用计量经济学模型解释日本和亚洲"四小龙"创造的"东亚奇迹"，以及经济史上新大陆经济超过旧大陆经济增长的表现时，将人口年龄结构作为变量，发现人口抚养比与劳动年龄人口的比率，对经济增长作出了很大的贡献。这个在常规生产要素贡献之外的经济增长源泉，被称作人口红利。[②] 其中，人口转变与经济增长的关系可以表达为：在总和生产率处于很高的水平时，经济增长率也相应处于在很低的稳态水平上（假设没有人口转变和技术进步）；随着生育率下降，并由于随之形成的富有生产性的人口年龄结构，经济增长率将加快，因而获得人口红利；而当生育率继续下降到更低的水平时，由于老龄化水平提高，经济增长率逐渐回落到较低的稳态水平。相应地，在生育率下降从而进入具有生产性的人口年龄的特定人口转变阶段，形成所谓的"人口机会窗口"。

一般而言，人口红利通常用人口抚养比结束其下降趋势的时间来表达，抚养比计算定义是：把 16 岁以前和 65 岁以后依赖型人口做分子，把 16—64 岁的劳动年龄人口做分母，计算二者的比率。虽然我国的人口抚养比，即依赖型人口（14 岁以下与 65 岁以上人口之和）与劳动年龄人口（15—64 岁）的比率，早在 20 世纪 60 年代中期就开始下降，但劳动年龄人口总量还处于迅速增长和比重大幅度提高，从而人口抚养比显著下降，则主要开始于 70 年代中期。对我国改革开放以来经济增长的研究表明，我国总抚养比每降低一个百分点，导致经济增长速度提高了 0.115 个百分点。1982—2000 年期间，总抚养比下降推动人均

---

① 世界银行：《1991 年世界发展报告》，中国财政经济出版社 1991 年版，第 45 页。
② 蔡昉：《超越人口红利》，社会科学文献出版社 2011 年版，第 41 页。

GDP 增长速度上升了 2.3 个百分点，对人均 GDP 贡献了 1/4 左右。[1] 根据联合国对我国分年龄的人口预测，我国的人口总规模预计在 2030 年达到峰值，届时中国人口为 14.062 亿，而在此以前，15—64 岁劳动年龄人口于 2015 年达到峰值，总量为 9.98 亿。根据上述人口预测的结果，我们可以看到，1970—2010 年，劳动年龄人口的增长率高于总人口的增长率，而此后则呈现相反的趋势，意味着人口年龄不再朝着生产性方向变化。"十一五"期间，我国每年新增的劳动年龄人口为 741 万人，"十二五"期间将下降到 312 万人，其后则转为净减少，预计在 2017 年前后停止增长。从劳动力供给的角度看，由于城市是非农产业发展的集中区域，我国高速经济增长所吸纳的就业，主要发生在城市部分，而城市劳动力的供给越来越依赖于农村劳动力的转移。据预测，到 2015 年，城市新增劳动年龄人口的数量小于农村劳动年龄人口的减少数量。这意味着，在假设吸引农村劳动力转移的激励力度等其他因素不变的情况下，进城农民工的数量不足以填补城市劳动力减少产生的缺口。[2] 不仅如此，据预测，从 2008 年开始我国农业剩余劳动力数也呈持续下降趋势，而且下降的数量逐年增加，2008—2009 年下降超过 100 万人，2010—2012 年农业剩余劳动力每年下降 200 万人以上，2013—2014 年每年下降 300 多万人，2015—2017 年每年下降 400 万人以上，2008 年、2009 年两年每年下降 500 多万人，到 2020 年我国农业剩余劳动力将下降到 19513.67 万人，比 2007 年 24331.88 万人下降 4818.21 万人，仅 2019—2020 年一年就下降 624.16 万人。[3]

为此，我国的劳动力市场作出两种反应：一是在全国不断出现"民工荒"。早在 2004 年，我国珠江三角洲地区就开始出现以"民工荒"为表现形式的劳动力短缺。雇主发现，他们不仅仅面临招聘具有专门技能工人的困难，而且普通工人的招聘也格外难。随后，这一现象

---

① 蔡昉：《中国人口与劳动问题报告：提升人力资本的教育改革》，社会科学文献出版社 2009 年版，第 125 页。

② 蔡昉：《避免"中等收入陷阱"探寻中国未来的增长源泉》，社会科学文献出版社 2012 年版，第 60 页。

③ 周振华等：《危机中的增长转型：新格局与新路径》，上海人民出版社 2012 年版，第 267 页。

不仅没有消失，而且扩大到长江三角洲地区，进而蔓延到中部地区劳动力输出省份，成为遍及全国的普遍现象。到了2008年，我国经济遭受到世界金融危机的巨大冲击，民工荒问题稍稍得到一定程度的缓解，随着经济增长从金融危机得到恢复，劳动力短缺以更为严峻的形势再度出现。2009年，珠江三角洲再次传来民工荒的消息。2010年珠江三角洲出现总量超过200万人的用工缺口，其中深圳81.9万人、广州15万人、东莞100万人、中山13万人；江浙最缺一线普工，昆山、杭州、温州等地用工随时可见；福建省每100名求职者可以选择的工作岗位数130个，达到近年来的最高值。[①] 此后，无论是沿海地区还是内陆地区，民工荒再也没有中断过。二是工资上涨和工资趋同。据统计，农民工的工资在多年徘徊不变以后，从2004年开始明显提高，2004—2011年期间保持实际年增长率12.7%。即使在2008—2009年金融危机期间，农民工遭受短暂的就业冲击，由于经济复苏较快，加大了对劳动力的需求，工资增长的势头并未减缓。另据统计，2009年农民工工资水平及其增长率更高。2009年农民工平均工资达到1783.2元，比上年实际增长17.8%。随着劳动力短缺愈益严峻化，2011年农民工工资实际增长更高达21.2%。[②] 同时，在这个特定的时期，劳动力市场上总体出现工资趋同的趋势。据统计，在包括农民工在内的城市劳动力市场上，总体工资差异呈逐渐减少的趋势，基尼系数由2001年的0.37，下降到2010年的0.33；泰尔系数由0.25下降到0.19。就不同群体和区域而言，表现为三个方面：农民工内部的工资基尼系数从2001年的0.396降低为2005年的0.334和2010年的0.319；农民工工资率低于城市本地职工工资率的程度逐步减轻，2001年为11%，2005年为9%，2010年进一步下降为5%；2001—2005年，区域因素对工资差异的贡献有所上升，虽然泰尔系数由0.144上升到0.175，但2005—2010年，由区域因素所带来的工资差异则有明显的下降，也明显低于2001年的水平，达

---

① 周振华等：《危机中的增长转型：新格局与新路径》，上海人民出版社2012年版，第275页。

② 蔡昉：《中国人口与劳动问题报告——后金融危机时期的劳动力市场挑战》，社会科学文献出版社2010年版，第40页。

到 0.093。①

人口红利的消失意味着劳动力相对于资本变得更加稀缺，从而会促使资本对劳动力的替代，即在经济活动中多用资本来替代（减少）劳动力的投入，所以这样会减少对劳动力的需求。从相关数据可以看到，我国第二、第三产业就业增长率与产出（增加值）增长率的比率，即就业增长弹性，总体上呈下降趋势。在 1990—2000 年期间，第二产业的就业增长弹性从 0.62 下降到 0.06，而第三产业的就业增长弹性从 0.77 下降到 0.30。2000 年以后，第三产业的就业增长弹性继续下降，而第二产业的就业增长弹性有所上升。这可能是由于中国加入世界贸易组织（WTO）以后，对中国劳动密集型制造业的出口需求增加，刺激了中国沿海劳动密集制造业的高速增长和制造业就业增长弹性的提高。② 人口红利的消失会带来人口老龄化和劳动力成本相对上升，进而会逐步削弱我国廉价劳动力资源丰富的比较优势，我国劳动密集型制造业的大量出口需求中的一部分，将逐步转移到其他劳动力更加低廉的发展中国家，如印度、孟加拉、越南和南非等。还有一部分附加值较高的制造业可能会回归发达国家，从而减少对我国制造业的出口需求和相应的投资需求。另外，劳动力成本上升也会加快我国经济活动中资本对劳动的替代。例如，一个具有代表性的报道说，富士康计划使用大量 100 万台机器人，与它在中国大陆雇用的工人数量相当。对于流水线上比较程序化的工作来说，用机器人来替代人工将是相对比较容易的。对于一个追求利润最大化的企业来说，当劳动力的边际收益（边际收益减去边际成本）低于资本的边际收益时，就会发生资本替代工人的投资行为。

3. 当前我国存在陷入"中等收入陷阱"的潜在威胁

"中等收入陷阱"（middle income trap）这个概念是由世界银行于 2006 年《东亚经济发展报告（2006）》中首次提出的，是指"使各经济体赖以从低收入经济体成长为中等收入经济体的战略，对于它们向高收入经济体的攀升是不能重复使用的，进一步的经济增长被原有的增长

---

① 蔡昉：《超越人口红利》，社会科学文献出版社 2011 年版，第 98—104 页。
② 国家统计局：《中国统计年鉴 2011》，中国统计出版社 2011 年版，第 52、112 页。

机制锁定，人均国民总收入难以突破 10000 美元的上限，一国很容易进入经济增长阶段的停滞徘徊期"①。进入这个时期，经济快速发展积累的矛盾集中爆发，原有的增长机制和发展模式无法有效应对由此形成的系统性风险，经济增长容易出现大幅波动或陷入停滞。世界银行将世界各经济体按年人均国民总收入（GNI）划分为四组，即低收入、下中等收入（偏下中等收入）、上中等收入（偏上中等收入）、高收入，并每年公布新调整的标准。根据 2011 年 7 月的调整，低收入国家的标准为年人均国民总收入 1005 美元以下，下中等收入为 1006—3975 美元，上中等收入为 3976—12275 美元，高收入国家为 12276 美元及以上。其中，"下中等收入国家"和"上中等收入国家"合计统称为"中等收入国家"。世界银行认为，"很多经济体可以很快达到中等收入水平，但却很少从这种状态中走出来，在技术、政治和社会领域面临的挑战更为严峻"②。

拉美国家是典型的"中等收入陷阱"国家。拉美国家从 20 世纪 50 年代经济开始快速增长，到 20 世纪 70 年代末，大多数拉美国家人均 GDP 超过 1000 美元。此后，从 20 世纪 80 年代开始，由于片面追求经济增长，忽视经济增长和社会发展之间、城乡发展之间、地区发展之间、不同利益群体之间、经济增长同环境资源之间的诸种关系，从而在拉美国家出现了贫富悬殊、失业人口增多、城乡和地区差距拉大、生态环境恶化等一系列问题。拉美国家之所以经常被提及并作为"中等收入陷阱"的主要案例国家，除中等收入国家占 82% 以外，还有一个重要的原因，即某些拉美国家早在 20 世纪 60 年代末和 70 年代初就已进入下中等收入水平。有些国家较长时期滞留在下中等收入国家阶段而难以自拔，有些则较快走出中等收入阶段，但却在上中等收入阶段徘徊。例如，1971 年智利的人均 GDP 就达 1097 美元，乌拉圭 1973 年人均 GDP 就达 1405 美元，它们分别在中等收入阶段滞留 10 年和 38 年。墨西哥 1974 年（1225 美元）和巴西 1975 年（1144 美元）也分别达到中

① 马岩：《我国面对中等收入陷阱的挑战及对策》，《经济学动态》2009 年第 9 期。
② 郑秉文：《"中等收入陷阱"与中国的三次历史性跨越——国际经验教训的角度》，《中国人口科学》2011 年第 11 期。

等收入水平，2010 年分别是 9123 美元和 10710 美元；哥伦比亚 1979 年人均 GDP 达 1063 美元，2010 年为 6225 美元。阿根廷于 1962 年人均 GDP 就达 1145 美元，但 2010 年仅为 9124 美元，其滞留的时间超过 50 年。截至 2011 年。拉美国家在"中等收入陷阱"阶段平均滞留的时间为 37 年，其中墨西哥 37 年，巴西 36 年，哥伦比亚 32 年，曾富甲一方的阿根廷 50 年，几乎为全球之最。[①] 部分东南亚国家也是陷入"中等收入陷阱"的典型案例国家。例如，菲律宾 1980 年人均国内生产总值为 671 美元，2006 年仍停留在 1123 美元，考虑通货膨胀因素，人均收入基本没有太大变化。还有一些国家收入水平虽然在提高，但始终难以缩小与高收入国家的鸿沟，像马来西亚 1980 年人均国内生产总值为 1812 美元，到 2008 年仅达到 8209 美元。[②]

表 5.1　　　　　　　　　　　拉美国家人均 GNI 变化

年份	1962	1970	1980	1990	2000	2005	2006	2007	2008	2009
委内瑞拉	1110	1140	3570	2440	4100	4950	6100	7510	9170	10090
乌拉圭	570	770	2410	2690	7100	4820	2420	6510	8020	9010
秘鲁	280	490	890	720	2050	2650	2920	3340	3990	4200
墨西哥	370	660	2140	2670	5110	8080	8730	9400	10000	8960
洪都拉斯	170	250	590	660	930	1400	1480	1630	1780	1800
厄瓜多尔	210	290	1210	850	1340	2700	2920	3180	3730	3970
多米尼加	210	310	970	800	2550	2810	3360	4030	4340	4550
哥斯达黎加	350	500	1690	2210	3700	4660	5040	5530	6060	6260
哥伦比亚	280	330	1250	1260	2350	2940	3440	4070	4610	4990
智利	590	810	1900	2130	4840	5920	6870	8140	9510	9470
巴西	230	420	1890	2540	3870	3960	4800	6100	7440	8040
玻利维亚		240	780	700	1000	1260	1260	1190	1450	1630
阿根廷		1250	2520	3020	7460	4460	5160	6030	7160	7550

资料来源：世界发展指标数据库，世界银行。

---

① 郑秉文：《中等收入陷阱：来自拉丁美洲的案例研究》，当今世界出版社 2012 年版，第 356—357 页。

② 林岗等：《迈过"中等收入陷阱"的中国战略》，经济科学出版社 2011 年版，第 2 页。

那么，"中等收入陷阱"是如何形成的呢？从拉美地区和东南亚一些国家的情况来看，陷入"中等收入陷阱"的原因主要包括以下四个方面：其一，经济发展模式落后。拉美等国家在工业化初期实行进口替代战略后，未能及时转换发展模式，继续推进耐用消费品和资本品进口替代，20世纪70年代初石油危机后，仍维持"举债增长"模式。它们遵循"比较优势理论"发展经济，利用劳动力、土地等自然资源禀赋搞进口替代和加强出口等，使这些国家陷入"引进——落后——再引进——再落后"恶性循环，不可自拔。以阿根廷等拉美国家为例，在工业化初期实施进口替代战略后，未能及时转换发展模式，而是继续推进耐用消费品和资本品的进口替代，即使在20世纪70年代石油危机后，还是维持"举债增长"，使进口替代战略延续了半个世纪。而马来西亚等东南亚国家则因国内市场狭小，长期实施出口导向战略使其过于依赖国际市场需求，极易受到外部冲击。事实上，经济增长过度依赖资源的开发、单一的出口、现存的农业和国外的援助等高投资率和高能耗率来推动经济增长，是无法维持经济可持续性发展的。其二，技术创新瓶颈制约。拉美等国家进入中等收入阶段后，低成本优势逐渐丧失，在低端市场难以与其他低收入劳动密集型国家竞争，在中高端市场上由于研发能力和人力资本制约，难以与西方发达国家抗衡。在这种上挤下压的环境里，就会很容易失去增长动力从而导致经济增长停滞。其三，收入分配严重不公。公平发展不仅有利于收入分配，创造更为均衡的发展，还能够减缓社会矛盾和冲突，从而有利于经济可持续性发展。而《世界银行发展报告2006：平等与发展》指出，经济中一定程度的不平等水平确实可以起到刺激投资的作用，然而还有一些形式的不平等却对经济效率和增长有着致命的阻碍作用。早在20世纪五六十年代，拉美国家已是世界上贫富差距最大的地区。20世纪60年代的基尼系数达到0.532，远远高于世界其他地区的平均水平。20世纪70年代，拉美国家的收入分配有所好转，80年代形势再度恶化，90年代前半期稍有起色，但贫困程度仍没有降至80年代金融危机前的水平，90年代末，随着金融危机在主要国家的爆发和蔓延，拉美等国家的贫困率再次上升，近些年并没有得到根本性改善。① 由于收入差距迅速扩大导致中低收入居民消费严重不足，消费需求对经济增长的拉动作用大大减弱。不仅如此，一些国家由于贫富悬殊，社会严重分化，引发激烈的社会动荡，甚至政权更迭，对经济发展造成严重影响。其四，体制变革严重滞后。在拉美国家，体制变革受到利益集团羁绊，精英集团的"现代传统主义"片面追求经济增长和财富积累，反对在社会结构、价值观念和权力分配等领域进行变革，导致这些国家体制变革严重滞后于经济发展，财富过度集中，利益集团势力强大，寻租、投机和腐败现象蔓延，市场配置功能严重扭曲，这些均严重影响到这些国家经济自由发展。

　　2010 年我国人均 GDP 为 4260 美元，首次突破中下收入国家的上限 3975 美元，在实际意义上进入中上收入国家（3976 美元至 12275 美元）的行列。我国当前的人均 GDP 与 20 世纪六七十年代的拉美国家处于相同的水平，陷入"中等收入陷阱"的潜在危险一段时期内长期存在，主要表现为以下四个方面：其一，经济增长动力持续衰减。进入中等收入阶段后，我国经济增长粗放型规模扩张表现更为明显。以能源为例，能源生产、消费的增长的速度低于 GDP 的增长速度，这表明中国经济每增长一个百分点，需要 1.5 倍以上的能源消耗才能支撑。2009 年中国国内生产总值占全球的 8.5%，而消耗的钢材占 46%，煤炭占 45%，水泥占 48%，油气占 10%。中国电力、钢铁、有色、石化、建材、化工、轻工、纺织 8 个行业单位能耗平均比世界先进水平高 47%。② 这样大规模能源消耗显然是不可持续的，今后一段时期，随着经济总量的继续扩大，资源和环境的约束将持续加剧，经济增长动力持续衰减。不仅如此，长期以来，我国经济增长过多地依赖投资拉动，这一特征在应对国际金融危机还有所强化。据统计，2009 年资本形成对 GDP 的贡献率高达 87.6%，2011 年仍达 48.8%。2011 年，消费率有所提高，达到 55.5%，仍远低于发达国家 80% 左右的水平，也明显低于

---

① 马岩：《中等收入陷阱的挑战及对策》，中国经济出版社 2011 年版，第 108 页。
② 林岗等：《迈过"中等收入陷阱"的中国战略》，经济科学出版社 2011 年版，第 12 页。

中等收入国家 67% 左右的平均水平。[①] 其二，劳动力成本趋于上升。劳动力无限供给是改革开放 30 多年来我国经济高速增长的重要源泉，然而，近年来我国农民工中青壮年比例不断下降，导致我国劳动力进入非农产业的供求关系正在发生全局性变化，劳动力供给增速下降的趋势逐步显现。2004 年，珠江三角洲地区就开始出现以"民工荒"为表现形式的劳动力短缺。随后，扩大到长江三角洲地区，进而蔓延到中部地区劳动力输出省份，成为遍及全国的普遍现象。2008 年国际金融危机后有所缓和，但 2009 年再次卷土重来。此后，劳动力短缺现象，无论在沿海地区还是在内陆地区，都没有再中断过。劳动力短缺改变了长期以来劳动力供求关系，以农民工为代表的普通劳动者的工资普遍上涨，导致我国劳动力成本显著上升。一项企业调查显示，劳动力成本上升 20%，对那些竞争性行业的企业来说，因行业的劳动力成本占比不同，而分别降低企业利润水平的 20%—65% 不等。[②] 其三，科技创新难度加大。随着我国与发达国家技术水平的差距不断缩小，引进外来技术难度越来越大，自主创新能力又受到研发能力和人力资本条件的制约，科技创新难度不断加大。据估算，我国全要素生产率对提高劳动生产率的贡献，从 1978—1994 年期间的 46.9%，大幅度降低到 2005—2009 年期间的 31.8%，并预计进一步降低为 2010—2015 年期间的 28.0%。[③] 可见，我国全要素生产率持续下降，结果导致科技创新难度加大。其四，收入分配差距持续拉大。近年来，我国城乡之间、地区之间、行业之间、不同群体之间收入差距持续扩大。从城乡来看，1979 年城乡居民收入差距为 2.53 倍，2009 年扩大到 3.33 倍；从区域上来看，2009 年城乡居民可支配收入最高的地区是最低地区的 2.4 倍，农村居民人均纯收入的地区差距是 4.2 倍；从行业来看，城镇职工平均工资最高的前 10 个行业与最低的后 10 个行业之间的差距，由 2005 年的 3.5 倍扩大到 2009 年的 4.1 倍；从不同收入群体来看，2000 年城镇 20% 的高收入户是

---

① 编写组：《十八大报告学习辅导百问》，党建读物出版社 2012 年版，第 66 页。

② 李慧勇、孟祥娟：《劳动力成本上涨将改变企业利润格局——劳动力成本与通胀、企业利润的比较研究》，《专题研究》2010 年 7 月 1 日。

③ 蔡昉：《避免"中等收入陷阱"探寻中国未来的增长源泉》，社会科学文献出版社 2012 年版，第 139 页。

20% 低收入户的 2.1 倍，2009 年扩大到 5.7 倍，农村由同期的 6.5 倍扩大到 7.5 倍。[1]

4. 工业化进程和城镇化进一步提速

衡量一个国家社会经济发展究竟达到了怎样的水平，一直是一个存在争议的话题，但无论存在怎样的分歧，就衡量经济发展水平而言，两类经济指标是不可或缺的，一类是以 GDP 为核心的经济数量指标，包括 GDP 总量和人均水平，GDP 的增长速度以及按不变价格计量的扩张程度；另一类是以经济结构指标为核心的经济质量指标，包括产业结构、区域结构、就业结构、投入产出关系等。[2] 如果根据经济数量和经济质态这两类指标衡量，对我国经济发展达到的水平加以判断，大体可以说，我国目前经济正处于工业化加速时期，其工业化进程会进一步加速；横向来看，我国目前正处于世界上中等收入国家的平均水平。从经济质量指标来看，我国现阶段农业劳动力占总劳动力的比重约在 47% 左右，这水平也是略高于世界中等收入国家的平均水平。可见，无论是经济数量还是从经济质量指标来看，总的来说我国目前经济发展正处于由中等收入国家平均水平向中等收入国家后半阶段过渡，而这一阶段经济发展所面临的问题是实现以工业化为主要内容的现代化，实现工业化的加速发展。

那么，处于这一阶段的经济发展具有哪些突出的特点呢？首先，进入工业化加速期的社会经济通常意味着经济进入一个相当长的持续高增长的过程。无论是工业发达国家还是新兴工业化国家的发展经验都证实了这一点。就我国的实践而言，从 1978 年至今，平均经济增长率保持在 9.3% 以上的水平，已经持续了 30 余年的高速增长，如果没有极为特殊的国际国内的不可控制的社会政治、经济、文化、军事、自然意外发生，从经济增长的可能性来说，至少到 2030 年前，中国平均经济增长率保持在 7.2% 以上是可能的，这意味着到 2030 年，我国经济仍保持高速增长。根据这一发展趋势，到 2030 年我国的人均 GDP 水平比 2000 年人均 GDP

---

[1] 林岗等：《迈过"中等收入陷阱"的中国战略》，经济科学出版社 2011 年版，第 13 页。
[2] 刘伟：《转轨中的经济增长：中国的经验和问题》，北京师范大学出版社 2011 年版，第 21 页。

水平高出 10 倍，相当于当代世界高收入发展中国家的水平，即成为当代新兴工业化国家，实现以工业化为基本内容的现代化。其次，工业化加速时期是国民经济结构急剧变化的时期。从世界各国的基本经验来看，工业化加速时期是一个国家技术结构、产业结构、区域结构、收入结构、市场组织结构变化最为急速的时期。一方面，制造业的增长速度会急剧加快，带动整个国民经济结构质态变化深刻化，传统产业，尤其是第一产业，在产业相对劳动生产率不断提高而市场需求相对缩小的条件下，其在国民经济迅速而又持续地下降，形成极为严重的"三农"问题，特别是对于我国来说，在不长的时期里，工业化加速形成的几亿农业劳动力转移的压力，仅改革开放 30 余年来，我国从农业转移出来的劳动力就超过 2 亿，同时直至目前相对于农业生产需要而言，至少还有 1.5 亿农业劳动力有待转移；另一方面，工业加速进展到一定的程度，工业化本身从一般加工工业为主向劳动对象和劳动资料工业为主深化，因而重工和重化工倾向日益突出，由此提出的资本问题、技术问题、资源问题、环境问题、资本对劳动排斥等问题。[①] 最后，工业化加速时期也是社会发展成本迅速上升的时期。就经济发展而言，从微观的资源配置的角度来看，工业化加速往往是对资源的消耗迅速上升的时期，整个经济发展会越来越受到资源的严重约束，以我国的情况来看，从 1990 年到目前，我国经济对主要矿产资源的对外依存度已从 5% 上升到 50%。尤其在技术进步和管理科学方面有所滞后的情况下，投入产出的效率提升缓慢，对资源的消耗必然进一步上升，从而增大发展的成本。同时，从宏观的经济运行和调控来看，在工业化加速时期，宏观经济总量失衡将表现一系列的复杂性，例如，由于工业化和市场化的加速，通货膨胀率显著上升；技术进步加快，使失业和空位并存的矛盾进一步尖锐。总之，当前我国工业化还没有完成基本任务，即建立起强大的现代装备制造业和原材料工业，实现农业机械化和轻工业的技术改造，基本完成基础设施和城市的建设，未来一段时间我国将处于工业化加速时期，在经济发展的微观和宏观上的矛盾和困难会进一步加剧，进而极大地提高经济发展的成本。并且，

---

① 刘伟：《转轨中的经济增长：中国的经验和问题》，北京师范大学出版社 2011 年版，第 23 页。

这里还没有完全包括其他社会成本,如工业化加速时期的公平与效率的矛盾加剧、发展与环境的冲突严重、失业与空位并存的突出等,都会加剧这一时期经济发展的困难。

从世界城市发展的基本经验来看,城市化水平在30%—60%时处于快速发展期。城市化发展进程具有明显的阶段性。根据形态特征和内在机制的变化,以及发展水平的不同,城市化可分为三个阶段:城镇人口占区域总人口的比重在30%以下时,属于初级阶段;城市化水平在30%—60%之间,属于中间阶段;60%以上属于高级阶段。而且,当城市化水平达到30%时,城市化进程将是一个相对快速发展时期。从实际情况来看,世界大多数国家城市化进程经历了相同的"S"形曲线:当一个国家农村人口占总人口的比例为90%以上,也即城市化水平低于10%时,城市的发展非常缓慢;当城市化水平达到10%时,城市化进程开始,城市化发展速度开始加快;当城市人口占总人口比例达到30%时,也即城市化率达到30%时,城市化速度会明显大幅攀升,城市化进入急速发展阶段,这一过程会持续到城市化水平达到60%以上;当城市化率达到60%后,城市化重新进入平缓发展阶段。目前中国城市化进入30%—60%的快速发展期。历年城市化率数据显示,我国城市化进程大致符合"S"形曲线规律:改革开放初期中国城市化水平为17.92%,城市化速度基本在每年0.6个百分点以下。其中可以划分为三个阶段:第一阶段,1979—1995年间,城市化率从18.96%提高到29.04%,年均增长0.63个百分点;第二阶段,1995—2005年间,城市化率由29.04%提高到42.99%,年均增长1.4个百分点;第三阶段,2005年到2012年,城市化率从42.99%提高到52.5%。值得关注的是,1996年我国城市化水平首次达到30%以上,当年城市化率有一个明显提升,并保持10余年的高速发展,标志着中国从1996年开始进入城市化高速发展时期。而2008年我国城市化水平达到45.68%,表明我国正处于城市化向高级阶段提升、飞跃的紧要关头,正处于迈向城市化国家的关键时期,也正处于一个城市化超常发展的新阶段。以城市化扩大国内消费需求、投资需求有着广阔的空间。从这个意义上看,未来10—20年经济的持续跨速增长,将高度依赖于城市化的进程。2009年中央经济工作会议将积极稳妥地推动城镇化作为今后一个时期经济发展的主要任务。有关研究统计预测，到 2015 年，我国城镇人口所占比例将由 2008 年 46% 提高到 53% 左右，总量将达到 7.5 亿人。整个"十二五"时期，随着户籍制度的变化以及城镇化的加快，我国人口从农村向城镇转移的速度将进一步加快，流动人口规模将居高不下，成为影响教育发展战略性因素。

5. 西方发达国家再工业化的巨大威胁

"再工业化"（Reindustrialisation）最早由美国白宫高级顾问阿尔泰·埃兹厄尼提出。根据 1968 年《韦伯斯特词典》的定义，再工业化是"一种刺激经济增长的政策，特别是通过政府的帮助来实现旧部门复兴的现代化并鼓励新兴部门的增长"。遭受 2008 年全球金融危机重创之后，西方发达国家在艰难的经济复苏过程之中，面对动荡、复杂和不确定性的局势，苦苦寻求解脱之策，并实行经济社会的转型。美、英、欧盟等一度"去工业化"西方发达国家开始重新审视实体经济与虚拟经济的关系，纷纷将"再工业化"作为重塑竞争优势的重要战略，制造业的地位再次受到重视。

西方发达国家在 2008 年金融危机爆发后，实体经济受到巨大冲击，制造业产出连续多月急剧下滑。以美国为例，在经济复苏前的 2009 年 5 月，当月工业产值同比下降 13.4%，为 1946 年以来最大年度跌幅。美国工厂开工率降至 65%，创 1948 年以来的最低点。在 2007 年 12 月至 2009 年 5 月的 17 个月中，美国工业产值有 16 个月出现下降。相对 2007 年 12 月，2009 年 5 月的工业产值下降了 14.8%。对比产能利用率的长期平均水平，美国 2009 年 5 月的该指标低出 12.6%，创 1948 年美联储开始报告这项数据以来的最低值。汽车、钢铁、化工等行业全面亏损，企业倒闭和裁员潮出现，美国劳工部的数据显示，从 2008 年 9 月雷曼兄弟控股公司破产以后，美国每月非农就业数字都在加速下滑，2009 年 1 月的此项数字减少了 74.1 万人，为这项数据的最大月度下跌数值。同年 10 月，美国失业率高达 10.2%，创下自 1983 年以来的 26 年新高。①

———————

① 姚海琳：《西方国家"再工业化"浪潮：解读与启示》，《经济问题探索》2012 年第 8 期。

2009 年以来，美国采取了一系列重大政策措施，这些政策措施有力地支撑了"再工业化"战略，具体包括五个方面：一是出台了《美国复苏和再投资法案》，提出了总额为 7870 亿美元的经济刺激方案，其中 800 亿美元落户清洁能源，650 亿美元投资在基础建设，133 亿美元用于科技投入，7.3 亿美元用来扶持小企业。二是实施"出口倍增计划"，提出未来 5 年内要将美国的出口额翻一番。为此，召集美国贸易代表处、商务部、财政部、劳工部、农业部等政府部门负责人组成"促进出口内阁"，并成立了 20 世纪 70 年代才有的"总统出口委员会"。三是采取多种措施降低制造业发展成本。主要措施有：降低美国制造业的税收负担，并使暂时性减税措施永久化，以提高美国制造业吸引资本和投资的能力；简化政府审批外资繁琐的公务程序，改革医疗保险，降低医疗保险成本，减少管制和司法诉讼成本；实施节能计划，降低能源成本；鼓励创新投资，促进技术扩散，降低开发新技术的风险，确保美国企业致力于设计和生产技术含量高且为世界客户端所需要的产品。四是积极招商引资。2011 年 6 月，奥巴马政府发布总统令，宣布打造一个横跨 23 个部委的招商引资工作组——"选择美国办公室"，并建设名为"选择美国"的门户网站。这是美国历史上首次将招商引资工作提到总统令的高度，也是首次建立具有行政约束力的跨部委吸引外商投资工作小组。五是吸引海外资本回流投资本土。2011 年 7 月，美国政府再次提出要对美国公司汇回国内的利润大幅度减征所得税，从35% 减到 5%，同时取消海外投资可延迟交税的政策，以鼓励美国跨国公司将超过 1 万亿美元的海外留存利润投资本土，刺激就业。① 英国政府 2008 年发布《制造业：新挑战，新机遇》战略报告，2009 年又公布了新的制造业发展战略，提出占据全球高端产业价值链、抢得低碳经济发展的先机等战略构想。2010 年发布《向增长前进》战略，概述在经济复苏中起到发动机作用的产业和企业未来发展方向，再次指出充满活力的制造业对英国十分重要。同时，英国将低碳经济作为第四次技术革命和未来发展的支柱产业。《英国低碳转型计划》中计划将 400 万英镑

---

① 周振华等：《危机中的增长和转型：新格局与新路径》，格致出版社 2012 年版，第48 页。

用于帮助制造业实现低碳化计划。《英国低碳工业战略》提出在政策倾斜、产品采购、教育培训、标准化和资金投入等方面给予制造业全面支持。为了促进制造业发展，英国在《制造业：新挑战，新机遇》的战略报告中，提出为支持制造业技术进步，政府对科研的支持经费增加值2010/2011 年度的近 40 亿英镑，达到历史最高水平。2010 年，《欧盟2020 战略》中明确提出恢复工业的应有地位，使工业与服务业共同成为欧盟经济发展的支柱。作为该战略的重要组成部分，欧盟在同年还出台了工业发展新战略，以巩固和发展欧盟工业竞争力。为了实现制造业"绿色"、"低碳化"，《欧盟经济复苏计划》提出实施"绿色伙伴行动"、"能效建筑伙伴行动"、"未来工厂伙伴行动"、"欧洲绿色汽车行动"等一系列的计划，并宣布 2013 年之前投资 1050 亿欧元发展绿色经济。欧盟还通过排放权交易、能源税、绿色政府采购等方式，重点推动制造业产品和过程实现"低碳化"。为了推动制造业进一步发展，在2008 年底召开的欧盟科研基础设施大会上，欧盟一次性增加了 10 个新的大型科研基础设施，使欧盟科研基地设施路线图计划的建设项目增至7 大类 44 项，建设经费总额达到 169.51 欧元，年运行费用 22.1 亿欧元。[①]

目前我国已经成为世界制造业大国，但主要建立在劳动力低成本和环境高成本的基础之上的，地位很不稳固。2008 年世界金融危机滞后，西方发达国家调整经济发展战略，大力发展制造业，将对我国制造业转型升级形成强大的冲击。正如西方发达国家过去所经历的被低成本挖空制造业那样，未来若干年里，我国制造业也会失去现有的竞争力。首先，对我国制造业竞争优势的巨大冲击。为配合降低制造业生产成本，西方发达国家大力促进能源产业创新，开发能源的各项潜能。这对于大量依赖进口能源和原材料的我国制造业来说，不能以可控的价格获取必要的资源，导致我国制造业竞争优势下降，势必影响外商直接投资的能力，加速了西方发达国家制造业回归或流向成本更低的国家和地区。其次，我国制造业出口产品受到巨大的冲击。西方发达国家"再工业化"

---

① 姚海琳：《西方国家"再工业化"浪潮：解读与启示》，《经济问题探索》2012 年第8 期。

的目标是增加出口、平衡贸易、恢复制造业竞争力，并将从制造业高端化寻找出路。在这一过程中，西方发达国家会大大增强制造业产品的出口能力。而目前我国制造业很多行业已深度参与国际产业分工，制造业产品出口已成为全球生产链的重要环节，西方发达国家的制造业革命势必会影响我国在国际产品分工中的地位，进而加大我国制造业产品出口压力。最后，对我国制造业技术升级的冲击。西方发达国家"再工业化"与我国制造业转型升级的方向会形成一定的冲突，使我国获得制造业核心技术的道路更加艰难。随着西方发达国家"再工业化"进程加速，势必对资本和技术的输出作出相应的限制，尤其加强技术封锁，因而对我国制造业转型升级带来巨大的压力。

表5.2　　　　　西方发达国家"再工业化"路径及主要战略措施

	美国	英国	欧盟及成员国
将制造业发展上升为国家战略	签署《美国制造业振兴框架报告》制定《2040年制造业规划》签署《制造业促进法案》《国情咨文》多次以制造业作为切入点	发布《制造业：新挑战，新机遇》战略报告 公布新的制造业发展战略 发布《向增长前进》战略	《欧盟2020战略》提出恢复工业应有的地位；出台工业发展新战略 法国工业新政将工业置于国家发展的核心位置
大力推动制造业"绿色"和"低碳"化	实行"绿色新政"，公布新的综合性能源计划，签署《绿色能源与安全保障法案》，颁布《美国清洁能源安全法案》 绿色产业成为《2009年美国复苏和再投资法案》投资重点 《美国创新战略》中对绿色产业的支持	《英国低碳转型计划》投资助推制造业低碳化转型 《英国低碳工业战略》提出给予制造业全面支持 《制造业：新挑战，新机遇》报告提出综合性低碳行业战略 制定《低碳行业战略远景》 成立低排放汽车办公室；资助开发先进高效电气系统；启动"联合城市"计划；公布"充电汽车消费鼓励方案"	《欧盟经济复苏计划》提出"绿色伙伴行动"、"能效建筑伙伴行动"、"未来工厂伙伴行动"；发布《欧盟交通道路电动化路线图》 德国《2020高科技战略》提出电动汽车等新兴产业发展规划；陆续实行"电动汽车国家规划"，成立"国家电动汽车平台（NPE）"、实施"能源创新和新能源技术研究项目"、"汽车和运输技术交通研究项目"、"政府高技术战略"、"国家氢燃料电池技术创新项目" 法国推出5亿欧元"绿色"贷款；实施"发展电动汽车全国计划"

	美国	英国	欧盟及成员国
增加科技创新投入	《2009 年美国复苏和再投资法案》中增加 133 亿美元科技投入《美国创新战略》计划加大投资以恢复基础研究的国际领先地位加大科研基础设施建设投入	《制造业：新挑战，新机遇》中增加政府科研支持经费TSB 对高端制造业研究投入巨资支援"10 年科学和创新投资框架计划"设立创新投资基金	增加"欧盟科研基地设施路线图计划"投资德国启动中小企业创新核心项目；为"中小企业创新计划"增加经费投入；《2020 高科技战略》提出增加教育科研占 GDP 比重法国增加科研设施预算；通过 OSEO 出资支持中小企业的科研创新活动；通过 FSI 出自支持长大中型企业的研发创新活动
推动产品出口	"出口倍增计划"及相关行动公布贸易救济措施的 14 条建议创建"出口促进内阁"重设"总统出口委员会"以"全球经济再平衡"为由向其他国家施加汇率压力创设制造业政策办公室成立跨部门贸易执法部门	发布《英国高端工程行业国际营销战略》地方与中央联手促进出口	《欧洲复兴计划》推动"欧洲制造"和欧洲标准商品标签成员国出台出口信用保险计划法国出台促进法国商品出口的 10 条措施

资料来源：姚海琳：《西方国家"再工业化"浪潮：解读与启示》，《经济问题探索》2012 年第 8 期。

（二）当前我国经济转型的基本特征

从我国现代化进程的历史趋势来看，我国经济转型大致可以分为两次大的经济转型：第一次经济转型是 1978 年十一届三中全会开启的经济体制改革，经过 30 年的蓬勃发展，我国建立了社会主义市场经济框架，成功地实现了经济起飞与经济总量的快速扩张，但经济发展方式转型尚未完全破题。2008 年金融危机使得原有的发展方式的矛盾集中凸显出来，第二次经济转型势在必行。而这次转型面临着经济体制、社会体制和政治体制在内的全面改革，其主题是实现公平与可持续发展，目标是形成有中国特色的发展方式。其中,第二次经济转型的基本任务包括三个方面:① 第一,终结出口导向模式。我国过去 30 年成功地抓住第三次全球化的历史机遇,实行积极的对外开放战略,形成了大进大出为基本特征的出口导向模式。2008 年全球性金融危机以后,西方发达国家"去杠杆化"的发展策略使得其消费需求萎缩成为一种中长期趋势,加上西方发达国家"再工业化"发展战略,我国的外贸出口形势非常严峻。不仅如此,全球性金融危机爆发以后,世界范围内的贸易保护主义重新抬头,并将会延续相当一段时期。而且,我国出口产品在全球产业分工仍处于中低端,对国内产业结构升级和国民福利的贡献有限,长期执行出口导向的政策,使我国陷入美元贬值陷阱的可能性越来越大。因此,终结出口导向模式刻不容缓。第二,终结投资主导模式。我国作为发展中国家,改革开放后相当一段时期较高的投资率有其合理性,投资主导型经济模式在过去有效地解决了我国短缺经济的问题。但是自 21 世纪以来,投资主导模式开始面临生产过剩的挑战,不断造成产能过剩和产业结构扭曲,造成了经济结构畸形发展。况且,随着经济的快速发展,我国正步入高成本时代,传统低成本扩张模式的市场基础不复存在。因此,终结投资主导模式势在必行。第三,终结以 GDP 为中心的增长主义。在过去 30 年中,经济增长在我国的发展进程中扮演了十分重要的角色,但由于制度安排等原因,也出现了鲜明的增长主义倾向。这主要表现在把经济增长作为一切工作的出发点和目标,所有制度安排与政策实施的最终目标是经济增长。在实践中具体表现为,把量化的 GDP 指标作为考核所有工作的核心,不惜一切提高 GDP 的增长速度,扩大经济总量。这种增长主义的弊端的突出表现为:以政府为主导、以国有经济为主体、以重化工业为载体、以资源环境为代价、以投资出口为驱动,建立在低成本优势上的生产主导的经济增长方式,无法解决资源环境问题;以追求经济增长为首要目标,形成了为激励地方追求经济增长的中央地方分税的财税体制,地方政府缺乏提供公共产品的积极性和稳定的财力,因而无法解决公共产品短缺的矛盾;为了促进经济增长,权力和资本很容易结合在一起,压低劳动者工资收入,形成贫

---

① 具体参见迟福林:《第二次转型》,中国经济出版社 2012 年版,第 98—101 页。

富差距高度分化的分配格局。可见，终结以 GDP 为中心的增长主义乃大势所趋。

2012 年 11 月党的十八大提出了全面建成小康社会和全面深化改革开放的目标，提出加快完善社会主义市场经济体制和加快转变经济发展方式的任务。十八大认为，在当代中国，坚持发展是硬道理的本质要求就是坚持科学发展。以科学发展为主题，以加快经济发展方式为主线，是关系我国发展全局的战略选择。要适应国内外经济形势新变化，加快形成新的经济发展方式，把推动发展的立足点转到提高质量和效益上来，着力激发各类市场主体发展新活力，着力增强创新驱动发展新活力，着力构建现代产业发展新体系，着力培育开放型经济发展新优势，使经济发展更多依靠内需特别是消费需求拉动，更多依靠现代服务业和战略性新兴产业带动，更多依靠科技进步、劳动者素质提高、管理创新驱动，更多依靠节约资源和循环经济推动，更多依靠城乡区域发展协调互动，不断增强长期发展后劲。十八大提出，要全面深化经济体制改革。深化改革是加快转变经济发展方式的关键。经济体制改革的核心问题是处理好政府和市场的关系，必须更加尊重市场规律，更好发挥政府作用。十八大还在公有制经济和非公有制经济发展、健全现代产业体系、加快财税体制改革、深化金融体制改革和完善金融监管等方面提出了改革建议。2013 年 11 月党的十八届三中全会则明确提出了把完善中国特色社会主义制度，推进国家治理体系和治理能力现代化作为全面深化改革的总目标，对经济休制、政治体制、文化体制、社会体制、生态文明体制和党的建设制度改革进行了全面部署，其中，经济体制改革是全面深化改革的重点。经济体制改革的核心问题是处理好政府和市场的关系，使市场在资源配置中起决定性作用和更好发挥政府作用。其改革的重点包括：(1)坚持和完善基本经济制度，夯实我国经济社会发展的重要基础；(2)加快完善市场体系，形成公平竞争的发展环境；(3)加快转变政府职能，提高政府管理效率和水平；(4)深化财税体制改革，建立现代财政制度；(5)健全城乡发展一体化体制机制，逐步缩小城乡差异；(6)构建开放型经济新体制，加快培育参与和引领国家经济合作竞争新优势；(7)推进社会事业改革创新，解决人民最关心最直接最现实的利益问题；(8)加快生态文明制度建设，增强可持续发展能力。

　　总的看来，十八大报告提出了指导经济体制改革的新理论，提出经济体制改革的核心问题是处理好政府和市场的关系，特别强调各种所有制经济依法"平等使用生产要素、公平参与市场竞争、同等受到法律保护"的"三个平等"的公平竞争，这是中国特色社会主义经济理论的重大创新。1978 年党的十一届三中全会以来，历次党代会都会有市场经济理论上的重大创新。1978 年的十一届三中全会提出了"让一部分人先富起来"，1982 年的十二大报告提出了"非公有制经济是必要的、有益的补充"，1992 年十四大提出"多种经济成分长期共同发展"，1997 年十五大提出非公有制经济是"市场经济的重要组成部分"。2002 年的十六大提出两个"毫不动摇"，即必须毫不动摇地巩固和发展公有制经济，必须毫不动摇地鼓励、支持和引导非公有制经济发展。2007 年的十七大提出了对不同的市场主体法律上的"平等"保护和经济上的"平等"竞争这"两个平等"，这是所有制经济理论的又一次飞跃。十八大报告的经济理论创新是把经济体制改革核心定位为处理好政府"有形之手"和市场"无形之手""两只手"的关系，提出不同市场主体竞争要实现"三个平等"，即"平等使用生产要素、公平参与市场竞争、同等受到法律保护"。"三个平等"的公平竞争理论是中国特色社会主义经济理论的重大创新，而十八届三中全会进一步提出市场在资源配置中起决定性作用，这是理论上的重大突破和实践上的重大创新，具有鲜明的时代特征。党的十一届三中全会以来，我国经济体制改革一直围绕政府和市场的关系进行的，从计划经济到有计划的商品经济，再到社会主义市场经济，市场的力量一步步得到释放。改革开放后相当一段时期内，我国市场体系和机制尚未建立健全，市场还不能有效配置资源，需要进行渐进式改革。随着社会主义市场经济体制不断完善，市场资源配置的功能和条件逐步形成。这表明我国更尊重市场决定资源配置这一市场经济的一般规律，在行动上大幅度减少政府对资源的直接配置，推动资源配置依据市场规则、市场价格、市场竞争，切实转变经济发展方式，努力实现资源配置效率最优化和效益最大化。

二 经济转型新时期我国职业教育改革面临的主要问题

在经济转型的新时期，由于经济转型面临不少困境：经济发展方式亟待转变，人口红利即将消失，我国存在陷入"中等收入陷阱"的潜在威胁，工业化和城镇化进一步提速，西方发达国家"再工业化"的巨大威胁，等等。经济转型的道路注定不是一帆风顺的。同样，经济转型新时期，我国职业教育也面临着这样或那样的问题，这些问题如果得不到及时解决，肯定会影响到我国经济转型与良性发展。概括起来，经济转型新时期，我国职业教育面临以下五个方面的问题。

（一）职业教育的规模和发展速度问题

事实证明，经过多年的努力，我国职业教育的规模和发展速度获得了长足发展，为提高劳动者人均受教育年限作出了不可磨灭的贡献。截至2011年，全国中等职业学校发展到1.3万所，占高中阶段总量的48.89%以上；而全国高等职业院校发展到1280所，占全国高校的53%以上。中职和高职院校年招生规模超过了1100万人，在校生超过了3100万，分别占高中阶段教育和高等教育的半壁江山，职业教育国民获得长足发展。2005—2011年，中职招生人数占普通高中阶段招生总数的比例从43%提高到49%，助推高中阶段教育毛入学率从2005年的52.7%提高到2011年的84%；高职院校招生人数占全国普通高校招生的比例一直保持在47%左右，高等教育毛入学率也从2005年的21%提高到2011年的26.9%。[1] 可见，职业教育为我国加快普及高中阶段教育和高等教育大众化步伐，提高劳动者人均受教育年限作出了巨大的贡献。然而，从中等职业教育发展规模来看，截至2011年，全国中等职业学校发展到13093所，比上一年减少779所，其中普通中专3753所，成人中专1614所、职业高中4802所、技工学校2924所，总体而言，中等职业学校总数呈下降趋势。

---

[1] 孙诚等：《中国职业教育报告2012》，教育科学出版社2013年版，第37—38页。

就中等职业学校招生人数来看，截至 2011 年，全国中等职业学校招
生、在校生和毕业生规模均比上年不同程度地下降，因初中毕业生减
少且普通高中招生增加，中等职业学校招生自 2004 年以来首次出现
下降（如图 5.1）。就高职院校而言，2005—2011 年间，高职院校年
平均增长率 2.7%，2011 年比 2005 年增加 189 所，然而，虽然高职
院校的总数不断保持增长，但其增长率在逐渐下降，2006 年增长率
为 5.1%，而 2009 年至 2011 年增幅保持在 2.6%—2.7%。而高职院
校的招生人数逐渐递增，2005 年为 268.09 万人，到了 2011 年则增
加到 324.86 万人（如表 5.3）。

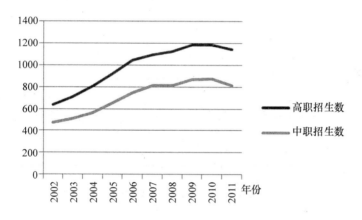

图 5.1　2002—2011 年中高职招生数量变化（单位：万人）

表 5.3　　　　　　　　2002—2011 年中高职招生数量变化　　　　　　单位：万人

年份	2002	2003	2004	2005	2006	2007	2008	2009	2010	2011
中职	473.55	509.53	566.20	655.66	747.82	810.02	812.11	868.52	870.42	813.87
高职	161.70	199.64	237.43	268.09	292.97	283.82	310.60	313.39	310.52	324.86

资料来源：《中国教育统计年鉴（2002—2012）》，人民教育出版社；《2012 年全国教育事
业发展统计公报》。

表 5.4   2002—2011 年中高职招生数量变化   单位：万人

年份	中职学校招生	比上年增长	普通高中招生	比上年增长
2005	655.7	—	877.7	—
2006	747.8	14.1	871.2	-0.7
2007	810.0	8.3	840.2	-3.6
2008	812.1	0.3	837.0	-0.4
2009	868.5	6.9	830.3	-0.8
2010	870.4	0.2	836.2	0.7
2011	813.9	-6.5	850.8	1.7
年均增长率				

表 5.5   2002—2011 年中高职在校生数量变化   单位：万人

年份	2002	2003	2004	2005	2006	2007	2008	2009	2010	2011
中职	1190.7	1256.7	1409.2	1600.0	1809.8	1987.0	2087.0	2195.1	2238.5	2205.3
高职	376.28	479.36	595.65	712.96	795.50	860.59	916.80	964.81	966.18	958.85

资料来源：《中国教育统计年鉴（2002—2012）》，人民教育出版社；《2012 年全国教育事业发展统计公报》。

　　1996 年，原职教司司长、时任国家督学的杨金土先生利用联合国教科文组织（UNESCO）提供的资料，在对 71 个国家和地区的职业教育发展规模（以各国中等职业学校学生数占本国人口百分比为指标）与经济发展水平（以人均国民生产总值为指标）进行比较后发现，那些人均国民生产总值（GNP）较高的国家通常职业教育规模较大。[1] 从国际比较来看，处于相同经济水平发展阶段的各国经验也都证实，经济结构和就业结构的快速变化，也必然要求教育加快结构调整与之相适应。大力发展职业教育，也是现代国家工业化进程中不断适应经济发展对人才需求的基本经验。工业化进程一般表现为工业占经济总量比重逐步提高、制造业内部的产业结构逐步升级、工业部门就业的劳动人口比

　　[1] 杨金土：《关于职业教育的外部经济效益以及与经济之间的相关性浅析》，《中国职业技术教育》1996 年第 5 期。

例增加、城市化率上升和人均收入增加等特征。西方发达国家的经验表明，工业化的推进伴随着职业教育总体规模变动，在前工业化时期，职业教育规模一般较小；从工业化初期到中期以前，职业教育规模呈扩大趋势，德国职业教育学生数增长率在工业化初期和中期分别达到了4.7%和4.0%，日本为8.4%和6.6%，而后发国家或地区该增长率则更高，韩国和中国台湾地区在这一阶段均超过10%。职业教育规模的高峰一般出现在工业化中后期，从德国、日本、韩国、中国台湾的数据来看，职业教育学生数占总人口比重的峰值平均为3.8%。[①] 从职业教育发展规模来看，德国、日本、韩国和中国台湾等国家和地区在工业化中期时，职业教育学生数占总人口比重年均分别达到2.5%、2.4%、2.0%和2.0%，如果以第一产业比重来确定我国工业化中期开始年份（2005年），则中国到目前为止这一指标为1.7%。我们目前正处工业化中期后半阶段，在不久的将来就进入了工业化后期。可以看出，目前我国职业教育发展规模相对落后。从增长速度来看，渐进式工业化的德国和日本在工业化中期的职业教育学生数年平均增长率分别为3.3%和4.5%，而赶超式或后发式工业化的韩国和中国台湾的增长率分别为10.7%和12.8%，发展速度明显加快。我国工业化进程远快于德日两国，几乎与亚洲"四小龙"不相上下，但目前其职业教育扩张速度为8.3%，低于韩国和中国台湾地区。[②] 从中等职业教育占普通高中的比例来看，据2006年欧盟27国统计，其高中阶段接受中等职业教育的学生比例平均为52%。构成了发达国家高中阶段学生的主流，而在德国、奥地利、比利时、瑞士等典型的双轨制国家，这一比例均超过了70%。[③] 2011年，我国中等职业教育占普通高中的比例为49%，从这一点可以看出，我国中等职业教育的发展规模并不大。另外，据统计，在已成功跨越"中等收入陷阱"的国家中，总体而言，在人均GDP4000美元至12000美元时期，这些国家和地区的职业教育发展呈以下趋势：从职业教育规模来看，中等职业教育在校生规模和高等职业教

---

① 张原、陈建奇：《中国职业教育与人才强国战略的差距：基于工业化进程的估计》，《职业技术教育》2012年第4期。

② 同上。

③ 郭扬：《高中阶段"普职比"的国际比较》，《职教论坛》2003年第1期。

育在校生规模总体呈扩大趋势，尤其是高等职业教育规模扩大的趋势更加明显；从职业教育占教育的比例来看，职业教育比例有升有降。但从分阶段来看，各国和地区的中等职业教育比例由人均 GDP4000—8000美元时期下降为主转为人均 GDP8000—12000 美元时期上升为主，而高等职业教育在校生的发展速度不及普通高等教育；从职业教育在校生内部的层次结构来看，半数以上国家的中等职业教育在校生占主体，高等职业教育在校生比例呈增长趋势，部分国家中等职业教育和高等职业教育比例达到了平衡状态，个别国家的高等职业教育在校生占据主体地位，表明各国和地区的职业教育不断向高层次发展趋势。① 通过对我国同工业化进程国家以及跨越"中等收入陷阱"国家的比较，我国职业教育规模和发展速度同世界其他类似国家和地区的发展趋势大致相同，但是，我国在世界上处于相同阶段或相同时期国家和地区中职业教育发展规模和速度处于较低水平。

不仅如此，目前制约我国职业教育规模和发展速度的因素仍不可小视，主要包括以下三个方面：第一，我国学龄人口处于不断减少的下行期。我国学龄人口（6—22 岁）总数与 2000 年的 3.6 亿人（占总人口比重的 29.0%）相比，预计到 2010 年将下降为 3.3 亿人，下降 8.8%，占总人口比重降为 24.3%；到 2020 年将下降为 3 亿人，在 2010 年的基础上下降 9.8%，占总人口比重下降为 20.8%。高中阶段教育（包括普通高中教育和中等职业教育）学龄人口的总体趋势是，由 2005 年的约 7593 万人（1988—1990 年出生人口）的高位逐年下降，在 2020 年下降到约 4809 万人（2003—2005 年出生人口），降幅达 36.67%。根据相关文件，以 2020 年高中阶段教育毛入学率 90% 计算，2020 年高中阶段教育在校生将为 4328 万人，比 2008 年的 4546 万人将减少 218 万人；作为高中阶段生源的初中毕业生也将由 2007 年的 1963 万人逐年下降，在 2020 年前后降至 1600 万人的规模，低于目前高中阶段的年招生人数（2007 年全国高中阶段教育招生 1650 万人）。② 这种生源下降，必将反

---

① 袁振国：《跨越中等收入陷阱国家教育变革的重大启示》，教育科学出版社 2013 年版，第 121 页。
② 黄尧：《职业教育可持续发展战略研究》，高等教育出版社 2012 年版，第 134 页。

映到中等职业教育的招生上，届时我国中等职业教育面临严重的生源危机。其实，目前我国部分省（自治区、直辖市）中等职业教育生源短缺的问题已经开始显现。例如，根据宁夏教育厅的统计，2010 年全自治区初中毕业生是 85000 人，参加中考人数 70600 人；2011 年初中毕业生却不足 98000 人，参加中考人数 82500 人；三年平均参加中考人数占初中毕业生的比例为 84.5%，人数相差 14433 人。同样，部分省区市 2011 年初中毕业生数量比上年减少，数量减少多的省份是：河北减少 12 万人，湖北减少 8.5 万人、江苏减少 7.6 万人、陕西减少 4.1 万人。① 就东部部分发达地区而言，职业院校生源问题已经成为一个突出问题。例如，在江苏，2000 年出生的人口不到 1990 年出生人口的一半，这批人口将于 2015—2018 年初、高中毕业，届时中等和高等职业学校都面临生源危机；在北京，2011 年高考全市考生比 2010 年锐减两成，预计 2015 年还将减去三成。② 第二，我国人口地区间流动导致我国地区间职业教育规模和发展速度失衡。改革开放以来，我国东部地区与中西部地区收入差距进一步扩大，以及东部地区对外开放时间早、市场发育成熟、较高的市场化水平等在一定程度上消除劳动力要素跨地区流动的制度性障碍，导致了中西部劳动力加速向东部地区流动，尽管近年来我国东部地区向中西部地区、中部流向西部和西部流向中部的比例相对以往则呈明显下降趋势，但人口区域间流动导致区域间职业教育发展的规模和速度失衡。根据相关部门的预测，从高中阶段教育学龄人口和规模发展的角度来看，到 2020 年，东部地区和中部地区高中阶段教育学龄人口（2003—2005 年出生人口）分别约 1584 万人和 1392 万人，均低于当前在校生人数（东部地区：2006 年为 1786 万人，2007 年为 1812 万人，2008 年为 1787 万人；中部地区：2006 年为 1479 万人，2007 年为 1564 万人，2008 年为 1567 万人）；西部地区高中阶段学龄人口总数为 1355 万人，按照毛入学率 90% 计算，在校生要求达到 1220 万人，超出当前在校生人数（2006 年为 1076 万人，2007 年为 1153 万人，

① "中等职业教育自主招生制度与教学模式改革研究"课题组：《中等职业教育招生制度与教学模式改革：现状与问题》，《中国职业技术教育》2013 年第 3 期。
② 马树超等：《构建现代职业教育体系若干政策思考》，《教育发展研究》2011 年第 21 期。

271

2008 年为 1191 万人）。可以看出，东部地区学龄人口下降的比例明显高于中西部地区。从近几年的年招生和在校生规模发展来看，中部和西部地区高中阶段教育明显高于东部地区（2007 年，东部地区招生和在校生增长率分别为 −1.55% 和 1.45%，中部地区招生和在校生增长率分别为 2.55% 和 5.73%，西部地区招生和在校生增长率分别达到 6.86% 和 7.08%）；尤其，中部和西部地区中等职业教育招生的年招生和在校生增长速度更是比东部地区高出许多（2007 年，东部地区招生和在校生增长率分别为 3.47% 和 5.58%，中部地区招生和在校生增长率分别为 8.28% 和 12.15%，西部地区招生和在校生增长率分别达到 16.34% 和 14.61%）。[①] 这表明，由于人口地域间流动失衡会导致我国东中西部地区职业教育发展规模和速度可能会失衡。第三，人口红利即将消失的直接影响。迄今为止，我国实行的计划生育政策的确为经济高速增长作出了巨大的贡献，为我国赢得了人口红利。但是，长期的低生育率已经将我国推进到人口转变的新阶段，人口抚养比持续上升，劳动力年龄人口不断增长，这就意味着我国人口红利即将消失。从人口抚养比这个人口红利的显示性指标来看，其长期下降趋势已经在减速，并在 2013 年前后降至最低点。[②] 人口红利消失的直接后果是，农村剩余劳动力无限供给已经成为历史，非熟练劳动力短缺和普通劳动者工资上涨，甚至出现大学毕业生与普通劳动者之间以及普通劳动者内不同教育水平之间的工资差距大幅缩小的现象。人口红利消失带来的现实问题是，家庭可能不愿意孩子继续上学，特别是上机会成本和直接费用昂贵的高中及大学的意愿可能下降。就职业教育而言，人口红利消失意味着职业教育的生源可能受到致命的威胁，职业教育的规模和发展速度将面临严峻的考验。

（二）职业教育经费投入问题

职业教育事业的发展离不开经费的支持，职业教育经费是职业教育发展的前提和基础。进入 21 世纪以来，国务院先后两次召开职业教育

---

① 黄尧：《职业教育可持续发展战略研究》，高等教育出版社 2012 年版，第 137 页。

② 蔡昉：《避免"中等收入陷阱"探寻中国未来的增长源泉》，社会科学文献出版社 2012 年版，第 82 页。

工作会议，下发了两个大力发展职业教育的《决定》，有力地推动了我国职业教育改革与发展。特别是 2005 年《国务院关于大力发展职业教育的决定》颁布以来，我国职业教育进入快速发展的阶段，职业教育经费投入增幅明显。2012 年国家财政性教育经费为 22236.23 亿元，占 GDP 比例的 4.28%，比上年的 3.93% 增加了 0.35 个百分点，如期实现了《国家中长期教育改革与发展纲要（2010—2020）》提出的 2012 年要达到 4% 的目标，成为中国教育发展史上重要的里程碑（如图 5.1）。2013 年，全国教育经费总投入达到 30364.71 亿元，比上年的 27659.97 亿元增加 9.77%，占公共财政支出 139744 亿元的比例为 19.79%，比上年的 16.13% 增加了 3.66 个百分点。① 近年来，我国职业教育经费投入取得了不少成绩：第一，职业教育经费投入总量增幅明显，国家财政性教育经费比重有所上升。2013 年，全国职业教育经费投入总量达到 3450.52 亿元，2006—2011 年间增长了 160.02%，超过了全国教育经费投入总量的增幅。其中，中等职业教育经费达到 1997.86 亿元，比 2010 年增长了 46.3%，比 2006 年增长 205.97%；高等职业教育经费为 1452.39 亿元。比 2010 年增长了 37.1%，比 2006 年增长了 141.53%。2013 年，职业教育的国家财政性教育经费投入达到 2542.66 亿元，占全国职业教育经费总投入的 73.69%。其中，中等职业教育的国家财政性教育经费投入为 1719.04 亿元，比 2006 年增长了近 66 个百分点；高等职业教育的财政性教育经费投入为 823.66 亿元，占高等职业教育经费投入总收入的 56.64%，比 2006 年增长超过 50 个百分点。第二，政府主导成为共识，地方财政性教育经费投入超过国家水平。2013 年，全国中等职业教育经费的国家财政性教育经费投入占中等职业教育经费总投入的 86.07%。在全国 31 个省、自治区和直辖市中，有 13 个省份中等职业教育的财政性教育经费投入占中等职业教育经费总投入的比重超过国家水平（86.07%），其中，西藏最高，达到 99.20%，其次是内蒙古（94.15%），第三是青海（92.5%）。最低分别为湖北（78.28%）和湖南（80.1%）。2013 年全国有 16 个省份高等职业教育

---

① 宗河：《国家财政性教育经费支出占比达 4.28%》，《中国教育报》2012 年 12 月 23 日。

的财政性教育经费投入占高等职业教育经费总投入的比重超过国家水平（56.71%），西藏仍然最高，为89.6%，其次是内蒙古（75.5%），第三是北京（73.85%），福建和云南最低，分别为39.1%和45.3%。第三，中央财政专项投入职业基础能力建设项目稳步推进，收效显著。从2005年到2011年，中央财政投入职业教育基础能力建设专项资金超过244亿元，共支持建设了100所国家示范性建设高等职业院校和100所国家骨干建设高等职业教育院校；支持建设了950所高职院校的1753个特色专业；支持建设了647所国家中等职业教育改革发展示范学校；支持建设了3056个职业教育实训基地；支持3232所中等职业学校加强基础能力；完成了国家级和省级中等职业学校专业聘请兼职教师近3万人，开发了80个专业的中职教师培训方案以及课程和教材。[①] 第四，职业教育学生资助体系覆盖广泛，日渐完善。2012年的数据显示，仅中央财政投入中等职业教育的国家助学金就有56亿元，受助学生555万人；高等职业学校学生享受国家奖学金、助学金和助学贷款等各项奖

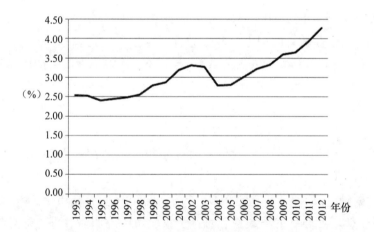

图5.2　我国1993—2012年国家财政性教育经费支出占GDP的比例

数据来源：教育部财务司：《中国教育经费统计年鉴（1993—2012）》，中国统计出版社。

---

① 教育部职业技术教育研究所：《中国特色职业教育发展之路——中国职业教育发展之路》，高等教育出版社2012年版，第48—49页。

补政策,受资助面达到 20% 以上。[①] 另外,中等职业教育免学费政策已覆盖所有农村学生、城市涉农专业学生和家庭经济困难的学生。2012年,中央财政投入免学费资金 80 亿元,惠及 1244 万中职学生。[②]

表 5.6　　　　　　2006—2013 年职业教育经费投入及其增长情况　　　　单位:亿元

	2006 年	2007 年	2008 年	2009 年	2010 年	2011 年	2013 年
全国教育经费总投入	9815.31	12148.07	14500.74	16502.71	19561.85	23869.29	30364.71
职业教育经费总投入	1111.18	1483.38	1852.03	2119.99	2408.8	2889.29	3450.52
其中:财政性教育经费	508.78	744.59	1017.26	1211.15	1459.91	1459.91	2542.66
财政性教育经费占职教经费的比例	45.79%	50.20%	54.93%	57.13%	60.61%	66.93%	73.68%
中等职业教育经费总投入	622.09	851.80	1049.24	1198.87	1357.31	1638.50	1997.86
其中:中职财政性教育经费	351.19	512.20	682.27	814.18	968.28	1259.06	1719.04
财政性教育经费占中职经费的比例	56.45%	60.13%	65.03%	67.91%	71.34%	76.84%	86.03%
高职职业经费投入	489.09	631.58	802.79	921.12	1051.49	1250.79	1452.39

---

① 《中国教育报》记者:《教育热点问答:完善家庭经济困难学生资助体系》,《中国教育报》2013 年 3 月 27 日。

② 同上

续表

	2006 年	2007 年	2008 年	2009 年	2010 年	2011 年	2013 年
其中：中职财政性教育经费	157.59	232.39	334.99	396.97	491.63	674.82	823.66
财政性教育经费占高职经费的比例	32.22%	36.80%	41.73%	43.10%	46.76%	54.95%	56.71%

资料来源：教育部财务司《中国教育经费统计年鉴》(2006—2013)，中国统计出版社。

(注：2012 年数据空缺，因为当年进行普查，所以 2012 年教育经费统计年鉴未出版)

　　然而，在我国职业教育投入取得有目共睹的巨大成绩的同时，与加快发展现代职业教育体系的经费投入要求相比，还存在不小的差距，主要表现在以下四个方面。

　　第一，职业教育经费占 GDP 的比例不高。就教育经费占 GDP 的比例而言，据统计，在跨越"中等收入陷阱"的国家中，人均 GDP 在 4000 美元时，公共教育支出占 GDP 的比例的中位数为 4.45%；人均 GDP 在 8000 美元时，公共教育支出占 GDP 的比例的中位数为 5.05%；人均 GDP 在 12000 美元时，公共教育支出占 GDP 的比例的中位数为 5.08%。[①] 况且，依据联合国教科文组织公布的最新数据，2008 年德国、日本、韩国和我国台湾地区财政性教育经费占 GDP 的比重分别为 4.6%、3.5%、4.8% 和 4.2%，经合组织国家平均达到 5.2%，巴西、俄罗斯和南非也达到 5.4%、4.1% 和 5.1%，基本上都超过了 4% 的水平，而我国 2010 年为 3.6%，处于偏低的水平。从发展趋势来看，1996 年以来我国教育经费和财政性教育经费的增长率平均为 17.1% 和 17.5%，均低于国家财政支出总额增长率 18.9% 的水平。[②] 教育经费总额和财政性教育经费投入低且增长偏慢，导致职业教育经费占 GDP 的比例也不高。从职业教育经费支出总量占 GDP 的比重来看，我国职业

　　① 袁振国：《跨越中等收入陷阱国家教育变革的重大启示》，教育科学出版社 2013 年版，第 38—41 页。

　　② 张原、陈建奇：《中国职业教育与人才强国战略的差距：基于工业化进程的评估》，《职业技术教育》2012 年第 4 期。

教育经费支出占 GDP 的比重从 1996 年的 0.45% 上升到 2009 年的 0.59%。但是，跨越"中等收入陷阱"国家和地区中，职业教育经费支出总量占 GDP 的比重远远超过了我国。例如，1970 年日本职业教育经费支出总量占 GDP 的比重大约为 0.9%，1980 年约为 1.2%；韩国 2000 年职业教育经费支出总量占 GDP 的比重大约为 1.7%；德国职业教育经费支出总量占 GDP 的比重大约为 1.2%，在工业化后期职业教育经费支出总量占 GDP 的比重会更高；中国台湾地区在工业化后期的 1976—1996 年，职业教育经费支出总量占 GDP 的比重年均为 0.9%，最高峰为 1.1%。[①] 以上顺利跨越"中等收入陷阱"的国家和地区在工业化后期职业教育经费支出总量占 GDP 的比重区间大约为 0.9%—1.7%，平均维持在 1.2%。我们将于"十三五"期间进入工业化后期，但就目前职业教育经费投入的发展趋势来看，同世界上顺利跨越"中等收入陷阱"的典型国家相比，我国职业教育投入占 GDP 的比重偏低。

　　第二，职业教育经费总量不足，所占教育经费比例偏低。2013 年，职业教育总经费仅占全国教育经费总费用的 11.36%。其中，中等职业学校占比 6.57%，高等职业学校占比 4.79%。而 2000 年全国中等职业学校教育经费总计 371.01 亿元，占全国教育经费的比例为 10.23%。2013 年，中等职业学校教育经费总计 1997.86 亿元，占全国教育经费的比例为 6.57%，比 2000 年下降了 3.66 个百分点。2000 年中等职业教育预算内教育经费为 440.81 亿元，占全国预算内教育经费的比例为 9.46%。2013 年，中等职业学校预算内教育经费为 1398.62 亿元，占全国预算内教育经费比例为 6.17%，比 2000 年下降了 3.29 个百分点。目前，中等职业学校承担一半的高中阶段教育任务，但各级政府对中等职业学校的投入现状与此很不对称。2013 年，中等职业学校经费总量为 1997.86 亿元，普通高中为 3076.37 亿元，中等职业学校比普通高中少 1078.51 亿元，2000 年中等职业学校经费总量为 371.01 亿元，普通高中为 191.05 亿元，中等职业学校比普通高中多 179.96 亿元。2000—2005 年中等职业学校经费总量远远高于普通高中，从 2005 年开始，普

---

① 张原、陈建奇：《中国职业教育与人才强国战略的差距：基于工业化进程的评估》，《职业技术教育》2012 年第 4 期。

通高中经费总量远远高于中等职业学校经费总量。同时，中等职业学校经费总量与普通高中经费总量比例从 2000 年的 1.94% 下降到 2010 年的 0.649%，下降了 1.291%。2013 年，中等职业学校预算内教育经费为 1719.04 亿元，普通高中为 2500.64 亿元，中等职业学校比普通高中少 781.6 亿元；2000 年中等职业学校预算内教育经费总量为 186.43 亿元，普通高中为 73.92 亿元，中等职业学校比普通高中多 112.51 亿元。从 2005 年开始，普通高中预算内教育经费总量远远高出中等职业学校经费总量。中等职业学校预算内经费总量与普通高中经费总量比例从 2000 年的 2.52% 下降到 2010 年的 0.687%，10 年间其比例下降了 1.833%。就高职院校经费投入而言，2007—2009 年，高职院校经费占全国教育经费比例由 5.20% 上升到 5.58%，比例上升了 0.38 个百分点。但是，2013 年高职院校经费投入为 1452.39 亿元，而普通高等院校经费投入为 6523.23 亿元，高职院校经费占全国教育经费比例为 4.78%。而普通高等学校经费占全国教育经费的比例为 21.48%，高职院校经费占全国教育经费的比例仅为普通高等学校经费占全国教育经费的比例的 1/5，投入严重不足。另外，2007—2013 年，高职院校在校生规模始终占普通高等学校在校生规模的 40% 以上，但 2007—2013 年，高职院校国家财政性教育经费占普通高校国家财政性经费的比例仅保持在 14%—17%。高职院校教育经费所占比例有所增长，但仍然与其规模严重不相适应。2013 年高职院校生均公共财政预算教育事业费为 16832 元，比 2009 年增加了 841 元，增长了 16.9%。2007—2010 年，高职院校生均公共财政预算教育事业费平均增长率为 15.7%。2010 年普通高等学校生均公共财政预算事业费为 9590 元，比 2009 年增加了 1048 元，增长了 12.3%。2007—2013 年，普通高等学校生均公共财政预算事业费平均增长率为 13.6%。从生均公共财政预算教育事业费的增长率来看，高等院校生均公共财政预算事业费的增长速度有逐年下降的趋势。2009 年是生均公共财政预算事业费增长率的低谷。2013 年，高职院校生均公共财政预算事业费的增长率为 16.9%，较 2007 年减少了 9 个百分点，较 2007 年增加了 6.3 个百分点。2013 年，普通高等学校生均公共财政预算事业费的增长率为 12.3%，较 2007 年增加了 0.8 个百分点，较 2009 年增长了 0.4 个百分点。从生均公共财政预算内教育事业费支出来看，2013 年，高职院校生均公共财政预算事业费仅达到普通高等学校生均公共财政预算事业费的 56.90 个百分点，比 2007 年增加了 3.3 个百分点。2007—2013 年，高职院校生均公共财政预算教育事业费仅达到普通高等学校 50% 以上。此外，高职院校生均公共财政预算公用经费也依然偏低。2013 年高职院校生均公共财政预算公用经费为 4520 元，比 2009 年增加了 2622 元，增长了 138.15%。但是，2007—2013 年，普通高等学校生均公共财政预算公用经费年平均增长率为 18.9%。从生均公共财政预算公用经费来看，2007—2013 年普通高等学校要高于高职院校，并且差距有进一步拉大的趋势。

第三，职业教育经费投入区域差异明显。主要表现在以下三个方面：一是国家财政性教育经费投入呈西部多中部少。2013 年，中等职业学校国家财政性教育经费投入比 2010 年有所增加。中等职业学校国家财政性教育经费达到 90 亿元以上的省份 4 个（江苏、山东、浙江、河南），10 亿—30 亿元之间的省份 5 个，西部 2 个省份（西藏、青海）国家财政性教育经费在 10 亿元以下。中等职业学校国家财政性教育经费投入占当地 GDP 的比例地区间差异很大。2013 年，西藏中等职业学校国家财政性教育经费占 GDP 的比例为 0.69%，而江西、湖北只保持 0.14% 左右。从东、中、西部地区的情况来看，中等职业学校国家财政性教育经费占 GDP 的比例最高的 10 个省份中，中部地区山西省和安徽省分别为 0.32% 和 0.34%，其余均为西部地区。东部地区各省国家财政性教育经费占 GDP 的比例平均为 0.23%，中部地区各省的比例平均为 0.21%，西部地区各省的比例平均为 0.34%。可见，西部地区中等职业学校国家财政性教育经费投入强度最高，东部次之，中部最少。同样，就高职院校而言，2013 年，高职院校国家财政性教育经费投入比 2010 年有所增加。高职院校国家财政性教育经费达到 50 亿元以上的省份有 3 个（山东、江苏、广东），20 亿元以下的 13 个。高职院校国家财政性教育经费投入占当地 GDP 的比例地区间差异很大。2013 年，海南省高职院校国家财政性教育经费占 GDP 的比例为 0.25%，而上海市只有 0.04%。从东、中、西部地区的情况来看，高职院校国家财政性教育经费占 GDP 的比例最高的 10 个省份中，东部地区海南省 0.25%、浙江省 0.15%，其余均为西部地区。东部地区各省高职院校国家财政

性教育经费占 GDP 的比例平均为 0.12%，中部地区各省的比例平均为
0.11%，西部地区各省的比例平均为 0.15%。可见，西部地区高职院
校国家财政性教育经费投入强度最高，东部次之，中部最少。二是事业
收入经费呈西部少中部多。中等职业学校事业收入的主要来源是学杂费
收入，它占总收入的比例在地区间差别较大。2013 年，湖北省、湖南
省中等职业学校事业收入占总收入的比例为 34%，而西藏只有 0.1% 左
右。从东、中、西部地区的情况来看，东部各省事业收入占总经费的比
例平均为 21.99%，中部地区各省比例平均为 25.47%，西部地区各省
的比例为 18.07%。可见，西部地区学校事业收入占总经费的比例最
高，东部次之，西部最少。就高职院校而言，高职院校事业收入占总收
入的比例在地区间差别较大。2013 年，上海、安徽高职院校事业收入
占总收入的比例为 60% 左右，而西藏、新疆只有 22%。从东、中、西
部地区的情况来看，东部各省事业收入占总经费的比例平均为
45.25%，中部地区各省比例平均为 51.0%，西部地区各省的比例为
38.89%。可见，西部地区学校事业收入占总经费的比例最高，东部次
之，西部最少。三是职业教育生均教育经费支出呈东部多西部少。就中
等职业学校而言，中等职业学校公共财政预算教育经费支出地区间差别
大。2013 年，北京、天津、上海中等职业学校生均公共财政预算教育
经费支出为 18000 元以上，而湖北不足 7000 元。从东、中、西部地区
的情况来看，生均公共财政预算教育经费支出最高的 10 个省份中，东
部地区占 5 个，中部地区占 3 个，西部地区占 2 个。并且，东部地区中
等职业学校生均公共财政预算教育经费支出最高，西部次之，中部最
少。就高职院校来说，高职院校公共财政预算教育经费支出地区间差别
大。2013 年，北京、西藏高职院校生均公共财政预算教育经费支出为
28000 元以上，而安徽只有 6000 元左右。从东、中、西部地区的情况
来看，生均公共财政预算教育经费支出最高的 10 个省份中，东部地区
占 5 个，中部地区占 0 个，西部地区占 5 个。并且，东部地区高职院校
生均公共财政预算教育经费支出最高，西部次之，中部最少。同样，中
等职业学校和高等职业院校生均公共财政预算教育事业费支出地区之间
差异大。2013 年，北京、上海中等职业学校生均公共财政预算教育事
业费支出为 20000 元以上，而湖北、河南不到 7000 元。从东、中、西

部地区的情况来看，生均公共财政预算教育事业费支出最高的 10 个省份中，东部地区占 5 个，中部地区占 1 个，西部地区占 4 个。并且，东部地区中等职业学校生均公共财政预算教育事业费支出最高，西部次之，中部最少。2013 年，北京市高职院校生均公共财政预算教育事业费支出为 38000 元以上，而安徽、河南不到 7000 元。从东、中、西部地区的情况来看，生均公共财政预算教育事业费支出最高的 10 个省份中，东部地区占 5 个，中部地区占 0 个，西部地区占 5 个。并且，东部地区高职院校生均公共财政预算教育事业费支出最高，西部次之，中部最少。同理，中等职业学校和高等职业院校生均公共财政预算内公用经费支出地区间差异也很大。2013 年，北京中等职业学校生均公共财政预算内公用经费支出为 20000 元以上，而河北仅为 2570 元。从东、中、西部地区的情况来看，生均公共财政预算内公用经费支出最高的 10 个省份中，东部地区占 4 个，中部地区占 0 个，西部地区占 6 个。并且，东部地区中等职业学校生均公共财政预算内公用经费支出最高，西部次之，中部最少。2013 年，北京市高职院校生均公共财政预算内公用经费支出达到 38357 元，西藏为 16048 元，位居第二。从东、中、西部地区的情况来看，生均公共财政预算内公用经费支出最高的 10 个省份中，东部地区占 5 个，中部地区占 0 个，西部地区占 5 个。并且，东部地区高职院校生均公共财政预算内公用经费支出最高，西部次之，中部最少。

第四，职业教育经费投入政策落实不到位。职业教育作为教育的一个重要组成部分，无疑也具有公益性质。将职业教育作为政府主导供给的一项公共服务，符合国家和社会的公共利益，可以使国家、社会、企业和个人四个主体共同受益。为此，必须明确政府在职业教育经费保障中的主体责任。生均经费标准是公共财政向职业教育投入的基本依据，也是建立科学合理的职业教育成本分担机制的基本依据。早在 1996 年国家颁布的《职业教育法》中就规定："省、自治区、直辖市人民政府应当制定本地区职业学校学生人数平均经费标准。"然而，截至 2012 年底，全国仅有辽宁、上海、江苏、浙江等 8 个省市制定实施了职业院校生均经费标准，大多数省份还处于标准缺失状态。2005 年国务院颁布了《关于大力发展职业教育的决定》要求，"从 2006 年起，城市教育费附加安排用于职业教育的比例，一般地区不低于 20%，已经普及九年义务教育的地区不低于30%"。但是，大多数地方政府未能全面贯彻执行。据统计，2013年，中等职业学校教育费附加为209.25亿元，比2006年中等职业学校教育费附加增加了169.92亿元。然而，2013年，中等职业学校预算内教育经费达1398.62亿元，比2006年增加了1252.49亿元。2006—2013年中等职业学校教育费附加与预算内教育经费总量的比例基本保持在12%—15%左右，小于国家规定的20%—30%（如图5.3）。可见，教育费附加用于中等职业学校的比例太小，远远不能满足中等职业学校的正常发展。职业教育经费落实不到位，使得一些职业院校的正常教学受到影响，更无力推进职业教育的各项改革。

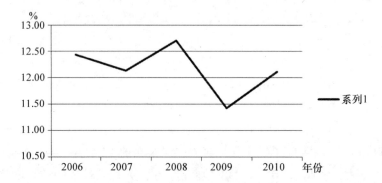

图5.3　2006—2010年中等职业学校教育费附加与预算内教育经费总量的比例变化

数据来源：教育部财务司编：《中国教育经费统计年鉴（2001—2010）》，中国统计出版社。

（三）职业教育吸引力问题

有吸引力的职业教育的首要特征是"让人民满意的职业教育"，只有让人们满意才能吸引人们。职业教育吸引力表现出个体性和历史性特征。个体性特征表现的职业教育吸引力因人而异，因为即使职业教育办得再好，也不可能对每个人有吸引力。历时性特征体现在时代在变，个体在变，经济社会发展和人对职业教育的要求也随之发生变化，从而带来不同阶段职业教育吸引力特征的差异。[1]　其实，职业教育吸引力问题

---

① 石伟平、唐智彬：《增强职业教育吸引力：问题及对策》，《教育发展研究》2009年，第13—14页。

并非当今我国存在的教育热点问题，而是很早以前就已存在的老话题。长期以来，在我国，封建时期"学而优则仕"的观念深入人心，普通教育代表着社会文化的价值观，职业教育被视作"不入流"教育，难登"大雅"之堂。社会群体也争相追捧普通教育，选择职业教育的往往是迫于无奈。而当前职业教育缺乏吸引力，主要表现在以下三个方面：一是民众接受职业教育的热情不高。例如，2011 年我国中职招生达到 813 万人，高职招生 324 万人，中职招生占高中阶段招生近一半，而高职则成为高等教育"半壁江山"，但是客观地讲，中职招生的规模的扩张很大程度上得益于国家"扩大中职规模"的政策和相关优惠政策，高职发展则是我国高等教育大众化整体战略的结果，是满足人们高等教育需求的重要途径。如果取消中职招生的硬性规定和种种优惠条件，完全由市场选择起决定性作用，那么中等职业教育能否保持现有的规模？未来几年我国学龄人口逐渐减少，在保证高等教育入学率基本稳定的情况下，高职能否保持现有的规模？在同其他本科院校自由竞争的时候民众能否自愿选择高职院校？我们知道职业教育具有"培养成本高、学生家庭收入低、就业回报率低"的特点，而目前我国实行的是"高收费、低投入"的政策，导致学生与家长对职业教育缺乏吸引力，使职业教育成为市场失灵的领域。因此，一旦本科院校出现生源紧张的情况下，高职院校则完全没有竞争优势。二是"大学生到职业院校回炉后实现就业"仍是新闻，而不是一种常见的现象。事实上，当前人们失业或者转岗时，很少有人主动寻求职业教育或培训；大量无一技之长的农民工并没有非常强烈的职业教育或培训意愿，2008 年金融危机爆发后失业的农民工很少有人主动接受职业教育或培训；找不到工作大学生宁可长期处于失业状态，也不愿走进职业院校进行相关职业培训，等等。三是职业教育对企业吸引力不足。很少有企业主动参与职业院校的人才培养和为院校的可持续发展投入经费、人力和其他方面的支持。

不容忽视的是，在经济转型新时期，我国职业教育缺乏吸引力的问题有可能会进一步凸显，原因有两点：一是人口红利即将消失对我国职业教育吸引力的影响。伴随着刘易斯拐点的到来，我国劳动力市场上的工资决定也会发生相应地变化。在传统的二元经济结构下，其工资水平并不由劳动的边际生产力来决定。经济发展越过刘易斯拐点后，劳动力市场上日益变化的供求关系开始在不同群体发生作用，即熟练劳动者的稀缺性相对稳定，而非熟练劳动者的稀缺性显著增强，其工资形成基础逐渐从生存水平转变为劳动边际生产力。[1] 因此，在这个特定时期，劳动力市场总体上将呈现工资趋同的趋势，主要表现为以下三个方面：不同技能的农民工工资趋同，即低技能农民工和高技能农民工工资趋同；农民工和城市职工工资趋同；区域间工资趋同。劳动力市场工资趋同会对职业教育发展带来重大的挑战，即不少初高中生会辍学并提前进入劳动力市场，导致职业教育缺乏足够的吸引力，职业教育进一步发展会受到严重影响。这势必会对未来的劳动力素质造成损伤，也成为经济转型新时期我国经济发展新的羁绊。二是产业转型升级加速对职业教育吸引力的巨大冲击。国际经验表明，随着经济的发展，产业结构的演变呈现较强的阶段性和有序性，产业结构的重心的演变基本上遵循农业—轻工业—基础工业—重加工业—轻重结合高智能型加工业—现代服务业，这也与产业的要素结构从劳动密集型向资本密集型再向知识密集型的转变相对应。而且，在工业化进程的中后期，其产业结构转型升级会进一步提速：一方面，制造业增速进一步加剧，传统产业尤其是第一产业在产业相对劳动生产率不断提高而市场需求规模相对缩小的情况下，在国民经济比重中迅速而持续下降；另一方面，工业化本身从一般加工业为主逐步向重工和重化工以及服务业等转化。我国进入经济转型新时期后，产业结构转型升级也会进一步提速。而产业结构转型升级提速直接后果是，传统产业不断萎缩，新兴产业日益兴起，科学技术应用越来越广，最终出现机器"排挤"人的现象。而产业结构转型升级提速给职业教育带来了巨大的挑战，职业教育在"机器排挤人"的过程中失去了应有的作用，最终导致职业教育缺乏足够的吸引力。

（四）职业教育体系问题

职业教育体系是指一个国家或地区职业教育层次、类别、阶段、形式和分布组成的具有技术型、技能型人才培养结构和功能的整体。[2] 职

---

① 蔡昉：《越过人口红利》，社会科学文献出版社 2011 年版，第 57 页。
② 黄尧：《职业教育学——原理与应用》，高等教育出版社 2009 年版，第 132 页。

业教育体系的完整层次通常划分为初等、中等和高等三个层次，并与国家教育制度相关层次对应和衔接；职业教育类型不等同于学科门类，它不侧重于学科分类的学术性，也不等同于社会职业，不与社会职业一一对应；职业教育体系大致可分为三个阶段：职业启蒙教育、职业准备教育和职业继续教育；职业教育的形式主要包括学历教育和非学历教育，其中，学历教育有全日制教育，也有在职业余学习，非学历教育有职业培训与传统的师徒相传的形式；职业教育的分布则包括职业教育在国家、地区和城乡之间疏密分布状况。职业教育体系的基本特征包括：一是职业导向性，即职业教育体系的建立、发展都受社会职业的分化、发展的影响和制约；二是多样性，即职业教育体系比其他体系更为复杂，其层次、类型、形式和分布都具有多样性；三是开放性，即职业教育体系向高等教育、基础教育和成人教育开放。

改革开放以来，我国积极借鉴和吸收国外职业教育发展的先进经验，结合我国的具体国情，努力构建具有中国特色的职业教育体系。1978 年我国提出了改革中等教育结构，1980 年我国提出改革中等教育的具体办法，即改革高中阶段教育，扩大农业中学、各种中等专业学校、技工学校的比例，发展职业技术教育，实行普通教育与职业教育并举。1985 年中央在《关于教育体制改革的决定》中明确要"逐步建立起一个从初级到高级、行业配套、结构合理又能与普通教育相互沟通的职业技术教育体系"。1993 年《中国教育发展纲要》中提出："各级政府要高度重视，统筹规划，积极发展的方针，充分调动各部门、企事业单位和社会各界的积极性，形成全社会兴办多形式、多层次职业技术教育的局面。"1999 年颁布的《中共中央国务院关于深化教育改革全面推进素质教育的决定》中强调"构建与社会主义市场经济体制和教育内在规律相适应、不同类型教育相互沟通相互衔接的教育体制"、"大力发展高等职业教育"，"积极发展包括普通教育和职业教育在内的高中阶段教育"。2002 年《国务院关于大力推进职业教育改革与发展的决定》提出，"力争在'十五'期间初步建立起适应社会主义市场经济体制、与市场需求和劳动就业紧密结合，结构合理、灵活开放、特色鲜明、自主发展的现代职业教育体系"。2005 年《国务院关于大力发展职业教育的决定》中又明确指出："进一步建立和完善适应社会主义市场经济体制，满足人民群众终身学习需要，与市场需求和劳动就业紧密结合，校企合作，工学结合，结构合理、形式多样、灵活开放、自主发展，有中国特色的现代职业教育体系。"2010 年《国家中长期教育改革与发展纲要（2010—2020）》提出"到 2020 年，形成适应经济发展方式转变和产业结构调整要求、体现终身教育理念、中等和高等职业教育协调发展的现代职业教育体系"。可见，我国职业教育体系建设并非一蹴而就的，也并非一成不变的，而是在借鉴和吸收国外先进经验上，立足我国的具体国情，满足经济转型和发展中的各级各类技能型人才的需求，不断完善职业教育体系，构成独具中国特色和鲜明时代特征的现代职业教育体系，使职业教育适应社会主义市场经济发展和社会全面进步的要求。

《国家中长期教育改革与发展纲要（2010—2020）》颁布实施以来，我国确定了北京、上海、广东、辽宁等省区和宁波、长春、青岛等城市共 26 个职业教育综合改革试点地区。全国各地深刻领会国家教育规划纲要对现代职业教育体系的内涵要求，围绕当地实际开展了卓有成效的试点工作。而且，全国 31 个省份先后发布各自的中长期教育规划纲要或对国家教育规划纲要实施意见中均涉及职业教育体系建设目标及相关要求，超过 2/3 的省份提出要建设现代职业教育体系，其中部分省份还提出要求要建设具有地方特色的现代职业教育体系。① 根据国家相关部门的安排，我们建设现代职业教育体系实施"三步走"战略，即 2011年以人才培养目标等 10 个衔接为纽带，促进中高职协调发展；2012 年初步形成现代职业教育体系架构，2020 年建成"中国特色、世界水准"的现代职业教育体系。目前现代职业教育体系的构建正式进入工作程序，体系规划的编制已成为支撑国家"十二五"规划的 96 个专项规划之一。② 但是，目前，我国现代职业教育体系建设还存在不少问题，主要体现在以下六个方面：第一，理念和认识上存在诸多误区。目前我国不少人对现代职业教育体系理解窄化。例如，有人认为构建现代职业教

---

① 范唯等：《探索现代职业教育体系建设的基本路径》，《中国高教研究》2011 年第 12 期。

② 刘红：《编制现代职业教育体系国家规划，实现职业教育协调发展》，《中国职业技术教育》2011 年第 11 期。

育体系就是中等和高等职业教育的衔接，就是要大幅度提高中职升高职、高职升本科的比例；有人则认为构建现代职业教育体系就是让一批中职学校升格为高职院校、高职院校升格为本科院校；还有人认为就是大规模发展五年制高职教育。事实上，这些观点都未能从职业教育体系的外部适应性、内部适应性和内在协调性三方面来全面、正确、科学地认识与把握，造成对现代职业教育体系理解的窄化。第二，顶层设计有待进一步完善。一些地方在推进现代职业教育体系建设工作中，普遍遇到缺乏国家层面政策支撑的难题。例如，校企合作缺乏制度约束。目前国家层面尚未出台促进校企合作的法律法规，没有建立起企业参与职业院校人才培训的激励和约束机制，校企合作各方动力不足；技工学校和职业高中等分属不同行政部门管理，管理体制不顺，加大了协调发展的难度；职业教育学历证书与职业资格证书难以实现融通，也使职业资格准入制度一直得不到有效推行。第三，职业教育体系缺乏开放性。职业教育要面向社会、对接产业发展、系统培养技能人才，必须依赖于职业教育体系的开放。但就我们目前的职业教育体系而言，这种开放性还远远不够。其具体表现为，一方面是以职业学校教育为主系统的职业教育体系，吸纳行业、企业要素的动能不足；另一方面是中等和高等职业教育在专业、课程、教学评价等方面存在脱节、断层或重复的现象，还不能很好地适应经济社会发展的需求。第四，职业教育层次缺失、衔接深度不足。目前尽管我国在部分省市开始进行中高职学历衔接试点，但比例并不高；部分省市开始进行高职院校进行全日制学历衔接试点，但目前只局限于本科层面，硕士层次乃至博士层次的职业教育完全处于空白状态，职业教育仍然没有摆脱"断头教育"的尴尬局面，职业院校学生升学通道仍然不畅，其上升通道受限，成为制约职业教育发展的"瓶颈"。一方面，国家将中等职业学校学生进入高职的比例控制在5%左右，据统计，2009年625万中等职业学校毕业生中仅有3%升入高职院校；另一方面，职业教育与普通教育沟通不畅，高职院校毕业生"专升本"比例控制在5%以内，高等职业院校毕业生中仅有4%升入本科。① 职业教育体系不完善，上升通道不畅，使职业教育被降格为

---

① 孙诚等：《中国职业教育报告2012》，教育科学出版社2013年版，第275页。

"低层次教育"和"断头教育"。另外，中高职院校之间非全日制的弹性学习、学分互认的衔接还需进一步突破。更重要的是，中高职一体化发展的招生制度、人才培养目标衔接、课程体系衔接、教学体系衔接、兼职教师统一使用管理规范与待遇方面还有待进一步优化。第五，职业教育学历证书与职业资格证书难以实现融通。建立职业教育学历证书与职业资格证书融通互认是世界主要国家和地区建设现代职业教育体系通行做法，而我国由于在职业教育体系上存在多头管理，导致职业教育学历证书与职业资格证书沟通不畅的弊端。职业教育学历证书由教育部门管理，职业资格证书、专业技术人员的职业资格评定等则由人力资源与社会保障部门审核、发放。不同种类职业教育资格证书在内容要求上不统一，证书认证过程中也互不相认。与此同时，两种证书之间的内容与要求也存在较大的差异，难以实现贯通。这种证书管理体制既影响了现代职业教育体系的建设，也不利于技能型人才的培养。第六，科研支撑体系薄弱。与世界主要国家和地区相比，我国建立现代职业教育体系明显缺乏强有力的科研支撑。例如，职业教育科研机构不足，地位不高；职业教育科研人员严重不足，结构不合理；职业教育科研缺乏集中度，包括就业需求、职业资格标准、职业教育专业标准等缺乏基础性标准研究，难以保证技能型人才培养质量。

（五）职业教育专业设置问题

专业，是指高等学校和中等职业学校按照社会职业分工、学科分类。科学技术和文化发展状况及经济建设与社会发展的需要，而分成的学业门类。"大体相当于《国际教育标准分类》的课程计划或美国高等学校的主修"①，通常也泛指专门人才所从事的特定的业务领域或某一大类职业。专业设置，是指高等学校和职业学校专业的设立和调整。所谓"设立"，是指专业的新建与开设；所谓"调整"，则是专业的变更或取消。专业设置是职业学校区别于普通学校的主要标志，是职业教育组织构成的显著特点。

目前我国职业教育专业设置存在的主要问题有：第一，专业设置与

---

① 顾明远：《教育大辞典》，上海教育出版社 1991 年版，第 26 页。

市场需求相脱节。麦可思研究院指出，2009 年我国高职高专就业红牌
警告的专业分别是临床医学、国际金融、工商管理、经济管理、法律事
务、汉语言文学教育、计算机应用技术、电子商务等十个专业。道路桥
梁工程技术、生产过程自动化技术、应用化工技术、焊接技术及自动
化、楼宇智能化工程技术就业率持续走高，为就业绿牌发展专业。① 而
2013 年度就业前景最不看好的高职高专专业分别是法律文秘、计算机
科学与技术、国际金融、工商管理、法律事务、汉语言文学教育、计算
机应用技术、电子商务、会计电算化等九个专业，预警专业分别是计算
机网络技术、计算机信息管理、物流管理、商务英语、临床医学等。②
这表明，在 2009 年已经亮起就业红灯的专业，并没有依据市场需求及
时调整，其专业设置自然难以满足市场的需求。另外，2009 年，我国
高职 19 个专业大类毕业生中，财经、文化教育和电子信息是毕业生数
量最多的三个大类，占当年毕业生总数的近 50%，而该年度我国不同
行业部门对这三类毕业生的需求量仅占总需求量的 13%，同年行业需
求量最多的两个专业是制造和建筑，占行业需求的比例超过 64%，而
这两个专业毕业生占当年高职毕业生总量的比例不到 20%。③ 第二，专
业同构性较严重，特色不突出。就中职专业而言，从 2005—2011 年中
等职业学校分科类招生占比情况来看，中职专业发展不平衡性现象比较
突出。在目前的中职招生专业类型中，信息技术类、加工制造类和经贸
旅游类占近六成的比重。相比之下，师范类、土木水利工程类、交通运
输类和社会公共事务类等专业招生比重招生不足 5%，而能源类和资源
与环境类平均招生比重甚至不足 1%。④ 第三，重点专业与区域经济社
会发展的对接程度不高。以浙江省和武汉城市圈为例，浙江省 2012 年
高职院校专业设置的情况是，财经、制造类和电子信息类的专业数量、

① 麦可思中国大学生就业研究课题组：《2009 年大学生就业报告》，社会科学文献出版
社 2013 年版，第 45 页。
② 麦可思研究院：《2013 年大学生就业报告》，社会科学文献出版社 2013 年版，第
42 页。
③ 孙诚等：《中国职业教育报告 2012》，教育科学出版社 2013 年版，第 275—276 页。
④ 韩永强：《我国中等职业教育发展及其影响因素研究》，《中国职业技术教育》2013
年第 33 期。

专业点数最多，分别为 12.41%、11.35%、8.87%，而生化与药品大类、材料与能源大类新兴产业所开设的专业数较少，仅占 3.55% 和 3.19%，而浙江省经济和社会发展"十二五"规划指出：未来几年，要培育发展生物产业、物联网产业、新能源产业、新材料产业、高端装备制造业、节能环保产业、海洋新兴产业、新能源汽车产业 9 类战略性新兴产业。[1]可以看出，浙江省重点产业与区域经济社会发展的对接程度还很不够。《武汉城市圈资源节约型和环境友好型社会建设综合配套改革试验总体方案》提出，"把武汉城市圈建设成为全国宜居的生态城市圈，重要的先进制造业基地、高新技术产业基地、优质农产品生产加工基地、现代服务业中心和综合交通运输枢纽，成为与沿海三大城市群相呼应，与周边城市群对接的充满活力的区域性经济中心，成为'两型社会'的典型示范区"。《武汉城市圈"两型社会"建设综合改革实验产业发展规划纲要》则进一步明确指出，要着力完善和延伸农产品生产机加工、电子信息、汽车、钢铁及深加工、石油和化工、纺织服装六条重点产业链，壮大装备制造、生物及新能源、软件及服务外包和文化创意四大产业集群，培育区域金融和现代物流两个现代服务业中心。然而，2007 年以来，武汉城市圈 4 所学校进入国家示范性高职院校建设行列，3 所学校进入国家示范性高职院校建设行列，教育部、财政部批准的重点建设专业共 27 个。但是，武汉城市圈国家示范（骨干）高职院校还没有面向农产品生产及加工、钢铁及深加工、石油和化工、文化创意等产业链（集群）和区域金融中心建设的重点建设专业。[2] 这反映了武汉城市圈高职高专重点（建设）专业与区域经济社会发展对接度不高。

三 经济转型新时期职业教育改革展望

职业教育是中国经济社会发展的重要基础，承担着培养数以亿计的高素质劳动者和数以千万计的技能性人才的重要任务。当今的职业教育

---

[1] 蔡建平、沈陆娟：《高职教育与区域产业集群互动的实证分析——以浙江省为例》，《中国职业技术教育》2013 年第 33 期。

[2] 陶济东：《武汉城市圈高职院校专业结构于区域产业结构的适应性研究》，《湖北职业技术学院学报》2011 年第 1 期。

已从经济转型的外在推动力内化为经济转型的重要核心支撑力。因此，面对经济转型新时期职业教育面临的种种问题，职业教育必须坚定不移地走改革之路，通过改革促进经济转型与良性发展。

（一）稳定职业教育的规模和发展速度，确保职业教育发展能适应经济转型与良性发展的需要

《国家中长期教育改革与发展纲要（2010—2020）》明确提出，今后 10 年我国职业教育事业改革与发展的战略目标是："到 2020 年，形成适应发展方式转变和经济结构调整的要求，中等和高等职业教育协调发展的现代职业教育体系，满足人民群众接受职业教育的要求，满足经济社会对高素质劳动者和技能型人才的需要。"当前，我们要大力发展职业教育、稳定职业教育的规模和发展速度，其主要原因在于：第一，建设人力资源强国的需要。世界各国现代化进程表明，人力资源是社会经济的第一资源，是一个国家经济发展、社会进步的基础和重要支撑。在当代社会，人力资源越来越成为推动经济社会发展的战略性资源，世界各国纷纷把教育、开发人力资源作为国家发展的战略举措。我国有 13 亿多人口，这一基本国情决定了人力资源在经济社会发展中的基础性地位。能否培养和造就数以亿计的高素质劳动者、数以千万计的专门人才和一大批拔尖创新人才，关系到全面建成小康社会宏伟目标的实现，关系到我国社会主义现代化建设的全局，关系到党和国家的兴旺发达，关系到中华民族的前途命运。建立人力资源强国是全面建设小康社会、实现社会主义现代化的长期战略选择，也是我国教育与人力资源开发面临的新任务和新使命。建设人力资源强国的必由之路是开发人力资源，而评价人力资源开发水平的核心指标是人均受教育水平。从当前和今后一段时期教育发展趋势来看，通过优先发展教育来持续提高国民教育年限是一项紧迫和重要的任务。要把国民受教育年限提高到发达国家水平，必须适时、全面普及高中阶段教育，提高高等教育大众化水平。在当前人口基数庞大、地区及城乡发展极不平衡的情况下，无论是从资源还是市场的角度来看，全面普及高等教育都是不可能的。在既定的国情下，在推进高中阶段教育普及和高等教育大众化之间，存在着结构性矛盾，这些都决

定了必须要大力发展职业教育。因此，努力保证适度的职业教育规模和发展速度，是当前我国从人力资源大国向人力资源强国转变的理性选择。第二，工业化和城镇化进程加速的需要。我国目前正处于工业化中期后半阶段，工业化、信息化、城镇化、市场化、国际化加快发展，转变经济发展方式，提高科学技术含量，推动经济结构调整和产业升级，都迫切需要培养数量充足、结构合理的高素质劳动者和技能型人才。工业化国家的实践表明，职业教育是实现工业化和现代化的重要支柱，没有发达的职业教育作为支撑不可能实现工业化和现代化。我国经济发达地区的发展实践也证明，资金、技术、少数尖端人才都可以引进，但生产一线的高素质劳动者和技能型人才只能靠自己培养。[①] 职业教育肩负着高素质劳动者和技能型人才的任务，当前我国所面临的严峻问题，是面向生产、建设、管理和服务第一线的技能型人才不足。只有稳定职业教育的规模和发展速度，满足国民经济各行各业对数以千万计的高技能人才和数以亿计的高素质劳动者的需要，才能真正把巨大的人口压力迅速转变为强大的人力资源优势。同时，我国城镇化进程的加快，要求职业教育增强服务"三农"的能力。目前，有将近2亿的农民从农业岗位向城镇和非农产业转移，他们的文化程度和技能水平低下，影响了他们生存、发展和权益保障。针对当前我国农村劳动力整体文化水平较低，缺乏技能的现状，大力发展职业教育，保证一定的发展规模和速度，通过各种形式、多元内容的职业教育，提高转移人口的就业技能，使他们逐步适应工业化、城镇化和农村现代化的要求。第三，跨越"中等收入陷阱"的现实需要。研究表明，一个国家能否顺利跨越中等收入陷阱取决于很多因素，如经济、政治、军事、自然条件等，但从根本上说，从长远历史来看，则靠人力资源，靠教育。只有通过教育提升国民素质，优化人力资源结构，才能实现发展方式的转变，实现产业升级和结构调整，促进经济可持续发展。[②] 而职业教育是实现经济可持续性发展的"万

---

① 黄尧：《职业教育可持续发展战略研究》，高等教育出版社2011年版，第88页。

② 袁振国等：《跨越中等收入陷阱国家教育变革的重大启示》，教育科学出版社2012年版，第2页。

能钥匙"①，也是跨越"中等收入陷阱"的重要途径：职业教育可以提高劳动者的技术、技能和管理水平，从而促进产业结构转型升级；职业教育可以促进农村剩余劳动力有序转移，从而进一步加快城市化进程；职业教育可以促进技术进步，从而推动经济增长和产业结构转型升级；职业教育可以提高中下人群的收入，从而有效地缩小居民收入分配差距。纵观顺利跨越"中等收入陷阱"国家职业教育发展状况，从职业教育规模来看，中等职业教育在校生规模和高等职业教育在校生规模总体呈扩大趋势，尤其是高等职业教育规模扩大的趋势更加明显。就职业教育发展速度而言，这些国家在跨越"中等收入陷阱"关键期均保持一定的职业教育发展速度，确保经济转型与良性发展所需大批的技能型人才。总之，对于我们这样一个人力资源大国来说，保持一定规模和发展速度的职业教育，培养数以千万计的高技能人才和数以亿计的高素质劳动者，全面提升人力资源的整体素质，是建设人力资源强国、加快工业化和城镇化进程和顺利跨越"中等收入陷阱"的重要保证。

《国家中长期教育改革与发展纲要（2010—2020）》中对我国职业教育提出了明确的发展目标。《纲要》要求"大力发展职业教育"，"根据经济社会发展的需要，合理确定普通高中和中等职业学校招生比例，今后一个时期总体保持普通高中和中等职业学校招生规模大体相当"。在"教育事业发展主要目标"中明确要求，高中阶段教育在校生规模2015年、2020年分别达到4500万人和4700万人，中职在校生分别达到2250万人和2350万人，从在校生数量上讲，对中职和普通高中的要求达到1∶1。2020年我国高等职业教育在校生将达到1480万人，接近于普通本科在校生数，占高等教育在校生总数（3300万）的44.85%。然而，目前我国职业教育发展规模和速度面临着三大问题：一是学龄人口处于不断减少的下行期；二是人口地区间流动导致地区间职业教育发展规模和速度失衡；三是人口红利的消失对职业教育发展规模和速度产生了非常不利的影响。那么，如何稳

---

① 陈衍：《2008年国际职业教育发展热点与前瞻——来自联合国教科文组织的报告》，东北师范大学出版社2008年版，第87页。

定当前我国职业教育规模和发展速度呢？我们认为，主要从以下三个方面进行职业教育改革。

第一，中等职业教育招生制度改革。根据《国家中长期教育改革与发展纲要（2010—2020）》的发展目标，中等职业教育到2020年在校生达到2350万人，比2009年在校生数要增长171万人。而目前现实情况是：2006年小学招生人数为1730万人，2009年为1638万人，按照2015年九年义务教育巩固率93%的目标测算，2015年初中毕业生约为1600万人，2018年初中毕业生约为1540万人，即使职业教育和普通教育的比例控制在5∶5，仅仅靠初中应届毕业生也远远不够的。而且，2001年联合国教科文组织修订的《关于技术与职业教育的建议》中主张："在男女平等的基础上提供受教育的机会，消除公开和隐蔽的偏见与歧视，使学习和工作环境适应女性青年和妇女的参与，并寻求激励女性青少年对技术与职业教育产生兴趣的策略。根据其受教育的需要，向残疾人和在社会上、经济上处境不利的人群提供特殊形式的教育，以使诸如移民、难民、少数族裔（包括土著民族）、军事冲突后复原的士兵，以及没有权利的处于社会边缘的青年更易于融入社会。"[1]因此，要改革中等职业教育招生制度，首先，要拓宽招生渠道，扩大服务范围。其主要途径包括：（1）招收青年农民（包括往届初中毕业生、回乡农村青年、返乡农民工、退役士兵等）接受中等职业教育。随着国家新农村建设工作的推进，中职农村学生资助政策、农村家庭经济困难学生和涉农专业免学费政策的实施，大批青年农民有接受中等职业教育的强烈意愿。（2）招收进城农民工和企业职工（包括下岗失业人员等）接受中等职业教育。随着经济结构调整和产业结构升级，对企业员工素质的要求不断提高，不少进城农民工和企业职工有接受中等职业学历教育的想法。（3）招收进城务工人员随迁子女中的初中毕业生接受中等职业教育。随着工业化、城市化进程的加快，进城务工人员和随迁子女的数量不断增加。2010年、2011年全国进城务工人员随迁子女中相似初中就读的分别有302.9万人和328.2万人，其中东部地区就读的

---

① 刘来泉：《世界技术与职业教育纵览——来自联合国教育科文组织的报告》，高等教育出版社2002年版，第70页。

分别是 158.9 万人和 175.4 万人。① 在流入地继续接受高中阶段教育是实现农民工子女教育公平的重要体现，也是我国中职招生制度改革的重要内容。我们要将进城务工人员随迁子女初中毕业生纳入中职招生的重要生源，给予本地中职学生同样的待遇，作为扩大中等职业教育服务面向的重要突破口，推动教育公平和社会公平。(4)面向初中流失学生开展中职招生工作。针对一些地方反映初中学生没有参加中考就流失的问题，我们可以提前进行中职招生，让那些成绩相对不好的初中生提前接受中职教育。其次，推动中西部职业学校联合招生合作办学。针对我国西部地区职业教育有生源、缺资源，东部地区职业教育有资源、缺生源的现状，我们要积极推进东部与西部、城市与农村联合招生合作办学工作。要求建立和完善教育对口支援制度，着力缩小城乡、区域差距，加快城乡、区域职业教育协调发展。我们进一步加强省区市之间、地区之间、学校之间的合作办学力度，加强管理，依法办学。中西部职业学校联合招生合作办学，可以推动全国范围内职业教育办学资源和生源的统筹，可以有效地扩大中西部省区学生接受职业教育的机会，提高高中阶段教育普及率和技能型劳动者培养力度。

第二，中等职业教育教学和办学模式改革。由于经济转型新时期职业教育国家定位和学校定位都要求招收城乡劳动者接受中等职业教育，但由于年龄层次、学习经历和学习目标的不同，对这类学生的招生、教学、关系和实训等都应有所不同。因此，首先，要充分考虑到城乡劳动者非全日制学习的特殊性，调整中等职业学校非全日制学员的教学内容，对教学模式、教学方式、考试评价方法和招生管理办法和收费办法等一系列的改革，提高城乡劳动者接受中等职业教育的积极性。其次，积极推行弹性学制和灵活的学习方式。对城乡劳动者按年龄和学习需求，可采用弹性学制、学分制，适当延长或缩短毕业年限。在教学模式上，可以采用半工半读、集中学习与分散学习、远程学习相结合等模式。要充分发挥职业教育信息化教学和学习资源的作用，广泛开展计算机网络远程学习，解决城乡劳动者的学习困难。再次，推进教学模式改

---

① "中等职业教育招生制度与教学模式改革研究"课题组：《中等职业教育招生制度与教学模式改革：现状与问题》，《中国职业技术教育》2013 年第 3 期。

革，要采取"学分银行"、学分制等形式，针对不同学习基础和学习条件的学生，进行分类教学。要实行学历教育和职业资格证书相结合，提高城乡劳动者学习的积极性。最后，改革办学模式。以加强农业农村和地方经济建设有关的急需的专门人才作为改革的突破口，开办全日制学历教育班。学校可通过送教下乡、送教下矿、送教导社区等多种形式办学来实现，也可以单独招生、单独编班、单独授课。在教学管理上，可实行学年制、学分制和单科累积制。①

第三，积极进行高职招生模式改革。我们可以采取特色化统考统招、中职单独招生和高职自主招生等四种基本形式：②（1）特色化的统考统招。也就是说，高职招生与普通招生有同有异，同在统考，异在科目不同。"语数外"加技术考试，侧重测试实用技能，全面推行技术科目上机考试。（2）采取面向中职毕业生开展的单独命题、单独考试、单独划线录取的方式。我们要根据社会人才需求和技能型人才成长规律，不断完善"文化基础＋专业理论＋专业技能"统一考试、统一评分、统一录取的中职毕业生对口升学制度。（3）高职自主招生。高职实行单独考试，高考提前录取，被录取的考生不再参加当年高考和高职高专单考单招。可以从学生的特点出发，采取提前自主招生的形式，改变以学科考试分数作为招生的唯一录取标准，扩大了学生和学校双方的自主选择权。所谓"提前"，是指高中毕业生参加高考前自主选择高职院校的招生考试，如果被心仪的高职院校选中了，就不需要参加高考。所谓"自主"，是指具有提前招生资格的高职院校通过组织实施自主招生测试来优录新生，测试的内容包括学生整体素质（文化素质、行为规范、品质等）和专业适应性测试，高职院校根据招生计划、专业特点和学生测试情况择优录取。（4）职业院校毕业生继续教育。我们要鼓励职业院校毕业生在工作岗位上接受继续教育，对有两年工作实践经验的职业院校毕业生进入高一层次院校学习的，适当放宽入学条件，允许免试保送在实践岗位上作出突出贡献的技能型人才进入相应的高等院校学习。

---

① "中等职业教育招生制度与教学模式改革研究"课题组：《中等职业教育招生制度与教学模式改革：现状与问题》，《中国职业技术教育》2013 年第 3 期。

② 具体参见石伟平《中国职业教育发展报告（2011）》，华东师范大学出版社 2013 年版，第 126 页。

（二）建立以公共财政为主的经费保障机制，确保经济转型时期我国职业教育健康稳定发展

公共财政是政府为社会提供公共产品的行为，公共财政和公共服务型政府是相对应的，政府职能决定着财政职能。我国目前正在实现政府职能转换，努力构建公共服务型政府是我国政府努力的方向。而公共财政是公共服务型政府在财政领域的集中体现，公共财政制度建设也必然成为公共服务型政府建设的重要前提和内容。财政制度决定财政政策，公共财政制度的确定客观上要求政府以提供公共产品和公共服务为基本出发点。为保证公共服务供给长期、可持续实现，提供人民群众所需的公共产品，必须建立面向民生的公共财政体制。公共服务是指由公共部门（包括政府部门和一些非政府组织等社会力量）提供的满足全社会或某一类社会群体共同需要的服务，具有公众性、公用性和公益性等特点。[①] 而职业教育具有公益性，职业教育公益性是指职业教育或职业教育收益无排他性的为国家大多数甚至全体公民无偿享有，而自身没有获得相应补偿、需要公共资源予以补偿，具有公共产品的性质。[②] 作为教育系统的重要组成部分，职业教育的人民性、社会性和普惠性都使其公益性得到了彰显。职业教育的普惠性使受益对象深入到社会各个阶层与群体的成员，既包括属于强势阶层、群体的社会成员，也包括属于弱势阶层、群体的社会成员。从受益范围上来讲，职业教育的公益性符合社会大多数成员的整体利益和社会中大多数成员的长期利益。职业教育中有相当一部分学生来自社会的弱势群体，如贫困家庭、单亲家庭、西部、边远及少数民族地区的人群等。由于种种原因，他们没有机会接受更多的普通教育，正是通过职业教育给他们以生存和发展的能力，提高他们个人和家庭生活质量和社会地位，促进积极的社会流动，进而实现社会的公平、和谐。同时，职业教育主要属于公共产品性质，其承担的任务主要是公共服

---

① 高培勇：《中国财政政策报告 2007/2008：财政与民生》，中国财政经济出版社 2008 年版，第 24 页。

② 和震：《职业教育政策研究》，高等教育出版社 2012 年版，第 150 页。

务。职业教育是推动经济发展、促进就业、改善民生、解决"三农"问题的重要途径，是缓解劳动力供求结构矛盾的关键环节。在促进经济增长、消除贫困、促进社会公平与减少社会犯罪率等方面发挥不可替代的公共作用。在当前，中国工业化、信息化、城镇化、市场化、国际化深入发展，经济社会加速转型，发展方式转变、产业结构升级、企业赢得竞争优势、和谐社会与人力资源强国建设、促进就业和改善民生，对培养技能型人才提出了全新的要求。面对新形势，职业教育特别是中等职业教育肩负着新的历史使命，中等职业教育成为经济社会发展急需的基本公共服务。而公共财政的基本职能主要是为社会提供公共产品或公共服务。可见，职业教育的公益性和公共性决定了主要应由政府主导和承担。同时职业教育具有普惠性，能让个人、企业和社会团体等受益，所以要吸收行业、企业、家庭等利益相关者主体参与，由全社会共同承担、共同管理、共同监督。正如联合国教科文组织认为："政府应当对技术与职业教育负有最主要的责任，但在现代市场经济中，其政策制定与实施应当通过政府、雇主、职业联合会、企业、雇员及其代表、当地社区以及非政府之间建立的新的合作伙伴关系来实现，这一合作伙伴关系需要建立一个统一的法律框架以创建推进变革的国家战略。政府除了直接提供技术与职业教育外，还要发挥领导和开阔视野的作用，促进、协调、建立质量保障机制，并且通过明确和开阔视野的社区责任，来确保技术与职业教育为全民服务……政府及私有部门必须认识到，技术与职业教育不是消耗，而是一种投资，有很大的回报，包括工人的福利、生产率的提高以及国际竞争力的增强。因此，政府、企业、社区和学习者应当尽可能分摊技术与职业教育所需的费用，并由政府提供相应的财政鼓励政策。"①鉴于此，我们可以从六个方面入手：

第一，继续加大公共财政投入力度。职业教育的功能定位，决定了其成本通常远高于普通教育，因此需要强大的财政支持和充足的资源。首先，各级政府必须依法落实"三个增长"的法定要求。按照

---

① 刘来泉：《世界技术与职业教育纵览——来自联合国教育科文组织的报告》，高等教育出版社 2002 年版，第 71 页。

《教育法》中关于教育经费"三个增长"的要求，在近年来财政预算内安排支出中，中央和地方各级政府教育财政支出增长幅度都明显高于财政经常性收入增长幅度，这是一个良好的发展趋势。但在财政预算超收部分中，政府教育支出远低于超收收入的增长幅度。各级政府预算超收收入规模很大，仅在中央财政方面，2004 年超收 2000 亿元，2006 年超收 3307 亿元，2007 年超收突破 4000 亿元，年均增长率为 50%。[①] 但是，在政府预算超收收入的支出中，教育支出比重较小。2007 年财政预算外超收收入的支出中，教育支出仅占 5.25%，这一比重远低于该年财政性教育支出占财政总支出的比重。如果该比重达到 2007 年财政性教育经费占经常性财政收入的比例 15% 的比例计算，预算超收收入中的教育支出将达到 900 亿元，占该年国家财政性教育经费支出的 11%，高出实际支出 700 亿元。[②] 因此，各级政府必须依法落实"三个增长"的要求，特别要强调预算超收收入部分同时也要达到"三个增长"的要求，确保 4% 的目标如期实现。同时，4% 目标的落实是中央、省（自治区、直辖市）、市、县、乡（镇）各级政府共同努力的结果，应制定各级政府教育财政支出占政府财政支出的比例标准。就整体而言，为了实现 4% 的目标，各级政府应依法严格落实教育经费"三个增长"和"两个比例"。由于"三个增长"和"两个比例"并没有对每一级政府的努力程度建立科学的评价机制。因此，各省要考虑各省的财政体制安排，在充分考虑每一级财政财力的基础上，制定各级政府财政性教育支出占政府财政支出的比例的最低标准。其次，要规范政府收支管理，优化政府支出结构。长期以来，我国存在政府收入多头管理、支出重经济轻民生的问题。我国政府预算外收入、制度外收入庞大，支出由多个部门掌握，没有纳入统一的预算管理，不能如实地反映政府收支全貌，严重妨碍公共财政职能的实现。例如，按照财政部官方网站相关专题报告中提供的数据来看，包括社保基金在内，2007 年政府预算外收入接近 2

---

① 顾明远、石中英：《国家中长期教育改革和发展规划纲要（2010—2020）》，北京师范大学出版集团 2010 年版，第 396 页。

② 同上书，第 396 页。

万亿元（19606 亿元），占当年 GDP 的比例为 7. 62%。[①] 按照财政部官方网站的数据，即使扣除社保基金后，该部分资金占 GDP 的比例仍有 4. 23% 的规模。如果将这笔庞大的预算外收入的一部分用于教育，将有助于大幅度提高公共教育经费占 GDP 的比例。2008 年全国土地出让金收入为 10375 亿元，主要用于各地基础设施建设等方面的支出。如果各地政府能将其中一部分用于教育，便可增加 500 亿—1000 亿元的财政性教育经费。[②] 而且，这些政府预算外收入和制度外收入大量游离于预算管理之外，严重违反了公共财政收支规范、透明的原则，显然不符合财政支出主要用于公共产品和公共服务的基本要求。因此，应该加快公共财政体制改革，建立规范的政府收支和管理制度，将所有政府收支和支出纳入预算管理。在强化政府收支统筹的基础上，继续优化政府支出结构，提高教育支出的比例。最后，完善政府治理结构，强化教育预算约束机制。各级政府要依照《教育法》的规定，定期向同级人民代表大会或其常务委员会报告教育经费预算及执行情况，对不按照生均经费拨款规定标准编列预算、未达到法律规定增长要求的，在预算审查时不应通过；预算执行结果达不到法定要求的，要限期补足，并对政府主要负责人实施问责。要将"三个增长"和"两个比例"纳入政府任期目标，作为考核政府主要负责人政绩的一项重要制度，对连续不能实现"三个增长"和"两个比例"的负责人实行"一票否决"。与此同时，应公开教育经费信息，每年要定期对各级政府教育投入的努力程度进行评价，并及时向社会公布，以利于社会监督。

在确定财政性教育经费支出总额的前提下，政府应按照教育成本确定经费配置比例的原则，调整职业教育公共教育经费的分配结构，构建科学合理的职业院校投入机制。各级政府要将职业教育经费列入财政预算，新增教育经费要向职业教育倾斜，增加职业教育专项经费。各级政府要逐步提高财政性教育经费用于职业教育的比例，职业

---

① 胡瑞文：《推进我国教育公平与质量提升的教育经费缺口分析》，《中国教育报》2010 年 1 月 20 日。

② 顾明远、石中英：《国家中长期教育改革和发展规划纲要（2010—2020）》，北京师范大学出版集团 2010 年版，第 396 页。

教育经费占教育经费总量的比例不低于35%，国家财政性教育经费支出增量的35%用于职业教育，教育费附加用于职业教育的比例不低于35%。① 鼓励企业、事业单位、社会团体、其他组织及公民对职业教育捐资助学，鼓励境外的组织与个人对职业教育提供资助和捐赠。

第二，以公共财政预算方式建立职业教育生均拨款制度。我们要坚持以政府为主导，财政投入应成为职业教育经费保障的主渠道。职业教育作为教育事业重要组成部分，无疑具有公益性质。将职业教育作为一项公共服务，符合国家和社会的公共利益，可以使国家、社会、企业和个人四个主体共同受益。以财政预算方式，建立职业教育生均拨款制度是满足技能型人才培养稳定经费的重要保障。我们要按照基本公共服务均等化的要求，根据我国东中西部经济社会发展水平和职业教育培养成本，由国家提出职业院校生均经费标准的制定原则，规定生均经费标准的构成内容，依法加快推动省级政府制定并落实职业院校生均经费基本标准和生均财政拨款基本标准。同时，省级政府应在国务院领导下，根据国家制定的职业学校办学条件基本标准和教育教学基本需要，通过科学地核算职业院校生均培养成本，制定并落实职业学校生均经费标准和生均财政拨款标准。面向未成年人的中等职业教育应按照公益性原则，由政府财政负担，生均经费标准和生均财政拨款标准均要达到当地普通高中1.5倍以上。② 高等职业院校财政预算继续纳入普通高等学校系列，生均预算内拨款标准应达到或高于本地同类型普通本科院校生均财政拨款标准，中央和地方可以以不同比例分摊生均拨款。

第三，改革经费拨款机制，提高职业院校办学积极性。在目前职业教育投入是政府主导的前提下，改革经费拨款机制，提高资金使用效率尤为重要。主要基于以下三个方面的考虑:③（1）质量因素。目前我国政府对公立或私立职业院校虽然有不同的要求，但对其质量却

---

① 孙诚等:《中国职业教育报告2012》，教育科学出版社2013年版，第283页。

② 同上书，第284页。

③ 参见石伟平《时代特征与职业教育创新》，上海教育出版社2006年版。

没有根本性的区别。政府可以减少每所职业院校的投入，专设质量专项资金，奖励那些办学质量高、就业前景好的职业院校，可适当扩大其办学规模，这样可以在保证质量的前提下扩展规模，避免过度发展。对于办学质量差的职业院校，可减少相应的投入，限制招生规模，以此形成公平竞争的态势。（2）区域因素。由于我国地域辽阔，不同区域产业发展的重点千差万别，如东部地区服务业较发达，东北地区工业较发达，而西部地区第一产业所占比重仍然不小，且不同区域经济发展的实力和发展程度也大不相同。因此，对于职业教育支持的力度也要有差异。对于东部经济发展较好的地区，政府给予的投入可相应地减少，鼓励民办教育超过公办教育；而对于中西部地区，应当增加一部分投入，以弥补其难以从企业中获得充分的投入。（3）行业因素。政府在投入过程中对于行业要进行适当区分，如果大力发展先进制造业、现代服务业和战略性新兴行业，则可以给予较多的投入，以竞标的形式，鼓励更多有资质的职业院校开设此专业；对于较成熟的行业，可减少相应的投入，鼓励行业内部积极投入和支持职业院校办学；对于毕业生工作前景不好的专业，可减少相应的投入，而对于一些毕业生紧缺的专业，可以适当增加投入，吸引更多的学生就读，这样可以避免职业院校学生结构性失业。

第四，进一步加大对经济落后地区职业教育经费支持力度。我们要提高国家和地方各级政府财政性教育投入在经济落后地区教育投入中的比例，经济落后地区应形成以政府财政为主体的投资体制，确保各级财政教育经费投入根据《国家中长期教育改革与发展纲要（2010—2020）》提出的"三个增长"的要求，不断提高投入水平。我们要建立加大中央政府责任的职业教育财政转移支付制度，完善拨款体制和程序，把具有公共产品属性的中等职业教育作为优先支持的领域，按照各地发展情况，做好中央财政转移支付工作，特别是对经济落后地区加大中央财政专项转移支付力度，形成中央和地方政府成本分担机制。我们要增加中央和地方财政的职业教育专项经费，重点支持经济落后地区人才紧缺专业、农业和艰苦行业和少数民族地区职业教育的发展，依据各地人口、自然环境、经济发展状况、教育发展水平、医疗卫生条件、社会保障状况等实际情况，综合考虑职业教育的规模、投入状况和就业情况等方面，进行重点投入，建议实施"西部地区职业教育资源倍增计划"、"中西部职业学校内涵建设计划"等，加强中西部职业学校基础能力建设，以保证职业教育等社会服务项目达到均等化水平。

第五，多渠道筹措职业教育经费，扩大社会投入力量。对职业教育投入是全社会的共同责任，包括政府、企业、社会团体和个人等，仅仅靠国家财政投入是远远不够的，毕竟国家财政资源是有限的。从国际经验来看，职业教育发达国家均建有相对成熟的多元经费投入机制，被视为世界职业教育楷模的德国，其职业教育经费投入是由公共财政与包括企业直接资助、企业外集资资助、混合经费资助和个人资助在内的私营经济共同资助的多元混合体，其中企业直接资助占据大部分比重。德国"双元制"职业教育的主要投资者为企业，企业承担了"双元制"职业教育2/3的经费，不但承担全部教育费用，而且支付学生三年的生活费，各州政府只负责职业学校的人头费和管理费用，大约占1/3。瑞士职业教育经费中，行业投入约占一半以上。日本企业内职业教育与培训费用完全由企业承担。澳大利亚规定年收入22.5万澳元的企业，其工资预算的1.5%用于培训。[①]另外，社团投资和个人投入也是职业教育经费投入的主体之一，前者包括各类基金会，如德国赛德尔基金会、大众汽车基金会等，欧盟也在意大利的都灵建立了"欧洲职业教育基金会"，后者如加拿大社区学院办学经费中，社会及工商界联合办学、捐款等占15%—40%。我们要保证经济转型期职业教育改革顺利进行，我们应在稳定公共财政投入的基础上，构建多渠道筹措经费的体制，不断增加职业教育非政府投入经费的比例，为各种社会资本的投入提供良好的环境。我们要认真落实企业足额提取职工教育培训经费的政策，按照《国务院关于大力发展职业教育的决定》关于"一般企业按照职工工资总额的1.5%足额提取职业培训经费，从业人员技术要求高、培训任务重、经济效益好的企业，可按2.5%提取"的规定，足额提取教育培训经费，主要用于企

---

①　姜大源：《当代世界职业教育发展趋势研究》，电子工业出版社2012年版，第182页。

业发展职业教育和一线职工的教育培训。我们要强化对企业足额提取与使用职工教育经费监督检查，对未按规定用足职工教育经费和未开展职工培训的企业，依法收取企业应当承担的职工教育经费。同时，我们还要建立国家职业教育发展基金，吸纳各种社会资金发展职业教育。鼓励支持民间以多种形式筹集职业教育基金，并利用金融、税收、彩票、社会捐助等手段筹措职业教育经费。此外，我们还要全面落实企业支付学生实习报酬准予企业所得税、行业企业购置实训设备税收优惠等已有支持职业教育发展税收政策，实行社会捐赠的超额扣除、实习开支超额扣除、企业培训支出限额税收抵免、个人在职接受职业教育与培训的费用在个人所得税税前等税收优惠政策。通过上述政策来调动一切社会力量多渠道筹措职业教育经费。

第六，健全职业教育学生资助政策体系。我们要积极完善国家职业院校学生资助制度，积极推进中等职业学校免费制度的实施。通过助学金、奖学金、贷学金、教育券等多种形式，逐步将农村中等职业学校免费和生活费资助政策扩大到城市中等职业学校。同时，我们还要研究解决非全日制学历教育的城乡劳动者资助办法，要总结推广福建、山西、河南、海南等地政府解决非全日制学员学费的经验，鼓励有能力的地方先行实行免学费政策。要继续宣传推广海南从组织部门的经费、甘肃从扶贫经费、贵州从培训就业经费解决一部分经费的办法。要总结推广北京、上海对成人学员的管理办法，积极研究根据学员学习时间、学习成果或采用学分制等更加科学的管理和补助办法。教育部要加强与财政、劳动、农业、扶贫等部门的沟通协商，争取在各部门的相关培训经费中解决非全日制学历教育学生的助学金和免学费的补贴经费。[①] 不仅如此，根据欧盟基本经验，25 个成员国中有 22 个国家实行免费的中等职业教育，部分国家实行免费的高职教育，接受职业教育的学生还可以获得一些福利补贴、低收入家庭补助、奖学金等。[②] 所以，我们除了实行职业教育免费以外，还要给予职业院校

---

① "中等职业教育招生制度与教学模式改革研究"课题组：《中等职业教育招生制度与教学模式改革：现状与问题》，《中国职业技术教育》2013 年第 3 期。

② 焦玉步：《加强顶层设计构建现代职业教育体系——对荷兰、瑞士和意大利三国职业教育的考察与思考》，《中国职业技术教育》2013 年第 13 期。

学生一定的福利补贴和低收入家庭补助和奖学金等，帮助这些学生顺利完成学业。此外，我们还要鼓励行业企业、社会团体和公民个人捐资助学，捐资部分可在应纳税所得额中全额扣除。

（三）建立全国统一的职业资格框架，增强职业教育吸引力

所谓职业资格，是指对从事某一职业所具备的学识、技术和能力的基本要求。"资格"是一个上位概念，而"证书"和"文凭"则是"资格"的下位概念。所谓"资格框架"，《欧洲资格框架》将其定义为："当个人学习达到某一特定标准（知识、技能和能力）时，经授权机构的确认后获得的资格。"[①] 而世界经合组织（OECD）对资格证书的定义是："个人所拥有的，经授权机构确定其达到特定标准的知识、技能和宽泛能力时，授予个人的资格凭证。"[②] 为获得资格证书而进行的学习和考评，可以通过学校教学来进行，也可以通过工作经验来学习。

面对全球化进程、知识经济和技术进步等日新月异的变化，传统的职业教育能力标准已不能满足行业和企业的需求，职业资格标准和学历证书体系的分割也对劳动力流动造成不利影响。因此，许多国家和国际机构开始重视资格框架，积极研究制定和实施新的资格框架，把发展国家资格框架作为改革整个教育系统的重要途径，作为开发人力资源、保证教育质量的有效途径。例如，澳大利亚资格框架体系（AQF）是学校、职业教育与培训和高等教育机构所采纳的一体化的国家资格框架，自1995年开始试行，2000年在全面实施。AQF以行业需求为导向，综合了行业涉及的职业岗位所要求的能力单元。职业资格证书共有六级，分别包括：一级、二级、三级、四级证书、文凭、高级文凭。它整合了职业岗位所需的能力单元，不同层次的证书标准与不同层次的职业岗位要求相对应。获得了某一专业某一层次的

---

① European Commission. Proposal for a Recommendation of the Parliament and the Councilon the Establishiment of EQF［EB/OL］. 2006 – 10 – 06. http：//ec. europa. ea/education/politici-es/educ/epf/ com – 2006_ 0479_ pdf.

② OECD. Moving the mounting the Mountains – the role of Qualification in lifelong learning. Paries：OECD, 2006, 34.

职业资格证书，就明确能够胜任的职业岗位的工作。如获得纺织行业一级、二级、三级、四级证书和文凭，分别能够在纺织行业从事普通工人、面料运送工、机械维修工、工头和质检员等工作。AQF 在内容上相互衔接，并且与普通教育证书和高等教育证书相互沟通。由于相邻级别职业资格在内容上相互衔接，所以，它有利于促进职业生涯发展。职业资格的文凭与高级文凭是职业资格对的最高级证书，同时又是高等教育的最低起点证书。职业资格的文凭和高级文凭的持有者，有资格进入大学接受高等教育。AQF 允许人们依据自己的实际情况，选择获得证书的起点。未学完一个证书的全部课程而终止学习时，可以获得部分资格，该资格在后续的 AQF 证书学习中依然有效。AQF 以能力为导向，是否能够获得 AQF 职业资格证书，不仅要看是否具有 AQF 职业资格证书所要求的知识和技能，同时还要看在真实工作情景下使用这些知识和技能的能力。由此可见，AQF 有利于保障就职者的基本能力，也有利于引导就业者职业发展。[1] 1986 年，英国建立了国家职业资格委员会（NCVQ），将不同种类的职业资格纳入一体化的国家职业资格框架，建立了国家统一的职业资格证书制度。1995年，英国国家职业资格委员会（NCVQ）与学校课程评估局（SCA）合并，成立了国家资格与课程局，统一管理教育证书和职业资格证书的鉴定工作。同年，英国建立了 NQF，真正实现了英国国家资格证书与教育证书的一体化。NQF 旨在引发人们接受教育与培训的动机，以加强英国的国家竞争力。通过比较不同资格层级之间的水平，使人们明确职业生涯发展道路，从而帮助学习者作出有关资格的选择。通过各种资格的整合而避免资格内容的重复，从而提高结构资格学习者的效率。通过一体化、高效的 NQF，提高公众对国家所颁发的证书的信任度。NQF 的资格依据知识、技能、理解力、分析和创造性思维能力等指标而将不同级别区分开来，且将职业资格和教育资格置于同一框架体系之内，并且建立了对应关系，如在修改后的国家资格框架体系内，专家证书相当于博士学位，翻译文凭相当于高等教育资格框架中

---

① 具体参见刘育锋：《面向世界的职业教育新探索》，北京理工大学出版社 2009 年版，第 23 页。

的硕士文凭，3D 设计中 BTEC 高等国家文凭相当于高等教育和继续教育文凭，等等。NQF 具有高度的灵活性，具体体现在学分制上，即在职业资格内容中的单元以一定的学分，学习者可以通过学分的累计来实现学业上的进步。① 2005 年 7 月，欧盟专家工作组起草了《适应终身学习要求的欧洲资格框架》，2007 年 10 月，欧洲议会发布《关于欧洲议会与欧盟委员会建立欧洲终身学习资格框架》法律决议。《欧洲资格框架》的建立创设了一个共同的参照框架，使其成为各国不同的教育与培训系统中不同的资格证书框架体系及相应的层级之间的转换器，可以实现以下目标：一是在欧盟内部增加各成员国公民持有的资格证书的透明性、可比性和可携性；二是在欧盟外部推动国际行业组织在其资格证书体系与《欧洲资格框架》的共同参考之间建立联系，使其资格证书置于欧盟资格证书体系的相关位置；三是在欧洲区域促进终身学习和提高公民的流动性等。借助《欧洲资格框架》，不仅将各国国家资格框架容纳其中，而且也将各类各级教育文凭与培训资格证书都涵盖在内：一方面，在横向其通过基于学习成果的共同参照标准，将某一资格框架与其他资格框架相衔接和沟通，进而将某一框架内的资格与位于其他框架内的资格相衔接，简化了不同国家资格框架和体系之间的关系；另一方面，在纵向上其通过了 8 级体系囊括了从义务教育结束后到接受最高层次与专业教育和培训的全过程所能获得的所有资格，其中 5—8 级分别与《欧洲高等教育区资格框架》（QF – EHEA）中的短期高等教育、学士、硕士和博士层次相对应，这就实现了不同阶段教育与培训纵向贯通，各级各类教育的横向衔接。② 由此，职业资格证书和学校学历文凭在进入高等教育的通道上开始具备同等地位和作用，使得职业教育具备了与普通教育等值的可能性，从而消除了职业教育的终结性。无疑，澳大利亚资格框架体系（AQF）、英国资格框架体系（NQF）和欧洲资格框架体系所代表的职业教育的发展趋势，提升了职业教育的社会地位，提高了职

---

① 具体参见刘育锋：《面向世界的职业教育新探索》，北京理工大学出版社 2009 年版，第 24 页。

② 具体参见姜大源：《当代世界职业教育发展趋势研究》，电子工业出版社 2012 年版，第 98—102 页。

业教育的社会认可度，提振了职业教育的吸引力。

借鉴国际经验，结合我国职业教育体系目前的状况，应组织对国家资格框架的研究，探索建立国家资格框架（NQF）下的职业教育体系。主要的措施有：第一，设定学分转换标准。按照特定的标准逐级累积，达到一定的学分和要求之后申请换领更高一级的证书。例如，一个单元（unit）10 个小时以上的学习任务，一个学习证明（award）1—12 个学分（10—120 小时的学习任务），一个证书（certificate）13—36 个学分（130—160 小时的学习任务）和一个文凭（diploma）37 个及以上的学分（370 小时以上的学习任务）。这样，整个学习就变成日积月累，积少成多，便于个人根据自己的工作需要、企业的要求及个人的自由时间和空间，灵活制定自己的学习规划。整个学习证明就可以转换成一个证书，几个证书就可以转换成一个文凭。第二，建立学业转换系统，实现不同路径学业（或资格证书）的对等转换。探索建立一种学分换算体系，用于评估不同路径的学生学业成绩，使它们成为可比的学业分值，帮助教育机构平等地对待各种学习路径的入学申请者。这种学业换算体系的特点是：它给予社会上各种证书以公平的待遇，以数字的直观形式将原本无法比较、无法衔接的各种资格证书梳理为有序的、透明的、参照性很强的分数对比体系；以普职证书等值的方式将技术与职业教育摆在与普通教育同等的地位，并融汇于一体；将学校教育和校外教育、正规教育和非正规教育的纳入综合教育体系，从制度上落实联合国教科文组织提出的全民教育、终身教育和推行全纳教育的教育主张，为国家学分积累资格证书框架体系的有效实施奠定一个牢固的根基。第三，国家资格框架的设计和实施，应以职业资格和学历文凭互通为基础，以职业能力作为衡量的依据，设立等级标准，达到职业资格证书和学历证书的互通互认，最终将职业资格和学术资格有机地结合起来；重新确立政府、行业、学校、社会培训机构和技能鉴定机构的职责和作用；提高职业资格的社会效用，实现"学历"、"资格"的并重。通过国家资格框架的建立，实现学习者在正规、非正式和非正规学习背景下所获得的学习成果得到转换、认证和累积，从而促进职业教育与普通教育的沟通衔接、学历教育与非学历教育的相互转换、职业教育与劳动就业的紧密结合，在满足个人发展、促进就业和提高社会凝聚力方面发挥重要作用，最终学习者在职业教育领域建立一个畅通的终身学习环境。

（四）加快建设现代职业教育体系，适应经济结构调整和产业转型升级的需要

《国家中长期教育改革与发展纲要（2010—2020）》明确提出，今后10年我国职业教育事业改革与发展的战略目标是："到2020年，形成适应发展方式转变和经济结构调整的要求，中等和高等职业教育协调发展的现代职业教育体系，满足人民群众接受职业教育的要求，满足经济社会对高素质劳动者和技能型人才的需要。"建立并完善现代职业教育体系，是党中央和国务院关于职业教育的一项重要战略决策，也是适应当前经济结构调整和产业转型升级的需要，这主要表现在三个方面：其一，是落实国家"十二五"战略规划任务和现代产业体系的重要支撑。当前我国已进入深化改革开放、加快转变经济发展方式的攻坚时期，围绕《国民经济和社会发展第十二个五年规划纲要》，国家先后颁布了一系列的纲要和规划，如《国家中长期教育改革与发展纲要（2010—2020）》、《国家中长期人才发展规划纲要（2010—2020）》、《国家高技能人才培养十年规划》、《2020年科技创新工程》等。另外，还有一系列产业发展规划，如《工业转型升级规划（2011—2015年）》、《全国现代农业发展规划（2011—2015年）》等95个。完成这些规划任务的重要支撑是人才培养。建立并完善现代职业教育体系，就是满足"十二五"规划以及今后我国现代产业体系建设的共同需求，是培养经济社会发展急需的技能型人才、应用型人才和复合型人才的迫切需要。其二，是服务转方式、调结构、促升级的重大使命。我国已进入建设现代产业体系的重要时期，就必须加强农业基础地位，必须转变经济发展方式，提升制造业核心竞争力，促进制造业由大变强，发展战略性新兴产业，加快发展服务业，尤其是大力发展现代服务业和生产性服务业。经济发展方式的转变需要提高劳动力的整体素质，需要大批高素质劳动者和技能型人才。其三，教育事业要服务好转方式、调结构、促升级这一崇高的使命，就必须大力培养适应发展方式转变、结构调整和产业升级的各类

人才，而职业教育培养的是各行各业急需的技能型人才，现代职业教育体系和转方式、调结构、促升级息息相关。因此，服务转方式、调结构、促升级，现代职业教育体系肩负着重要的使命。那么，我们从哪些方面来完善现代职业教育体系呢？主要从以下五个方面入手。

第一，加强现代职业教育体系的顶层设计。"顶层设计"（TOP-DOWN）是源于自然科学或大型工程技术领域的一种设计理念。它是针对某一具体的设计对象，运用系统论的方式，自高端开始的总体构想和战略设计，注重规划设计与实际需求的紧密结合，强调设计对象定位上的准确，结构上的优化，功能上的协调，资源上的整合，是一种将复杂对象简单化、具体化、程式化的设计方法。它不仅需要从系统和全局的高度，对设计对象的结构、功能、层次、标准进行统筹考虑和明确界定，而且十分强调从理想到现实的技术化、精确化建构，是铺展在意图与实践之间的"蓝图"。① 职业教育体系建设是一项复杂的系统工程，其顶层设计包括宏观设计、中观设计和微观设计三个方面。首先，要加强职业教育体系"顶层设计"中的宏观设计，要根据我国从人力资源大国向人力资源强国转变的战略发展的需要，科学地规划职业教育发展的理念和规划、管理体制、投入机制、师资队伍、科研系统和制度建设等。其次，要根据人力资源强国崛起的现实需要，科学地预测未来技能型人才需求，合理地规划职业教育发展的规模数量、层次结构、质量规格和评价标准等，保证职业教育培养的技能型人才满足未来技术进步和产品升级的需要。最后，要加强职业教育专业发展的微观设计，要根据制造业专业发展规划，合理地确定职业教育专业的培养目标、专业设置、课程体系与教材、教学资源、教学过程等。通过对职业教育体系的顶层设计，合理规划职业教育发展，满足经济转型与良性发展的现实需求。

第二，设置技术本科及以上的职业教育，建立层次相对完备的现代职业教育体系。职业教育是教育系统中一种教育类型，有其特有属性，具有职业性、技术性。是职业教育区别于其他教育类型的本质属

---

① 徐敦楷：《顶层设计理念与高校的科学发展》，《中国高等教育》2008年第22期。

性，也是职业教育之所以存在的重要依据。[①] 1997 年联合国教科文组织修订的《国际教育标准分类》（1SCED97）中关于高等教育第一阶段的标准来分类，第 5 层次为专科、本科、硕士研究生教育，分为 5A 和 5B 两种类型，5A 是"面向理论基础、为研究做研究准备或从事高技术要求的专业课程"，5A 又分为 5A1 和 5A2，5A1 是按学科分设专业，为进一步研究做准备的教育，培养学术性、研究型人才；5A2 是按大的技术领域（或行业、产业）分设专业，适应高科技要求的专门教育，是培养高科技专门人才的教育，是应用型、专门性教育；5B 是一种"定向于某个特定职业的课程计划"，是"面向实际，适应具体职业、主要目的是使学生获得从事某职业、行业所需的实际技能和知识"，即技术型、职业专门化的高等教育。我国高等职业教育相当于 5A2 和 5B。而 2011 年 9 月颁布的 2011 版《国际教育分类法》延续了 1997 年版《分类法》的传统，将课程及其复杂程度作为教育等级——层次划分的依据；同时又以课程及其定向——类型作为划分普通教育与职业教育的依据。特别是，新版《国际教育分类法》清晰地采用了国际上最熟悉的两个概念——普通教育与职业教育来划分教育类型："2—5 级"两者平行，"6—8 级"预留空间。职业教育在教育领域中，从边缘化角落走向大雅之堂，这就扩展了对整个技能型人才，特别是高技能人才本质的认识。[②] 可见，职业教育有其独立性，应具备本科及以上层次结构。

研究表明，随着科学技术的快速发展，社会职业岗位的总体结构发生了变动，从而使职业岗位的技术含量不断加大，技术层次不断高延，与职业岗位相适应的教育层次也必然随之高移。技术型人才的教育层次高延，是一种客观规律，是高等教育大众化的重要组成部分，是国际性的发展趋势。[③] 从职业技术教育的角度来看，技术革命导致职业教育制度的变革，技术教育也随之逐步向高层次延伸，从而对不

① 黄尧：《职业教育学——原理与应用》，高等教育出版社 2009 年版，第 52—54 页。
② 姜大源：《当代世界职业教育发展趋势研究》，电子工业出版社 2012 年版，第 199 页。
③ 杨金土、孟广平：《对技术、技术型人才和技术教育的再认识》，《职业技术教育》（教科版）2002 年第 22 期。

同层次技术教育的需求成为必然。从我国现代化建设需求来看，经济发展和产业结构调整需要职业教育培养多样化技术、技能型人才，这种人才需求的变化对职业教育体系发展的影响层次高延的客观必然。[①] 事实上，世界许多国家和地区都设置了技术本科及以上层次的职业教育来适应经济社会发展和产业结构调整的需要。例如，瑞士已经建立涵盖学士甚至硕士层次的完整的职业教育体系；俄罗斯将九年义务教育后的职业教育分为初等、中等、高等和大学后四个层次；我国台湾地区已构成一个由高级职业学校、专科学校、技术学院或科技大学、研究所五个层次组成的相当完备的职业教育体系；韩国高等职业教育由专科大学、产业大学和研究生院构成，不仅有专科层次，还包括本科层次和研究生层次；日本有职业高中、短期大学、专修学校等各种学校，20世纪90年代后一些著名大学也积极跻身于职业教育行业，为广大社会在职人员开设硕士、博士学位职业类课程。因此，设置技术本科及以上层次的教育，是经济社会发展的必然要求，也是世界职业教育改革的主要趋势。

那么，如何设置本科及以上层次的职业教育呢？目前一般存在三种方案：一是本科院校改制成本科层次的高职院校。具体的办法是，将具有成功的应用性本科教育办学经验的院校改制成本科层次的高等职业教育院校，这些院校主要培养目标是第一线的技术人才，适合成为本科层次的高等职业教育院校，且不需要做大的调整。这一方案的适用范围是：本身已经具有应用型本科办学经验的院校和专业，若进一步根据市场和用人单位的需要，加强实践性和应用性，就可以实行本科层次的高等职业教育。但不是所有的本科院校、所有的专业都可以改制或改造为本科职业院校。二是高职院校升格为本科层次高职院校。具体的办法是，将原来办学出色、师资力量雄厚的极少数高等职业院校，允许其招收四年制本科学生。由于我国高等职业教育起步较晚，拥有丰富经验、办学特色的院校还不是很多，所以能升格的高职院校目前还不多。值得注意的是，并不是所有专业都可以办成本科层

---

① 彭志武：《应用型人才的多样性与职业教育体系的完整性》，《黑龙江高等教育》2008年第11期。

次高职院校，需要具备以下三个条件：拳头专业，其特色鲜明；市场确实对该专业有更高的要求，需要本科层次的技术人员；专科的学时无法完成教学任务，需要延长学制。因此，目前这一方案的适用范围，主要局限于国家示范性高职院校或国家骨干高职院校，且专业所需的技术含量高、社会需求量大的高职院校。三是实行"专升本"。这一方案指学生在目前的高职院校学习2—3年以后，参加相应的入学考试，进入本科院校，在学习2年，获得本科学历。这一方案的适用范围是，本科高职还未充分建立时，为了顺应终身教育的思想。"专升本"容易出现衔接不畅的问题，如何保证衔接畅通是该方案成功实施的关键。我们认为，第一种方案比较可行，而且建立硕士、博士层次的职业教育也有一定的基础，它不仅有利于人才培养整体结构的调整，而且对转型的本科院校来说，也获得一次重新发展的机会，可以通过改革课程模式，加强实践，突出特色，获得全新的发展空间。第二、第三种方案可以在少数院校试点，总结典型经验，为设置本科及以上层次的职业教育探索一条切实可行的方案。让少量的高职院校升格为本科院校，更容易办出职业教育的特色。但是，在高职院校升格为本科院校的过程中，一定要严格审核，以确保技术本科的办学质量，坚决杜绝对各地高职院校升格为技术本科的失控。这样可以改变将专科层次的高职教育作为终结教育的现状，向社会源源不断地提供各种类型的应用技术人才，提供各种办学模式，满足不同求学者渴望得到知识和技能的需求。

第三，建立和完善职业教育的"直通车"，体现纵向的衔接性。衔接性指各层次的职业教育相互衔接，各形式职业教育相互认可。职业教育的"直通车"指的是职业教育体系内部各层次的职业教育相互衔接、贯通。这不仅是说职业教育的层次要完整，包括从中等到高等的各级教育，更强调的是各级职业教育之间的衔接是顺畅的。世界许多国家和地区的职业教育都出现了向上延伸且开放入学的趋势，如台湾地区上至博士层次的职业教育体系，德国的技术应用科技大学等。一般而言，中等职业教育培养的是与经济和社会发展要求相适应的、德、智、体、美全面发展，具有综合职业能力，在生产、服务一线工作的高素质劳动者和技能型人才。高等职业教育培养的是生产、建设、管理、服务第一线的高等技术应用型人才。中高职教育的共同之处，都在于注重培养学生解决实际问题的能力，为经济和社会发展服务。中等职业教育的发展，一般会大大促进经济的发展和社会的进步。但是当前产业发展到一定水平，就必然需要升级换代。产品层次的提高必然要求生产者素质的提高，这就要求职业教育要实现真正的"无缝对接"。当前，建立和完善我国职业教育"直通车"的具体策略包括：（1）在政策上放开中职升高职以及专升本的比例限制，转而强调入学的知识和能力标准；（2）改革招生考试制度，面对职业学校的学生，强调技能性，强调工作经验以及职业资格证书的价值，允以加分；（3）明晰各级各类职业教育（尤其是中高职）的培养目标；（4）试点开展五年制高职模式，可以包括"五年一贯制"和"三二分段制"；（5）探索和建立面向高职专科毕业生的两年制技术本科。①

　　第四，建立和完善教育体系的"立交桥"，体现横向的融通性。融通性指职业教育与普通教育在体制上允许较自由的流动，在课程上相互渗透。教育体系的"立交桥"是指通过制度设计，让普通教育和职业教育的学生在需要的时候，可以转换学习轨道，普职互通。教育应是个人一生中所持续不断的学习过程，各类教育的有效融通，学习与工作的便利交替，这就是终身教育理念的核心。如果说接受普通教育是一种传统的成才之路的话，那么接受职业教育则成为一种选择性的成才之路。求学者可以根据自己的实际情况选择接受普通教育或职业教育，两条道路也不是截然分开的，求学者可以根据实际情况选择转轨。多年来，我国一直致力于这种教育体系"立交桥"的建设，但目前普职之间的交互融通还不是很理想，特别是从职业教育向普通教育转换，虽有通道，但宽度不够。职业教育与普通教育之间缺乏接轨畅通的"立交桥"，一旦选择了职业教育，就难有转向普通教育的机会，使这种职业教育成为发展空间相对有限的中介型教育，不仅缺乏吸引力，而且难以满足经济发展对更高层次技能型人才的需求。为了进一步完善"立交桥"，我们可以采取以下策略：（1）必须依赖于普职等价的国家资格框架的建立，

① 石伟平：《中国职业教育发展报告2011》，华东师范大学出版社2013年版，第138页。

这是英国、澳大利亚等国成功经验给我们的启示；（2）取消对职业院校学生向普通教育或普通院校学生向职业院校升学比例的限制，以基于知识和能力结果的入学标准代替刚性的升学比例。只要符合相应层次普通教育知识和能力的学习条件的，就允许其就读普通教育；（3）加强普职融通，在普通高中开设职业技能类选修课程，学生通过这个载体，激活自己的学习兴趣，提升学习的积极性，培养成就感，并能找到生发学科兴趣的研究点。①

第五，重视职业生涯教育，适应经济转型期岗位需求多样化。职业生涯教育并不是特殊的职业教育和职业指导，而是试图把职业教育与普通教育融为一体并贯穿于个人一生的教育。对于中职毕业生而言，在掌握职业技术技能的同时，要强化文化基础知识，培养学生具有扎实的专业知识、丰富的专业技能、一定的文化基础知识及社会知识，形成较高的职业技能以及较强的应变能力。对于大学生来说，接受高等教育后，社会更看重的是其所学的专业知识与工作岗位的匹配程度，这客观上就造成了大学生就业难。加上我国工业化进程加速导致产业结构急剧升级，要实现大学毕业生所学专业和就业岗位的匹配难上加难。因此，特别要在普通高校实行职业生涯教育，让大学生就学期间接受一些通用型的知识和技能，适当降低专业知识内容的比重。同时，培养他们根据自身实际情况合理规划未来职业生涯的能力，培养他们分析、预测市场与职业变动的能力，培养他们独立生存与终身学习能力，将他们变成能够适应经济转型期多种类型岗位需要的通用型人才。

（五）合理进行专业设置和课程开发，满足经济转型新时期经济与社会发展的需要

第一，基于需求导向的专业设置。专业设置是教育与经济的接口，是职业教育为经济发展的具体体现，是职业学校适应社会需求、保证人才培养"适销对路"的关键环节。有了合理的专业设置，就能保证人力资源的科学开发，使人才培养满足经济、社会发展的需要，推动产业

---

① 石伟平：《中国职业教育发展报告2011》，华东师范大学出版社2013年版，第138页。

结构、技术结构和产品结构不断改善和升级，为国家的现代化建设和区域经济的发展不断注入新鲜的血液和活力。反之，如果专业设置不合理或不科学，未能从经济社会发展的有效需求出发，而只是凭主观臆断，或为了迎合社会、家长和学生的意愿需求，脱离经济发展的实际，就必然造成人才培养的失衡，影响经济的发展和职业教育的生命力。针对当前我国职业院校专业课程陈旧、与社会需求脱节的事实，建立以市场需求为导向的专业课程设置，实现人才供需无缝对接。首先，以产业、企业发展对人才的需求为导向，建立与经济发展、产业升级和技术进步相适应的专业课程设置标准，尤其是要开发技术密集、知识密集型专业课程，满足市场需求的技能型专业人才，最大限度地提高人力资本技能。其次，职业教育的专业应服务区域产业经济，以区域产业经济发展特点、现状为依据，结合专业布局结构、规模和层次来设置和调整，并动态分析和把握区域产业结构发展变化的趋势，使专业设置趋于合理，更好地适应产业结构调整的要求。最后，职业教育的专业开发需要体现技术进步所引发的职业结构变化的要求。技术进步在职业岗位重组、职业内涵扩展和劳动组织方式优化等方面对社会职业产生深远影响，其对社会职业带来的影响不仅是技术的垂直延伸，且呈现出越来越强的复合性、交叉性。职业教育专业开发必须充分考虑技术进步的因素，对传统农业进行改造、拓宽、再生，以应对职业结构和分工的变化。

第二，提高专业设置与市场需求的匹配度。以服务区域经济和社会发展为目标，针对区域经济发展的要求，灵活地调整和设置专业，是职业教育的一个重要特色。地方人事部门或教育行政部门要了解并及时发布各专业人才培养规模变化、就业状况和供求状况，使职业院校能及时调控和优化专业结构布局，这将有利于职业院校根据自身条件适应地区、行业经济社会发展的需要，有针对性地调整和设置专业。要适应经济社会发展变化，及时调整专业目录，使职业教育人才培养结构紧贴产业结构，人才知识结构紧贴岗位需求，增强职业教育人才培养的针对性和实效性。通过专业目录调整和实施，推动专业与产业、企业、岗位的对接。通过专业课程内容与职业标准对接，实现人才素质与岗位需求的衔接。围绕国家战略性新兴产业、现代农业、先进制造业特别是转杯制造业、现代服务业和民族特色产业等发展要求，确定一批重点发展专业，推进专业设置与课程体系建设的改革创新。

第三，强化课程改革，强化人才培养的特色。课程建设与改革是提高教学质量的核心，也是教学改革的重点和难点。职业院校要积极参与行业企业合作开发课程，根据技术领域和职业岗位（群）的任职要求，参照相关的职业资格标准，改革课程体系和教学内容。建立突出职业能力培养的课程标准，规范课程教学的基本要求，提高课程教学质量。要加强课程建设规划与研究工作，改革教学方法和手段，融"教学做"为一体，强化学生能力的培养。鼓励学校与行业企业共同开发紧密结合生产实际的实训教材，确保优质教材进课堂。重视优质教学资源和网络信息资源的共建共享，提高优质教育资源的使用效率，扩大受益面。要防止出现职业院校课程开设的不合理现象，少数职业院校大量开设升学考试的课程，不仅牵涉了教师学生的教学精力，更影响了以就业为导向的教学课程改革，产生了与职业教育办学方针和培养目标极不和谐的现象甚至严重的后果，是教学课程改革的关键问题。

参考文献

一　专著

1. 张培刚：《新发展经济学》，河南人民出版社 1992 年版。
2. 厉以宁：《转型发展论》，同心出版社 1996 年版。
3. ［波］格泽戈尔·W. 科勒德克：《从休克到治疗——后社会主义转轨的政治经济》，上海远东出版社 2002 年版。
4. 世界银行：《1996 年发展报告：从计划到市场》，中国财政经济出版社 1996 年版。
5. 劳伦·勃兰特：《伟大的中国经济转型》，格致出版社 2009 年版。
6. 樊纲：《渐进改革的政治经济学分析》，远东出版社 1996 年版。
7. 伍装：《中国经济转型分析导论》，上海财经大学出版社 2005 年版。
8. 景维民、张慧君：《经济转型的阶段性演化与相对市场化进程研究》，中国财政经济出版社 2006 年版。
9. 徐竹青：《转型升级：浙江发展的战略选择》，中国经济出版社 2010 年版。
10. 简新华：《中国工业化与新型工业化道路》，山东人民出版社 2009 年版。
11. 李克：《中国经济转型产业升级》，北京理工大学出版社 2011 年版。
12. ［法］贝尔纳·夏旺斯：《东方的经济改革——从 50 年代到 90 年代》，社会科学出版社 1999 年版。
13. 谷玉堂：《社会主义经济学通论——中国转型期经济问题研究》，高等教育出版社 2006 年版。
14. 蔡昉：《中国经济转型 30 年（1978—2008）》，中国社会文献出版社

2009 年版。

15. 翟海魂：《发达国家职业技术教育历史演进》，上海教育出版社 2004 年版。

16. 匡瑛：《比较高等职业教育：发展与变革》，上海教育出版社 2005 年版。

17. 石伟平：《比较职业教育》，华东师范大学出版社 2001 年版。

18. 黄尧：《职业教育可持续性发展战略研究》，高等教育出版社 2011 年版。

19. 朱永新：《当代日本职业教育》，山西教育出版社 1996 年版。

20. 朱文富：《日本近代职业教育研究》，河北大学出版社 1999 年版。

21. 谷裕：《职业教育·生涯教育·终身教育——转型时期日本职业教育发展及启示》，高等教育出版社 2010 年版。

22. 孙琳：《转型时期中国职业教育改革与发展》，高等教育出版社 2007 年版。

23. 黄尧：《职业教育学——原理与应用》，高等教育出版社 2009 年版。

24. 马树超、郭扬：《高等职业教育：跨越·转型·提升》，高等教育出版社 2008 年版。

25. 刘育锋：《面向世界的职业教育新探索》，北京理工大学出版社 2009 年版。

26. 黄尧：《转型时期我国职业教育宏观政策研究》，外语教学与研究出版社 2012 年版。

27. 刘国光：《中国经济体制改革的模式研究》，中国社会科学出版社 1988 年版。

28. ［美］格雷戈里、斯图尔特：《比较经济体制学》，上海三联书店 1998 年版。

29. 刘诗白：《社会主义市场经济理论》，西南财经大学出版社 2004 年版。

30. 张秀生等：《社会主义市场经济理论》，武汉大学出版社 2004 年版。

31. 简新华：《中国经济结构调整和发展方式转变》，山东人民出版社 2009 年版。

32. 简新华：《产业经济学》，武汉大学出版社 2004 年版。

33. ［英］克拉克：《经济进步的条件》，麦克米兰出版公司 1957 年版。

34. ［美］西蒙·库兹涅茨：《现代经济增长》，北京经济学院出版社 1989 年版。

35. 芮明杰：《产业经济学》，上海财经大学出版社 2012 年版。

36. 王俊豪：《产业经济学》，高等教育出版社 2012 年版。

37. 顾明远：《教育大辞典》，海南出版社 2006 年版。

38. 刘春生：《职业教育导论》，吉林科学出版社 1998 年版。

39. 国家教委职业技术中心研究所：《职业技术教育原理》，经济科学出版社 1998 年版。

40. 张家祥：《职业技术教育学》，华东师范大学出版社 1998 年版。

41. 李向东、卢双盈：《职业教育学新编》，高等教育出版社 2005 年版。

42. 姜大源：《职业教育新论》，教育科学出版社 2002 年版。

43. ［美］杜威：《民主主义与教育》，人民教育出版社 2001 年版。

44. 周明星：《职业教育学通论》，天津人民出版社 2002 年版。

45. 谭崇台：《发展经济学》，武汉大学出版社 2004 年版。

46. 马振华：《我国技能型人力资本的形成与积累》，中国物资出版社 2009 年版。

47. 王善迈：《市场经济中的政府和市场》，北京大学出版社 2002 年版。

48. 王清连等：《职业教育社会学》，教育科学出版社 2008 年版。

49. 欧阳河：《职业教育基本问题研究》，教育科学出版社 2006 年版。

50. 中国社会科学院农村发展研究所：《中国农村经济形势分析与预测》，中国社会科学文献出版社 2009 年版。

51. ［美］西奥多·W. 舒尔茨：《改造传统农业》，商务印书馆 1999 年版。

52. ［美］西奥多·W. 舒尔茨：《论人力资本投资》，北京经济学院出版社 1990 年版。

53. 韩俊：《中国农民工战略问题研究》，上海远东出版社 2009 年版。

54. 毛然：《美国社区学院》，高等教育出版社 1989 年版。

55. ［法］H. 孟德拉斯：《农民的终结》，中国社会科学出版社 1991 年版。

56. 杨海燕：《城市化进程中职业教育发展研究》，中国海洋大学出版社

2008 年版。

57. 陈吉元：《论中国农业剩余劳动力转移——农业现代化的必由之路》，经济管理出版社 1991 年版。

58. ［日］宫畸犀一：《近代国际经济要览》，中国财政经济出版社 1990 年版。

59. 梁忠义、金含芬：《七国职业技术教育》，吉林教育出版社 1990 年版。

60. ［美］艾萨克·康德尔：《教育的新时代——比较研究》，人民教育出版社 2001 年版。

61. 复旦大学世界经济研究所英国经济研究室：《英国经济》，人民出版社 1986 年版。

62. 王承绪：《战后英国教育研究》，江西教育出版社 1992 年版。

63. 石伟平：《时代特征与职业教育创新》，上海教育出版社 2006 年版。

64. 姜大源：《当代世界职业教育发展趋势研究》，电子工业出版社 2012 年版。

65. 复旦大学世界经济研究所德意志联邦共和国经济研究室：《德意志联邦共和国经济》，人民出版社 1986 年版。

66. 夏之莲：《外国教育史料选粹》，北京师范大学出版社 1999 年版。

67. 匡瑛：《比较高等职业教育：发展与变革》，上海教育出版社 2004 年版。

68. 崔岩：《日本的经济赶超：历史进程、结构转变与制度演进分析》，经济管理出版社 2008 年版。

69. 朱文富：《日本近代职业教育发展研究》，河北大学出版社 1999 年版。

70. ［日］南亮进：《日本的经济发展》，经济管理出版社 1992 年版。

71. 梁忠义：《世界教育大系·职业技术教育》，吉林教育出版社 2000 年版。

72. 吴式颖：《外国现代教育史》，人民教育出版社 1997 年版。

73. 吴敬琏：《市场经济的培育和运作》，中国发展出版社 2009 年版。

74. 袁本涛：《韩国教育研究》，山西教育出版社 1998 年版。

75. 黄日强：《比较职业技术教育》，山东人民出版社 2009 年版。

76. 马早明：《亚洲"四小龙"职业技术教育研究》，福建教育出版社1998年版。

77. 谷源洋：《亚洲四小龙起飞始末》，经济科学出版社1992年版。

78. 严正：《台湾产业结构升级研究》，九州出版社2003年版。

79. 杨辉：《研究与比较：海峡两岸高等职业教育》，上海人民出版社2010年版。

80. 贺涛：《台湾经济发展轨迹》，中国经济出版社2009年版。

81. 陈孔立：《台湾研究十年》，厦门大学出版社1998年版。

82. 郑金贵：《台湾高等教育》，厦门大学出版社2008年版。

83. 郭连成：《从苏联到俄罗斯乌克兰——若干经济问题研究》，经济科学出版社2001年版。

84. 陆海泉：《经济转轨的进程和难题》，黑龙江教育出版社1996年版。

85. 胡键：《转型经济新论——兼论中国俄罗斯经济转型》，中央党校出版社2006年版。

86. 王义高：《俄罗斯教育10年变迁》，北京师范大学出版社2003年版。

87. 马岩：《中等收入陷阱的挑战及对策》，中国经济出版社2011年版。

88. 林岗等：《迈过"中等收入陷阱"的中国战略》，经济科学出版社2012年版。

89. 陈佳贵：《经济发展方式转变与经济结构调整》，经济管理出版社2012年版。

90. 世界银行：《1991年世界发展报告》，中国财政经济出版社1991年版。

91. 蔡昉：《超越人口红利》，社会科学文献出版社2011年版。

92. 蔡昉：《中国人口与劳动问题报告：提升人力资本的教育改革》，社会科学文献出版社2009年版。

93. 蔡昉：《避免"中等收入陷阱"探寻中国未来的增长源泉》，社会科学文献出版社2012年版。

94. 周振华等：《危机中的增长转型：新格局与新路径》，上海人民出版社2012年版。

95. 蔡昉：《中国人口与劳动问题报告——后金融危机时期的劳动力市

场挑战》，社会科学文献出版社 2010 年版。

96. 郑秉文：《中等收入陷阱：来自拉丁美洲的案例研究》，当今世界出版社 2012 年版。

97. 编写组：《十八大报告学习辅导百问》，党建读物出版社 2012 年版。

98. 刘伟：《转轨中的经济增长：中国的经验和问题》，北京师范大学出版社 2011 年版。

99. 孙诚等：《中国职业教育报告 2012》，教育科学出版社 2013 年版。

100. 袁振国：《跨越中等收入陷阱国家教育变革的重大启示》，教育科学出版社 2013 年版。

101. 教育部职业技术教育研究所：《中国特色职业教育发展之路——中国职业教育发展之路》，高等教育出版社 2012 年版。

102. 麦可思中国大学生就业研究课题组：《2009 年大学生就业报告》，社会科学文献出版社 2013 年版。

103. 麦可思研究院：《2013 年大学生就业报告》，社会科学文献出版社 2013 年版。

104. 陈衍：《2008 年国际职业教育发展热点与前瞻——来自联合国教科文组织的报告》，东北师范大学出版社 2008 年版。

105. 刘来泉：《世界技术与职业教育纵览——来自联合国教育科文组织的报告》，高等教育出版社 2002 年版。

106. 和震：《职业教育政策研究》，高等教育出版社 2012 年版。

107. 高培勇：《中国财政政策报告 2007/2008：财政与民生》，中国财政经济出版社 2008 年版。

108. 顾明远、石中英：《国家中长期教育改革和发展规划纲要（2010—2020）》，北京师范大学出版集团 2010 年版。

109. ［美］艾尔·芭比：《社会研究方法》，华夏大学出版社 2000 年版。

110. 裴娣娜：《教育研究方法导论》，安徽教育出版社 2006 年版。

111. 于建嵘：《岳村政治——转型期中国社会乡村政治体系的变迁》，商务印书馆 2001 年版。

二 论文

1. 陈涌军：《过渡经济的本质与中国经济改革的基本性质——与科尔奈和伊克斯教授的讨论》，《改革》2002 年第 4 期。

2. 王宝玺：《复杂科学视角下的教育科学研究方法》，《外国中小学教育》2002 年第 2 期。

3. ［俄］B. 马乌：《转轨与发展：俄罗斯的十年》，《经济社会体制比较》2002 年第 4 期。

4. ［匈牙利］科帕尔·加斯伯、卡尔曼·弥赛伊：《转轨通讯》2004 年第 3 期。

5. 勒德克：《波兰改革历程及其对中国的启示比较》，《经济社会体制比较》2002 年第 4 期。

6. 赵旻：《论我国经济转轨发展的四个阶段》，《经济学动态》2003 年第 3 期。

7. 吕炜：《经济转轨过程中的转折点研究》，《经济学动态》2003 年第 6 期。

8. 国家发改委宏观经济研究员课题组：《中国加速期的若干发展问题研究（上）》，《经济研究参考》2004 年第 6 期。

9. 赖德胜：《经济转型与教育失范》，《北京师范大学学报》1999 年第 3 期。

10. 郭占恒：《关于浙江发展转型的几个问题》，《浙江经济》2007 年第 6 期。

11. 陈惠芳等：《开放条件下区域经济升级综合能力评价研究——中国 31 省市转型升级评价指标体系分析》，《管理世界》2011 年第 8 期。

12. 朱家良：《奢华新阶段浙江经济发展战略研究》，《浙江经济》2004 年第 14 期。

13. 郭金兴：《我国经济转型、经济发展与劳动关系的实证研究》，《劳动经济评论》2009 年第 11 期。

14. 秦晓：《经济转型和政府职能的转变》，《中国经济时报》2006 年 1 月 16 日。

15. 姜作培：《结构调整：中国经济转型升级的取向与路径选择》，《探索》2009 年第 5 期。

16. 赵洪祝：《在应对挑战中加快经济转型升级》，《求是》2009 年第 5 期。

17. 陈宗胜：《论中国经济运行的大背景——双重过渡》，《天津社会科学》1995 年第 6 期。

18. 景维民、孙景宇：《全球视角下的转轨经济》，《经济学动态》2004 年第 3 期。

19. 姜大源：《论德国职业教育改革的基本理念》，《德国研究》1999 年第 4 期。

20. 彭正梅：《德国职业教育改革和发展趋势》，《全球教育展望》2007 年第 3 期。

21. 张晓明：《美国职业教育改革的趋势》，《外国教育研究》1996 年第 3 期。

22. 山长莲：《日本职业教育改革的现状与职业教育改革》，《辽宁高职学报》2006 年第 3 期。

23. 刘文君：《职业教育与经济发展——日本的经验教训及对我国的启示》，《教育与经济》2007 年第 2 期。

24. 李文英：《日本职业教育改革的新进展》，《中国职业技术教育》2010 年第 12 期。

25. 姜金秋、杜育红：《日本产业结构升级对高教改革的影响及启示》，《国家教育行政学院学报》2012 年第 11 期。

26. 高金岭：《俄罗斯初、中等职业教育改革管窥》，《教育与职业》2003 年第 5 期。

27. 臧颖：《法治、公平与多样化——职业教育改革的趋势》，《宁波工程学院学报》2006 年第 4 期。

28. 李勇等：《转型时期职业教育改革及特点研究》，《教育研究》2010 年第 2 期。

29. 吴雪萍、陈炯奇：《面向就业的俄罗斯中等职业教育改革》，《比较教育研究》2005 年第 7 期。

30. 朱励群、李庆华：《俄罗斯中等职业教育改革发展状况及启示》，

《职业技术教育》（教学版）2006 年第 5 期。

31. 李定仁、马正学：《关于我国职业教育改革发展的若干思考》，《教育研究》2002 年第 9 期。

32. 马树超等：《"十一五"期间我国职业教育改革与发展面临的主要问题（上）》，《职教通讯》2005 年第 4 期。

33. 全国人大教科文卫委员会：《关于职业教育改革和发展情况的调研报告》，《中国职业技术教育》2009 年第 16 期。

34. 张翔：《"十一五"期间我国高等职业教育改革与发展的机遇与挑战》，《柳州职业技术学院学报》2006 年第 3 期。

35. 江西省教育科学研究所课题组：《职业教育改革与发展的经验及教训》，《职教论坛》2006 年第 4 期。

36. 刘显泽：《职业教育需求与职业教育改革》，《职教论坛》2005 年第 9 期。

37. 江西省教育科学研究所课题组：《职业教育改革与发展的经验及教训》，《职教论坛》2006 年第 4 期。

38. 全国人大教科文卫委员会：《关于职业教育改革和发展情况的调研报告》，《中国职业技术教育》2009 年第 16 期。

39. 姜大源：《中国职业教育改革与发展建言：措施与创新》，《职业技术教育》2011 年第 28 期。

40. 周志刚、王全旺：《高等职业技术教育质量提升面临的挑战及对策研究》，《教育与职业》2009 年第 2 期。

41. 杨金土：《经济转型期的职业教育》，《职教论坛》1997 年第 10 期。

42. "职业教育对经济社会发展的贡献研究"课题组：《职业教育对经济社会发展的贡献研究》，《河南科技学院学报》2012 年第 12 期。

43. 萨缪尔森：《公共支出理论》，《经济学和统计评论》1954 年第 9 期。

44. 闫杰：《农业专家系统与农业知识的扩散》，《清华大学学报》（哲社版）2000 年第 1 期。

45. 马建斌：《对当前农村职业教育发展问题的思考》，《教育研究》2000 年第 2 期。

46. 李湘萍等：《农业现代化与农民素质》，《经济问题》1994 年第

7 期。

47. 张宇、肖凤翔：《职业教育：推动农业现代化的引擎》，《职业技术教育》2012 年第 34 期。

48. 张世伟：《培训对农民工收入的影响》，《中国人口经济》2010 年第 1 期。

49. 徐国庆：《STW：当前西方职业教育研究热点及意义》，《上海教育》2001 年第 6 期。

50. 刘春生：《为职教发展营造良好的政策环境》，《职教论坛》2001 年第 12 期。

51. 闫广芬、张玉琴：《日本科技创新"立国论"与高等教育资源配置重点转移》，《比较教育研究》2003 年第 9 期。

52. 江时学：《韩国与巴西工业化道路比较》，《当代亚太》2002 年第 6 期。

53. 施永达：《俄罗斯中等职业教育改革及其对我们的启示》，《外国中小学教育》2006 年第 11 期。

54. 谢勇旗、张宇：《新时期俄罗斯职业教育透视》，《职教论坛》2006 年第 21 期。

55. 吴雪萍：《面向就业的俄罗斯中等职业教育研究》，《比较教育研究》2005 年第 7 期。

56. 关雪凌、宫艳华：《俄罗斯产业结构的调整、问题与影响》，《复旦学报》（社会科学版）2010 年第 2 期。

57. 郑秉文：《"中等收入陷阱"与中国的三次历史性跨越——国际经验教训的角度》，《中国人口科学》2011 年第 11 期。

58. 姚海琳：《西方国家"再工业化"浪潮：解读与启示》，《经济问题探索》2012 年第 8 期。

59. 张原、陈建奇：《中国职业教育与人才强国战略的差距：基于工业化进程的估计》，《职业技术教育》2012 年第 4 期。

60. 杨金土：《关于职业教育的外部经济效益以及与经济之间的相关性浅析》，《中国职业技术教育》1996 年第 5 期。

61. 郭扬：《高中阶段"普职比"的国际比较》，《职教论坛》2003 年第 1 期。

62. "中等职业教育自主招生制度与教学模式改革研究"课题组：《中等职业教育招生制度与教学模式改革：现状》。

63. 马树超等：《构建现代职业教育体系若干政策思考》，《教育发展研究》2011 年第 21 期。

64. 石伟平、唐智彬：《增强职业教育吸引力：问题及对策》，《教育发展研究》2009 年第 13—14 期。

65. 范唯等：《探索现代职业教育体系建设的基本路径》，《中国高教研究》2011 年第 12 期。

66. 刘红：《编制现代职业教育体系国家规划，实现职业教育协调发展》，《中国职业技术教育》2011 年第 11 期。

67. 韩永强：《我国中等职业教育发展及其影响因素研究——基于2001—2012 年的数据》，《中国职业技术教育》2013 年第 33 期。

68. 蔡建平、沈陆娟：《高职教育与区域产业集群互动的实证分析——以浙江省为例》，《中国职业技术教育》2013 年第 33 期。

69. 陶济东：《武汉城市圈高职院校专业结构于区域产业结构的适应性研究》，《湖北职业技术学院学报》2011 年第 1 期。

70. 焦玉步：《加强顶层设计构建现代职业教育体系——对荷兰、瑞士和意大利三国职业教育的考察与思考》，《中国职业技术教育》2013 年第 13 期。

71. 徐敦楷：《顶层设计理念与高校的科学发展》，《中国高等教育》2008 年第 22 期。

72. 杨金土、孟广平：《对技术、技术型人才和技术教育的再认识》，《职业技术教育》（教科版）2002 年第 22 期。

73. 彭志武：《应用型人才的多样性与职业教育体系的完整性》，《黑龙江高等教育》2008 年第 11 期。

三　报纸

1. 《中国教育报》记者：《教育热点问答：完善家庭经济困难学生资助体系》，《中国教育报》2013 年 3 月 27 日。

2. 胡瑞文：《推进我国教育公平与质量提升的教育经费缺口分析》，

《中国教育报》2010 年 1 月 20 日。

3. 姜晓燕:《俄罗斯职业教育正走出困境——访俄罗斯教科院职业教育学与心理学研究所所长穆罕穆德佳诺娃》,《中国教育报》2008 年 7 月 22 日。

4. 宗河:《国家财政性教育经费支出占比达 4.28%》,《中国教育报》2012 年 12 月 23 日。

四 外文

1. Jin D, Hayness E. Economic Transition at the Edge of Order and Chaos: China's Dualist and Leading Sectoral Approach. Journal of Economic Issues,1997, 31 (1).

2. Alan Gelb, 1999, "The end of Transition?", in When is Transition Over? Jan Svejnar, Transition Economies: Performance and challenges, Journal of Economic Perspectives, Volum 14, Number 1, Winter, 2002.

3. Grzegorz W. Kolodoko, Ten Years of Postsocialist Transition: the Lessons for Policy Reforms, The World Bank Policy Research Working Paper No. 2095, April 1999.

4. UNESCO. Revised Recommendation concerning Technical and Vocational Education. Paris, 2000: 1.

5. Todaro, M. (1969). A Model of Labor Migration and Urban Unemployment in Less Devclopment Countries. American Economic Review, Vol. 59.

6. Drakakis – Smith, D. W. (2000). Third world cities, Routledge. ang Du, Albert Park, and Sanguiwang, Migration and Rural Poverty in China, Journal of Comparative Economic, Vol. 33, No. 4, 2005.

7. Keith Evans (1975). The Development and Structure of the English Educational System. London: University of London Press.

8. Smith, H. L. (1892). London County Council Report to the Special Committee on Technical Education.

9. Shin – Bok Kim and Quee Young Kim, etc.: Education and Development

in Korea, published by Harvard University Press, 1980.

10. Noel F. Meginn, Yung – Bong Kim, etc.: Education and Development in Korea, published by Harvard University Press, 1980.

11. UNESCO, Republic of Korea: Educational Services in a Rapidly Growing Economy, 2 Vols., Paris, 1974.